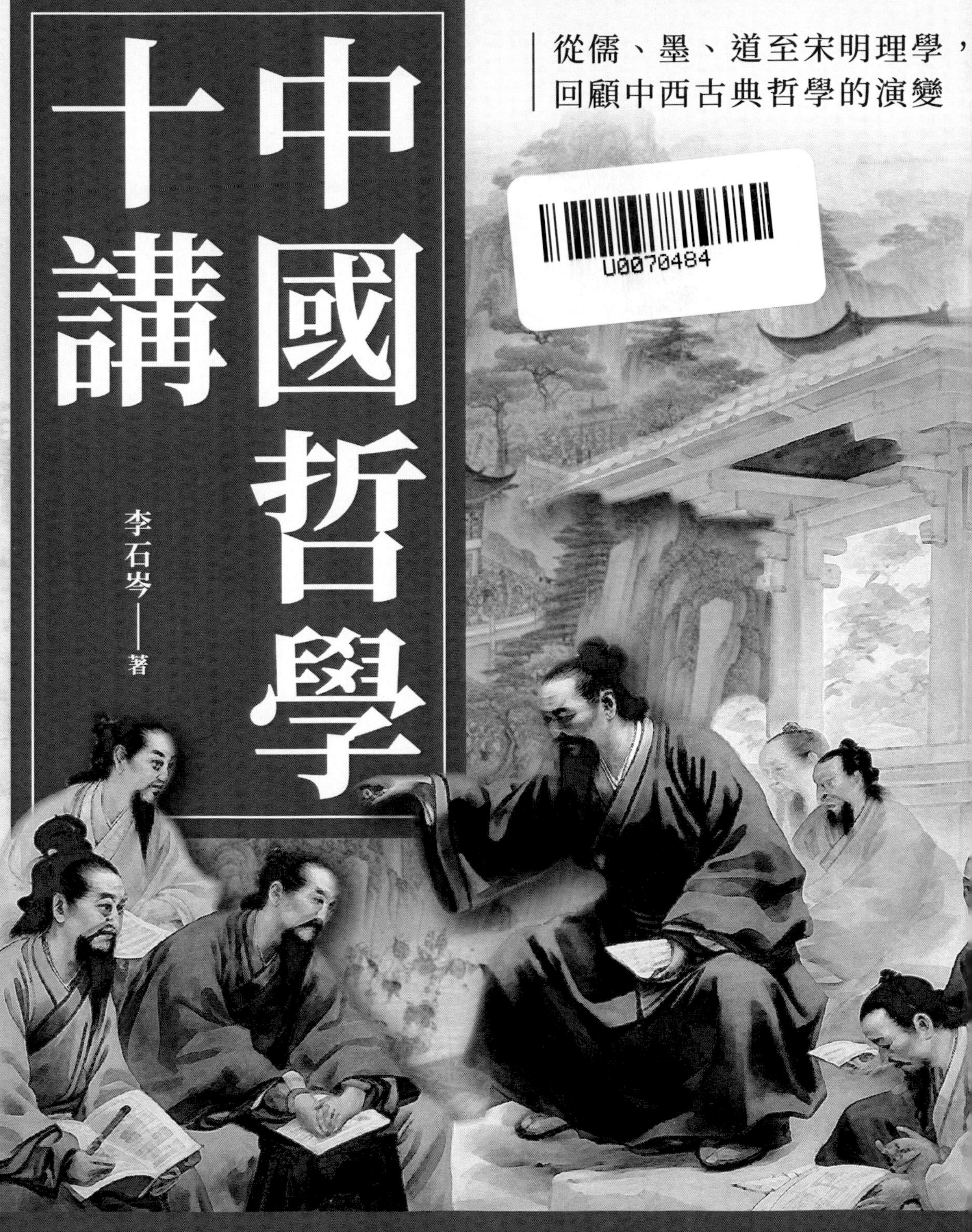
從儒、墨、道至宋明理學，
回顧中西古典哲學的演變
中國哲學十講
李石岑——著
從中西哲學比較到各流派的社會背景和核心思想，
不僅重現歷史，更詮釋了中國哲學的流變與當代意義！

目錄

目錄

第一講

中國哲學和西洋哲學的比較研究

一　從發展過程觀察中國哲學和西洋哲學

在我們研究中國哲學和西洋哲學之史的發展過程上，有一件事是值得我們注意的，便是中國哲學從成長期到發展期的各個階段，就形式上講，竟和西洋哲學發展的各階段有極相同的地方。由於歷史條件所決定的哲學思想，在同一個時期內，我們可以從形式上，從各家思想的總匯上，找到它們的一致的傾向。這樣，我們拿來作一回比較研究，絕不是一件沒有意義的事。

為研究便利起見，把中國哲學和西洋哲學的發展過程，同樣劃分為三時期。每一時期舉出幾個哲學家的思想作為代表，同時把它們的社會背景加以簡單的說明，然後尋出它們的異同，作我們研究的指針。

第一，成長期中國哲學成長期（西元前3世紀以前）

西洋哲學成長期（西元前4世紀以前）

第二，嬗變期中國哲學嬗變期（西元前3世紀至17世紀中）

西洋哲學嬗變期（西元前4世紀至17世紀初）

第三，發展期中國哲學發展期（17世紀中至現在）

西洋哲學發展期（17世紀初至今）

現在依次將各期哲學思想分別比較如下：

中國哲學的成長期，完成在秦代以前的一個時期，亦即完成在封建制度一個完整時期。封建制度的核心，是建築在地主對農民的經濟剝削基礎上。從西周以後，這種剝削關係，日甚一日，春秋戰國以後，因商業資本的發達，雖然對封建制度是一個打擊，如自然經濟的破壞，土地私有及土地買賣的促成等等，是其最顯著的徵象，可是封建制度並不因而破壞；它的整然的體系即地主對農民剝削的體系，仍是存在的。這種體系不僅存在，而且更鞏固一步。在自然經濟時代，生產的目的只在滿足自己的要求，所以剝削的程度尚有一定的制限；及至商業資本發展以後，地主的奢侈的慾望，無形中一天一天地增高，因之對農民的剝削遂一天一天地加重。這不是剝削的體系更鞏固一步嗎？政治上的情形正復如此。所以政治上主要的力量總在封建地主階級的手中。就講到從秦朝以後一直到近代的政治，又何莫不然？不過自秦以後，封建社會的形態發生多少變化而已。在秦代以前，既為封建制度的完整時期，又經過商業資本的發達，因此反映在哲學思想中，遂有維護封建和反封建的兩種思想，是為中國哲學成長期的大概情勢。

西洋哲學的成長期完成在亞歷山大時代。那時因希臘和波斯戰爭，得到最大的勝利，獲取了大量的奴隸，遂促成以僅僅九萬的雅典市民鎮壓三十六萬的奴隸的局面。在那種局面之下，當然形成以奴隸生產為基礎的奴隸社會。而那時候的經濟形態，便是奴隸勞動的農業經濟。伴著奴隸生產的發展，商工業亦因而呈現相當的進步。因此反映在哲學思想中，便是立於「農業—種姓」的基礎之上的舊秩序和立於「商業—貨幣」的基礎之上的新秩序，乃至立於二者之間的折中思想。是為西洋哲學成長期的大概情勢。西洋哲學成長期的社會背景是奴隸制度，中國哲學成長期的社會背景是封建制度，這兩種社會背景本質上雖不同，但在統治階級對被統治者的剝削一點是相同的，因此，反映在思想上，正決定兩個相同的傾向。

以上是把當時的社會背景加以概括的說明，現在舉出幾派重要的哲學思想作一比較。

一、儒家和觀念派

（A）孔子和蘇格拉底孔子是春秋時代一個倫理學家。春秋時代是封建制度外形上開始動搖的時代，孔子是維護封建制度最熱切的一個人，所以他的思想的出發點，就在於提供一個維護的方法。

中國封建制度有一種特色，便是以宗法制度為經，封建制度為緯，將貴族穩固地安放在農業社會之上，而組成一種嚴密的階級制度。封建制度尚不過是政治上之表面的組織，若宗法制度乃是使這種組織深入於社會內層而築成一種牢固不拔的基礎的東西。孔子為了要維護這特殊組織的封建制度，遂提出了一個「正名」。而正名定分的思想，遂成為中國社會一般生活的指針。孔子說道：

> 名不正，則言不順；言不順，則事不成；事不成，則禮樂不興；禮樂不興，則刑罰不中；刑罰不中，則民無所措手足。

可見「正名」在孔子思想上的重要。「正名」成為一切政治、道德的基礎，從這段談話中，是顯而易見的。

在封建社會中，「名」便是統治階級一種絕大的精神武器，一種最有效的支配工具，一種最靈驗的麻醉劑，孔子特別地提出一個「正名」，可謂善於維護封建制度者。

我們再看蘇格拉底是怎樣地維護奴隸社會。這真奇怪，他和孔子的用心一樣，便提出一個「概念」。他以為事物的本質可以用概念表明，認識便是事物的概念的確定，換句話說，真正的知識便是概念的確定。因為概念是具有普遍性的，是具有永久不變性的。蘇格拉底所以提出概念，主要的在應用到道德上，因此昌言：知識即道德。意思是說知識是普遍的，是永久不變的，所以道德也是普遍的，是永久不變的。在當時希臘征服波斯以後，忽然間增加無量數的奴隸，非有一種普遍的概念以範圍人心，維繫社會，勢必陷於潰散不可收拾之地。蘇格拉底的思想本是傾向貴族政治的，故極力倡導概念的正確和知識的尊嚴。概念具有上抑下尊凌卑的潛力。譬如說：「天王聖明，臣罪當誅」，非個別的天王皆聖明，乃概念的天王皆聖明。概念在社會上的作用，比任何物質上的權威還大。它可以入人於不覺，懾人於隱微。蘇格拉底看透了這點，所以極力倡導知德一致的思想，這對於奴隸社會的維護是具有很大的功效的。

蘇格拉底倡導概念的正確，孔子提出正名，這東西兩聖人，在當日的階級制度下，是何等的用心之苦啊！孔子為對抗當時的「邪說暴行」，所以提出「正名」，蘇格拉底為對抗當時的哲人派，所以倡導概念的正確。又孔子為說明「名」的功用，所以自稱「無知」，而提出「叩兩端而竭焉」

的方法。蘇格拉底為說明概念的普遍性，所以亦自稱「無知」，而提出一種「反詰法」（Maieutic Method）。這東西兩聖人，在當日的複雜環境下，又是何等的用力之勤啊！可見他們的努力正有相同的特徵，便是維護統治階級的企圖。

（B）孟子和柏拉圖孟子雖不是孔子的直屬弟子，也不是孔子同時代的人，但他的思想是承繼孔子的。孟子比孔子大約晚生一世紀有半，那時封建制度外形上的動搖更加劇烈，孟子既以「學孔子」為夙願，當然對於封建制度的維護，非加一番更大的努力不可。於是反映春秋末年封建社會的孔子正名論，到了孟子手裡，便更體系化深刻化了。我們現在單從他的根本思想去檢討。

孔子當然是個觀念論者，但他的觀念論的思想並不如何的顯明，一到了孟子手裡，這觀念論的本質便完全暴露無遺了。我們可以從《孟子》裡面找到不少的證據，姑選幾條說明。

萬物皆備於我矣。

仁義禮智根於心。

仁義禮智非由外鑠我也，我固有之也。

耳目之官不思而蔽於物，物交物，則引之而已矣。心之官則思，思則得之，不思則不得也。

孔子提出一個「名」，孟子便提出一個「我」，一個「心」。單就「名」說，還是知識論上的見解，若就「我」說，或就「心」說，便含有形上學的見解了。孟子想在觀念論上築成一個鞏固的基礎，所以提出這樣一個口號，便是「萬物皆備於我」。觀念論者認宇宙萬物都從「我」出發，都從「心」出發。一切都「根於心」，而為「我固有」。這無論是柏拉圖、柏克萊、馬赫、阿維納留斯，都是如此。由「心」便產生理性，所謂「心之官則思」。但「心」的根原是什麼呢？這就不得不歸之於「神」了。所以《孟子》書上這樣大書特書著：

聖而不可知之之謂神。

所存者神。

孔子的觀念論，到了孟子手裡，便體系化了，深刻化了。封建統治階級得了這樣一扇障壁，可以高枕無憂了。孟子的論理哲學、政治哲學乃至教育哲學，都是從這種根本思想推衍出去的，暫且打住，以後再詳。

那麼，柏拉圖又是怎樣的呢？蘇格拉底提出一個概念，他便提出一個「觀念」或「理念」，是把蘇格拉底的概念改造而成的。柏拉圖將蘇格拉底的知識論，加以嚴密地組織，予以超越的存在，遂成為一種形上學。柏拉圖認宇宙萬物都是「觀念」的幻影，一切都在模仿「觀念」，思慕「觀念」。他在《斐多》（Pheado）一部書上說：「觀念之來也，則萬物產生；觀念之去也，則萬物消滅。」「觀念」為宇宙萬物的本質，而為理性認識的對象。由於理性之知的直觀，便有「觀念」；由於悟性的論證，便有概念；由於感性的信念和臆測，便有萬物和心像。這樣，便把蘇格拉底的概念論體系化、深刻化了。無論概念或「觀念」都屬於觀念界，而觀念界之至高無上的絕對者，便是神。關於神，柏拉圖有單數和多數之別。因把創造主叫做永遠的神，而認直接被創造的星辰和天界的靈體為諸神。這麼一來，觀念論者的論據充實了。在希臘的奴隸社會中，得了這麼一種精神武器做支配的工具，希臘的統治階級也可以無憂無患了。這樣看來，孟子的用心和柏拉圖的用心是一致的。

觀念論者的特殊本領便是將宇宙萬物作一種系統的說明，但所謂系統是心的系統，或是神的系統。就心的系統說，則觀念論常變成「唯我論」，就神的系統說，則觀念論常變成「一神論」。但心的系統和神的系統每每連成一氣，因為要這樣，才可以為統治階級作成一個天衣無縫的理論。而不幸我們的孟子和柏拉圖，便成了這樣的一個御用學者。

荀子和亞里斯多德孔子提出一個「名」來，荀子便特別在「名」字上著力，而有《正名篇》之作。他以為「名守慢，奇辭起，名實亂，是非之形不明，則雖守法之吏，誦數之儒，亦皆亂」。他把「名守」看得非常的重要，以為亂之所以發生，就由於不看重「名守」。他在《富國篇》裡面，說得很明白：

> 人之生不能無群，群而無分則爭，爭則亂，亂則窮矣。故無分者天下之大害也，有分者天下之大利也。而人君者所以管分之樞要也。……古者先王分割而等異之也，故使或美或惡，或厚或薄，或佚或樂，或劬或勞，非特以為淫泰誇麗之聲，將以明仁之文，通仁之順也。

荀子所謂「名守」，即是「分」。有貴賤之分，有尊卑之分，推而至於美惡、厚薄、佚樂、劬勞之分；而「管分之樞要」的，便是「人君」。這是何等顯明的為統治階級作成寶塔式的階級思想。他以為人生而有「欲」，「欲」即是「性」，我們必須化「性」起「偽」，才能發生禮義。禮與名的關係是相需為用的。正名以定分，守分則崇禮。如果禮不立，則一切紛爭便無由遏止。荀子因此訂出「三本」的禮。他在《禮論》上說：

> 禮有三本：天地者生之本也；先祖者類之本也；君師者治之本也。無天地惡生？無先祖惡出？無君師惡治？三者偏亡焉，無安人。

在特殊組織的中國封建社會裡，提出禮的「三本」，而以「天地」「先祖」「君師」為主題，荀子的法術確實比孟子又進了一步。這種寶塔式的階級思想，無論在封建制度上或宗法制度上，無論在橫的組織中或縱的組織中，都是精義入神，盛水不漏的。

亞里斯多德正具有同樣的特徵。亞里斯多德在哲學上最大的貢獻，便是他的形質論。他根據蘇格拉底、柏拉圖的觀念論作成一個實體。他以為實體非個物，亦非普遍性，乃是含藏普遍性的個物。換句話說，實體在個物生成變化之中實現自己，發展自己。他把個物的生成變化名為「運動」。而運動所以成立的原因共有四種：一、物質因；二、形式因；三、動力因；四、目的因。但二、三、四三因可以歸納為一因，即形式因。質言之，宇宙運行便由於物質和形式，即所謂形質。

亞里斯多德認世間沒有無形式的物質，亦沒有無物質的形式，二者是互為聯繫的。但二者的本質有不同，形式是主動的東西，物質是受動的東西。不唯如此，形式之上，還有第一形式，物質之下，還有第一物質。第一形式是最高級的東西，任對何物，不承受物質的待遇；第一物質是最低級的東西，任對何物，沒有做形式的資格。我們看，亞里斯多德所砌的寶塔，不會比荀子所砌的寶塔難看吧！亞里斯多德想把統治階級體系地穩固地安放在奴隸社會之中，因而造出第一形式第一物質種種名目，這並不是論理學上的遊戲，而是他對奴隸社會維護的一種可憐的企圖。

由上面的比較，我們可以看到儒家在中國哲學史上的地位和觀念派在西洋哲學史上的地位正同。這並不是偶然的暗合，而是它們的社會背景正有相同的因素。所謂相同的因素便是統治階級對被統治階級的剝削，因此反映到哲學思想上，便有維護統治階級的觀念派和儒家。

二、墨家名家和主不變派

墨子和巴門尼德也是封建統治的維護者。不過他和儒家所用的方法不同。他生於孔子之後，孟子之前，正是封建制度外形上日趨動搖的時候。他看到孔子從宗法思想維護封建社會，以為這種方法不適用，結果只有「靡財貧民」，「傷生害事」，非改用別一種方法不可。因此提出尚同說，以與孔子的等差說相對抗。墨子所謂尚同，乃上同於天，上同於天子。他在《尚同中》說道：

是故選擇天下賢良聖知辨慧之人，立以為天子，使從事乎一同天下之義。……曰凡國之萬民上同乎天子而不敢下比。天子之所是必亦是之，天子之所非必亦非之。……舉天下之萬民以法天子，夫天下何說而不治哉？

墨子的根本思想是「上同於天子」，「舉天下之萬民以法天子」，完全是統於一尊，定於一尊的看法，沒有儒者那樣親疏貴賤的分別。這不是很乾脆地承認統治者的權威，而被統治者只須「法天子」就好了嗎？在統治者的權威之下，大家不分彼此，是謂「一同天下之義」。墨子的尊天明鬼說都在這上面發生重大的作用，而他的兼愛非攻說，更在這一點增加推行的效率，這是很值得注意的。

墨子想從擁護已經動搖的民間宗教下手，去維護封建社會，所以認天鬼是實有的，這種用心比儒家更來得深刻。封建社會和宗教是息息相關的。封建社會的領主就成為宗教上的神，所以宗教在封建社會成為主要的動力。封建社會沒有宗教作精神上的支配工具，那只有日趨於崩潰一途。儒家何嘗沒有宗教思想？不過它想把自然崇拜的宗教思想運用到祖先崇拜上面去，以完成它的一種宗法上的業績而已。中國古代本是神權政治的國家，鬼神術數的思想又異常地發達。墨子特從天鬼實有的主張以扶植當時漸形黯淡的封建社會，不是比儒家的用心更來得深刻些嗎？所以尚同說和天志說，在墨子思想中成為二而一的東西。

西方的巴門尼德也正有和墨子相同的特徵。巴門尼德是「伊利亞學派」的主要代表。「伊利亞學派」的創始人是色諾芬尼。色諾芬尼便是一神論的建立者。巴門尼德即根據色諾芬尼的一神論發展而為「有論」。巴門尼德認「有」是不變不動、不生不滅、無始無終、不可分割又與思維不相離異的總體。所謂「有」即已完全自足，無求於外。質言之，巴門尼德的「有」即是「一」。即是完全除去差別性之後所剩下的「同」。因此，巴門尼德看「有」是靜的，不是動的；是一的，不是多的；是同的，不是雜異的。固然巴門尼德的「有論」，不必和墨子的尚同說都相暗合，然而「有論」為希臘奴隸社會的基礎理論和尚同說為中國古代封建社會的基礎理論，正有相同處。因為都是「定於一」的思想。進一步說，都是「一因論」的思想。墨子尚同而不尚異，尚兼而不尚別，巴門尼德則主靜而不主動，主一而不主多，這不過是名詞上的不同，他們的用心卻是遙相映照的。巴門尼德從一神以闡明本體，墨子由天志而歸本尚同，這樣的暗合，都是由社會的背景所決定的。

墨家主「二有一」，重在「以名舉實」（說明俱見第五講），也即是巴門尼德「思維即實在」之意。觀念論者每從思維看實在，以為思維可以決定實在，因此，完全趨重概念的研究。於是墨子之後有惠施、公孫龍，巴門尼德之後便有芝諾。

施、龍和芝諾惠施、公孫龍雖然和墨家有很深切的關係，卻並不是墨家，這在第五講中我當說明。惠施、公孫龍都是觀念論的辯證法家，和希臘芝諾的地位，正不謀而合。惠施的思想比公孫龍有系統，難怪章太炎先生極力推崇惠施。惠施站在肯定矛盾的立場談辯證法，公孫龍的主張便頗不一致。然而在辯護「同」的一點上，是沒有什麼差異的。

芝諾也是觀念論的辯證法家，他自身沒有什麼主張，只是辯護巴門尼德的「有」，即辯護巴門尼德的「一」，認雜多和變動二觀念都不能成立，當然他是站在否定矛盾的立場的。芝諾是巴門尼德的弟子，以闡明師說為唯一任務。他不從積極方面證明師說，而從消極方面摧破敵鋒以補充師說，不用直接的證明，而用間接的證明，這是他的苦心所寄的地方。因此他的辯證法便分為難雜多論、難變動論二大類。（參看拙著《西洋哲學史》第一卷）他說雜多是不能存在的，因為在量上說，多是無限大，同時又是無限小。這是多的本身矛盾之暴露。自身矛盾的事物不能謂為存在，故雜多不能存在，只有整個的「一」才存在。他說運動也是不可能的，他舉出「二分說」、「阿基里斯追龜說」、「飛箭不動說」三個例子作證明。他的結論是說運動本身充滿了矛盾，所以運動也不存在。他所舉的例子，和公孫龍的二十一事有許多相契合的地方。

芝諾有「飛箭不動說」。意思是說人見飛箭前進，實則飛箭並不前進。因為飛箭不過是每一個時候在一個地方。我們任取一剎那，飛箭只在某一定點而靜止。由是推到第二剎那、第三剎那，乃至無窮剎那，莫不取某定點靜止而並未前進。這和公孫龍的「飛鳥之影未嘗動也」，「鏃矢之疾，而有不行不止之時」，不是一樣的論證法嗎？除此而外，芝諾又有「二分說」？這是說運動不能開始，即謂運動不能發生。欲運動到一定的距離，必先經過其中分點，欲達到此中分點，必先經過此中分點的中分點，如此推求至盡，結果只經過無數的點，並沒有運動。這和上例的用意是完全相同的。

芝諾還有「阿基里斯追龜說」。阿基里斯是希臘一個最著名的善走之人。為什麼說他追不上烏龜呢？假如龜先走十步，阿基里斯開始追逐，何以會永遠追趕不上呢？這是因為觀念上阿基里斯不能追上烏龜。譬如阿基里斯追到十步時，烏龜又前進十步之幾分之幾了。其後阿基里斯追到十步之幾分之幾時，烏龜又前進已走的路程之幾分之幾了。在觀念上烏龜永遠在前，沒有被阿基里斯追到之時。這和公孫龍的「一尺之棰，日取其半，萬世不竭」，是一樣的看法。因為在觀念上是「日取其半，萬世不竭」的，他們從觀念看世間一切事物，當然是如此的。

由上面的比較，我們又可以看到墨家、名家在中國哲學史上的地位，和主不變派在西洋哲學史上的地位相同。這也是由於社會背景的決定。關於墨子的思想，一般人忽視了他的一因論的主張，所以有種種不同的說法。經過了這樣的比較說明之後，或者不至於發生許多無謂的爭執吧！

三、道家和主變派

《老子》這部書是大可懷疑的，我認為是戰國末年的作品；至於這部書是何人作的，我也以為大有問題，絕不容易斷定為老聃作，或為李耳作，或為太史儋作。我認為恐怕是戰國末年楊朱、莊周之後輩所編纂而成之者（說明見第四講和第六講）。所以現在只提《老子》這部書。莊子在道家的地位，在我看來，應該是很重要的。有《莊子》書然後有《老子》書，絕不是有《老子》書才有《莊子》書。關於這些地方，都容以後講明，現在單說說莊子、《老子》的根本立場。我以為《莊子》、《老子》書中所表現的思想，都是辯證法的自然觀。第一，他們看重客觀的自然界，認人類也是客觀的自然界之一種。莊子在《齊物論》上說：「天地與我並生，萬物與我為一」，這兩句話，一面打破時間，一面又打破空間，是道家宇宙觀的整個表現。第二，他們所看的自然界的發展過程，都是辯證法的。莊子的「道行之而成」，《老子》的「周行而不殆」，都認宇宙是流動的。又莊子的「一與言為二，二與一為三」，《老子》的「道生一，一生二，二生三，三生萬物」，都是一種辯證法的精神（關於這點，容在第四講詳細說明）。合上兩點言之莊子、《老子》的辯證法的自然觀，是顯而易見的。

赫拉克利特在希臘是辯證法的自然觀之創始者。他特重客觀的自然界之闡明，而且認定宇宙是流動變化的，所以說「人不能兩次立足於同一河流之中」。又他認宇宙的現象都是相對的、矛盾的、鬥爭的，所以說「鬥爭為萬物之父，萬物之王」。矛盾、鬥爭、反對，在他看來，是萬物轉化的總樞紐。他以為有矛盾必然地發生「矛盾的統一」，用他的譬喻說來，宇宙就是混合酒，宇宙就是一種反對之流。這不是「道生一，一生二，二生三」的思想嗎？在這裡我們可以看到赫拉克利特之辯證法的自然觀之豐富的思想。

道家的「道」和赫拉克利特的「邏各斯」，更是一個絕好的對照。「道」即是軌道、過程、法則的意思。這當然和儒家所謂「道」完全不同。儒家的「道」，是「道」的範圍小，「人」的範圍大，所以說「人能弘道」。道家的「道」，是「道」的範圍大，「人」的範圍小，所以說「人法地，地法天，天法道」，這即是「人」法「道」。赫拉克利特的「邏各斯」，也有法則的意思。他認為無物不有「邏各斯」，宇宙就是一個「邏各斯」。於是莊子、《老子》的「道」，成為莊子、《老子》的辯證法，赫拉克利特的「邏各斯」，成為赫拉克利特的辯證法。莊子、《老子》的「道」影響中國人的生活態度，赫拉克利特的「邏各斯」，也影響西洋人的生活態度。「道」與「邏各斯」本質不必相同，但它們在哲學史上所發生的意義卻是同樣重要的。

楊朱和普羅達哥拉斯楊朱的思想亦不易談，據《孟子》上記載的材料，我們知道楊朱是「取為我」，知道楊朱是抱「為我」主義。但「為我」應作如何的解釋呢？我以為當以「貴己」、「重生」、「全性保真」為「為我」的正解。（關於楊朱的思想，待第四講詳細說明）一言蔽之，楊朱為顯明的個人主義，這是毋庸置疑的。在希臘則普羅達哥拉斯是個人主義的首創者。他特重主觀，且崇感覺，和楊朱「貴己」「重生」之旨正相會通。經驗派哲學家稱普羅達哥拉斯的思想為唯名論，顧西曼在他所著的《西洋哲學史》上曾引證其說。的確，普羅達哥拉斯便是唯名論之祖。唯名論又可名假名論，因為只認名是人造的稱謂，不認名是實在的東西。所以唯名論與個人主義關係最為密切。楊朱大概也是想把他的個人主義建築在名理上，所以《莊子．駢拇》篇裡面稱他「游心於堅白同異之間」。而偽《列子．楊朱》篇竟這樣記載著楊朱的話：「實無名，名無實，名者偽而已矣。」然則楊朱在當時也許有一種唯名論的思想，以堅其個人主義的主張？這樣看來，楊朱的思想豈不又和普羅達哥拉斯不謀而暗合？

以上說明了道家思想的大概。道家思想重自然，重自由，重自我，大概是當時自由小農社會的反映。在戰國時候商品經濟相當的發展，而他們既敵不過當時激烈競爭的社會潮流，又看不起歷來專事剝削的封建形態，故反抗的情緒，尤其是反封建的情緒，特別昂奮。他們的思想產生於戰國，不是無前因可尋的。

就在希臘的主變派，也未嘗沒有一種特殊的社會背景。希臘社會雖是奴隸生產的農業經濟，可是在小亞細亞一帶，商工業異常發達，愛菲塞便是商業的中心。赫拉克利特即產生於此地。經濟界變動的事實常常擺在他的前面，因此發生他的辯證法的思想。後來奴隸勞動開始呈動搖的徵象，一面為防止波斯的侵入，不能不常作民族獨立的防衛，因而自我意識日漸發達，遂有普羅達哥拉斯的思想的產生。西洋哲學的社會背景比中國哲學的社會背景容易探求，因為西洋古代的哲學家都經過了一番考證，而且有許多也已成為定論，不像中國的老子、楊朱，其人其書，都大有問題。所以我們想確切地決定他們的社會背景，是頗不容易的。

第二期「嬗變期」的比較

中國哲學的嬗變期，是指秦初到明末一個長時期而言。這時期仍屬於封建社會形態，本質上並沒有多大變化。在某種意義說·這時期裡面的封建剝削，比之第一期反而加甚。即就封建制度言，某種封建制度仍舊在中國社會中大肆其威力。可惜在這次演講中不能細說。一般人認為春秋、戰國以後，因商業資本的發展，無形中破壞了封建制度，並且肯定地說，秦朝的政權是商業資產階級的政權，其實這種理論是完全不顧事實的。上面已經說過，商業資本並不能破壞封建制度。因為它並不代表一定的生產關係，它只不過是完成生產流透過程一種媒介作用而已，所以認為秦朝以後封建制度消失，甚至認為秦朝以後封建社會轉變了成為商業資本主義社會的理論，是不值一駁的。

況且在中國封建制度中操著特殊作用的宗法制度，也並不見得在秦朝以後減少了它的作用。儒家的「孝」和「禮」，都在秦、漢以後發生重大的作用，這是一種很明顯的事實。秦、漢以後，如果不是封建社會，則新儒家的朱晦庵（朱熹）和王陽明，又哪有由倫理的孔子抬高到宗教的孔子的可能？我總覺得孟德斯鳩有一段話，很可以告訴我們：中國從古以來究竟是怎樣的一種社會。他在《法意》上說：

東方之國，有支那焉，其風教禮俗，亙古不遷者也。其男女之防範最嚴，以授受不親為禮。不通名，不通問，閫內外之言語不相出入，凡如是之禮俗，皆自孩提而教之，所謂少儀內則是已。文學之士，其言語儀容，雍容閒雅，此可一接而知者也。守其國前賢之懿訓，而漸摩之以嚴師，故一受其成，終身不改，此禮俗之所以不遷也。

我們看他這段文字，描寫著中國社會為「亙古不遷」，雖然他的觀點並不怎樣正確，但也足見封建社會這一階段在中國整個社會發展史上綿延之長了。謂秦、漢以後中國社會變了質，不是封建社會了，這是何等的謊言？

封建社會必然和宗教結不解緣，上面已經提到這一層。中國不是無宗教的國家，而是宗教思想最龐雜的國家。秦、漢以後，宗教思想雜然並起，墨子的天鬼觀念，遂在中國社會發揮了很重大的作用，一直到現在不衰，誰說墨家的思想在秦朝以前便已中絕了呢？墨家本來是擁護宗教的，到了秦、漢以後，儒、道兩家也變成宗教，於是儒家變成儒教，道家變成道教。宗教在社會上既發生了重大的作用，封建形態遂益趨於牢固而不可拔。

正在這個當下，佛教遂由印度闖入了中國。最初是佛教各家教理並駕齊驅，其後因中國封建形態日趨尖銳，而「一超直入」的禪宗，遂得因緣而據思想的主營，為宋、明哲學的導引。於是中國嬗變期的哲學，遂捨宋、明哲學外，無一足當真正哲學之目。

西洋哲學嬗變期則指西元前4世紀至17世紀初，這時期由奴隸社會轉變為封建社會。奴隸社會以奴隸制度為社會勞動的中樞，封建社會以農奴制度為社會勞動的中樞。至農業經濟占產業的主要地位，在兩種社會裡面，並沒有什麼差異。封建領主——俗界的領主和僧界的領主——在這時期成為唯一的主角。隨著封建領主的獨占生產手段加劇而宗教意識便強盛起來。中世紀哲學所以成為宗教的附庸，這便是主要原因。

基督教就在這時候發揮它無上的魔力。基督教是猶太一個苦木工約瑟之妻在未婚前的私生子耶穌所創的。它一面巧妙地教化了羅馬人，一面更機警地征服了日耳曼人。後來權威一天天地擴大，竟支配了封建主義鼎盛期的全歐羅巴。在這種狀況之下，哲學和科學都失去了它們的地位，哲學和科學都充了「神學的婢女」。於是基督教的教義成為哲學的中心，因有所謂「經院哲學」，做了西洋哲學嬗變期的柱石。

關於嬗變期的社會背景，已約略地說明，現在將兩方面的哲學怎樣嬗變而來，和哲學的主要代表作一比較。

一、儒佛混合和二希混合

自李翱作《復性書》，開了儒、佛混合的端緒，於是中國哲學上著了很濃厚的印度哲學的色彩。宋、明哲學家表面上是儒，裡面卻是佛。他們都是拿孔、孟、荀做招架的幌子，實際上在發揮佛教禪宗的要義。於是石頭希遷的《參同契》，洞山良價的《五位頌》，臨濟義玄的《四料簡》成為嬗變期哲學的主要內容。在這時候，孔、孟、荀的哲學反成了禪學的工具。譬如孔子的「忠恕」，不過是就人倫上著眼，而朱熹卻把「忠」解作「由一本而萬殊」，「恕」解作「由萬殊而一本」，這樣，孔子的「忠恕」，便成為禪學的註腳了。嬗變期的中國哲學完全變了顏色，大率如此。

西洋哲學的嬗變期，正有相同的情形。上面提到二希混合，所謂「二希」，即希臘主義和希伯來主義。自從希伯來主義伸進到歐洲之後，西洋哲學上便著了很濃厚的希伯來主義的色彩。中世紀的經院哲學便是專說明代表基督教的希伯來主義的。經院哲學不在真理的探求，而只是對於教會所給予的信條加以證明和解釋，便是使自己的意識附合於信條，成為哲學的主要任務。在這時候柏拉圖、亞里斯多德的哲學都成為基督教教義解釋的工具，和孔、孟哲學在禪學上的地位正同。於是嬗變期的西洋哲學又複變了顏色。

佛教闖入了中國，成為中國哲學嬗變期，基督教闖入了西洋，成為西洋哲學嬗變期，這樣的暗合，又須從社會的背景上才能得到正確的解釋。封建社會是需要宗教做最後的臺柱的，則表現在事實上，便自然地呈現這樣一種結果。

二、朱熹、王守仁和多瑪斯·阿奎那、鄧斯·司各脫

宋、明哲學以朱晦庵（朱熹）、王陽明為主要的代表。朱晦庵（朱熹）主性即理，王陽明主心即理；朱晦庵（朱熹）講心外求理，即求理於天地萬物，王陽明講心內求理，即求理於吾心。表面

上一個主知，一個主行，似乎見解不一，實則各人發揮各人所見的禪理，與儒家無關。從禪宗的見地說，兩家哲學可同時並存，因為一近北漸，一近南頓。但從儒家的見地說，兩家哲學都與真正的儒家不同。

經院哲學以多瑪斯．阿奎那、鄧斯．司各脫（Duns Scotus）為主要的代表。多瑪斯．阿奎那認宇宙一切都是階段的發展，發展達到絕頂，便是神。神雖從「無」創造世界，但在創造之先，必經過一番審慎的思維，就無數可能的世界中，選擇一種最良的世界而創造之，所以神創造世界是受善的觀念之決定。其說屬於一種決定論（Determinism）。但鄧斯．司各脫不以為然。他以為神創造世界並不受善的觀念之決定，乃出於神的意志。並不是因為是善，所以出以神的意志，乃是因為是神的意志，所以是善，如果否認神的自由，那麼，神的本質豈不和一切事物的本質一樣，受必然的結果所決定嗎？鄧斯．司各脫之說屬於一種非決定論（Indeterminism）。就兩說觀之，多瑪斯．阿奎那主「知」，鄧斯．司各脫主「意」，也似乎見解不同，其實都在發揮基督教的教理，和柏拉圖、亞里斯多德的哲學也沒有如何密切的關係，雖然兩家都標榜為柏拉圖、亞里斯多德哲學的闡述者。

儒家孔、孟講中庸，講理，講性，講良知，所以朱晦庵（朱熹）、王陽明便拿禪宗教義講中庸，講理，講性，講良知，使中國哲學完全流入禪悟。觀念派柏拉圖、亞里斯多德講實在，講普遍，講發展，所以多瑪斯．阿奎那、鄧斯．司各脫便拿神學解釋實在、普遍和發展，使西洋哲學完全流為神話。可見他們的作偽心勞，如出一轍。單就經院哲學方面言之，譬如他們解釋教會，說教會不是個人的集合，乃是一個獨立的普遍的實在。亞當的墮落，不是「一個人」的亞當的墮落，乃是普遍的實在——人類——的墮落。推而至於天父、神子、聖靈等，都成為普遍的實在。這不是想把哲學問題完全變成神話嗎？這種神話式的哲學，只有在封建形態尖銳化的時候才出現的。

中國哲學發展期，是指從清代到現在。這時期封建形態一樣地存在，所不同的，便是外國資本主義的侵入。這時期所受的是兩重的剝削，即國內封建地主的剝削和國外資本主義的剝削。但因外國資本主義的侵入，所以國內農村經濟一天天地破產，而城市商工業倒一天天地發展起來（不過商工業資本的發展，在國際資本主義的約束之下，也有一定的制限），外形上似有回到戰國末年的情勢。因此反映到哲學思想上便是解放運動，也可說是一種文藝復興。哲學思想的發展，在這時期便異常地迅速。

西洋哲學發展期，也開始於十七世紀。不過就社會背景說，西洋的封建社會，已隨著產業革命而轉變為資本主義社會。因此反映到哲學思想上，便有各種硬性派和軟性派之不同。不過在這期之初，也同樣地作過一種解放運動而已。

在這期的比較研究上，卻頗困難。我們不能舉出許多相當的代表，我們不能在這期中國哲學上，舉出培根和笛卡兒，更不能舉出康德和黑格爾，尤其不能舉出馬克思、恩格斯和伊里奇。我們只能在大體上描寫幾種相同的輪廓而已。

一、回到先秦和回到希臘

上面所提到的解放運動，實際上是一種復古運動。梁啟超在他所著的《清代學術概論》上說：「綜觀二百餘年之學史，其影響及於全思想界者，一言蔽之，曰以復古為解放。第一步，復宋之古，對於王學而得解放；第二步，復漢、唐之古，對於程、朱而得解放；第三步，復西漢之古，對於許、鄭而得解放；第四步，復先秦之古，對於一切傳注而得解放；夫既已復先秦之古，則非至對於孔、孟而得解放焉不止矣。」這段話描寫清代學術發展的情形實很正確。清初顧炎武倡「經學即理學」之說，已開復古之端，乾隆以後，惠棟、戴震諸人更進一步，專為經學而治經學；嘉慶、道光以後，治經者再進一步，由經古文學而至經今文學；其復古的情緒更熾。迨至光緒末年，康有為張大「託古改制」之說，於是所謂復古，遂全集中於先秦，回到周、秦之際學術研究的盛況。這是發展期一個特徵。

西洋的學術界，在17世紀的前後，這時正是所謂「文藝復興」時期，也是以復古為解放。第一步，復羅馬之古，對於古代羅馬的著作，爭相研討，即所謂「新拉丁之復興」。第二步，復希臘之古，不過這時還只注意亞里斯多德以後的希臘哲學。如里代表斯多亞學派，伽桑狄代表伊壁鳩魯學派皆是。第三步，復希臘觀念派哲學之古，這時研究柏拉圖、亞里斯多德的學派很發達，努力於觀念派哲學的註釋與闡明。第四步，復希臘主義之古，特別著重現世生活，愛美，重自由，重個性。總之，他們的復古，不單在古典的復興，而實在希臘主義的復興。這樣看來，和中國清代復古的運動，正有相同的意義。

不過所謂復古，當然不是一切和周、秦古代一樣，或和希臘古代一樣，而是含有進一步發展的意義的，便是由於懷疑精神和實證精神的發達。

二、懷疑和實證

宋儒已開疑古之端，至清代學術界則此風益熾。胡渭的《易圖明辨》，閻若璩的《古文尚書疏證》，都是疑古的著作中最有影響之作。尤其今文學者，對古籍幾乎無所不疑，對《詩》則疑《毛傳》，對《書》則疑《古文尚書》，對《禮》則疑《周官》，對《易》則疑費氏，對《春秋》則疑《左傳》。清儒有姚際恆者著有《古今偽書考》，更充滿著疑古的精神。他們一面辨偽，更一面求真。而求真的方法，便是憑依證據。梁啟超在《清代學術概論》上記正統派的學風，首列四條：「一、凡立一義，必憑證據；無證據而以臆度者，在所必擯。二、選擇證據以古為尚；以漢、唐證據難宋、明，不以宋、明證據難漢、唐；據漢、魏可以難唐，據漢可以難魏、晉，據先秦、西漢可以難東漢。以經證經，可以難一切傳記。三、孤證不為定說，其無反證者姑存之，得有續證則漸信之，遇有力之反證則棄之。四、隱匿證據或曲解證據，皆認為不德。」我們從他這段話，可以想見清代學者一種實證的精神。清代學者如顧炎武、閻若璩、戴震、錢大昕、段玉裁、孔廣森、崔述等人，便是最富於這種精神者。

西洋經院哲學正盛時，即有唯名論發生，唯名論便滿含著懷疑的要素。其後經過布魯諾、蒙田諸君，更進於積極的懷疑論。在他們的影響之下，遂產生兩個懷疑派的巨子，便是培根和笛卡兒。笛卡兒即以「我疑故我在」為哲學的出發點，其懷疑的精神之熾烈，可以想見。再後又達於休謨而至孔德。至論到實證的精神，則自哥白尼之後，而伽利略、牛頓，大有一發而不可遏之勢。至孔德時，則有實證哲學，蔚為一種哲學上的主潮。密爾、達爾文、赫胥黎、史賓賽諸人，都成為實證哲學的支柱。十九世紀下半期的哲學，完全為實證哲學所獨占。

懷疑和實證是互為因果的，所以這兩種精神都表現於發展期中。不過中國清代學者的懷疑與實證，是由宋學到漢學，由漢學到諸子學，西洋近世哲學的懷疑與實證，是由神學到玄學，由玄學到科學。研究的對象，雖不一致，但研究的精神，是約略相同的。

三、理和欲

宋、明儒嚴天理和人欲之界，謂吾人當存天理去人欲，這種理欲二元的看法，到清代便發生一個絕大的變化。清代學者大部分是站在理欲一元的立場的。王船山、顏習齋、戴東原（即上面所說的戴震）三人，是顯然的代表。王船山很顯明地說：「欲即是理」，「天下之公欲，即理也」，「食色以滋生，天地之化也」。戴東原更把理欲一元的思想組成一種系統的主張。他的《原善》和《孟子字義疏證》各書，正表現著很豐富的理欲一元的思想。這在近代的哲學史中，是很可注意的一個轉向。

西洋近代哲學，也集中於理欲一元的主張。康德的哲學，便將純粹理性和實踐理性並舉。康德以後，如叔本華，如尼采，都是站在理欲一元的立場。尼采更倡大理性和小理性之說，謂「理智是由肉體所創造的小理性，肉體和它的本能乃是大理性」。並且這樣說道：「在你的肉體中有更大的理性，強過你的最聰明的智慧。」總之，近代哲學，大抵偏重理附於欲，絕不承認一個超絕的理。也可說是西洋近代哲學上的轉向。

以上關於中國哲學和西洋哲學之形式的比較，大體講完了。從形式上看，中國哲學和西洋哲學，確有許多相同的地方，可是談到實質，便有許多不同了。現在我們再講第二段。

二　從思想實質觀察中國哲學和西洋哲學

上面已經將中國哲學和西洋哲學分作三個時期說明，從這說明裡面，可以看到中國的社會背景，自從17世紀以後，便漸漸地和西洋不同。這一不同，反映到思想上，便發生實質上的差別。又就第一期而論，西洋為奴隸社會，中國則正在封建社會和宗法社會雙管齊下之中，當然所反映的思想亦未必相合。嚴格地說，即在第二期中，西洋屬於封建社會的階段，中國亦屬於封建社會的階段，然而我們仍不能說它們所反映的思想便全相合。但是事實上竟有許多派別都走於相同的傾向，這是什麼緣故呢？那我上面已經說過，便是因為統治階級對被統治者的剝削一點相同的緣故。然而這裡正要注意，所謂相同，只是傾向相同，並不是實質相同，所以只是形式上的比較，並不是實質上的比較。現在請從三點作一種實質上的比較，然後決定雙方哲學的評價。

一、從辯證法方面觀察

凡是一個偉大的思想家，我們便可以從他的思想中，多少找到辯證法的要素，無論他的思想本身為辯證法的或為反辯證法的。辯證法是頗不容易說明的，今天也無法講明辯證法，這須另行講述，當作一個專題來講。現在只用辯證法的觀點觀察中國哲學和西洋哲學所含辯證法的內容是怎樣的不同。先講儒家。儒家的開祖是孔子，孔子雖然是一個維護封建社會的倫理學家，但他的倫理學正是運用辯證法去講的。他標榜一個「仁」字做他學說的中心標幟，但如何才能達到「仁」的地步呢？他便提出一個「己立立人，己達達人」的方法。這便是拿辯證法去講「仁」一個例。孔子闡明忠恕，而特別在恕字上著力，便是「己立立人，己達達人」的意思。孔子罕言性與天道，注全力於日用人倫，運用辯證法的思想闡明人倫，是孔子思想的核心。在人群社會中，對立的現象便是人與己，所以孔子用辯證法說明處己處人之道。還有，根據《中庸》所載，謂孔子「執其兩端，用其中於民」，也未嘗不含有一種辯證法的思想。儒家表現哲學思想最濃厚的著作，便是《中庸》和《易傳》。我們在《中庸》和《易傳》中，正可尋得不少的辯證法的要素，這些留在第六講中來講明。

道家的《莊子》、《老子》，所含辯證法的內容更豐富。《莊子》一書，便是充滿著辯證法的認識論的。莊子的方生之說，所謂「方生方死，方死方生，方可方不可，方不可方可，方是方非，方非方是」，這不是辯證法的認識論嗎？《老子》書中，這樣的辯證法的思想，也觸處皆是。所謂「禍兮福所倚，福兮禍所伏」，所謂「有無相生，難易相成，長短相較，高下相傾，音聲相和，前後相隨」。像這類的詞句，正充滿了全書。此外凡與道家有關係的著作，都蘊藏著不少的辯證法的詞句，這些都留在第四講中詳為說明。

名家的思想，似乎以發揮觀念論的辯證法為唯一的職志。裡面可分兩種：一種是肯定矛盾的辯證法，一種是否定矛盾的辯證法。肯定矛盾是承認實在界和現象界都是矛盾的，否定矛盾是否定現象界的矛盾，肯定實在界的非矛盾。惠施是前者的立場，公孫龍的辯證法，則頗類於後者。不過都脫不了觀念論的束縛。

墨家的思想便很少辯證法的因素。墨家尚同主兼，立於一因論之上，幾乎是反辯證法的思想。況且它標榜「以名舉實」，似完全立足於形式論理之上。神學者用形式論理辯護上帝，是絲毫不足奇怪的。形式論理的根本命題是「甲是甲」，神學者便拿這個命題運用到上帝身上，便是「上帝是上帝」、「天是天」，因為上帝的本身是無法說明，亦不許說明的。墨子用形式論理講天志，講尚同，是極便利的事。

宋、明哲學家對辯證法的本身，卻是極富於研究的興味的，雖然他們是做的儒表佛裡或儒表道裡的工夫。然而正因為他們是做的儒表佛裡的工夫，所以從佛教禪宗學得許多辯證法的觀察法；又因為是做的儒表道裡的工夫，所以又從道家學得許多辯證法的觀察法。他們能夠說明形式和內容的關係，本質和現象的關係，用他們自己的用語，是理和氣的關係，心和意的關係，乃至天地之性和氣質之性的關係。這些在他們都是討論得很起勁的。不過他們的立場，都陷入於觀念論的深淵裡。

中國的思想家大部分是知道運用辯證法的，可是並非顯明地或意識地把辯證法當作一種方法論，當然更談不上運用到認識論及認識的歷史。他們知道用辯證法說明宇宙觀，卻很少知道辯證法即是宇宙觀。

在這點，西洋思想家便進了一步。我們看，希臘赫拉克利特不是倡導客觀的辯證法最早的一人嗎？然而他即把辯證法當作宇宙觀。他的「邏各斯」是說明宇宙變化的法則，然而也即是他的宇宙觀的表現。因此開展後來的黑格爾。

黑格爾運用赫拉克利特「邏各斯」的觀念，把它的內容充實起來。「邏各斯」在赫拉克利特的哲學上，是闡明「矛盾的統一」的法則的，黑格爾根據這一點，作一種體系的說明。他以為「邏各斯」是從抽象的範疇次第進於具體的範疇，從「純有」經過否定而達於最具體的「絕對理念」，這比赫拉克利特的「邏各斯」便充實多了。在這意味上，「邏各斯」是黑格爾的論理學，也即是黑格爾的宇宙觀。

黑格爾以後有馬、恩、伊諸人將黑格爾的辯證法更充實到認識論方面。他們不以黑格爾的觀點為滿足。尤其不滿意並且揚棄他的觀念論的觀點。他們不認為從抽象的範疇到具體的範疇一個簡單的程式便是認識的全程。他們以為認識從直觀開始，即從離開意識而獨立之具體的現實性的直觀開始，由此直觀而移於最普遍最一般化的抽象的範疇，更由此抽象的範疇進展到具體的現實性的思維。總之，他們的方法有二重意味，和黑格爾的方法不同。一、黑格爾的方法，是「由思維的『抽象』向『具體』的移行」，他們則認為「由思維的『抽象』向『具體』的移行」，即是具體的現實性本身的創造過程。二、黑格爾以為從直觀到抽象的認識程式非真的認識，他們則以為正是真的認識，否則便不免和康德陷於同樣的弊病，將歷史的東西和論理的東西分開。認識是以人類之社會的歷史的實踐為發展的基礎的，正未可忽視直觀這一點。他們所認定的認識的程式是這樣：從生動的直觀到抽象的思維，再到實踐。這便是真理的認識、客觀的實在性的認識之辯證法的程式。總之，他們和黑格爾的不同點，是認歷史的東西和論理的東西不分開的，事實的辯證法和概念的辯證法不分開的，辯證法和認識的歷史不分開的。

西洋哲學的進步，著實可驚。就發展的現階段說，他們是認辯證法、認識論、宇宙觀，根本是一件東西，這在中國哲學中何曾談得到這點？比較進步的道家哲學，也不過看到辯證法和宇宙觀是二而一的東西，然而道家的辯證法就談不到歷史的一點，正如它的認識論談不到歷史的一點一樣。等而下之，如儒家的思想，如新儒家（指宋明哲學家）的思想，那更不必論了。

二、從唯物論方面觀察

中國哲學大部分是觀念論的。從先秦到清末，我們只能找到幾個唯物論的傾向，不能找到真正唯物論的思想。就令是機械論的唯物論，亦殊不易尋求。就這一點，已足證明中國從先秦到清末為長期的封建社會而有餘，因為封建社會所反映的哲學思想很少是唯物論的。西洋哲學則情勢完全不同，這便是由於它的社會背景不同。現在就兩方的哲學作一種唯物論的考察。

唯物論這個「物」字，包括的範圍非常廣闊。譬如要答覆「什麼是物質」這個問題，就很不容易。普列漢諾夫的定義這樣寫到：「物質就是獨立於我們意識之外的而又作我們感覺源泉的東西。」用這個定義觀察中國哲學，則唯物的成分就更少了。儒家言物的很少。孔子僅言人事，未嘗涉及心物的問題，正和蘇格拉底的地位相彷彿。孟子雖言物，所謂「耳目之官不思而蔽於物，物交物則引之而已矣」，然而他對於物，並沒有顯明的界說。荀子論禮，似認定外物所及於內心的影響。如《禮論篇》說：「故說豫、娩澤、憂戚、萃惡，是吉凶憂愉之情發於顏色者也；歌謠、謷笑、哭泣、諦號，是吉凶憂愉之情發於聲音者也；芻豢、稻粱、酒醴、餰粥、魚肉、菽藿、酒漿，是吉凶憂愉之情發於食飲者也；卑絻、黼黻、文織、資麤、衰絰、菲繐、菅屨，是吉凶憂愉之情發於衣服者也；疏房、檖、越席、床笫、幾筵、屬茨、倚廬、席薪、枕塊，是吉凶憂愉之情發於居處者也。」在這段話裡面，所謂「發於顏色」「發於聲音」「發於食飲」「發於衣服」「發於居處」，似乎認外物足以決定「吉凶憂愉之情」，然而仍舊沒有說明外物，不過指示外物上幾個處所而已。墨家亦很少談物，僅在論知識或論名實異同之處而問及之。真正論到物的本身和萬物的來源的，我以為只有道家。

道家以前的儒墨，都保持著「天之生物」一個成見，但道家卻不如此。道家認物是無所待而常自然的東西，並不由於造物的天，即《老子》「廣莫之命而常自然」之意。莊子在《齊物論》上說：

> 道行之而成，物謂之而然。惡乎然，然於然；惡乎不然，不然於不然。物固有所然，物固有所可。無物不然，無物不可。

「道行之而成，物謂之而然」這兩句話，是道家哲學的綱領。道何以成？行之而成；物何以然？謂之而然。這即是說，行之之中見道，謂之之中見物。宇宙之流行，萬象之流動變化即是道；人間的稱謂，世俗的名言區別即是物。換句話說，無名言區別即是道，有名言區別即是物。所以《老子》說「無名，天地之始；有名，萬物之母」。道和物根本是一件東西，不過一無名言區別，一有名言區別而已。物既由名言區別而定，則亦可由名言區別而亂之，故曰：「惡乎然，然於然；惡乎不然，不然於不然。」但名言區別畢竟有名言區別的作用，這便是所謂「約定俗成」。所以說「物固有所然，物固有所可」。然而名言區別，畢竟不過是名言區別而已，卻並不是物的本身，即康德所謂「物自體」。在這裡便當透徹「以名遣名」的道理。所以說「無物不然，無物不可」。我們從上面這些說明，可以知道物的本身即是道，即是流動變化的東西，這與「天之生物」的物是完全不同的。

新唯物論以為物的本身經過一度人的製造，便變成「我們的物」了。道家不然，道家以為物的本身，經過一度名言區別，便變成我們的物了。表似相同而實不同，便是道家缺乏實踐一層工夫。道家以後，談物的便很少了。宋儒明儒好言「格物」，根本上是些名詞的遊戲，無非拿禪家的道理敷說一番，換上一些儒家的名詞而已。所謂「無心外之物」，「無性外之物」，這些說素，如何夠得上唯物論之一駁呢？

我們換一個方面，看看西洋唯物論發展的情形。朗格在他的《唯物論史》上一開始便這樣說道：「唯物論和哲學一樣古舊，不會比它更古舊。」這句話至少可以使我們知道，自有哲學，便有唯物論。希臘哲學開祖的泰勒士，便是唯物論者，同時又是無神論者。自從德謨克利特的原子論產生，唯物論在哲學上的領域便開始擴大。他能說明原子的世界是離開我們的感覺而獨立的，同時又為我們感覺的源泉。不僅如此，他還能說明原子的性質是相同的，即無異說明世界是物質的整一性，而一切觀念論的要素便無法溷入其中。又能說明物質不滅，即無異說明物質的生滅增減，並不是物質本身的消滅，而是形態的轉換，即物質常在結合和分離的轉換形態之中。自經他這樣一度說明，於是十六七世紀英國的唯物論，十八世紀法國的唯物論，十九世紀德國的唯物論，遂相繼而起，並以方興未艾之勢而發展，這在中國的哲學界，是絕對夢想不到的。

十八世紀法國的唯物論，是很值得我們注意的。他們雖然從力學出發，用力學的觀點觀察自然的全體，因此不免自陷於機械論的物質觀，可是比中國人的名言的物質觀卻是進步多了。他們雖然不能說明物質的發展，可是他們的唯物論所含反抗的要素實很豐富，為當時新興階級對封建關係厲行革命之精神的武器。這些都是狃於封建慣習的中國思想家所想像不到的。

唯物論和無神論是互為因果的。一個唯物論者要貫徹他的唯物的主張的時候，必然地會走上無神論。因為唯物論從物質本身說明宇宙的起源，說明生命的真因，不須憑藉自身以外之物作說明的幫助，因此，用不著神的假設。並且在這點，又表明唯物論和物活論不同，即是物活論不能單憑物質說明物活，唯物論卻可以單憑物質說明物活了。這樣看來，唯物論對有神論加以擯棄，成為必然的結果。西洋的唯物論者幾乎都成為無神論者，德謨克利特是這樣，十八世紀法國的唯物論者也是這樣。若在中國的哲學界便不如此。中國哲學本談不上真正的唯物論，自然無神論的思想亦無從發生。儒家祖先崇拜的思想是無神論嗎？墨家天鬼崇拜的思想是無神論嗎？董仲舒天人合一的思想，乃至曹思文、蕭琛、沈約等難神滅論的思想，又是無神論嗎？在這裡，又使我們不能不想起道家。因為道家在古代畢竟是最進步的思想的表現。所謂「天地不仁」，所謂「其鬼不神」，這樣帶有無神論色彩的議論，恐怕除站在唯物觀點的道家以外，是不容易得到的。

三、從辯證法的唯物論方面觀察

由上面的說明，我們知道中國哲學有辯證法，也有僅少的唯物論，然則有沒有辯證法的唯物論的思想呢？那只有一個「否定」的答覆。因為辯證法的唯物論，絕不是辯證法和唯物論的總和。就令是黑格爾的辯證法和費爾巴哈的唯物論相加，也絕不能說便是辯證法的唯物論。中國的哲學現在將要開始走上辯證法的唯物論的步式，這固然有其他的社會背景，也不能說不是西洋哲學之賜。辯證法的唯物論是古來各派哲學的大集成，也是古來各派哲學的總清算。我們不妨在這裡單敘述辯證法的唯物論幾個根本要素。

辯證法的唯物論研究的對象，是整一性的物質體，它以為所研究的範圍，只有這一物質體的世界，此外不承認有任何世界。當然不承認有所謂理念界，或其他超絕的世界。既以這整一性的物質體為研究的對象，則這對象呈現於我們的前面，明明白白地是流動變化的。在所謂理念界或其他超絕的世界，也許可以假想它是不流動變化的，但在這現實的世間，卻無法否認流動變化的事實。質言之，這現實的世間便是一種過程。既無法否認流動變化的事實，試問流動變化何以發生？這便是由於矛盾作用，即由於對立的統一和統一的分裂。在這裡，便是把現實的世間看作一種發展的過程。既談到發展，便有兩種見地：一種是把發展當作量的增大或減小，僅由於一種外的動機；一種是把發展當作質的變化，乃由於矛盾之內的合法則性。前者是機械論的見解，後者是辯證法的見解。後者認宇宙一切事物，是對立的統一，同時又是統一的分裂，即認宇宙事物是統一而分裂的過程，是統一和分裂的相互關係。明白地說，對立的統一是相對的，統一的分裂是絕對的。也就是說，矛盾本身即為物質體自己運動的源泉，亦即為一切發展的起動力。這便是辯證法的唯物論理論的核心。

上面已經提到量和質的問題。在發展過程內有量和質相互移行的法則。沒有有量而無質的，也沒有有質而無量的，質發生同時量便增大。量增大到某種規定性，即發生新質。這便是量向質的移行。當量向質移行的瞬間，有一定的瞬間，其質量全被保存；在其時過程中斷，由一質量向全相異的他質量移行，即由一合法則性向他一合法則性而作一次飛躍。飛躍見之於客觀的諸現象，也見之於人類的思維。飛躍並不是不可思議的現象。將要達到飛躍之際，意識間無意識間，或遲或速地，須作一定的準備。水在成為水蒸氣之際，須經過溫水一個階段。封建社會在成為資本主義社會之際，須依憑商品交換一定的量之增大。不僅如此，由於質的不同，而飛躍的方法有不同，飛躍的形態和速度亦有不同。水對於冰之飛躍，在一瞬間之內即有可能。封建社會對於資本主義社會之飛躍，則或需數百年之久，甚或需千餘年之久，殊無一定。在這裡，便須明白飛躍的特殊性並須進一步明白這特殊性是非常重要的。觀念論派或機械論派的學者，每每忽視這點，所以對宇宙發展終於不能說明。

在上面所述的兩個根本要素——對立的統一，統一的分裂的法則和質與量相互移行的法則——之外，還有一個根本要素，便是否定的否定的法則。這個法則是使「對立的統一」而具體化的東西。在矛盾的一個發展階段。是新矛盾（質和量）對從前矛盾的否定，追至其次的新矛盾成熟之際，便把曾經否定的矛盾再來一次否定，這便是矛盾發展的法則。譬如一粒麥種，這麥種當發芽生莖之際，便自身腐爛，而遭受一次否定，迨至新麥含穗，長成數十粒乃至數百粒的麥粒之時，則其麥枯朽，便又遭受一次否定。於是由一粒的麥粒向數十粒乃至數百粒的麥粒而發展。此外如米，如粟，乃至其他植物，雖其形態、環境等有不同，而所以根據這種法則以遂其發展之道則一。不僅植物如此，動物亦如此。譬如一條蠶種，是對於此前的卵的否定而產生。迨經三五夜以後，便製成繭巢，而變為蛹，於是又作第二次否定的蛾的準備。這第二次否定蛾，得產數千顆乃至數萬顆的卵。於是由一顆的卵向數千顆乃至數萬顆的卵而發展。此外如牛馬貓鼠之類亦莫不如此。這樣看來，否定的否定的法則，幾遍動植物界而皆然。但觀念論派或機械論派的學者每每把這種法則看作和黑格爾的三段式相同。結果不是二次否定，而是三次否定。譬如上面所舉的蠶種的例子，單從外面的形式的方面去考察，便有這樣的變化，即是卵—蠶—蛹—蛾，這不是二次否定，而是三次否定。這便是由於不理解否定的否定的法則所產生的結果。否定的否定的法則之真正的意味，是由一矛盾向他矛盾轉化，即由一合法則性向他一合法則性轉化。否定卵的蠶—蛹—蛾的變異階段，並不含有新的合法則性，迨達到蛾產卵的階段時，始有新的合法則性之產生。這點不能理解，其不能獲得正確的觀察，乃勢所必然。我們觀察否定的否定的法則，不可憑依外面的形式，而需根據內部的矛盾的進展。否則便不免陷於圖式主義，而認否定的否定的法則與黑格爾的三段式相同。我們絕不能說昆蟲被鳥吃掉，鳥又被猛獸吃掉，是否定的否定的法則。這只是三段式的機械看法，而不是辯證法的否定。這在研究辯證法的人是應該特別注意的。

上面所述三個根本要素，是現代唯物論的理論階段，這不僅中國哲學談不到這步，即西洋哲學亦未必都理解到這點。不過單就哲學的基礎說，它的發展可能性是比較地大。因為辯證法的思想和唯物論的思想，它都能得到平均的發展；有了這樣的基礎，要走上辯證法的唯物論，自然比較容易。況且自然科學的發達，如進化論、相對論、發生學、細胞學等等的發生和發展，都是促進這種新哲學發展的旁因。那麼，西洋哲學確實比中國哲學要有希望的了。不過新哲學的發展，並不完全依據固有哲學的基礎，而社會的發展階段，自亦為其要因。照這樣說，中國哲學在最近的將來究竟發展到如何的程度？這並不決定於已往的收穫，而只決定於我們現在的努力。我們正不必一切從已往推測未來，也不必為未來而抹殺既往，我們只要把握住辯證發展的法則，就隨時隨地都可以確定我們研究的指南。

第二講

儒家的倫理觀

上次已經把中國的哲學講述了一個大概，今天單講儒家。儒家的哲學偏重倫理，孔子實際上是個倫理學家，孟子、荀子都是紹述孔子的倫理思想的。所以我就把今天的講題，叫做儒家的倫理觀。

一　儒家思想的社會背景

在第一講中已經說過：「中國封建制度有一種特色，便是以宗法制度為經，封建制度為緯，將貴族穩固地安放在農業社會之上，而組成一種嚴密的階級制度。」這在西周初年，確乎有這樣一種情形。西周鑒於前代的興亡在於當時諸侯的向背，因此分封同姓子弟和異姓功臣於各要害之區。一方面用以擁護中央的王室，一方面藉以控制舊日的諸侯。這是就封建制度方面說。西周又鑒於前代政治的隆替在於神權的利用與否，因此特別提高敬祖報本的觀念，以替代神權的運用，使中央王室與同姓諸侯形成一個模範的大家族。這是就宗法制度方面說。西周有了這樣的一種嚴密的組織，於是中央集權制遂告成功。而文、武、周公之德，也在各種史籍上特筆記載，成為一般人所認定的隆盛之世。

封建制度是自足自給的農業經濟，生產的目的在滿足自己的要求。第一講曾經說過，封建制度的核心，是建築在地主對農民的經濟剝削基礎上。我們在《詩經》上可以看到那時候的剝削情形，是很明顯的。譬如《魏風．伐檀》章這樣寫著：「坎坎伐檀兮，置之河之干兮，河水清且漣猗！不稼不穡，胡取禾三百廛兮；不狩不獵，胡瞻爾庭有懸貆兮；彼君子兮，不素餐兮！」這是當時地主對農民的剝削。又譬如《魏風．葛屨》章說：「糾糾葛屨，可以履霜，摻摻女手，可以縫裳。要之襋之，好人服之。好人提提，宛然左辟，佩其象揥。維是褊心，是以為刺。」這是當時地主對婦女的剝削。當時所謂「君子」，所謂「好人」，正是十足的地主階級；而被剝削的小人與婦女的地位，就由這些君子與好人的慾望增高，至於被剝削無以自存，且遭一般士大夫的白眼。孔子說：「唯女子與小人為難養也，近之則不孫，遠之則怨。」謂女子與小人之「難養」，是明明白白地說地主階級不容易畜養他們，但又何曾顧到他們之無以自養呢？實則照當時的情形說，正是地主階級難養，並不是女子與小人難養，因為女子與小人是當時的生產者，是女子與小人養地主階級，並不是地主階級養女子與小人。正是孟子所謂「無野人莫養君子」的意思。養之而反被剝削，是地主階級之難養，並不是女子與小人之難養。一篇很明白的道理，卻被孔子故意歪曲，並且在社會上發生廣大的作用，這是什麼緣故呢？

原來，封建社會的士大夫們，是向來不理生產事業的，而且鄙視生產事業的。不信，請看下面的一段記載：

> 樊遲請學稼，子曰：「吾不如老農。」請學為圃，曰：「吾不如老圃。」樊遲出，子曰：「小人哉！樊須也。」

孔子對生產事業的鄙視，由這段話可以完全看出來。學稼學圃，在當時農業經濟發展的社會中，正是很需要的，為什麼孔子倒板著面孔，對樊遲加以拒絕呢？這我在上面已說過，封建社會的士大夫們是不理生產事業的，即是不懂生產事業的。因為不懂，所以加以鄙視。無怪當時荷蓧丈人遇著子路，便責孔子以「四體不勤，五穀不分」的話。你看，以「四體不勤。五穀不分」的人，遇著學稼學圃的問題，又哪能答覆得出來呢？以「四體不勤，五穀不分」的人，對於生產事業，又哪能不加鄙視呢？實際上，孔子的鄙視，由於個人之不懂生產事業，其關係還小；由於維護封建社會，而故意把君子和小人劃出一條鴻溝，其關係卻大。而不幸我們的孔子，卻十足地做了這樣一個封建社會的維護者。

君子和小人在當時是一種對立，是消費者和生產者的對立，是剝削者和被剝削者的對立。但欲掩飾剝削者剝削的痕跡，不得不高唱唯心論的論調，所以孔子對於樊遲學稼的問題，便用這樣的話去折服他。

上好禮則民莫敢不敬，上好義則民莫敢不服，上好信則民莫敢不用情；夫如是則四方之民，襁負其子而至矣，焉用稼？

用「好禮」「好義」「好信」去答覆一個問學稼學圃的人，已經有點奇特，況且最後還申明一句：「焉用稼？」意思是說不須學稼，而稼穡園藝之事都會有人給你弄好，不消你管得，你只須作內心的修養便足，這不是十足的唯心論的論調嗎？孔子為欲掩飾剝削者的痕跡，每每提出這樣的論調。譬如他說：

君子謀道不謀食。耕也，餒在其中矣；學也，祿在其中矣。君子憂道不憂貧。

君子不能自食其力，而美其名曰「謀道不謀食」，「憂道不憂貧」，以養成一種安貧樂道的態度，後世更從而讚美之稱為儒家的態度，於是所謂儒家的態度者成為剝削者最好的裝飾品，最適合的虛偽的外觀。不耕者可以得食，耕者反不能得食，當然會達到「耕也，餒在其中矣；學也，祿在其中矣」的結論。但在當時的士大夫們卻認為這種結論是當然的。我們在《孟子》書中更可看到他們的系統的議論，《孟子．盡心上》說：

公孫丑曰：「《詩》曰：『不素餐兮。』君子之不耕而食何也？」孟子曰：「君子居是國也，其君用之，則安富尊榮，其子弟從之，則孝弟忠信。不素餐兮，孰大於是。」

又《滕文公下》說：

彭更問曰：「後車數十乘，從者數百人，以傳食於諸侯，不以泰乎？」孟子曰：「非其道則一簞食不可受於人，如其道則舜受堯之天下，不以為泰，子以為泰乎？」曰：「否，士無事而食，不可也。」曰：「子不通功易事，以羨補不足，則農有餘粟，女有餘布，子如通之，則梓匠輪輿，皆得食於子。於此有人焉，入則孝，出則悌，守先王之道以待後之學者，而不得食於子，子何尊梓匠輪輿，而輕為仁義者哉？」曰：「梓匠輪輿，其志將以求食也。君子之為道也，其志亦將以求食與？」曰：「子何以其志為哉？其有功於子，可食而食之矣。且子食志乎，食功乎？」曰：「食志。」曰：「有人於此，毀瓦畫墁，其志將以求食也。則子食之乎？」曰：「否。」曰：「然則子非食志也，食功也。」

在《滕文公上》孟子有一段議論，發揮得更露骨：

陳相見許行而大悅，盡棄其學而學焉。陳相見孟子，道許行之言曰：「滕君則誠賢君也，雖然，未聞道也，賢者與民並耕而食，饔飧而治，今也滕有倉廩府庫，則是厲民而以自養也，惡得賢？」孟子曰：「……然則治天下獨可耕且為與？有大人之事，有小人之事，且一人之身，而百工之所為備，如必自為而後用之，是率天下而路也。故曰：或勞心，或勞力。勞心者治人，勞力者治於人；治於人者食人，治人者食於人。天下之通義也。」

從這幾段話裡面，我們可以認識幾點：一、君子不耕而食的理由，是「其君用之，則安富尊榮；其子弟從之，則孝弟忠信」。這是說明君子的地位應該佔優勝。因為君子可以從封建領主享到「安富尊榮」，而封建領主又可以從君子取得「孝弟忠信」。有剝削之實，而無剝削之名；有不耕而食之利，卻不蒙不耕而食之譏。這是君子之所以為君子。二、梓匠輪輿用他們的勞力以得食，倒可以不必尊重，而「後車數十乘，從者數百人，以傳食於諸侯」的君子，因為他為封建諸侯提倡封建道德之故，卻萬萬不宜輕蔑。這是很顯明地尊重「傳食諸侯」的有閒階級，尊重「無事而食」的士，而將梓匠輪輿的「功」和有閒階級的「功」混同，都認為「可食而食之」。三、分人類為治者與被治者：治者勞心，被治者勞力；被治者食人，治者食於人。而所謂治者大都是富「有倉廩府庫」「厲民以自養」的人，不唯如此，所謂治者必高於被治者，認為是「大人之事」，反之，被治者便認為是「小人之事」。於是治者得因其地位之高，以盡其「厲民自養」之能事。由上三點觀之，孟子的根本主張，直與孔子「耕也餒在其中矣，學也祿在其中矣」一語相暗合，可見當時的士大夫們對封建地主的效勞，是懷著一致的態度的。經過孔、孟這樣的說明，於是不出勞力者得居社會的最高級，而出勞力者反居社會的最下級。不出勞力者和出勞力者遂成為貴者和賤者的別名。孔子說：

君子懷德，小人懷土；君子懷刑，小人懷惠。（《論語．里仁》）君子喻於義，小人喻於利。（《論語．里仁》）

照孔子的看法，君子和小人的距離已經很遠，可是，後來到了荀子的時候，君子和小人的距離，更同天淵之別，荀子說：

君子之學也，以美其身；小人之學也，以為禽犢。（《勸學篇》）

君子以德，小人以力。力者德之役也。（《富國篇》）

化師法，積文學，道禮義者為君子；縱性情，安恣睢，而違禮義者為小人。（《性惡篇》）

孔、孟、荀對君子和小人原是一致的看法，不過荀子更把小人壓迫到最低賤的地位；而生產事業遂益發為社會所輕，而儒家的倫理觀遂得風行於中國，至於到現在而不衰。以上是從儒家所處的社會背景觀察儒家的倫理思想，我們現在更可以從儒家的倫理思想證明中國所處的社會背景。

二　儒家倫理思想的特質

儒家既以擁護封建組織為職責，當然不能不提出它的十足的唯心論，用它的唯心論以掩蓋其對小人羈縻和剝削的痕跡，正如希臘時代的三哲人用他們的觀念論來掩蓋其對奴隸羈縻和剝削的痕跡一樣。希臘的三哲人專在概念上做工夫，用概念為統治奴隸的工具，中國的儒家其用意正復如此。孔子主張正名，孟子主張定於一，荀子則更將這兩種思想發揚而光大之，以形成儒家初期倫理思想的體系。現在為敘述方便起見，分別說明於後。

一、孔子的倫理思想

孔子目睹當時封建組織之日趨動搖，現實轉變之有加無已，因發而為擁護封建道德的根本主張，於是提出一個正名主義。「名」正是希臘三哲人所倡導的概念，是統治一切無知民眾最良好的工具。舉凡政治、道德、風俗、習慣的基礎，都可由「名」建立起來。名正則社會秩序可以維繫久遠，名亂則人倫紀綱可以隳於一旦。所以《論語》上鄭重地揭出孔子正名的主張。

子路曰：「衛君待子而為政，子將奚先？」子曰：「必也正名乎！」子路曰：「有是哉？子之迂也，奚其正？」子曰：「野哉由也！君子於其所不知，蓋闕如也。名不正，則言不順；言不順，

則事不成；事不成，則禮樂不興；禮樂不興，則刑罰不中；刑罰不中，則民無所措手足……」（《子路》）

在孔子當時的社會實況，是「邪說暴行有作，臣弒其君者有之，子弒其父者有之」。然則封建道德之維護，在當時乃刻不容緩之舉。所以孔子認「正名」為「為政」之先。中國的封建制度是與宗法制度併力而趨的，一面注重封建制度之維護，一面又注重宗法制度之維護。所以孔子對齊景公之問政，便爽直地說：「君君，臣臣；父父，子子。」（《論語．顏淵》）正名是正名分，君有君的分，臣有臣的分，父有父的分，子有子的分，如果各依其分以盡其道，是謂「君君，臣臣；父父，子子」。如果各違其分以非其道，是謂「君不君，臣不臣；父不父，子不子」。君臣父子之義，是儒家倫理思想的基本要件，即是封建組織的基本要件，這便是正名主義的核心。其他道德上的節目，都於是起義。不了解孔子正名主義的核心，而妄談孔子的倫理思想，便成為枝葉的枝葉。所以在說明孔子的「仁」以前，應充分地具有這麼一種認識。

蘇格拉底主張「知識即道德」，知識即是一種普遍的概念，無異於說普遍的概念即道德。概念具有普遍的效力與威權，因之道德即具有普遍的效力與威權。孔子的「名」，正是蘇格拉底的概念，即具有普遍的效力與威權。君具有君的普遍的效力與威權，父具有父的普遍的效力與威權。某甲的知識與人格雖不足以為君父，而一經做了實際的君父，他便具有君父的普遍的效力與威權，他可以隨時羈縻人，可以隨意生殺人。因為他據有君父的「名」。某乙的知識與人格，雖超過於為人臣，為人子，而一經做了實際的臣子，他便應當盡一般的臣子的職責，他應當知道「天王聖明，臣罪當誅」，應當知道「事父母幾諫，見志不從，又敬不違，勞而不怨」。因為他擁有臣子的「名」。由此可知「名」對於社會安寧之維繫是有絕大的功用的。孔子提出一個「正名」的口號，欲無形中減少社會上許多篡弒爭奪之事，不能說不是一個封建組織之善於維護者，不能說不具有一種認識。

正名的口號提出了之後，一切道德的節目才有著落。才能說到孔子的孝仁忠恕。中國的封建組織是用宗法制度做核心的，因此孝在倫理上的地位異常重大。因此儒家認孝為百行的源泉。孝是忠之本，所謂「孝慈則忠」，所謂「求忠臣必於孝子之門」。但孝也即是仁之本，孝是達到仁的基本條件。《論語》云：

有子曰：「其為人也孝悌，而好犯上者，鮮矣。不好犯上，而好作亂者，未之有也。君子務本，本立而道生。孝悌也者，其為仁之本與！」（《學而》）

所謂孝悌，目的並不在孝悌，而在不犯上作亂。在家庭中養成了一種孝悌的性習，將來到社會上自然不會輕易犯上作亂。所謂孝是忠之本，這段話是解釋得再明白沒有的。但孝也即是仁之本，仁的範圍很大，下面當說明。做了一番孝的基本工夫，就建築了仁的基礎了，這即是「本立而道生」之意。我們現在且把孔子所講孝的內容去加以分析。

甄克思在《社會通詮》上解釋宗法社會有三個特徵：一、男統，這時候始注重族姓；二、婚制，這時候始嚴夫婦之別；三、家法，這時候始奉父為一家之統治者。我們根據這三個特徵，便可以知道孔子提倡孝的本意。孔子是宗法社會的產物，他既以封建組織的維護自任，當然不能不特別地提高宗法的意義。因此重父權，尚男統，嚴婚制。《論語》云：

子曰：「父在觀其志，父沒觀其行。三年無改於父之道，可謂孝矣。」（《學而》）

從這段話裡面可以看到孔子是如何尊重父權的，又是如何尊重男統的。難道母在便不可以觀其志，母沒便不可以觀其行嗎？父沒之後，還要「三年無改於父之道」，則父之權威更可想而知。《論語》上還有一段記載，也是論述孔子之尊重父權的。

曾子曰：「吾聞諸夫子，孟莊子之孝也，其他可能也，其不改父之臣，與父之政，是難能也。」（《子張》）

在《論語》上關於宗法的倫理思想，是記載得很多的，可見孔子在當日一番宗法維護的苦心。孟德斯鳩說：

支那立法為政者之所圖，有正鵠焉。曰：四封寧謐，民物相安而已。彼謂求寧謐而相安矣，則其術無他，必嚴等衰，必設分位，故其教必諦於最早，而始於最近共有之家庭。是故孝之為義，不自事親而止也，蓋資於事親，而百行作始。彼唯孝敬其所生，而一切有近於所生，表其年德者，將皆為孝敬之所存。則長年也，主人也，官長也，君上也，且從此而有報施之義焉；以其子之孝也，故其親不可以不慈，而長年之於稚幼，主人之於奴婢，君上之於臣民，皆對待而起義。凡此之謂倫

理，凡此之謂禮經，倫理禮經，而支那之所以立國者胥在此。（嚴復譯《法意》第十九卷）

由這段話裡面，我們可以想見孔子所以提倡孝的一番深意。孔子以為封建組織欲求完備，當令一切人的生活全從孝的唯一觀念引申而出。正是孟德斯鳩所說的，「資於事親，而百行作始」。我們明白了這點，就可以談到孔子的「仁」了。孔子的仁，是賅括一切生活的，一都須從孝的唯一觀念引申而出，即無異於說仁須從孝的唯一觀念引申而出了。有子說：「孝弟也者，其為仁之本與！」正說明了孝與仁的因果關係。孔子更鄭重地這樣說道：

入則孝，出則弟，謹而信，泛愛眾，而親仁。（《學而》）

孝在最初，仁在最後，孝是仁的基礎，可以想見孝與仁的關係之大。反過來說，如果不孝，也許不能做到仁的地步了。所以宰我欲廢三年之喪，孔子便這樣地責罵他：

予之不仁也。子生三年，然後免於父母之懷。夫三年之喪，天下之通喪也，予也有三年之愛於其父母乎？（《陽貨》）

宰我欲廢三年之喪，孔子便責以不仁，更可以看到孝與仁的因果關係。孔子以為在個人立身是如此，推而至於為政所謂治國、平天下，亦莫不如此。所以《論語》上這樣記著：

> 君子篤於親，則民興於仁；故舊不遺，則民不偷。（《泰伯》）
>
> 或謂孔子曰：「子奚不為政？」子曰：「《書》雲『孝乎！唯孝友於兄弟，施於有政』。是亦為政？奚其為為政？」（《為政》）
>
> 慎終追遠，民德歸厚矣。（《學而》）

孝與仁有這麼一種因果的關係，則孔子的仁，便不難於說明了，以下便把孔子的仁作一番檢討。關於仁的解釋，議論紛紜，有的拿「成人」去解釋，有的拿「同情心」去解釋，有的更拿《易・繫辭》「寂然不動，感而遂通天地之故」去解釋，各有各的主張。其實都沒有著眼到孔子所處的是什麼社會，孔子的根本主張是要維持什麼社會。仁字在孔子的全部思想裡面是這樣的重要，難道沒有他的根本用意嗎？我以為不從孔子的社會背景去說明孔子的仁都是頭痛醫頭、腳痛醫腳的看法。《論語》中論仁的有五十八章，講到仁的有百餘處。孔子並沒有給仁字下一個剴切概括的定義，他總是隨事指點，隨處發揮，有時對學生質問，總是按照學生的程度、性格等等隨意答覆，難道我們可以根據某種的答覆，看作孔子的仁的全般意義嗎？所以我們說明孔子的仁，非通觀全局不可。在家族本位的封建社會中，需要一種對己對人的誠實謹愿的美德，這便是所謂忠恕。忠是盡己，恕是推己及人。所謂仁須賅括忠恕。所以曾子說：

夫子之道，忠恕而已矣。（《論語．里仁》）

在封建社會的個人就該盡忠恕之道，在封建社會的統治階級更應該一本忠恕之懷。前者求如何所以為仁者，後者求如何所以體仁心、行仁政。我們現在且分作兩方面來說明。《論語》上關於個人修養方面的，發揮得很多，大約計之。如：

孝弟也者，其為仁之本與？（《學而》）

巧言令色，鮮矣仁。（《學而》）

剛毅木訥，近仁。（《子路》）

顏淵問仁，子曰：「克己復禮為仁。一日克己復禮，天下歸仁焉。為仁由己，而由人乎哉？」（《顏淵》）

仲弓問仁，子曰：「出門如見大賓，使民如承大祭。己所不欲，勿施於人。在邦無怨，在家無怨。」（《顏淵》）

司馬牛問仁，子曰：「仁者其言也切。」（《顏淵》）

樊遲問仁，子曰：「居處恭，執事敬，與人忠，雖之夷狄，不可棄也。」（《子路》）

夫仁者己欲立，而立人；己欲達，而達人。能近取譬，可謂仁之方也已。（《雍也》）

唯仁者能好人，能惡人。（《里仁》）

不仁者不可以久處約，不可以長處樂。（《雍也》）

仁者不憂。（《子罕》）

……仁者樂山；……仁者靜；……仁者壽。（《雍也》）

當仁，不讓於師。（《衛靈》）

苟志於仁矣，無惡也。（《里仁》）

我欲仁，斯仁至矣。（《述而》）

以上都是關於個人修養方面的話。有關於對己的，有關於對人的，換句話說，有關於忠的，有關於恕的。就以上引用的句子看來，孔子似特重恕道的修養，所謂「己所不欲，勿施於人」，所謂「己欲立而立人，己欲達而達人」，都是就恕道立論的。恕道出發於「惻隱之心」，有「惻隱之心」，才能做到「己所不欲，勿施於人」，才能「己立立人，己達達人」。所以孟子說「惻隱之心，仁之端也」（《公孫丑上》），又說「惻隱之心，仁也」。因為「惻隱之心，人皆有之」，這即是所謂「人心」。

孔子的仁，純就心體言，孟子用「人心」釋仁，確有深意。何以「巧言令色，鮮矣仁」，因為這種人內心修養有不足；何以「剛毅木訥，近仁」，因為這種人內心修養充實。都是從心體方面立論的。孔子以為心體是靜的。故有「仁者樂山；……仁者靜；……仁者壽」的話。如果從心之體發而為心之用，便不是靜的了。孔子著重從心之體發而為心之用，所以說到孔子的仁，總是生趣盎然的。《中庸》說「力行近乎仁」，就很能說明這個意思。

孔子以為在封建社會的個人，應該先養成一種好仁惡不仁的性習。所以他在《論語》上關於這種議論是很多的。他說：

我未見好仁者，惡不仁者。好仁者無以尚之；惡不仁者，其為仁矣，不使不仁者加乎其身。有能一日用其力於仁矣乎！我未見力不足者。蓋有之矣，我未之見也。（《里仁》）

這是一番懇切地勉人為仁的設教。以為只要用力於仁，仁便可以自致。所以說：「仁遠乎哉？我欲仁，斯仁至矣。」又說：「苟志於仁矣，無惡也。」又說：「當仁，不讓於師。」為仁的工夫，又應當從個人做起，所以孔子對顏淵說：「為仁由己，而由人乎哉？」不把仁特別提倡起來，便不容易建立封建社會倫理的基礎，這是孔子的苦心所寄之處。

《論語》上關於封建社會統治階級如何推行仁政，發揮得也不少。如：

民之於仁也，甚於水火；水火吾見蹈而死者矣，未見蹈仁而死者也。（《衛靈》）

子張問仁於孔子，孔子曰：「能行五者於天下，為仁矣。」請問之，曰：「恭、寬、信、敏、惠。恭則不悔，寬則得眾，信則人任焉，敏則有功，惠則足以使人。」（《陽貨》）

人而不仁，如禮何？人而不仁，如樂何？（《八佾》）

樊遲問仁，子曰：「愛人。」問知，子曰：「知人。」樊遲未達。子曰：「舉直錯諸枉，能使枉者直。」樊遲退。見子夏，曰：「鄉也，吾見於夫子而問知，子曰：『舉直錯諸枉，能使枉者直。』何謂也？」子夏曰：「富哉言乎！舜有天下，選於眾，舉皋陶，不仁者遠矣；湯有天下，選於眾，舉伊尹，不仁者遠矣。」（《顏淵》）

如有王者，必世而後仁。（《子路》）

這是專為封建社會統治階級設教的，以為封建社會統治階級應有一種仁愛的心。這種仁愛的心，在好的方面的解釋，是「愛民猶子」，是「視民如傷」；若在壞的方面的解釋，便是緩和民眾的反抗心，扶植民眾的生產力，得以遂其剝削的私願，滿足其更高的欲求。從歷史上的事實考察，從封建社會的形態探求，統治階級只有傾向於後者，而不傾向於前者。表面上看來，民眾確實要求這種仁政，所謂「民之於仁也，甚於水火」，骨子里民眾並不要求這種麻醉的工具。可是儒家為貫徹麻醉民眾的目的起見，都是很熱烈地倡導著。譬如孟子，他便注全力於這點。我們從《孟子》一書裡面可以看到很露骨的文句：

今王發政施仁，使天下仕者皆欲立於王之朝，耕者皆欲耕於王之野，商賈皆欲藏於王之市，行旅皆欲出於王之塗。天下之欲疾其君者，皆欲赴訴於王，其若是孰能御之？（《梁惠王上》）

以力假仁者霸，霸必有大國；以德行仁者王，王不待大。湯以七十里，文王以百里。以力服人

者，非心服也，力不贍也；以德服人者，中心悅而誠服也。（《公孫丑上》）

行仁政而王，莫之能御也。（《公孫丑上》）

孔子曰：「仁不可為眾也。」夫國君好仁，天下無敵。今也，欲無敵於天下，而不以仁，是猶執熱而不以濯也。（《離婁上》）

民之歸仁也，猶水之就下，獸之走壙也。（《離婁上》）

三代之得天下也，以仁；其失天下也，以不仁。天子不仁，不保四海；諸侯不仁，不保社稷；卿大夫不仁，不保宗廟；士庶人不仁，不保四體。（《離婁上》）

是以唯仁者宜在高位，不仁而在高位，是播其惡於眾也。（《離婁上》）

仁言不如仁聲之入人深也。（《盡心上》）

仁者以其所愛及其所不愛，不仁者以其所不愛及其所愛。（《盡心下》）

封建社會統治階級的仁愛之心，就是要使士農商旅歸化，使受麻醉者根本不覺其麻醉，反從而謳歌頌揚之，「猶水之就下，獸之走壙」，這便是「心服」之道。這是孔子保育政策之充分的發揮。孟子雖沒有超出孔子思想的範圍，卻是比孔子說得更露骨些、更透徹些。質言之，所謂仁政，便是《中庸》上所說的「勸百姓，勸百工，柔遠人，懷諸侯」的政策。我們可以看到孔子的仁，在統治階級一方面，又是何等的重要。

仁的概念是非常廣泛的，幾乎是一切道德的總綱領。孔子的禮樂，是極其重要的德目，然而不本著仁心，去行禮樂，那就禮樂亦無所用。所謂「人而不仁，如禮何？人而不仁，如樂何？」他如恭、寬、信、敏、惠，也只是仁的節目，所以孔子說：「能行五者於天下，為仁矣。」總之，仁在孔子心目中，是封建社會中麻醉民眾唯一的工具。

孝與仁的因果關係，即是倫理與政治的因果關係，孔子謀孝與仁的結合，即是謀倫理與政治的結合，亦即是謀宗法組織與封建組織的結合。我們從《論語》裡面看到孔子對孝與仁討論得特別緻密詳盡，也就可以知道孔子的用意所在。

孔子是一個淑世主義者，也即是一個人文主義者，我們由他對周室的憧憬，與對周公的懷念，可見他是如何地崇拜周代的典章文物。《論語》上記述孔子對周室憧憬的有好幾處：

周監於二代，鬱鬱乎文哉！吾從周。（《八佾》）

甚矣吾衰也！久矣吾不復夢見周公。（《述而》）

如有用我者，吾其為東周乎？（《陽貨》）

周代是典型的封建組織，孔子的崇拜是當然的結果。因為這樣，就決定以後孟、荀二氏思想的路向，並決定以後中國人的生活。

二、孟子的倫理思想

孟子所處的時勢，比孔子所處的時勢更混亂，寶塔式的封建組織，更無法維持，加以民眾的階級意識又有覺醒的模樣，而上層階級對於下層階級的橫徵暴斂，有加無已。且在當時雜說並興，「楊朱、墨翟之言盈天下，天下之言不歸楊，則歸墨」。這些現象，都使孟子對於封建社會之維護，對於孔子學說之解釋，不能不嚴整陣容，以加強自身的力量而堅定民眾的信仰。於是孟子更走入唯心論的深處，比孔子更進一步，發揮其精透的唯心論的主張。

原來，孔子只在倫理學上提出一個「名」來，只欲以概念為維護封建的武器，到了孟子的時候，便想在形而上學的領域內，建立思想的體系，另提出一個「心」來。他對孔子的關係，正如柏拉圖之對蘇格拉底。於是在孟子的倫理思想中，無處不把純粹的內心界和複雜的外物界分開，重視精神上的慰安，而賤視物質上的享樂。他以為不是這樣，不足以轉移當時的世道人心，不足以挽救日見動搖的封建組織，因此，把孔子的思想更體系化了，更唯心化了。同時，為迎合民眾心理起見，更發出許多尊重民權的議論，以肆其更巧妙的誘惑手段，而和緩一般無產大眾的反抗情緒，這是他和孔子主要不同的地方。

因為他的思想，是全從「心」出發，故特別提出一個「我」來。他在《盡心》章這樣吶喊著：

萬物皆備於我矣。

唯心論走到極端，便成為唯我論，這在西洋的哲學家，像柏克萊、費希特諸人都是如此。認

「我」即是實在，一切萬物都只是「我」的觀念，成為主觀的唯心論。所以孟子說了「萬物皆備於我矣」一句話之後，就繼續地說：「反身而誠，樂莫大焉。」「反身而誠」，就是從「我」的觀念去用功夫。「誠」是「我」的觀念的產物，這個「誠」字，在孟子的形上學上是極其重要的。孟子說：

誠者，天之道也；思誠者，人之道也。至誠而不動者，未之有也，不誠，未有能動者也。

誠是天之道，思誠是人之道，這是孟子的宇宙觀之表白。這種宇宙觀影響到後來的《中庸》（在第六講中詳細說明）。孟子以為人之道就在「思誠」。「思」是心之所之，是心志上的努力，這是心的主宰，所謂「心之官則思」。「思誠」和孔子所謂「欲仁」、「志於仁」的意思相同。因為要「思誠」才可以得到誠，所謂「思則得之，不思則不得也」；有了誠就可以收動人的效果。誠是充滿宇宙的，和柏拉圖的「理念」相類似。孟子注重「思誠」，柏拉圖便注重對理念的思慕。柏拉圖的《愛洛斯》（Eros）便是這樣發生的。愛洛斯即思慕憧憬之意，吾人欲脫去感覺世界而復歸於理念世界，即原於愛洛斯。用孟子的話說明，便是「耳目之官不思，而蔽於物；物交物則引之而已矣；心之官則思；思則得之，不思則不得也」。所以「思誠」的「思」，在孟子的學說上是極其重要的。孟子以為耳目之官是養小體的，心之官便是養大體的。因此說：

體有貴賤，有大小。無以小害大，無以賤害貴。養其小者為小人，養其大者為大人。（《告子

上》）

孟子因為注重養大體，所以特別看重「志」。因為看重「志」，所以又看重「詩」。在心為志，發言為詩。即言可以觀心，即詩可以觀志。孟子說：

夫志，至焉，氣，次焉。故曰：持其志，無暴其氣。（《公孫丑上》）

所謂「志，至焉」，可以想見志的重要。有一回王子墊問孟子，說道：「士何事？」孟子說：「尚志。」孟子認為「尚志」即是「大人之事」。所以「尚志」即是養大體的方法。這種議論，都是從他的主觀的唯心論發展出來的。

上面已經說明了孟子思想體系的大概，現在要進一步說明他的仁義。孔子注重仁的說明，孟子便注重義的說明，但都是以孝為出發點的。在《論語》上我們可以看到孔子所談的義，大半是與利對舉。在《里仁》章裡面這樣記著：

子曰：「君子喻於義，小人喻於利。」

又孔子論君子九思，有「見得思義」之語，和子路論成人，有「見利思義」之語，都是拿義和利對舉而言的。「義者事之宜」，這應當是義字比較正確的解釋。有一回子路問孔子，說道：「君子尚勇乎？」孔子說：「君子義以為上。君子有勇而無義為亂，小人有勇而無義為盜。」這都是就「事之宜」立論的。又孔子論君子，有「義以為質，禮以行之，孫以出之，信以成之」的話，認義在禮、孫、信之上，也是看重在「事之宜」。到了孟子的時候，義的含義便擴大了許多了。他把宗法的意識和封建的意識擴大到義字上面去，而將仁義並舉。說到仁義，就把父子、君臣兩倫都賅括無遺了。譬如他對梁惠王的發問，便這樣答覆：

> 未有仁而遺其親者也，未有義而後其君者也。王亦曰：仁義而已矣，何必曰利。（《梁惠王上》）

把仁義賅括封建社會的倫理，是孟子倡導仁義的主眼。所以孟子見梁惠王、齊宣王等人，總是拿仁義去說服他們。有一回宋牼想「以利說秦、楚之王」，孟子期期以為不可，便趕快提出仁義之說去折服他。孟子說：

> 先生以仁義說秦、楚之王，秦、楚之王悅於仁義，而罷三軍之師，是三軍之士樂罷而悅於仁義也。為人臣者懷仁義以事其君，為人子者懷仁義以事其父，為人弟者懷仁義以事其兄，是君臣、父子、兄弟去利懷仁義以相接也，然而不王者，未之有也，何必曰利。（《告子下》）

孔子雖然拿義利對舉，可是沒有孟子那樣緻密的說明，也不曾像孟子那樣著重封建的意識。這是很顯明的，孟子唯心論的傾向，比孔子更進一步。孟子說了「未有仁而遺其親，未有義而後其君」的話，又說了「仁之於父子也，義之於君臣也」的話，似乎總是把仁歸到事親一方面，把義歸到事君一方面，可是他對仁與義的解釋，甚至對禮與智的解釋，有時純從宗法方面著眼。譬如他說：

仁之實，事親是也；義之實，從兄是也；知之實，知斯二者，弗去是也；禮之實，節文斯二者是也；樂之實，樂斯二者；樂則生矣，生則惡可已也，惡可已，則不知足之蹈之，手之舞之。（《離婁上》）

親親，仁也；敬長，義也。（《盡心上》）

以事親從兄，親親敬長說明仁義，專從宗法的觀點解釋仁義，這也有孟子的一番苦心。因為要推行仁義，還須從孝做起。我們看《孟子》裡面關於孝的議論，是抱有何等的決定的態度。

不得乎親，不可以為人；不順乎親，不可以為子。（《離婁上》）

事孰為大，事親為大，守孰為大，守身為大。不失其身而能事其親者，吾聞之矣；失其身而能事其親者，吾未之聞也。孰不為事，事親事之本也；孰不為守，守身守之本也。（《離婁上》）

孟子和孔子是抱著同樣的態度，認孝為百行的源泉。所以在五倫之中，必拿父子一倫，放在第一位。譬如說：

父子有親，君臣有義，夫婦有別，長幼有序，朋友有信。（《滕文公上》）

這分明是孟德斯鳩所說的「資於事親，而百行作始」。所以父子放在五倫之首。這樣看來，孟子的思想，似乎處處都表現一種嚴密的組織。

孟子好言仁義禮智。他以為仁義禮智都是從他的主觀的唯心論出發的。譬如他說：「仁義禮智根於心。」（《盡心上》）又說：「仁義禮智，非由外鑠我也，我固有之也。」（《告子上》）他把仁義禮智解作由四種心而來的。他說：

惻隱之心，仁之端也；羞惡之心，義之端也；辭讓之心，禮之端也；是非之心，智之端也。人之有是四端也，猶其有四體也。（《公孫丑上》）

他以為任何人都有這四種心，所謂「惻隱之心，人皆有之；羞惡之心，人皆有之；辭讓之心，人皆有之；是非之心，人皆有之」。「無惻隱之心，非人也；無羞惡之心，非人也。無辭讓之心，非人也；無是非之心，非人也。」這四種心就如孔子所說的：「操則存，舍則亡，出入無時，莫知其鄉。」（《告子上》）所以孟子主張求放心，並且堅決地說：「學問之道無他，求其放心而已矣。」我們在這裡可以看到孟子種種倫理上的說教，都不曾離開他的一貫的唯心論的主張。

孔子提出種種德目，只是倫理學的。孟子提出種種德目，卻都是形上學的，所以我說孔子的思想到了孟子手裡，更體系化了，更唯心化了。在封建社會裡面，唯心論是最好的工具，是最精的武器。並且唯心論中還須夾有有神論的見解，這樣，才可使封建社會鞏固安定而不易動搖。無怪《孟子》書中有許多地方，充滿著神祕主義的色彩。

孟子既站在主觀的唯心論的立場，以維護當時日見動搖的封建社會為職志，為什麼又特別地尊重民權呢？這不能不有個徹底的說明。孟子處在民眾階級意識漸漸覺醒的社會中，如果沿用孔子的保育政策，所謂「民可使由之，不可使知之」，勢必引起民眾的懷疑，甚至引起民眾的反抗情緒。所以為和緩民眾的懷疑心理起見，不能不發些尊重民意的議論，像後面所記載的文句，都是很顯然的：

民事不可緩也。（《滕文公上》）

民為貴，社稷次之，君為輕。（《盡心下》）

暴其民甚，則身弒國亡；不甚，則身危國削。名之曰幽、厲，雖孝子慈孫，百世不能改也。（《離婁上》）

賊仁者謂之賊，賊義者謂之殘。殘賊之人，謂之一夫，聞誅一夫紂矣，未聞弒君也。（《梁惠王下》）

桀紂之失天下也，失其民也，失其民者，失其心也。得天下有道，得其民斯得天下矣。得其民

有道，得其心斯得民矣。得其心有道，所欲與之聚之，所惡勿施爾也。（《離婁上》）

左右皆曰賢，未可也；諸大夫皆曰賢，未可也；國人皆曰賢，然後察之；見賢焉，然後用之。左右皆曰不可，勿聽；諸大夫皆曰不可，勿聽；國人皆曰不可，然後察之；見不可焉，然後去之。左右皆曰可殺，勿聽；諸大夫皆曰可殺，勿聽；國人皆曰可殺，然後察之；見可殺焉，然後殺之。故曰：國人殺之也。如此，然後可以為民父母。（《梁惠王下》）

由上面的話，我們可以知道他是如何地尊重民意，民眾的地位又是何等地抬高，對失民心的統治者，又是何等地詬罵，我們讀了上面這些話，幾乎疑孟子是近代資本主義社會的產物，絕不是封建社會的人。孟子還有論君臣關係的一段話，也足令人快慰：

君之視臣如手足，則臣視君如腹心；君之視臣如犬馬，則臣視君如國人；君之視臣如土芥，則臣視君如寇仇。（《離婁下》）

禮為舊君有服，何如斯可為服矣？曰：「諫行言聽，膏澤下於民；有故而去，則君使人導之出疆，又先於其所往。去三年不反，然後收其田裡：此之謂三有禮焉，如此則為之服矣。今也，為臣，諫則不行，言則不聽，膏澤不下於民；有故而去，則君搏執之。又極之於其所往，去之日遂收其田裡：此之謂寇仇，寇仇何服之有？」（《離婁下》）

關於尊重民意，摧抑君權的言論，在《孟子》書中，確實是很多的，不過孟子的主張，只能說是尊重民意，絕不能談到尊重民權。因為他所嚮往的社會，仍是天子、諸侯、大夫、士、庶人五等的寶塔式的封建社會。他不過借尊重民意，摧抑君權，以加重麻醉當時民眾的覺醒意思而已。他不過像法庭所雇定的御用律師，為民眾充任義務辯護而已。他的根本動機，可以用一句話說明，便是：「保民而王。」（《梁惠王上》）

怎樣叫「保民」呢？便是推愛牛之心以愛百姓，推不忍見牛之「觳觫若無罪而就死地」之心以愛百姓。百姓得以苟免於死，與牛羊犬馬之類得以苟免於死相若。這種推愛之心，便是仁心，便是仁政。像這樣的政治見解，如何談得上民權呢？所以淺見寡識的人，看到孟子大談其「民貴君輕」之說，以為是民主主義的出現，更以為是社會主義的出現。而忽視他的「保民而王」的根本動機，這如何能夠把握住孟子呢？總之，孟子的主張，表現在他的全部學說上，我們絕不能掇拾一二語以貿然漠然斷定他的生平。

關於孟子的倫理思想，可講述的還多，為節省時間起見，就這樣地作一結束。現在再講荀子。

三、荀子的倫理思想

荀子所處的時勢比孟子更壞，西周的封建典型，益發無法維持。一面因豪強崛起，侵凌爭奪，殆無寧日；一面因商工業逐漸發達，一般慾望的增高，亦無已時。這時想維持已往的封建社會，又非孔、孟已用的保育政策所能奏功。於是荀子在這時除繼承孔、孟的觀念論以外，還須另建立一種倫理觀。孔、孟所採用的都是柔性政策，荀子乃建立一種剛性政策。凡孔子以來正名崇禮的思想，一切以嚴厲強硬的態度倡率之，因此演變為韓非一流的法治論。

原來，孟子時代，商品經濟雖已在發展的過程中，但那時一般的慾望仍不甚高，尚不能認慾望為一切紛爭的源泉。所以孟子沒有節慾、制欲一派極嚴重的議論。而且他還說過「飲食男女，人之大欲存焉」的話，似乎反有導欲的主張。因此主性善說，主人具四端說。若荀子時代便不如此。荀子時代是人慾橫流的時代。人慾橫流的結果，造成了各種傷心慘目的戰爭。倘這時再不從這點力圖補救，那封建社會的組織，只有愈趨於解體之一途。因此荀子倡性惡說，從人性深處說出所以致惡之因，然後重新提出崇禮正名的主張。荀子說：

> 今人之性，生而有好利焉，順是，故爭奪生而辭讓亡焉。生而有疾惡焉，順是，故殘賊生而忠信亡焉。生而有耳目之欲，有好聲色焉，順是，故淫亂生而禮義文理亡焉。然則從人之性，順人之情，必出於爭奪，合於犯分亂理，而歸於暴。（《性惡篇》）

人的本性是好利、疾惡、縱耳目之欲、極聲色之好，這便是致惡的源泉。所以荀子肯定人性是惡的。但人性雖惡，卻非不可以變成善。欲變成善，須得「化性起偽」。「化性起偽」，是荀子倫理學說的核心。我們且看荀子如何說明。

凡禮義者，是生於聖人之偽，非故生於人之性也。故陶人埏埴而為器，然則器生於工人之偽，非故生於人之性也。故工人斫木而成器，然則器生於工人之偽，非故生於人之性也。聖人積思慮，習偽故，以生禮義而起法度，然則禮義法度者是生於聖人之偽，非故生於人之性也。若夫目好色，耳好聲，口好味，心好利，骨體膚理好愉佚，是皆生於人之性情者也。感而自然，不待事而後生之者也。夫感而不能然，必且待事而後然者，謂之生於偽，是性偽之所生，其不同之征也。故聖人化性而起偽，偽起而生禮義，禮義生而製法度。然則禮義法度者是聖人之所生也。故聖人之所以同於眾其不異於眾者性也，所以異而過眾者偽也。（《性惡篇》）

從這段文章裡面，可以看到「化性起偽」是一層極重要的工夫。什麼是偽，這不能不有個剴切的說明。荀子自己解釋道：「不可學，不可事，而在人者，謂之性；可學而能，可事而成之在人者，謂之偽。」（《性惡篇》）他又在《正名篇》裡面這樣加以分析：「生之所以然者謂之性。性之和所生，精合感應，不事而自然，謂之性。性之好惡喜怒哀樂，謂之情。情然而心為之擇，謂之慮。心慮而能為之動，謂之偽。慮積焉，能習而能成，謂之偽。」我們可以知道偽是性以外的東西。偽是化性的一種人為的作用。我們的工作要分兩步：第一步是化性起偽；第二步是生禮義。荀子認禮義不起於性，而起於偽，積偽之極，則性與偽化，而禮義乃生。所以他說：「性偽合，然後有聖人之名。」又說：「積偽而化謂之聖，聖人者偽之極也。」可見偽是使惡的人性變成善的人性一種基本條件。我們若不先把這點講述明白，那就他的正名崇禮的主張，說來說去，都是沒有著落的。

孔子主成仁，孟子主取義，荀子則主崇禮。上面所說明的化性起偽，不過是說明產生禮義的原因，並不曾講到荀子對禮的主張。荀子的全般學說，幾乎都是說明禮的。他雖然禮樂並舉，但是他的根本精神，仍著重在禮，樂不過是輔助禮的東西。他以為禮的全部是著重在養的，樂不過是養的一種。《禮論篇》說：

故禮者養也。芻豢稻粱，五味調香，所以養口也；椒蘭芬苾，所以養鼻也；雕琢刻鏤、黼黻文章，所以養目也；鐘鼓管聲、琴瑟竽笙，所以養耳也；疏房、檖、越席、床笫、幾筵，所以養體也。故禮者養也。

禮起於何也？曰：人生而有欲，欲而不得，則不能無求，求而無度量分界，則不能不爭，爭則亂，亂則窮。先王惡其亂也，故為禮義以分之，以養人之欲，給人之求，使欲必不窮乎物，物必不屈於欲。兩者相持而長，是禮之所起也。

樂不過是養耳的，不過是禮的一種作用。荀子認禮的作用極其廣大，可以養口、養鼻、養目、養耳、養體，幾乎無所不包。正是所謂「養人之欲，給人之求」。我們一舉一動，一飲一食，都不出禮的範圍。因為有所動作，即是欲的表現，有所需求，即需物的供給，物與欲二者相持而長，必求「欲不窮乎物，物不屈於欲」，這樣，豈不是我們的一舉一動，都在禮的範圍以內嗎？荀子因此認禮為立教之本，而推原禮有三本。《禮論篇》說：

禮有三本：天地者生之本也，先祖者類之本也，君師者治之本也。無天地惡生？無先祖惡出？

無君師惡治？三者偏亡焉，無安人。故禮上事天，下事地，尊先祖而隆君師，是禮之三本也。

我們可以看到荀子學說的路徑，是由欲而化欲，而起偽，而生禮義，而有禮的三本。於是他的維護封建組織的教理，得以儼然確立。他把天地、先祖、君師冶為一爐，作成三座寶塔，比孔、孟的思想似乎又嚴密些。封建社會是要使倫理、政治都化為宗教，這層意思我在第一講中曾有提到，以後在第三講中更當詳為說明。西洋封建社會即以宗教為中心，用宗教為支配民眾的工具，因為宗教比倫理政治更能盡麻醉民眾靈魂的能事。荀子在這裡特提出一個「天地者生之本也」的原則，似乎這一座寶塔，又在那兩座寶塔之上。因為沒有「生」，便不會有「類」，沒有「類」，便不會有「治」。治依於類，類存乎生，於是天地成為封建社會的中心信仰。這才是十足的封建社會的基礎理論。中國社會所以尊重天地先祖君師，認為是普遍的信仰對象，未嘗不是荀子的「禮三本說」提倡的結果。

崇禮有了相當的結果之後，就可以達到正名的目的。尤其是荀子的崇禮。荀子的禮，是十分嚴格的，和孔子的禮不同。孔子說：「殷因於夏禮，所損益可知也；周因於殷禮，所損益可知也。」而荀子的禮，卻是不可損益的，所以說：「立隆以為極，而天下莫之能損益也。」荀子何以這樣嚴格地規定禮呢？這是因為崇禮與正名有密切的關係。而正名一事，是政治上唯一的政綱。孔子也曾經說明過。所以從崇禮下手去達到正名的目的，是容易收效的。可見荀子對於封建社會之維護，又別具一番深意。

孔子說：「名不正，則言不順。」荀子仿其意而發揮之，說道：

> 名守慢，奇辭起，名實亂，是非之形不明，則雖守法之吏，誦數之儒，亦皆亂也。若有王者起，必將有循於舊名，有作於新名。（《正名》）
>
> 知者為之分別制名以指實。上以明貴賤，下以辨同異。貴賤明，同異別，如是則志無不喻之患，事無困廢之禍，此所為有名也。（《正名》）

荀子所謂名，主重在名守。因為「名守慢」，則「奇辭起」，「奇辭起」，則「名實亂，是非之形不明」。名守之名，重於名實之名。因為名失其守，遂致名失其實。何貴乎守名，日守其分。荀子說：

> 人之生不能無群，群而無分則爭，爭則亂，亂則窮矣。故無分者天下之大害也，有分者天下之大利也。而人君者所以管分之樞要也。故美之者是美天下之本也，安之者是安天下之本也，貴之者是貴天下之本也。古者先王分割而等異之也，使或美或惡，或厚或薄，或佚或樂，或劬或勞；非特以為淫泰誇麗之聲，將以明仁之文，通仁之順也。（《富國》）
>
> 水火有氣而無生，草木有生而無知，禽獸有知而無義；人有氣，有生，亦且有義，故最為天下

貴也。力不若牛，走不如馬，而牛馬為用何也？曰：人能群彼不能群也。人何以能群？曰分；分何以能行？曰以義。故義以分則和，和則一，一則多力，多力則強，強則勝物。故宮室可得而居也。故序四時，裁萬物，兼利天下，無他故焉，得之分義也。故人生不能無群。群而無分則爭，爭則亂，亂則離，離則弱，弱則不能勝物。故宮室不可得而居也。不可少頃舍禮義之謂也。（《王制》）

這些都是說明分的重要，意思是說人類與草木鳥獸之不同，就是一種有分，一種無分。崇禮的人必不犯分，這固然是合群的方法，也是自別於禽獸的方法。在這裡我們可以看到荀子是如何尊重尊卑貴賤的等級制度。荀子學說的特色，是嚴格地擁護他的寶塔式的等級制，和亞里斯多德擁護他的由物質到形式的等級制正相同。荀子以為等級最高的便是天子，天子「居如大神，動如天帝」。他在《正論篇》裡面這樣地描寫一個天子：

> 天子者，勢至重而形至佚，心至愉而志無所詘，形不為勞，尊無上矣。衣被則服五采，雜間色，重文繡，加飾之以珠玉；食飲則重大牢而備珍怪，期臭味，曼而饋，代睪而食，《雍》而徹乎五祀，執薦者百人侍西房。居則設張容，負依而坐，諸侯趨走乎堂下；出戶而巫覡有事，出門而宗祀有事，乘大路越席以養安，側載睪芷以養鼻，前有錯衡以養目，和鸞之聲，步中《武象》，騶中韶濩以養耳。三公奉軛持納，諸侯持輪，挾輿先馬，大侯編後，大夫次之，小侯，元士次之，庶士介而坐道，庶人隱竄莫敢望視：居如大神，動如天帝。

我們看了這段描寫天子尊貴的文章，無怪統治階級要特別地表彰儒家了。統治者「居如大神，動如天帝」，被統治者「隱竄莫敢視望」，這是儒家崇禮正名的結果。這樣的主張，對於封建社會的統治階級固有利，但被統治階級的一般民眾，卻永遠不容易覓得一個抬頭的機會了。

關於儒家的倫理思想，大體說明如上。希臘古代為維持奴隸社會而有蘇格拉底、柏拉圖、亞里斯多德，中國古代為維持封建社會而有孔子、孟子、荀子，兩兩對較，幾疑陸象山所說的「東海有聖人出焉，此心同，此理同；西海有聖人出焉，此心同，此理同」，這幾句話乃是為他們寫照，實則世間再不會有這樣湊巧之事，這都是社會環境決定了他們。關於這點，在第一講已有述及，茲不復贅。

三　儒家和新儒家

在春秋、戰國時的儒家，到了漢以後，漸變成儒教了。自從漢武帝採用董仲舒之說，罷斥百家，表彰一儒以後，孔、孟的地位突然地增高了，尊孔尊經的觀念，漸漸印入於中國人的腦海。自此以後，至於宋、明，孔、孟的地位又較前不同。倫理學家的孔、孟，變為宗教家的孔、孟，儒學完全變成儒教。宋、明儒之尊崇孔子，正如教徒尊崇教主一般，孔、孟的言論支配中國的社會，正如教條教義之支配社會一般。即此可見宋、明儒在中國社會所發生的惡影響，這便是我所謂新儒家。

新儒家好談心性理氣，著作《中庸》者的伎倆，把儒家的倫理學擴大到哲學。(見第六講「《中庸》的哲理」）因此新儒家所談的心性理氣和儒家所談的心性理氣完全不同，儒家本不談心性理氣，可是新儒家因為受到禪家哲學的影響，又受到道家哲學的影響，遂認心性理氣為儒家向來研究的主題。實則他們所談的心性理氣，與儒家多不相干。他們不過想把倫理學家的孔、孟，蓋上一層宗教的外衣，使中國的封建社會得以更維繫於久遠。他們認定封建社會的主要支配工具是宗教，宗教比倫理更能深入人心，所以他們都竊取一超直入的禪宗，作心性理氣的說明，而認為是孔、孟原來的主要思想。這樣看來，他們維護封建社會的苦心，實又遠在孔、孟之上。

儒家思想的出發點是唯心論，新儒家乃更加深唯心論的要素，倡為天理人欲之說。又倡為人心道心之說。於是唯心論的體系，乃益抵於完成。新儒家的主要代表者朱晦庵（朱熹）在《中庸・序》上這樣說道：

> 蓋自上古聖神，繼天立極，而道統之傳，有自來矣。其見於經，則「允執厥中」者，堯之所以授舜也；「人心唯危，道心唯微，唯精唯一，允執厥中」者，舜之所以授禹也。堯之一言，至矣盡矣，而舜復益之以三言者，則所以明夫堯之一言，必如是而後可庶幾也。蓋嘗論之，心之虛靈知覺，一而已矣。而以為有人心道心之異者，則以其或生於形氣之私，或原於性命之正，而其所以為知覺者不同，是以或危殆而不安，或微妙而難見耳。然人莫不有是形，故雖上智不能無人心；亦莫不有是性，故雖下愚不能無道心。二者雜於方寸之間，而不知所以治之，則危者愈危，微者愈微，而天理之公，率無以勝夫人欲之私矣。精則察夫二者之間而不雜也，一則守其本心之正而不離也，從事於斯，無少間斷，必使道心常為一身之主，而人心聽命焉，則危者安，微者著，而動靜雲為，自無過不及之差矣。

朱晦庵（朱熹）以繼承道統自任，以發揚孔、孟自任，所以對人心道心之說用全力說明。他以為宇宙萬物，皆由心造，不過有虛靈和知覺的不同。虛靈是心的體，知覺是心的用。體不離用，用不離體。所以說「虛靈知覺，一而已矣」。宇宙和人生都是心的反映，都是人心和道心的反映。但人心是壞的，道心是好的。我們總要使道心反映的機會多，人心反映的機會少，這就是說「必使道心常為一身之主，而人心聽命」。但是，什麼是道心呢？這就難於解釋了。也許統治階級的仁愛之心就是道心吧！就是堯之所以授舜，舜之所以授禹那種仁愛之心吧！觀念論者柏拉圖說：「統治者應該是哲學者。」大概是因為哲學者是最具有這種道心的，所以統治者應該是哲學者。如果不作這種解釋，那所謂道心，乃是玄之又玄的東西。否則所謂「生於形氣之私」者是人心，所謂「原於性命之正」者也是人心，還有什麼道心可言呢？人心道心之說，本是統治階級遺留下來的支配工具，朱晦庵（朱熹）乃從而發揚光大之，以鞏固統治者的壁壘，於是中國的封建社會，又憑空添來一套形而上學的封建理論。

天理人欲之說，也是朱晦庵（朱熹）所津津樂道的。照上面的記載，所謂道心，應該是屬於天理，所謂人心，應該是屬於人欲。朱晦庵（朱熹）說：「天理存則人欲亡，人欲勝則天理滅。」試問什麼是天理？又試問世間有沒有「人欲亡」的一個境界。如果人欲已亡，豈非人類早已絕滅？飲食男女之欲，試問何時可亡？所謂天理，試問離了人欲還有什麼天理？如果說有，那天理究屬何物？凡此種種疑問，都使我們對宋儒「存天理、去人欲」的主張，認為無法解釋。那又只有從社會背景去說明。便是統治階級都是具有天理的，被統治階級都是具有人欲的。有權勢有職位的都是有天理的，無權勢無職位的都是沒有天理的。無怪戴東原這樣批評：「自宋以來，始相習成俗。則以理為如有物焉。得於天而具於心，因以心之意見當之也。於是負其氣，挾其勢位，加以口給者理伸，力弱氣慴，口不能道辭者理屈。」又說：「人莫患乎蔽而自智，任其意見，執之為理義。吾懼求理義者以意見當之，孰知民受其禍之所終極也哉？」又說：「人死於法，猶有憐之者，死於理，其誰憐之。」這些議論，都是對宋儒天理人欲說所下的一種極沉痛的批評。被統治階級死於統治階級的理，於是民受其禍，無所終極。這又是宋儒所貽下的惡果。

唯心論發展到明代，可謂達到了頂點。明代新儒家主要代表要推王陽明。關於存理去欲思想，王陽明是和宋儒一致。所以說：「靜時唸唸去人欲，存天理；動時唸唸去人欲，存天理。」這種說素，也為清戴東原所譏。王陽明主旨在闡明心的本體，不過他對於理是絲毫不曾放過的。他以為理在心之內，所謂「求理於吾心」。他這樣說：「外吾心而求物理，無物理矣；遺物理而求吾心，吾心又何物耶？」又說：「吾心之良知，即所謂天理也。」王陽明的理，正是戴東原所說的「以意見當之」的理，因為吾心即理，便無時無刻不可以吾心的意見當之。統治階級的心是要壓迫被統治階級，這便是十足的天理，你有什麼方法證明它不是天理嗎？

王陽明自以為他的最大貢獻，是闡明心的本體。他說：「心者身之主也，而心之虛靈知覺，即所謂本然之良知也。」又說：「良知者心之本體，即前所謂恆照者也。」又說：「良知之昭明靈覺，圓融洞澈，廓然與太虛同體。」又說：「良知二字，真吾聖門正法眼藏。」他還有「詠良知」的詩，說道：「莫道聖門無口訣，良知兩字是參同。」王陽明以為心的本體即是良知，已經有些費解，況且完全拿禪家的話頭解釋孟子的良知，更是奇特。所謂「恆照」，不是禪家宏智正覺的「默照」嗎？所謂「參同」，不是禪家石頭希遷的「參同契」嗎？至於所謂「昭明靈覺，圓融洞澈，廓然與太虛同體」，更完全是禪家證道的境界。拿禪家的思想附會到儒家，這是宋、明儒獨有的現象，而以王陽明為最甚。儒家言心，尚能體會，新儒家言心，便不可捉摸了。顧炎武在《日知錄》裡面說道：

「《論語》一書，言心者三，曰：『七十而從心所欲，不踰矩。』曰：『回也，其心三月不違仁。』曰：『飽食終日，無所用心。』乃操則存，舍則亡之訓，門人未之記而獨見於《孟子》。夫未學聖人之操心，而驟語夫從心，此即所謂飽食終日，無所用心，而且晝之所為有梏亡之者矣。」這段說明，很能抉出孔子的原意。孔子明明叫人「用心」，哪裡是王陽明所說的「恆照」呢？孟子更把心說得透徹，謂「心之官則思，思則得之，不思則不得也」。又哪裡是王陽明所說的「心自然會知」呢？這樣看來，王陽明一段援釋入儒的工夫，完全是別有用意，因為不把心說成「恆照」，說成「昭明靈覺，圓融洞澈」，說成「自然會知」，便無以顯精神界的權威。唯心論者總是把世界分成兩截，一種是精神界，一種是物質界。精神界不變動而可以支配物質界，物質界變動卻須受支配於精神界。這種宇宙觀，應用到倫理上或政治上，精神界便屬於統治階級，物質界便屬於被統治階級。統治階級不變動，而可以支配被統治階級，被統治階級變動，卻須受統治階級之支配。而且統治階級是「恆照」的，是「昭明靈覺，圓融洞澈」的，是「自然會知」的。這是何等深切著名的封建教理。所以王陽明的學說，不僅為封建主義的中國所歡迎，更為帝國主義的日本所歡迎。

無論是儒家或新儒家，在中國哲學史上都占很重要的地位，不是在短時間內所能說得明白的。這回所講的不過是一種大概的情形。可是這種大概的情形，我覺得對於中國人過去生活方式之了解，是頗有幫助的。因為中國人所受儒家和新儒家的影響特別地大，而儒家和新儒家本身的演變也特別地複雜，故不能不這樣單拿倫理觀提綱挈領地講述一個輪廓。

第三講

墨家的尚同說及其實踐精神

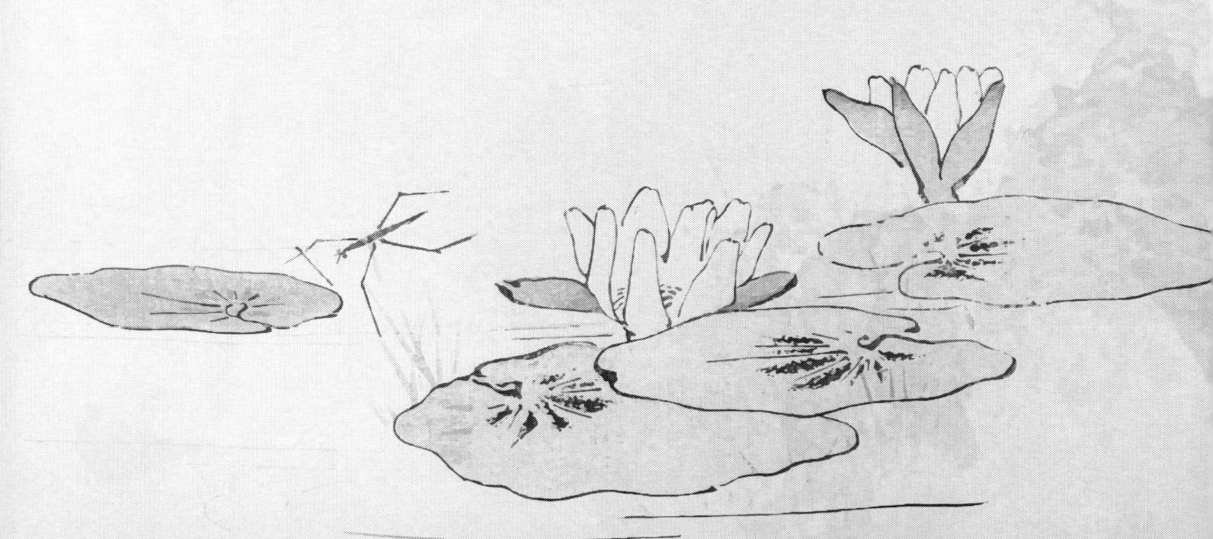

今天講墨家哲學。墨家哲學頗不易講明：第一，不易確定它的社會背景；第二，不易把握住它的根本思想；第三，不易斷定它對中國社會所發生的影響之大小；第四，不易斷定它在戰國以後是否消滅。我覺得這些要點，都非講個明白不可，近來研究墨子的頗多，比過去的研究確實進步，不過能把握住墨家的根本精神的還是不多見。所以我們今天作這種講演，也非有一種較大的努力不可。

一　墨家思想的社會背景及「墨」字的含義

墨家唯一領導者的墨子，大約生在孔子後十餘年之間。關於墨子的年代問題，現在無暇講述，這須有專題說明。孔子既生在封建社會外形上日趨動搖之日，到了墨子的時候，封建形態的惡化，便更加強了。墨子想維持封建社會的苦心，並不減於孔子，不過維持的方法卻不同了。在某種意義說，墨子維持封建的熱情，比孔子更有過之，雖然他表面上處處反對孔子。我們從他的學說和他們的實踐精神，更可以證實這點。

春秋以前封建制度，在被剝削者方面說，大概可以分作三種，便是農奴、商人及手工業者和自由農民。自鐵器的使用和灌溉的發明，而農業生產量遂日益加多，手工業亦因之而發達。與此相應的，如農業品交換及手工業品交換，亦日漸繁盛起來。商品經濟在這時遂有一種空前的發展。現在講到墨家，我們知道墨家是十足地代表商人和手工業者的思想。墨子在《節用中》上面說：「凡天下群百工，輪、車、韗、匏、陶、冶、梓、匠，使各從事其所能。」已足見當時「群百工」的發達了。《墨子》書中充滿著「農夫蚤出暮入，耕稼樹藝，多聚菽粟」，「婦人夙興夜寐，紡績織紝，多治麻絲葛緒，捆布」，「百工修舟車，為器皿」這麼一類的詞句，足見墨子對於婦人百工的利益是極其關心的。站在商人和手工業者的立場，標榜功利說，開口講利，閉口講用，這是絲毫不足怪異的。我們正不必責他「利人乎，即為；不利人乎，即止」那種唯利是視的態度。不過他雖是站在商人和手工業者的地位，而於當時封建社會的維護，卻是有很大的幫助的。

關於墨家，究竟所謂墨是何種意義，如果不先加以考察，則對墨家的社會背景，是不容易說明的。《莊子．天下》篇有云：

> 不能如此，非禹之道也，不足謂墨。

照這段話看，所謂「墨」，絕不是姓。墨之所以為墨，似乎應有特殊的含義。江瑔作《讀子卮言》，《論墨子非姓墨》，以為古之所謂墨者，「非姓氏之稱，乃道術之稱」。他並說明墨字之義，以為「墨字從黑，為會意兼形聲字，故古人訓墨為黑，又訓為晦。引為之為瘠墨，為繩墨。是則所謂墨者，蓋垢面囚首。面目黧黑之義也」。江瑔能見到墨子非姓墨，是他的特見，但由墨字一義之演引以解釋墨家，似失之附會。近人有認墨為黥罪，因疑墨為刑徒，為奴役，遂謂墨家生活為一種勞役的生活，為一種黥墨罪人的生活，這種看法，似乎更失之附會的附會。我以為墨家的墨，即是繩墨的墨。大匠的唯一法寶，即是繩墨。孟子說：「大匠不為拙工改廢繩墨。」繩墨是大匠建立規矩的準據。「大匠誨人，必以規矩」，當然繩墨是極其重要的。墨子在當時是一個著名的大匠，他的技術，強過公輸子（魯班）。我疑心所謂墨，是因為他的繩墨精巧過人，遂有墨者之稱，人遂以墨子呼之。何以知道墨子的技術強過公輸子（魯班）呢？請看下面一段最有名的故事。

公輸般（魯班）為楚造雲梯之械。成，將以攻宋。墨子聞之，起於魯，行十日十夜，足重繭而不休息，裂裳裹足，至於郢，見公輸般。公輸般曰：「夫子何命焉為？」墨子曰：「北方有侮臣，願借子殺之。」公輸般不悅。墨子曰：「請獻十金。」公輸般曰：「吾義固不殺人。」墨子起，再拜曰：「請說之：吾從北方聞子為梯將以攻宋，宋何罪之有……」公輸般服。墨子曰：「然，胡不已乎？」公輸般曰：「不可，吾既已言之王矣。」墨子曰：「胡不見我於王？」公輸般曰：「諾。」墨子見王，曰：「聞大王舉兵將攻宋，計必得宋乃攻之乎？亡其不得宋，且不義，猶攻之乎？」王曰：「必不得宋，且有不義，則曷為攻之？」墨子曰：「甚善，臣以為宋必不可得。」王曰：「公輸般天下之巧工也，已為攻宋之械矣。」墨子曰：「令公輸般設攻，臣請守之。」於是公輸般墨子解帶為城，以牒為械。公輸般九設攻城之機變，墨子九距之。公輸般之攻械盡，墨子之守圉有餘。公輸般詘，而曰：「吾知所以距子矣，吾不言。」墨子亦曰：「吾知子之所以距我矣，吾不言。」楚王問其故，墨子曰：「公輸子（魯班）之意，不過欲殺臣。殺臣，宋莫能守，乃可攻也。然臣之弟子禽滑釐等三百人，已持臣守圉之器，在宋城上而待楚寇矣。雖殺臣，不能絕也。」楚王曰：「善哉！吾請無

攻宋矣。」（《墨子．公輸》）（《呂氏春秋．愛類篇》）（《淮南子．修務訓》）（《戰國策．宋策》）

太史公只有六個字敘到墨子的操行，便是「善守禦，為節用」。我們從上面的一段文句，可以知道墨子確實是「善守禦」的。但墨子所以「善守禦」，是由於墨子的技術之精，即由於墨子的繩墨精巧過人。公輸子（魯班）和墨子比巧，還有一段故事。

公輸子（魯班）善其巧。以語子墨子曰：「我舟戰有鉤拒，不知子之義亦有鉤拒乎？」子墨子曰：「我義之鉤拒，賢於子舟戰之鉤拒。我鉤拒：我鉤之以愛，拒之以恭。」……公輸子（魯班）削竹木以為，成而飛之，三日不下，公輸子（魯班）自以為至巧，子墨子謂公輸子（魯班）曰：「子之為也，不如翟之為車轄，須臾斫三寸之木而任五十石之重。故所為巧：利於人，謂之巧；不利於人，謂之拙。」（《魯問》）

公輸子（魯班）和墨子比巧，這一次又敗於墨子。可證墨子的技術總在公輸子（魯班）之上。孟子說：「公輸子（魯班）之巧，不以規矩，不能成方員。」墨子所以勝過公輸子（魯班），固由於繩墨的精巧，所以能成其勝過公輸子（魯班）的「車轄」。但還有一點，公輸子（魯班）所不曾留意的，便是：「利於人，謂之巧；不利於人，謂之拙。」墨子所以能成為墨者，這是一個絕大的關鍵。否則公輸子（魯班）也變成墨者了。這樣看來，公輸子（魯班）單留意在規矩，墨子卻進一步留意在巧了。孟子說「梓匠輪輿，能與人規矩，不能使人巧」，墨子除「與人規矩」以外，更進一步「能使人巧」，這便是他成為墨者的根據，也便是他成為「巨子」的根據。（關於這點，隨後說明）我們若不從這點研究墨之所以為墨，徒然掇拾一二字義，作朦朧彷彿的說明，是沒有意思的。

墨家主要的是代表手工業者。墨子以大匠的資格，因其繩墨精巧過人，遂得墨者的稱號，而墨子以「利於人」為號召，遂蔚成墨家的風尚，因而墨者遂成為道術之稱。事跡昭然，無可辯飾；至於瘠墨、奴役均屬後起之義。墨家既是代表手工業者，當然和那些從事農耕畜牧者，無論從氣質上觀察或從風俗習慣上觀察，皆絕不相同。從事農耕畜牧者，他們是利用自然，愛好自然的，若從事手工業者，他們使用他們的奇技淫巧，以征服自然，改造自然。所以墨家特重人為，特重功利，而有「非命」之說。而墨子又以「利於人」相號召，以「義」相號召，於是流風所播，莫不勤生薄死，以赴天下之義，遂積成一種遊俠之風。從征服自然，改造自然出發，以達到「利」與「義」的鵠的(墨家說：義利也。因其為利，所以為義)，是墨家思想發展的路徑。

墨子既以大匠的資格來談思想，當然三語不離本行，總是注全力發揮繩墨的功用的。本來工程師看世間一切萬事萬物，和一般人的眼光，是絕不相同的。一般人的眼光或習慣，對於一件東西的長廣高，都是隨意估計，若工程師便不然，他馬上便要拿出他的繩墨去精密測量，某處是幾丈幾尺，某處是幾寸幾分，絲毫不容錯過。墨子便是這樣的一個人。所以他的全般思想，都站在尚同說的觀點上面，站在齊一主義的立場上面。尚同和尚異，在哲學史上是兩個主要類型。譬如就希臘哲學史看，伊利亞學派是屬於尚同的一派，赫拉克利特是屬於尚異的一派。從尚同出發，走上封建道德統治，走上有神論，走上形式論理，是極其自然的。墨家的《墨經》，我們可以斷定是墨子的思想，因為《墨經》是完全發揮形式論理一方面的內容的。還有《墨經》中幾何學、物理學以及其他科學的原理，除掉一個大工程師或一個大科學家之外，都非一個尋常人所能發表出來的。所以決定墨家的「墨」，也是決定墨家全般思想的一個要因。

墨家有巨子制度，關於「巨子」各家有各家的解釋。但我都覺得不甚妥帖。我疑心「巨子」是手工業者中一種最高的權位，須是技藝最高，而又能「自苦為義」的人，才有充當的資格。墨子當然是第一任的「巨子」。墨者為一種有組織的團體，我們在上面所記墨子往見公輸般一段故事中，已可知之，因為墨子弟子三百人在宋城上持守圉之器以待楚寇，顯然是一種有組織的行動。《莊子．天下》篇謂墨者：

以巨子為聖人，皆願為之屍，冀得為其後世。

在這段話裡面，我們又可以想見巨子制度的嚴格，與夫巨子的權威。不過關於巨子制度，究竟何時發生，如何演變，是無法探求的。《呂氏春秋》有兩段關於巨子的記載，可以知道充當過巨子的幾個人，然其人究俾有何種資格，亦無從得知。《上德》篇說：

孟勝為墨者巨子，善荊之陽城君。陽城君令守於國，毀璜以為符。約曰：「符合聽之。」荊王薨，群臣攻吳起，兵於喪所。陽城君與焉，荊罪之；陽城君走，荊收其國。孟勝曰：「受人之國，與之有符；今不見符，而力不能禁，不能死，不可。」其弟子徐弱諫孟勝曰：「死而有益陽城君，死之可矣；無益也，而絕墨者於世，不可。」孟勝曰：「不然，吾於陽城君，非師則友也，非友則臣也。不死，自今以來，求嚴師必不於墨者矣，求賢友必不於墨者矣，求良臣必不於墨者矣。死之，所以行墨者之義而繼其業者也。我將屬巨子於宋之田襄子。田襄子賢者也，何患墨者之絕世也？」徐弱曰：「若夫子之言，弱請先死以除路。」還，歿頭前於孟勝。因使二人傳巨子於田襄子。孟勝死，弟子死之者八十三人，二人已致命於田襄子，欲反死孟勝於荊。田襄子止之曰：「孟子已傳巨子於我矣。」不聽，遂反死之，墨者以為不聽巨子。

還有一段記載，乃是另記一人，見諸《去私》篇。

腹䵍為墨者巨子，居秦，其子殺人。秦惠王曰：「先生之年長矣，非有它子也；寡人已令吏弗誅矣。先生之以此聽寡人也。」腹䵍對曰：「墨者之法，殺人者死，傷人者刑，此所以禁殺傷人也。禁殺傷人，天下之大義也。王雖為之賜，令吏勿誅，腹䵍不可不行墨子之法。」遂殺之。

從上面兩段記載，知道巨子制度很嚴厲，巨子之生殺人，總與義與不義有關係。孟子曰：「生我所欲也，義亦我所欲也，二者不可得兼，捨生而取義者也。」墨家的巨子，和一般的墨者確實有捨生取義的精神。不過從上面兩段記載裡，並不能確定田襄子和腹䵍的關係，也不知道他們的技藝的造就如何。他們似乎是一個將死，再傳給別個，很像許多手工業者有一種絕技，非到臨死時，不肯傳給他的弟子似的。墨子雖然繩墨過人，技藝過人，確是因為他特別看重「義」，也許傳到後代，只有守義一點遺傳下來，其餘的就忽略過去了。不過這些話，都是出於揣測，因為沒有材料可考，這是很難決定的一個問題。

由上面的說明，我們可以知道墨之所以為墨了。更可以知道墨家所代表的思想，是商人手工業者的思想了。封建社會下商人和手工業者的思想並不害於封建社會的維護。尤其是墨子，他是主張「上同而不下比」的，他是承認「天」、「鬼」是實有的，天鬼實有的主張只有在封建統治尖銳化時才十分發達。關於這點，當在以下各節詳為說明。

二　墨家思想產生的旁因

上面約略地說明了墨家思想的社會背景，我們要想進一步地了解墨家，便須推求墨家所以產生的旁因。大致可以這樣說，墨家的產生是與當時的儒家思想有密切的關係的，也可以說為反抗當時的儒家，才有墨家思想的出現，現在說明如次：

《淮南子．要略》篇說：「墨子學儒者之業，受孔子之術，以為其禮煩擾而不悅，厚葬靡財而貧民，久服傷生而害事。故背周道而用夏政。」《淮南子》這段話不必可信，然而我們不能不承認墨子是受孔子的影響的。墨子雖受孔子的影響，卻是處處與孔子相反。正如夏曾佑所說的：「孔子親親，墨子尚賢；孔子差等，墨子兼愛；孔子繁禮，墨子節用；孔子重喪，墨子節葬；孔子統天，墨子天志；孔子遠鬼，墨子明鬼；孔子正樂，墨子非樂；孔子知命，墨子非命；孔子尊仁，墨子貴義。殆無一不與孔子相反。」（見《中國歷史教科書》）然則墨子思想之所以產生，完全是為孔子作反宣傳，墨子本身沒有什麼中心思想可說，但實際上並不如此。《墨子．公孟》篇曾舉出四種認為儒家思想應反對的理由說道：

儒之道足以喪天下者，四政焉：儒以天為不明，以鬼為不神。天鬼不說，此足以喪天下。又厚葬久喪，重為棺椁，多為衣衾，送死若徙，三年哭泣，扶後起，杖後行，耳無聞，目無見，此足以喪天下。又絃歌鼓舞，習為聲樂，此足以喪天下。又以命為有，貧富、壽夭、治亂、安危，有極矣，不可損益也。為上者行之，必不聽治矣，為下者行之，必不從事矣。此足以喪天下。

《墨子》所舉四種反對的理由之中，第一種是「天鬼不說」。就這一點，便可以看到墨學的綱領。唯心論者大概對於這三點都是看得極其貴重的：便是神的存在、靈魂不滅和意志自由。肯定神的存在，即是尊天的思想，肯定靈魂不滅，即是明鬼的思想。前者說明宇宙之形上學的存在，後者說明個人之形上學的存在。但是單提出尊天明鬼，還是不夠，因為對個人本身沒有說明，因此墨子又提出一個非命說。非命即是反對宿命論（或命定論）。宿命論為決定論之一，也有把宿命論和決定論作同義的解釋的。它們都和自由意志論相對待。質言之，非命說即是一種自由意志論。乃是認貧富、壽夭、治亂、安危並不是「有極」的，而是可以由個人的自由意志加以「損益」的。由此可知墨子的尊天明鬼和非命，即是承認神的存在、靈魂不滅和意志自由。墨子的立場，我們可以從這幾點看得很明白。

嚴格地說，墨子反對儒家，並不在這幾點上面。因為儒家也有尊天明鬼和非命的思想，並不是墨家獨有的。也許墨家看到儒家對於這幾點態度不鮮明，便特別抓住這幾點盡力發揮。我們先從尊天一點看。孔子何嘗不尊天？何嘗不承認天有意志？譬如他說：「天生德於予。」又說：「予所否者，天厭之，天厭之。」又說：「獲罪於天，無所禱也。」這些都是尊天的思想。不過孔子總是站在調和妥協的立場的，所以又把天解作沒有意志。譬如說：「天何言哉！四時行焉，百物生焉，天何言哉！」孟子亦說：「莫之為而為者天也。」這麼一來，儒家的天，就成為墨家攻擊的目標了。再從明鬼一點看。孔子何嘗不言鬼神，譬如說：「祭如在，祭神如神在。」又說：「非其鬼而祭之，諂也。」孔子所祭的鬼神，是有某種作用的鬼神，又何嘗不是明鬼的思想，不過孔子又怕一談到鬼神，人們便相率流為怪誕，而忘記了正當的操業，所以「不語怪力亂神」，所以說：「未能事人，焉能事鬼。」所以說「敬鬼神而遠之」。足見孔子是個十足的騎牆派。於是儒家對鬼神的態度，又成為墨家攻擊的目標。最後從非命一點看。儒家誠然相信有命，如孔子說：「道之將行也與？命也；道之將廢也與？命也；公伯寮其如命何？」子夏說：「死生有命，富貴在天。」孟子說：「孔子進以禮，退以義，得之不得，曰有命。」又說：「莫之致而至者命也。」又說：「求之有道，得之有命。」這些都是宿命論的看法。可是儒家亦含有非命的思想。孔子昌言知命，所謂「不知命無以為君子也」，已含有「人定勝天」的思想。所以到後來的孟子，便從此點大發揮其「正命」之說。所謂「莫非命也，順受其正。是故知命者不立乎岩牆之下。盡其道而死者，正命也；桎梏死者，非正命也」。如果一切聽命數之自然，則岩牆不必避，而桎梏亦不足畏。可見正命之說，即隱含墨子非命的精神。又後來到了荀子的時候，更大倡其「制天命而用之」之說，便完全與墨家非命之說同。不過儒家終易走入術數觀念，偏於命定的思想，所以又成為墨家攻擊的目標。由是以論，儒家本身固明明含有尊天明鬼和非命的意思，不過為它的調和妥協的氣質所掩，常有顧彼失此之處，所以引起墨子的非難。實則在這幾點，不是真正非難的重心。

墨子對儒家真正非難的重心，乃是儒家的宗法觀念。我們可以從幾點分析出來。第一，墨子的根本思想為其尚同說。（關於這點容在以後講明）既以尚同為立場，對於單著重家族、單著重等差的儒家思想，自然不免感覺到太狹隘，又太虛偽，譬如儒家的厚葬久喪，就是一種狹隘和虛偽的成見的暴露。厚葬久喪既有尊卑親疏之狹隘的等差，又有扶起杖行之虛偽的哀戚，而於「富貧、眾寡、定危、治亂」諸端，又根本不能有所補助。譬如他說：

> 若使法其言，用其謀，厚葬久喪，實可以富貧、眾寡、定危、治亂乎？此仁也，義也，孝子之事也。為人謀者不可不勸也。仁者將求興之天下，設置而使民譽之，終勿廢也。意亦使法其言，用其謀，厚葬久喪，實不可以富貧、眾寡、定危、治亂乎？此非仁、非義、非孝子之事也。為人謀者不可不沮也。仁者將求除之天下，相廢而使人非之，終身弗為也。（《節葬下》）

墨子認為厚葬久喪，並不足以「富貧、眾寡、定危、治亂」，質言之，厚葬久喪，只是個人之事，於國家，於社會，於人類大同，並沒有什麼影響。而儒家必以此為人倫之始，故墨子非之，在這點，可以看到儒家所重，是家族倫理，而墨家所重，卻是世界倫理。第二，墨家特重實踐，當然對於時間，對於事功，是看得極重的。而儒家乃提出三年之喪之說，又為各種處喪之法，則不特廢事失時，抑且陷人類於饑寒疾病。《墨子．節葬》篇說：

> 處喪之法將奈何哉？曰：哭泣不秩，聲嗌，縗絰，垂涕，處倚廬，寢苫枕塊。又相率強不食而為饑，薄衣而為寒；使面目陷陬，顏色黧黑，耳目不聰明，手足不勁強，不可用也。又曰：上士之操喪也，必扶而能起，杖而能行，以此共三年。若法若言，行若道，使王公大夫行此，則必不能蚤朝晏退，聽獄治政。使士大夫行此，則必不能治五官、六府，辟草木，實倉廩。使農夫行此，則必不能蚤出夜入，耕稼樹藝。使百工行此，則必不能修舟車，為器皿矣。使婦人行此，則必不能夙興夜寐，紡績織紝。

照這樣說來，厚葬久喪的結果，必至使人類變成遊惰失業之人，甚或變成廢物。本來儒家對於實踐一層，也是看得極重的，不過儒家斤斤於厚葬久喪的末節，以致認廢事失時為實踐，「相率強不食而為饑，薄衣而為寒」為實踐，結果有實踐之名，而無實踐之實，有實踐之事，而無實踐之功。若墨家便不如是。墨家的實踐是在使婦人能「夙興夜寐，紡績織紝」，使百工能「修舟車，為器皿」，使農夫能「蚤出夜入，耕稼樹藝」，甚至使王公、士大夫能「聽獄治政」，「辟草木，實倉廩」。而於「哭泣不秩，聲嗌，縗絰，垂涕，處倚廬，寢苫枕塊」諸末節，則並不重視。可見墨家的實踐和儒家的實踐是完全不同的。這個不同也反映儒家思想和墨家思想之根本的不同。第三，墨子尚儉尚質，而非難儒家的禮樂。孔子說：「禮云禮云，玉帛云乎哉？樂云樂云，鐘鼓云乎哉？」孔子的意思，以為禮樂是維持宗法社會的重要精神工具，絕不只是玉帛鐘鼓之類可以代表的。孔子談禮，總是拿禮與喪並舉。譬如他說：「禮，與其奢也，寧儉；喪，與其易也，寧戚。」又說：「為禮不敬，臨喪不哀，吾何以觀之哉？」可見孔子認禮與喪有一種相互的關係。宰我和孔子談到三年之喪，也談到禮樂的問題。《論語．陽貨》篇說：

宰我問三年之喪，期已久矣。君子三年不為禮，禮必壞；三年不為樂，樂必崩。舊穀既沒，新穀既升；鑽燧改火，期可已矣。子曰：食夫稻，衣夫錦，於女安於？曰安。女安則為之。夫君子之居喪，食旨不甘，聞樂不樂，居處不安，故不為也。今女安則為之。宰我出，子曰：予之不仁也。子生三年，然後免於父母之懷。夫三年之喪，天下之通喪也，予也有三年之愛於其父母乎？

宰我以為行三年之喪至於壞禮樂，而不知孔子提倡三年之喪，正所以維持禮樂，也正是維持宗法社會最重要的一個條件。墨子反對儒家的厚葬久喪，遂連帶地反對儒家的禮樂。雖然儒家的禮和樂，有各種不同的解釋，但在墨子的立場看來，是非一律加以反對不可的。儒家的禮和樂，無論說得如何高明，總不免「煩擾不侻」，「靡財貧民」的毛病，所以在尚儉尚質的墨子，是無論如何不能不加以擯棄的。關於這方面的話，下面再詳。

儒家的思想從孝出發，孝為仁的初步功夫，孔子責宰我以「予之不仁」，是當然的結論。禮和樂是達到仁的兩種手段，自非先貫徹初步的孝不可。宰我不能辨別孝與禮樂的重輕，所以發為三年之喪之問。孔子說明孝重於禮樂，自是他的宗法理論之一貫的主張。墨子反禮非樂，雖然他討論的範圍很廣闊，實際上都是從反對儒家的宗法觀念而發生的。這便是墨家思想產生的旁因。

三　墨子的根本思想——尚同說

關於墨子的根本思想，說者不一，有主兼愛的，有主明鬼的，有主功利的，有主實用的，實則都似未能把握墨子思想的全部。我以為荀子有一句批評墨子的話，實可謂一語破的，便是說：

> 墨子有見於齊，無見於畸。

齊一的思想成為墨子思想的中心。上面已經說過，尚同和尚異在哲學史上是兩個主要類型。尚同的類型，在中國哲學史上，墨子是唯一的代表者。他把一切看成平等的，劃一的。他以大匠的資格，用平等劃一的眼光去看宇宙一切萬事萬物，是絲毫不足奇怪的，講到政治方面，國家方面，更非力求平等劃一不可。所以《墨子·尚同》篇說：

> 古者天之始生民，未有正長也，百姓為人。若苟百姓為人，是一人一義，十人十義，百人百義，千人千義。逮至人之眾不可勝計也，則其所謂義者，亦不可勝計。此皆是其義而非人之義，是以厚者有鬥，而薄者有爭。

天下既已治，天子又總天下之為以尚同於天。

故當尚同之為說也，尚同之天子，可以治天下矣；中用之諸侯，可而治其國矣；小用之家君，可而治其家矣。是故大用之，治天下不窕，小用之，治一國一家而不橫者，若道之謂也。故曰：治天下之國，若治一家，使天下之民若使一夫。

無論在奴隸社會，或封建社會裡面，尚同的思想總是發達的，因為這是支配奴隸或農奴一種最好的精神武器。這時候最怕的是「百姓為人」，即百姓人自為政，不相統屬，便是所謂「一人一義，十人十義，百人百義，千人千義」。照這樣，所謂奴隸社會或封建社會，根本沒有形成之一日了。墨子所處的時代是封建社會，為徹底地維持封建起見，只有提出尚同之道。尚同即所謂「同一天下之義」。這是最妥當不過的辦法。孔子的「正名」，孟子的「定於一」，荀子的「立隆以為極，而天下莫之能損益也」，實際上都是一種尚同的思想，不過他們的尚同，和墨子的尚同有別。他們的尚同，或尚同於名，或尚同於禮，這樣還有推移變化的可能，未若墨子之「尚同於天」。尚同於名或尚同於禮，是名或禮，欲同一天下之義。而名或禮根本是認定的，人為的；若尚同於天，乃「天之欲同一天下之義」，天便成為永遠不可移易的了。所以墨子說：「天下既已治，天子又總天下之義以尚同於天。」即此，可見墨子維持封建的苦心，比儒家更來得深刻。

實際上，儒家的尚同，在形式上看來，大部分是和墨家相同的。孟子說：「人有恆言，皆曰：『天下國家』。天下之本在國，國之本在家，家之本在身。」《大學》裡面更剴切地說道：「一家仁，一國興仁；一家讓，一國興讓；一人貪戾，一國作亂；其機如此。此謂一言僨事，一人定國。」又申明《大學》之意說道：「古之欲明明德於天下者，先治其國；欲治其國者，先齊其家；欲齊其家者，先修其身；欲修其身者，先正其心；欲正其心者，先誠其意；欲誠其意者，先致其知。致知在格物。」這幾段議論都可以代表儒家的尚同思想，而與墨子的「治天下之國若治一家，使天下之民若使一夫」的思想，是互相發明的。我們並不能在這些議論裡面，抉出儒墨的不同。還有，儒家提出一個「修身」的道理，所謂「自天子以至於庶人，一是皆以修身為本」，所謂「家之本在身」，所謂「一言僨事，一人定國」，乃至所謂正心誠意，格物致知諸端，這些便是墨子的尚賢之道。墨子的尚賢雖不單指天子，然而天子卻是天下的最賢者。他在《尚同下》篇說道：

> 是故天之欲同一天下之義也，是故選擇賢者，立為天子。天子以其知力為未足獨治天下，是以選擇其次立為三公。三公又以其知力為未足獨左右天子也，是以分國建諸侯。諸侯又以其知力為未足獨治其四境之內也，是以選擇其次，立為卿之宰。卿之宰又以其知力為未足獨左右其君也，是以選擇其次，立而為鄉長、家君。是故古者天子之立三公、諸侯、卿之宰、鄉長、家君，非特富貴游佚而措之也，將使助治刑政也。故古者建國設都，乃立後、王、君、公，奉以卿、士、師、長，此非欲用說也，唯辯而使助治天明也。

從這段話看來，可知天子是天下的最賢者。墨子尚賢，不正是儒家的「家之本在身」的見解嗎？由此可知，墨家尚同，儒家也未嘗不尚同；墨家尚賢，儒家也未嘗不尚賢。然則儒墨之間，不是根本沒有區別可言嗎？卻又不然。儒家尚同尚賢，是以人倫為標準，墨家尚同尚賢，是以天道為歸趨。所以墨子的結論說：「此非欲用說也，唯辯而使助治天明也。」「助治天明」是墨子尚同的本意，也是墨子尚賢的本意。

墨子是稱天而治的，他拿「天志」做萬事萬物的標準。所以這樣說道：

我有天志，譬若輪人之有規，匠人之有矩。輪匠執其規矩，以度天下之方圓，曰：「中者是也，不中者非也。」（《天志上》）

一切是非善惡，都以合乎天志與不合乎天志為準繩，這是多麼直截的主張。他還有一段推崇天志的議論，值得我們注意。他說：

庶人不得次己而為正，有士正之；士不得次己而為正，有大夫正之；大夫不得次己而為正，有諸侯正之；諸侯不得次己而為正，有天子正之；天子不得次己而為正，有天正之。今天下之士君子，皆明於天子之正天下也，而不明於天之正天子也。是故古者聖人明以此說人曰：天子有善，天能賞之；天子有過，天能罰之。天子賞罰不當，聽獄不中，天下疾病禍祟，霜露不時；天子必且豢其牛羊犬彘，絜為粢盛酒醴，以禱祠祈福於天，我未嘗聞天之禱祠祈福於天子也。吾以此知天之重且貴於天子也。（《天志下》）

我們從上面幾段話裡面，可以檢討儒墨對天與天子的關係及儒墨對天的態度之不同。墨家認天能選擇賢者立為天子，天子能選擇其次立為三公，三公又選擇其次立為諸侯，這種看法與儒家是相同的。譬如孟子說：「天子能薦人於天，不能使天與之天下；諸侯能薦人於天子，不能使天子與之諸侯；大夫能薦人於諸侯，不能使諸侯與之大夫。」這種寶塔式的封建統治體系，在儒墨之間並沒有什麼區別。因為都認天子之上有一個天。而天是有立天子、與天下的威權的。還有，墨家認天於以下皆「助治天明」，儒家也是這種看法。譬如孟子所引《周書》一段，所謂「天降下民，作之君，作之師，唯曰，其助上帝，寵之四方」。這不是「助治天明」的思想嗎？這樣說來，儒墨又走入相同的路向了。然而其中畢竟有分別。便是儒家所標榜的天，為假有的天，墨家所崇奉的天，卻是實有的天。儒家認天意即民意，天與即人與，便是托天以授人的思想。所以孟子說明「天與」，非「諄諄然命之」之意，乃「以行與事示之」之意。何謂「以行與事示之」？即「薦之於天，而天受之；暴之於民，而民受之」。結果就達到「天與之，人與之」的結論。孟子最後引到《泰誓》一言，以申明人與之實，便是說「天視自我民視，天聽自我民聽」。可見儒家所標榜的天是假有的。若墨家便不如是。墨子認「天子賞罰不當，聽獄不中」，便有「天下疾病禍祟，霜露不時」的昭示，這不是實有的天所昭示的嗎？墨子既承認天是實有的，當然他的立場便與儒家完全不同了。

墨子是古代的天治主義的復活者，天治主義到了孔子手裡，便變為人治主義了，不過演變到墨子時，卻又將古代天治主義復活起來。可是這種復活的意義，和古代有不同，這是為封建統治的整個體系而復活的。在封建統治的整個體系中，如果不把天的權威立得穩定，如果不把天的意志弄得確實，那封建統治的根據就不免動移。如果照儒家那樣，只標榜一個假有的天，至於說「天視自我民視，天聽自我民聽」，那就不免要破壞封建本身的體系了。封建社會的特質是宗教的確立，如果不尊重天志，試問宗教如何有確立的可能呢？關於這點，我在第一講中已有說明。

上面已經把尚同、尚賢、天志這幾點都講明白了。我們可以知道墨子的主張是一貫的，便是都從尚同一點出發。因尚同故不得不尚賢，因尚同故不得不尊天。墨子學說中還有兩個重要點，如兼愛、非攻，我們也不能不在這裡徹底闡明。先講墨子的兼愛。

兼愛也是尚同之必然的歸結。墨子主兼不主別。他在兼愛篇所發表的重要主張，是「兼以易別」，「別非而兼是」。而對於兼與別之理，闡述至為詳盡。看下面所引述的幾段自明。

姑嘗本原若眾害之所自生：此胡自生？此自愛人利人生與？即必曰：「非然也。」必曰：「從惡人，賊人生。」分名乎天下惡人而賦人者，兼與別與？即必曰：「別也。」然即之交別者，果生天下之大害者與？是故子墨子曰：「別非也。」非人者，必有以易之；若非人而無以易之，譬之猶以水救水，以火救火也。其說將必無可焉。是故子墨子曰：「兼以易別。」

姑嘗本原若眾利之所自生：此胡自生？此自惡人賊人生與？即必曰：「非然也。」必曰：「從愛人，利人生。」分名乎愛人而利人者，別與兼與？即必曰：「兼也。」然即之交兼者，果生天下之大利者與？是故子墨子曰：「兼是也。」且鄉吾本言曰：「仁人之事者必務求興天下之利，除天下之害。」今吾本原兼之所生，天下之大利者也；吾本原別之所生，天下之大害者也。是故子墨子曰「別非而兼是」者，出乎若方也。

故兼者，聖王之道也，王公大人之所以安也，萬民衣食之所以足也。故君子莫若審兼而務行之，為人君必惠，為人臣必忠，為人父必慈，為人子必孝，為人兄必友，為人弟必弟。故君子莫欲為惠君、忠臣、慈父、孝子、友兄、弟弟，當若兼之不可不行也。此聖王之道，而萬民之大利也。（以上均見《兼愛下》）

墨子除發揮「兼以易別」「別非而兼是」的議論以外，還舉出「別士」「兼士」和「別君」「兼君」的言行，以證明「別非兼是」之理。所以他的兼愛說，仍是根據他的尚同的主旨而發揮出來的。尚兼不尚別，即是尚同不尚異的思想，是顯而易見的。

可是在這點就引起儒家的重大的攻擊。孟子說：

墨子兼愛，是無父也。

兼愛便是「無父」，不知孟子根據何種論理？不過站在孟子的立場，罵墨子為無父，也自有一番道理。孟子秉承孔子由親及疏，由近及遠的宗法理論，以為愛應該是有差等的。而墨子卻有「必為其友之親若為其親」的議論，這不是和孟子的思想根本相衝突嗎？孟子還有一次批評墨家，也是關於兼愛的問題，也含著「無父」的諷刺，不過沒有破口罵出「無父」而已。

墨者夷之因徐辟而求見孟子，孟子曰：「吾固願見，今吾尚病，病癒我且往見，夷子不來。」他日又求見孟子，孟子曰：「吾今則可以見矣。不直則道不見，我且直之。吾聞夷子墨者，墨之治喪也，以薄為其道也，夷子思以易天下，豈以為非是而不貴也？然而夷子葬其親厚，則是以所賤事親也。」徐子以告夷子。夷子曰：「儒者之道，古之人若保赤子。此言何謂也？之則以為愛無差等，施由親始。」徐子以告孟子。孟子曰：「夫夷子信以為人之親其兄之子，為若親其鄰之赤子乎？彼有取爾也，赤子匍匐將入井，非赤子之罪也。且天之生物也，使之一本，而夷之二本故也。」（《滕文公上》）

孟子聽了墨者夷子「愛無差等，施由親始」的話，發了一大套的議論，並且斥夷子「以所賤事親」，斥夷子之道為「二本」而非「一本」，不是仍舊含著「無父」的諷刺嗎？我們要知道：孟子講愛，是極重等差的。他把親、仁、愛三者分得很嚴格。他說：「君子之於物也，愛之而弗仁；於民也，仁之而弗親；親親而仁民，仁民而愛物。」照這樣說，對父母應親，對民應仁，對物應愛，如果愛施及父母，豈不是把父母當作萬物看待嗎？這就無怪孟子要罵墨子為「無父」，並且進一步罵墨子為「禽獸」。實際上，儒家和墨家，各有各的立場。儒家正名，故主愛有等差，墨家尚同，故主愛無等差。若就封建意識說，儒家和墨家是沒有什麼大不了的區別的。

現在再講非攻。

非攻也是尚同之必然的結論。非攻即是反對鬥爭。站在尚同的立場的人，反對鬥爭，主張和平，是最自然不過的事。康德所以主張永久和平，就因為他是站在尚同的立場上。墨子以為一般人都是近視眼，只看到小處的鬥爭是鬥爭，大處的鬥爭便認為不是鬥爭了。對小處的鬥爭加以非難，對大處的鬥爭，例如國與國的鬥爭，便不加以非難，這不是知二五而不知一十嗎？墨子既以尚同為教，當然對這種國與國的鬥爭非加以攻擊不可。我們看墨子《非攻上》篇說道：

> 今有人於此，少見黑，曰黑；多見黑，曰白；則必以此人為不知白黑之辯矣。少嘗苦，曰苦；多嘗苦，曰甘；則必以此人為不知甘苦之辯矣。今小為非則知而非之；大為非，攻國，則不知而非，從而譽之謂之義。此可謂知義與不義之辯乎？是以知天下之君子也，辯義與不義之亂也。

照這段話看來，墨子是認國與國的鬥爭為「不義」的，充其意非大家體認尚同之旨，達到永久平和不可。我們可以看到墨子的非攻，仍是從他的一貫的思想而來。墨子這種思想，也許是從儒家的不爭之教演繹而出的，不過把這種思想擴大到國與國之間，至認攻國為非，這不能說不是墨子的獨到之處。

以上關於墨子的尚同思想，已說明了一個大概。墨子唯其只看重一個同，所以注重非攻，注重兼愛。非攻還是消極的尚同，若兼愛乃是積極的尚同了。所以兼愛之說，很為尚等差的儒家所不滿。墨子既以尚同為教，因而發展為以同一律為基本原理的形式論理。這並不是偶然的事。

四　墨子的形式論理

上面已經說明了墨子是中國的一個大匠，由其繩墨精巧過人，遂得墨者之稱。我們更需知道，大匠的繩墨就伏著幾何學上的點線面體，而形式論理便是由幾何學推演而成的。然則墨家之有形式論理，自是必然的歸結。

墨子在中國可稱為形式論理學之祖。形式論理有三條基本規律：同一律、矛盾律、排中律，這是大家都知道的。嚴格地說來，矛盾律和排中律都可歸納到同一律裡面。墨子的根本思想既是尚同，因此創出一種論證同一的研究方法。他在《非命下》篇說道：

凡出言談，則不可而不先立儀而言。若不先立儀而言，譬之猶運鈞之上而立朝夕焉也。我以為雖有朝夕之辯，必將終未可得而從定也。是故，言有三法。何謂三法？曰：有考之者，有原之者，有用之者。惡乎考之？考先聖大王之事。惡乎原之？察眾之耳目之請。惡乎用之？發而為政乎國，察萬民而觀之，此謂三法也。

墨子所謂「立儀」，便是建立基本規律。他以為如果沒有墓本規律，便什麼法則都談不上。如果有了基本規律，就可以產生三個法則，便是「考之」、「原之」、「用之」的三個法則。「考之」、「原之」

的法則，是屬於演繹法；「用之」的法則，是屬於歸納法。但無論是演繹法或歸納法，都是從基本規律而來；用墨子的話表明，便是無論是「考之」、「原之」、「用之」的方法，都是從「儀」而來。這所謂「儀」，即是同一律，便是「考之」、「原之」、「用之」三者最基本的準據。

在這裡我要講到《墨經》的問題。我以為《墨經》（包括經上經下，經說上經說下，大取小取六篇）雖不一定是墨子自己做的，但我們可以斷定是墨子的思想，而且是墨子費過一番考慮的東西。因為《墨經》全體是站在形式論理的立場之上，和墨子尚同的主旨正相合，絕少含有辯證法的見地。這只要拿它和墨家惠施、公孫龍之流的思想比較一下，便很容易明白。因為惠施、公孫龍的思想都含有很豐富的辯證法的要素，而墨子的思想是十足地以形式論理為其旨歸的。我們若不從這點去看《墨經》，徒然執著幾個名詞去斷定《墨經》是墨子所作，或斷定是「別墨」所作，那是沒有什麼意義的。關於這點，俟將來講到「墨家的觀念論的辯證法」時更易明白。

《墨經》上論知識的來源，認知識有「聞、說、親」三種，以為從傳授得來的是聞知，從推論得來的是說知，從經驗得來的是親知。這不是很顯明的將《非命》篇所說的「考之」、「原之」、「用之」作一種系統的闡明嗎？前二屬於演繹法，後一屬於歸納法。但三者之中，尤以說知為重要，因為聞知不盡可信，而親知又不免要受著某種制限。所以說知一項，《墨經》上闡明得比較多，這也可以體察到墨家的尚同之旨。

形式論理在印度、西洋都很發達，若中國則充分地表現在《墨子》一書中。形式論理大都分為三段推演。在印度為宗、因、喻，在西洋則為大前提、小前提、結論。梁任公在《墨子學案》中曾引出幾條，他說：

印度的因明，是用宗、因、喻三支組織而成。式如下：

宗——聲，無常。

因——何以故？所作故。

喻——凡所作皆無常。例如瓶。

《墨經》引《說》就《經》，便得三支。其式如下：

宗——「知、材也。」

因——何以故？「所以知」故。

喻——凡材皆可以知。「若目」。

這條是宗在《經》，因喻在《說》。《經上》、《經說上》，多半是用形式。《經下》、《經說下》，則往往宗因在《經》，喻在《說》。如：

宗——「損而不害」。

因——說在余。

喻——「若飽者去余，若瘧病人之於瘧也。」

……

西洋邏輯亦是三支，合大前提、小前提、斷案三者而成。其式如下：

大前提——凡人必有死。

小前提——墨子，人也。

斷案——故墨子必死。

《墨經》中亦有用這形式的，例如：《下篇》中有一條：

大前提——「假必非也而後假。」

小前提——「狗，假虎也。」

斷案——「狗非虎也。」

《墨子》全書，大半都是用這些論式構成。試在《天志篇》舉幾段為例。

（一）
- 大前提 — 天下有義則生，無義則死，有義則富，無義則貧；有義則治，無義則亂。
- 小前提 — 然則天欲其生而惡其死，欲其富而惡其貧，欲其治而惡其亂。
- 斷　案 — 此我所以知天之欲義而惡不義也。

（二）
- 大前提 — 義必從貴者知者出。
- 小前提 — 天為知天為貴而已。
- 斷　案 — 然則義果自天出矣。

（三）
- 宗 — 天之意，兼而愛之，不欲大國之攻小國也，大家之亂小加也。
- 因 — 然則何以知天之愛天下之百姓……以其兼而有之。
- 喻 — 且夫天之有天下也，無以異乎諸侯之有四境之內也，令諸侯有四境之內，無以異此。

上面的例子，都足以證明墨家的哲學大半是運用形式論理構成的。墨子既站在尚同的立場，用形式論理運用其思維，是當然的路徑。我們若不從思維體系上去理解墨子，去研究《墨經》，是不能得到墨家的真精神的。

論理這個名詞，在墨家叫做「辯」。《墨經》說明「辯」的地方很多：或說明「辯」的性質，或說明「辯」的作用，或說明「辯」的方法。在《小取》篇我們可以抓出很重要的一段。

夫辯也者，將以明是非之分，審治亂之紀，明同異之處，察名實之理，處利害，決嫌疑焉。摹略萬物之然，論求群言之比。以名舉實，以辭抒意，以說出故，以類取，以類予。

開首六項是說明「辯」的作用和目的的。中間「摹略萬物之然，論求群言之比」，是說明「辯」的方法的。最後五句，是總論「辯」的性質的。最後五句，是形式論理的核心。觀念論者每從思維看實在，以為思維可以決定實在，因此，完全趨重於概念的研究。他們不是因實授名，卻是「以名舉實」，即以概念決定實在。質言之，思維即實在，這是形式論理學者的根本立場。形式論理學者重「名」，重「辭」，重「說」，完全偏重概念的作用是必然的結果。

最末「以類取，以類予」六字，是全文的骨幹。「類」即是「相似」，這個字對於形式論理的運用是很重要的。形式論理的基本規律，便是同一律，上面已有說明。他們所以推論萬事萬物，完全是以同一律作基礎。同一律可以用「A是A」的形式表示出來，但形式論理學者有時看到宇宙萬像是有變化的，並不完全同一，因此他們每每不說「A是A」，而說是「A是B」。「A是A」是完全立於同一的立場上，「A是B」便是立於一致的立場上了。同一是指的一個東西，一致就指兩個東西了。即是說A與B二者雖不完全同一，但我們可以假定其有多少的相似點，因此結合以求其一致，而保持認識的統一。於是同一律就變為一致律。同一律是「同」，一致律即是「類」。所謂「以類取，以類予」，即是說一致律為一切肯定判斷的基礎。

上面已經把墨家的形式論理說明了一個大概。可惜在本講裡面未便細說，但有了上面的說明，已經可以看到墨家的形式論理正是從它的尚同的主旨而來。現在說明墨家一個特色，便是它的實踐精神。

五　墨家的實踐精神

墨家的實踐精神，可以分作兩方面觀察：一、對個人享受的節制；二、對社會福利的營求。而這兩方面是互為因果的。墨家所以博得世間的好評，這兩方面的實踐精神實為其主要原因。我們看《莊子．天下》篇所記載關於墨家的一段重要文字，便可以知道：

> 不侈於後世，不靡於萬物，不暉於數度；以繩墨自矯，而備世之急。古之道術有在於是者，墨翟、禽滑釐聞其風而悅之，為之大過，已之大循，作為非樂，命之曰節用。生不歌，死無服……今墨子獨生不歌，死不服，桐棺三寸而無椁，以為法式；以此教人，恐不愛人，以此自行，恐不愛己……其生也勤，其死也薄，其道大觳，使人憂，使人悲，其行難為也。恐其不可以為聖人之道，反天下之心，天下不堪。墨子雖獨能任，奈天下何？離於天下，其去王也遠矣。墨子稱道曰：「昔者禹之湮洪水決江河而通四夷九州也，名山三百，支川三千，小者無數，禹親自操橐耜，而九雜天下之川，腓無胈，脛無毛，沐甚雨，櫛疾風。置萬國，禹大聖也，而形勞天下也如此！」使後世之墨者，多以裘褐為衣，以跂為服，日夜不休，以自苦為極。曰：「不能如此，非禹之道也，不足謂墨。」……墨翟、禽滑釐之意則是，其行則非也，將使後世之墨者必自苦以腓無胈、脛無毛相進而已矣。亂之上也，治之下也。雖然，墨子真天下之好也。將求之不得也，雖枯槁不捨也，才士也

夫！

在這段文句裡面，有兩句最吃緊，便是「繩墨自矯，而備世之急」。「繩墨自矯」是對個人享受的節制，「備世之急」，是對社會福利的營求。真正有對己對人的精神，是墨家的實踐精神的大過人處。孟子也認識墨子這種特色，所以他說：

墨子兼愛，摩頂放踵利天下，為之。

「摩頂放踵」，是對個人享受的節制，「利天下」，是對社會福利的營求。孟子表面上是罵墨子，實際上卻是恭維墨子。毋怪墨子的思想成為當時的「天下之言」，而為一般人所歸向的了。

單就個人享受的節制一點而論，墨家的最大特色，是「生不歌，死無服」。他們總是要人們先把生死一關勘破，生死的問題既看得輕，便對世間一切事都敢於放膽做去了。人們何以貪生，貪生的享受；又何以畏死，畏死的寂苦。唯其貪生的享受，所以耽於耳目之樂，用絲竹管弦之聲，以悅其生；如果擯棄這種生的享受，則生的意趣便不能不轉移到別的方向去，而營求社會福利之心，便油然而生。所以墨子倡「生不歌」。唯其畏死的寂苦，所以求死後的哀榮，用厚葬久喪以慰其死；如果輕視死後的生活，便不得不集中於生前，而勇猛精進的精神便不期而自至。所以墨子倡「死無服」。「生不歌，死無服」，也經把人生的路向決定，也經把生死的問題解決。當然對人事的努力，便能達到焦點，無所罣礙於懷了。

《莊子．天下》篇稱「墨翟、禽滑釐……將使後世之墨者必自苦以腓無胈，脛無毛相進」，這是何等的精神！他們以大禹為法，以大禹之「腓無跋，脛無毛」為法，以大禹之「形勞天下」為法，所以說「不如此，非禹之道也，不足謂墨」。可見墨家之所以為墨家，是要具備這麼一種特殊的精神的。但這種精神之唯一的妨害物，便是「樂」。譬如久處溫柔之鄉，便乏遠大之志，既擁裘馬之富，豈甘藜藿之施。墨子因此以為要鍛鍊這麼一種特殊的精神，非提出一個「非樂」的口號不可。墨子所謂「樂」，不僅指絲竹管弦之樂，乃就一切人間的享受而言；又不僅關於日用飲食之細，並且關於國計民生之大。所以《非樂》篇說：

> 仁之事者，必務求興天下之利，除天下之害，將以為法乎天下。利人乎，即為；不利人乎，即止。且夫仁者之為天下度也，非為其目之所美，耳之所樂，口之所甘，身體之所安。以此虧奪民衣食之財，仁者弗為也。是故子墨子之所以非樂者，非以大鐘鳴鼓琴瑟竽笙之聲以為不樂也，非以刻鏤文章之色以為不美也，非以犓豢煎炙之味以為不甘也，非以高臺厚榭邃野之居以為不安也。雖身知其安也，口知其味也，目知其美也，耳知其樂也，然上考之，不中聖王之事；下度之，不中萬民之利。是故子墨子曰：「為樂非也。」

從這段話，可見墨子所說的「樂」，是範圍極大的，和孔子、荀子的「樂」都不同。墨子的

「樂」，是把一切「目之所美，耳之所樂，口之所甘，身體之所安」，都包括在裡面。是就一切個人的享受說。墨子並進一步推論到王公士大夫力言為樂之不可。他說：

王公大人說樂而聽之，即必不能蚤朝晏退，聽獄治政；是故國家亂而社稷危矣……士君子說樂而聽之，即必不能竭股肱之力，亶其思慮之智，內治官府，外收斂關市山林澤梁之利，以實倉廩府庫；是故倉廩府庫不實……農夫說樂而聽之，即必不能蚤出暮入，耕稼樹藝，多聚菽粟，是故菽粟不足……婦人說樂而聽之，即必不能夙興夜寐，紡績織紝 ，多治麻絲捆布，是故佈不興。曰孰為而廢大人之聽治，賤人之從事？曰樂也。是故子墨子曰：「為樂非也。」（《非樂》）

墨子更擴大論點，從歷史上證明「非樂」的重要性。你看他和程繁一段談話。

程繁問於子墨子曰：「夫子曰：『聖王不為樂。』昔諸侯倦於聽治，息於鐘鼓之樂；士大夫倦於聽治，息於竽瑟之樂；農夫春耕夏耘，秋斂冬藏，息於瓴缶之樂。今夫子曰『聖王不為樂』，此有馬駕而不稅，弓張而不弛，無乃非有血氣者之所不能至耶？」子墨子曰：「昔者堯舜有茅茨者，且以為禮，且以為樂。湯放桀於大水，環天下自立，以為王事成功，立無大後患，因先王之樂而自作樂，命曰象。周成王因先王之樂又自作樂，命曰騶虞。周成王之治天下也，不若武王；武王之治天下也，不若成湯；成湯之治天下也，不若堯舜。故其樂逾繁者，其治逾寡。自此觀之，樂非所以治天下也。」（《三辯》）

墨子的最大不可及處，便是擺脫一切享樂思想，親自去做「中聖王之事」、「中萬民之利」的工作，而且從「腓無胈，脛無毛」做起，這是何等實踐的精神！如果不認識墨子這種精神，那就講「兼愛」，講「非攻」，都只是糟蹋墨子。因為兼愛非攻，都不過是一種理想，墨子卻要「摩頂放踵」地去達到這個理想，這豈是發發空議論的人所能做到的？程繁用「馬駕而不稅，弓張而不弛」的話微諷墨子，殊不知墨子之所以不可及，正是這一種「馬駕而不稅，弓張而不弛」的精神，毋怪《莊子．天下》篇稱道墨子：「其生也勤，其死也薄，其道大觳；使人憂，使人悲，其行難為也。」誠者！其道大觳，其行難為。但是這種大觳之道，難為之行，非有墨子那種精神，又哪個配干呢？墨子為貫徹個人的主張起見，不能不對個人的享受加以節制，即不能不非樂。然則墨子的非樂，在墨子的實踐精神上，實有最重大的意義。

墨子的非樂，即含有一種反對藝術的思想，在這點，墨家哲學常為一般人所非難。實則墨子的反對藝術，是與他的崇尚功利相為消長的。墨子以為功利和藝術是絕對不相容的兩種類型。要崇尚功利，便不得不反對藝術，要崇尚藝術，便不得不反對功利。這種看法，在過去的許多思想家，都認為是對的，而且這種思想也支配了很長時期的歷史。荀子批評墨子「蔽於用而不知文」，殊不知墨子乃崇尚「用」而反對「文」。墨子以為「文」必流於弱，必流於靡，必至於「廢大人之聽治，賤人之從事」。這便是他所以提出「非樂」之意。他的「非樂」是與他的「節用」相為終始的。「節用」即崇尚「用」，「非樂」即反對「文」。《莊子．天下》篇說：「作為『非樂』，命之曰『節用』。」這兩句話，說明了二者的關聯。所以墨子非蔽於用而不知文，乃崇尚用而反對文。換句話說，即崇尚功利，反對藝術。前者著重在社會福利的營求，後者著重在個人享受的節制，在墨子書中，常表現這兩種主張。

現在論到對社會福利的追求，在這裡我們不可忽視了一個「用」字和一個「利」字。墨子的「用」和「利」，是範圍很廣的，絕不是財用的「用」，貨利的「利」。如果需要補充的說明，我們可以說是功用的「用」，功利的「利」。功用或功利是含有嚴重的社會性的。西洋功利派倫理的標語，是「謀最大多數的最大幸福」，即此可以想見功利的內涵意義。墨子以為凡是善的都是有用的，如果沒有用，就算不得善。他在《兼愛下》篇這樣說道：

用而不可，雖我亦將非之，且焉有善而不可用者？

善和用交互發展其內容，在中國倫理學史上是一個特色。這是儒家所不及的。再講到利，墨家和儒家也表現一種不同的輪廓。儒家把義和利分開看，墨家以為義即是利，所以說「義，利也」。意思是說有利的即是合於義的。墨家常將愛利並舉，所謂「愛利萬民」，所謂「兼相愛，交相利」，所謂「兼而愛之，從而利之」。墨家的利，範圍是很廣的，所以講到孝，也牽涉到利，所以說「孝，利親也」。這都是和儒家不同的地方。不過儒家所謂利，單指貨利說，所以孔子以「小人喻利」為非，孟子亦以「上下征利」相戒。如果單就貨利說，那就墨子也是加以反對的。我們看墨子《節用中》篇所論述的一段，便可以明白：

古者聖王為節用之法曰：凡天下群百工輪車鞄陶冶梓匠，使各從事其所能。曰，凡足以奉給民用則止。諸加費不加民利者，聖王弗為。古者聖王制為飲食之法曰：足以充虛，繼氣，強股肱，耳目聰明則止；不極五味之調，芬香之和，不致遠國珍怪異物……制為衣服之法曰：冬服紺之衣輕且暖，夏服絺之衣輕且清則止；諸加費不加於民利者，聖王弗為。

墨子以為「諸加費不加民利者，聖王弗為」。可見墨子所謂「加利」，是在「加費」以外的東西。加費而又加利，即是義，加費而不加利，即是儒家所謂利。這樣說來，儒墨雖不同又未嘗不可求其一致點。現在講到墨家的實踐，墨家以為凡是為他人的福利的即是利，也即是義。有義即有利，有利則有義。這便是墨家的實踐精神所在。我們且看《貴義》篇關於墨子的言論一段記載：

子墨子自魯即齊，遇故人，謂子墨子曰：「今天下莫為義，子獨自苦而為義，子不若已！」子墨子曰：「今有人於此，有子十人，一人耕而九人處，則耕者不可以不益急矣。何故？則食者眾而耕者寡也。今天下莫為義，則子如勸我者也，何故止我？」

墨子以為行義即是「利天下」之道，故以「自苦為義」相高。可見墨家「以自苦為極」的精神，即是貫徹它「自苦為義」的精神，亦即是貫徹它「利天下」的精神，這便是墨家的實踐精神的正解。

在本講第一段中，我曾記述墨子冒險訪楚王，勸毋攻宋的一段故事，這是何等的實踐的精神！

無論這段故事是否可信，但在《墨子》書中所表現的這類的瑰意琦行，卻是很多的。墨子本置生死於度外，故能「裂裳裹足，行十日十夜」，故敢大膽宣言：「雖殺臣，不能絕也。」而在對談之頃，猶斤斤以「必傷義而不得」為戒，可見墨子的實踐精神，總是一貫的。這段故事，正是墨子「自苦為義」的人格之充分地暴露。

不僅墨子如此，我們更可以從墨子的弟子觀察他們的實踐精神。《呂氏春秋》說：「墨子弟子，充滿天下。」《淮南子》說：「墨子服役者百八十人。」足見墨子弟子之多。但何以史書不傳其名呢？這必是墨家專以實踐為依歸，於生死且不計，又何暇計及身後之名。孫詒讓在《墨學傳授考》緒言上說：「彼勤生薄死，以赴天下之急，而姓名澌滅與草木同盡者，殆不知凡幾。」這是實在的情形。因為這樣，我們現在要考察墨子弟子的生活情況，頗不易易。就中禽滑釐一人，是比較容易知道的，《備梯》篇說：

> 禽子事墨子，三年，手足胼胝，面目黧黑，役身給使，不敢問欲。

禽子事墨子三年後的成績，是「手足胼胝，面目黧黑」，我們就不難想見墨家的實踐精神了。「手足胼胝，面目黧黑」，一定是墨子弟子的普遍情形。又《魯問》篇說：

> 子墨子出曹公子於宋，三年而反，睹子墨子曰：「始吾游於子之門，短褐之衣，藜藿之羹，朝

得之則夕匆得，無以祭祀鬼神……」

由曹公子的談話裡面，也可以看到墨子之門，皆「短褐之農，藜藿之羹」，與「手足胼胝，面目黧黑」，正是一樣的實踐精神。這樣看來，墨子所以為墨，和儒之所以為儒，確實是兩樣的。儒家雖重實踐，但和墨家比較起來，便完全不同了。墨家既有這麼一種特色，宜乎在當時蔚成一種特殊的風尚。

六　墨家思想在中國社會的潛勢力

一個社會的形成，是多方面的。其中有各種的社會環境，也有各式各樣的思想。社會環境可以影響思想，思想也可以影響社會環境。其間的複雜關係，實非短時間可以說得明白。現在單講墨家思想對中國的社會環境所發生的影響。中國本是一個特重神權的國家。天道觀念在中國古代發達最早。「稱天下治」，又是初民社會最便宜的一種政策，不過社會演進到孔子的時候，政策卻變了，由天治主義轉變為人治主義。孔子將古代的宗教思想蓋上一層倫理的外衣，遂有「正名」思想的發生。「正名」的思想，在宗法社會中是需要的，可是在封建社會中，究不如天治主義來得有系統，又有力量。因為封建社會是以宗教為其主要的精神支配工具的。在這時，墨子遂提出他的尚同說，使古代的天治主義復活起來。墨子建立天鬼的思想，換句話說，建立神的存在和靈魂不滅的思想，在中國的封建社會中，實種了一個不拔的根基，這種思想隨著社會的演變而演變，卻並沒有消滅，誰說墨家思想在戰國以後便已消滅了呢？在這裡我們不妨作一種簡單的觀察。

先就思想方面觀察。戰國以後，有漢之董仲舒，提出天人合一說。他的天人合一的思想，就不能說和墨子的天志說沒有關係。墨子說：「我有天志，譬若輪人之有規，匠人之有矩。」意思是說人之有規矩，即以天之規矩為規矩。但董子說：

為生不能為人，為人者天也。人之人本於天，天亦人之曾祖父也。此人之所以乃上類天也。人之形體，化天數而成；人之血氣，化天志而仁；人之德行，化天理而義。人之好惡，化天之暖清；人之喜怒，化天之寒暑；人之受命，化天之四時。人生有喜怒哀樂之答，春秋冬夏之謂也。喜，春之答也；怒，秋之答也；樂，夏之答也；哀，冬之答也。天之副在乎人，人之情性，有由天者矣。（《為人者天篇》）

這不是以天之規矩為規矩嗎？不過墨子的思想，雖推重天志，卻並不忽視人力，他所以提出非命，便是推重人力的表示。嚴格地說：墨子的思想已立了一個天人合一的基礎。墨子之說，認天有威權，禍福只由人自召，順天之志，便可得福，逆天之志，便不免得禍。董子之說，較墨子稍有不同，天固有威權，人亦有威權，人與天地可以相偶。譬如他說：

天地之精，所以生物者，莫貴於人。人受命乎天也，故超然有以高物。物疢疾，莫能為仁義，唯人獨能為仁義；物疢疾，莫能偶天地，唯人獨能偶天地……是故凡物之形，莫不伏從旁折天地而行，人獨立端向，正正當之。是故所取天地少者，旁折之，所取天地多者，正當之，此見人之絕於物而參天地。（《人副天數篇》）

不過董子認人是「所取天地多者」，似乎天的位置仍高於人。後來到唐代劉禹錫的時候，才真的把天人合一的思想發揮了一番，劉禹錫和柳宗元論天，也成為中國學術史上一段佳話。柳宗元論天，偏於自然，似是道家的系統，若劉禹錫論天，則於自然與陰騭之說，兩有所去取，似折中於墨家與道家之說而成者。他說：

> 世之言天者，二道焉：拘於昭昭者，則曰：「天與人實影響。禍必以罪降，福必以善來。窮厄而呼，必可聞；隱痛而祈，必可答。」如有物的然以宰者，故陰騭之說勝焉。泥於冥冥者，則曰：「天與人實刺異，霆震於畜木，未嘗在罪；春滋乎堇荼，未嘗擇善。跖焉而遂，孔顏焉而厄。」是茫乎無有宰者，故自然之說勝焉。余曰：「天與人交相勝耳。其說曰：天之道在生植，其用在強弱；人之道在法制，其用在是非……天常執其所能，以臨乎下，非有預乎治亂云爾；人常執其所能，以仰乎天，非有預乎寒暑云爾。生乎治者，人道明，咸知其所自，故德與怨，不歸乎天；生乎亂者，人道昧，不可知，故由人者舉歸乎天，非天預乎人爾。」（《天論》）

或曰：「子之言天與人交相勝，其理微，庸使戶曉，盍取諸譬焉？」曰：「若知旅乎？夫旅者群適乎莽蒼，求休乎茂木，飲乎水泉，必強有力者先焉，否則雖聖且賢，莫能競也，斯非天勝乎？群次乎邑郛，求蔭乎樺榱，飽乎餼牢，必聖且賢者先焉，否則強有力者莫能克也，斯非人勝乎？苟道乎虞芮，雖莽蒼猶郛邑然，苟由乎匡宋，雖郛邑猶莽蒼然，是一日之途，天與人交相勝矣。吾故曰：是非存焉，雖在野，人理勝也；是非亡焉，雖在邦，天理勝也。然則天非務勝乎人者也，何哉，人之宰則歸乎天也；人誠務勝乎天者也，何哉，天何私，故人可務乎勝也。吾於一日之途而明乎天人，取諸近者已。」（《天論》）

劉禹錫之說，確實比董仲舒之說又進一步，因為他能說明天人交勝之理。不過認「天常執其所能，以臨乎下」，「人之宰則歸乎天」，似乎仍逃不出墨家的觀點，所以天治之說，在中國思想家總保留相當的勢力。

天與鬼是相因而至的，漢代神鬼之說大張，而方士迷信尤復肆其烈焰，於是中國乃有正式的宗教，始則為從印度輸入的佛教，繼則為自創的道教。而佛教與道教遂在中國社會擁有很長久的歷史與勢力。它們的興起，不必和墨家的天鬼說有如何的關係，然而當時的社會相信鬼神，所受墨家的影響極大，這是毋庸置疑的。因相信鬼神至於相信一切陰陽怪誕之說，更進而至於皈依佛教，虔奉道教，都是意計中事。道教中的張魯，以鬼道教民，與古代社會的神道設教，規模又不同了。王充生當鬼神說大熾之頃，對當時靈異怪誕之說，極盡辭辟之能事，尤其是對墨子的明鬼說，更排擊之不遺餘力。墨子《明鬼》篇，具引杜伯殺周宣王，莊子儀殺燕簡公之事，以為鬼神不可疑，王充便認為是「似是而非，虛偽類真」之論。我們從王充對墨子明鬼說排擊之力，也可見墨子明鬼的思想，在當時還有很大的力量。不過雖經王充之排擊，而社會上對鬼神的迷信並不曾減殺幾許，可見潛勢力之大。

降至齊梁之際，因信佛者加眾，而對鬼神的迷信，遂亦有加無已。范縝作《神滅論》以明無佛，實即謂離形無神，完全是無鬼論的論調。由范縝一篇文字，遂引起了許多非難詰責之辭。從曹思文、蕭珍、沈約以至梁武帝，幾乎當時的思想界全部出馬，以駁倒范縝《神滅論》為鵠的，當時思想界的混沌，已可想見，下及宋代，因昌言陰陽二氣，更暢談其鬼神，在思想上又佈滿著許多迷霧。

再就社會方面觀察。天鬼的觀念在中國一般社會實據有龐大的勢力。家家崇奉天神，認天是一個有意志的主宰，能降臨禍福，這已成為一種普遍的迷信。此外還有許多神殿，專以拜天為教，認天可以療治疾病。這種尊天的思想，未嘗不是從古代天治主義而來。至於神鬼之說，也盛行於中國各地。一談到神鬼，幾乎人人都可以訴說一大篇，並且可以提出許多證據。這可用三種原因說明：一、人死為鬼之說，幾乎成為極普遍的迷信，而墨子的明鬼說要亦宜負重大之責任。二、儒家的喪禮祭禮，以鬼神來格來享為旨歸，亦招致神鬼迷信之由。三、科學不發達，對各種怪異現象不能作有體系的說明。由以上三種原因，遂引起各種迷信之發達，並誘致各種宗教之發生。其後互相影響，互為因果，而宗教迷信遂一發而不可遏。上面已經說過，封建社會是以宗教為其主要精神動力的，中國的封建社會所占的時期很長，因此宗教迷信遂得大肆其威力。墨家的思想既以天鬼不說為足以喪天下，而極盡其鼓吹的能事，則在以後封建社會尖銳化之時，更安有不變本加厲之理。我所以認墨家天鬼的思想在中國的封建社會中，實種了不拔的根基，便是這個緣故。

第三講　墨家的尚同說及其實踐精神

第四講

道家的宇宙觀

今天講道家的哲學。中國的哲學只有道家的體系最完備。它的認識論，它的宇宙觀乃至它的人生觀，都是從一個體系演繹出來的。我們研究道家哲學有一個困難，不易對付，便是《老子》這部書，究竟是什麼時候產生的。如果產生在儒家的《論語》以前，或產生在儒家的《論語》以後，或產生在戰國之初，或產生在戰國之末，無論在哪一時代，都於道家思想的說明，有極大的關係。這樣看來，關於《老子》產生年代的說明，倒是一個先決問題。這一點說明了，就不難找到它的思想發展的體系了。這一點說明了，才好說明道家思想的社會背景。

一　《老子》的產生年代及其思想的來源

《老子》這部書究竟是何人作的，它出生於什麼年代？它的思想的來源是怎樣？真是眾說紛紜，莫衷一是。司馬遷作《老莊申韓列傳》認《老子》為老子所作旋即自己提出兩個疑問。他說：「或曰：老萊子亦楚人也，著書十五篇，言道家之用，與孔子同時云。」是又疑《老子》為老萊子所作。他又說：「自孔子死之後百二十九年，而史記周太史儋見秦穆公……或曰：儋即老子，或曰：非也。世莫知其然否。」是又疑《老子》為太史儋所作。我們看他那篇《列傳》，分明拿不定《老子》究竟是何人所作，因而有那些迷離惝怳之辭。一般人談到《老子》的，大半根據司馬遷這篇《列傳》，現在司馬遷自己尚不免惝怳其辭，於是問題就加多了。推測《老子》的作者和成書的年代，便有種種的不同了。大約計之，有八種：

（一）確定《老子》為老聃所作。這是一種最普遍的看法，不過解釋有不同。

（二）斷定《老子》為太史儋所作。這是因為：一、司馬遷所撰《列傳》中提過「儋即老子」的話；二、聃、儋音同字通；三、聃為周柱下史，儋亦周之史官；四、從太史儋推算世系，不至大相刺謬。

（三）斷定《老子》為李耳所作。這是將老聃和李耳看作兩人：前者為傳說中的人物，後者為歷史上的人物。其所以混作一人，認為是司馬遷的錯誤。

（四）推定《老子》為老萊子所作。這是因為司馬遷自身已疑老子即老萊子。

（五）推定《老子》為老彭所作。這是因為孔子曾說過「竊比於我老彭」的話，在可信的《論語》中，除老彭外，再也不容易找到一位先輩，可以和老子的姓氏相適合的。況且《老子》書中，常稱引古語，如「古之善為道者」，「古之善為士者」，正是「信而好古」。難道不是老彭的思想嗎？

（六）推定《老子》為戰國初年的作品。這是因為書中提到「大國不過欲兼畜人，小國不過欲入事人」的話，又提到「兩者各得其所欲」的話，以為是戰國初年的口氣。

（七）推定《老子》為戰國末年的作品。這是因為書中的思想系統、文字語氣以及其他種種關係，非到戰國末年便不容易出現。

（八）推定《老子》是從春秋時代到戰國時代約有三百多年的學說的集成品，並非出於一人手筆。這是因為在《老子》書中，有楊朱的貴生，宋妍的非鬥，老聃的柔弱，關尹的清虛，慎到、莊周的棄知去己，戰國末年的重農愚民的思想以及兒良的兵家言。

我覺得上面幾種見解中，在七、八兩種是可注意的。關於作者的推定，各持一說，這是很難得有定論的。至於《老子》產生的年代，我以為由思想體系發展的路徑去推定，也是一種正當的方法。如《孟子》後於《論語》，裡面有許多思想要點可以知道是由《論語》發展到《孟子》。又如《中庸》後於《孟子》，裡面有許多思想要點可以知道是由《孟子》發展到《中庸》。這樣看來，《老子》一書是在《莊子》之前，或在《莊子》之後，也是決定《老子》產生年代的分界線。因為中國的哲學，體系最完備而含義最精的無過於這兩部書。這兩部書的先後，如果任意位置，那就道家思想的體系，根本無法弄明白。這兩部書的先後位置決定了，那就《老子》產生年代也可以決定什之八九了。我是主張《老子》產生在《莊子》之後的。我想從思想體系決定它們的先後，其理由在第二段以後詳說。

在上面所述第八種見解中，以為《老子》一書是各種思想的集成品，這話頗有見地。我們知道，凡是富有高深哲理的書，幾乎都是各種思想的集成品。例如柏拉圖的《理想國》，不是赫拉克利特、巴門尼德、普羅達哥拉斯和蘇格拉底四家思想的集成品嗎？康德的《三大批判》，不是柏拉圖、亞里斯多德、洛克、休謨、萊布尼茨、沃爾夫乃至盧梭、福祿特爾各家思想的集成品嗎？黑格爾的《大論理學》，不是赫拉克利特、芝諾、柏拉圖、亞里斯多德乃至康德、費希特諸人思想的集成品嗎？現在講到《老子》，我們知道《老子》一書，是有它的最完備的宇宙觀的，當然也不能說不是各家思想的集成品。《呂氏春秋．不二篇》說：「老聃貴柔，孔子貴仁，墨翟貴廉，關尹貴清，子列子貴虛，陳駢貴齊，陽生貴己，孫臏貴勢，王廖貴先，兒良貴後。」這些思想，無論反面正面，在《老子》書中都包含著，又安知不是這些思想的集成品？不過《老子》思想的主源，在我看來，還是儒家，更其是儒家的《論語》。其理由也在第二段以後說明。我們對思想的檢討，注重在思想體系，不能用東鱗西爪的方法，說某點出自東家，某點又出自西家。所謂集大成乃是集體系的大成，不是胡亂雜湊。胡亂雜湊，絕不能成功一個整然的體系，更不能成功一種最完備的宇宙觀。

二　道家的自然主義

現在先說明《老子》思想的主源。《論語》中記孔子的話。說道：

天何言哉？四時行焉，百物生焉，天何言哉？

這幾句話，我認為是《老子》一書的主腦。《老子》的根本思想，是「無為而無不為」。所謂「天何言哉」不是「無為」的思想嗎？在「天何言哉」的條件之下，卻能「四時行焉，百物生焉」，不是「無為而無不為」嗎？《老子》言天，純主自然，所謂「天地不仁」，便是說天無意志，天不作威福，這不是「天何言哉」的註釋嗎？《孟子》紹述孔子的思想，也有「莫之為而為者天也，莫之致而至者命也」的話，都有「無為而無不為」的思想。不過孔、孟僅啟示一個輪廓，《老子》書中便用全力發揮這個意思。原來，孔子的思想有許多地方是讚美自然的。有一次子路、曾晳、冉有、公西華侍坐，孔子叫他們各述自己的志願，而曾晳一人所述與其餘三人完全不同。曾晳說道：

莫春者，春服既成，冠者五六人，童子六七人，浴乎沂，風乎舞雩，詠而歸。（《論語．先進》）

孔子聽了這段話，嘆了一聲長氣，特別地讚美曾皙。這是對自然主義的讚美。又有一次，孔子發出一種「無為」的主張，說道：

無為而治者，其舜也與！夫何為哉？恭己正南面而已矣。（《論語．衛靈》）

這也是對自然主義的讚美。《老子》這部書正是發揮「無為而治」的思想的。所謂「我無為而民自化，我好靜而民自正，我無事而民自富，我無慾而民自樸」，所謂「功成事遂，百姓皆謂我自然」，都是一貫的理論。《論語》上所說的都不過是個引線，而《老子》一書，便用全力說明，都可以見到《老子》之導源於《論語》。還有，《老子》中頗富於辯證法的思想。它認道是變動的，發展的。這層意思，《論語》中也有明白的表示。有一次，孔子在一條小河上，看到那滾滾不絕的河水，便發嘆道：

逝者如斯夫！不捨晝夜！（《論語．子罕》）

「逝者」便是流轉變動的現象，「不捨晝夜」，乃是永遠的流轉變動。這兩句話，竟成了一部道家哲學。《老子》是把道當作一種過程，引申到軌道、法則的意思。它這樣說：

吾不知其名，字之曰道，強為之名曰大，大曰逝，逝曰遠，遠曰反。

所謂「大日逝」，是說宇宙之流轉變動，不是「逝者如斯夫」的意思嗎？又所謂「逝日遠」，是說宇宙永遠流轉變動，不是「不捨晝夜」的意思嗎？《老子》講道，體系嚴密，不像《論語》僅僅提出一個引線而已。希臘哲人赫拉克利特曾有過這樣的話：

人不能兩次立足於同一河流之中，因為水是流轉變動的。

他這句簡單的話，後來竟給予黑格爾一個絕大的暗示，成就他的辯證法。我們知道思想體系的發展總是由簡而繁，由淺而深的。《論語》之影響《老子》，和赫拉克利特之影響黑格爾正相類。所以我說《論語》是《老子》思想的主源。

以上說明了兩點，一是自然主義，一是辯證法。這兩點我認為是道家哲學的神髓。但這兩點都在《論語》上提示過的。不過《論語》僅僅給予一個提示，而發揚光大的，乃是道家哲學。現在將道家的自然主義，作一系統的講述。

我認為道家的自然主義的思想，是由楊朱而莊子，由莊子而《老子》，一步一步地發展出來的。「道家」這個名稱，雖是起於秦以後，可是在秦以前走向自然主義的道路的，只有這三家為最顯著。現在我們先說楊朱的思想。

楊朱在周、秦與儒墨相頡頏。孟子說：「楊朱、墨翟之言盈天下，天下之言不歸楊，則歸墨。楊氏為我，是無君也；墨氏兼愛，是無父也……楊、墨之道不息，孔子之道不著。」可見楊朱在當時的思想界是很有威權的。不過關於楊朱的思想很不容易考見，因為他沒有著述遺留下來。我們現在只能從周、秦舊著中所記載他的言行斷片，推測他的思想。孟子說：「楊朱取為我，拔一毛而利天下，不為也。」《孟子》書中兩次提了「為我」，究竟「為我」應作如何的解釋，這是一個很不容易輕下判斷的問題。《呂氏春秋》有「陽生貴己」之語，或者「為我」即是「貴己」之意，然而這種判斷，仍然是不確定的。《淮南子．氾論訓》有云：「全生保真，不以物累形，楊朱之所立也。」所謂「全生保真，不以物累形」，這就比「為我」「貴己」的意思確定多了。「全生保真，不以物累形」，這和儒家尚仁義的思想，墨家尚同的思想，確實有很大的區別。因為這是從個人主義出發的。「為我」「貴己」所表現個人主義的色彩，是十分濃厚的。這種學說在動亂的社會中容易受人歡迎，宜乎在當時能吸引許多的信奉者。「全生保真」，同時又為自然主義的主眼。因為道家一派的自然主義，就在「全生保真」。「全生保真」，在《莊子》書中有一度的發揮，在《老子》書中，更作一種系統的說明。而且都是從「不以物累形」去貫徹「全生保真」的主旨的，足見楊朱在道家不愧為一個開創的人。

崔述在《洙泗考信錄》卷一說道：

《道德五千言》者，不知何人所作，要必楊朱之徒之所偽托，猶之乎言兵者之以《陰符》托之黃帝，《六韜》托之太公也……是以孟子但距楊、墨，不距黃、老，為黃、老之說者非黃、老，皆楊朱也，猶之乎不辟神農而辟許行也。如使其說果出老聃，老聃在楊、墨前，孟子何以反無一言辟之而獨歸罪於楊朱乎？秦、漢以降，其說益盛。人但知為黃、老而不復知其出於楊氏，遂有以楊、墨為已衰者，亦有尊黃、老之說而仍辟楊、墨者，楊朱雲云：古者楊、墨塞路，孟子辭而辟之，廓如也。蓋皆不知世所傳為黃、老之言者即「為我」之說也。自是儒者遂舍楊朱而以老聃為異端之魁。嗚呼，冤矣。

崔述認《老子》一書都是根據楊朱的思想，不可謂非大膽的主張，但對「《道德五千言》為楊朱之徒所偽托」，不曾有所說明，所以尚不能引起社會上多大的注意。《老子》一書，是楊朱思想的放大，我以為這是沒有問題的，不過《老子》是一部有思想體系的書，它的無為而無不為的思想，乃是他的骨幹，這就不得不溯源於《論語》了。可是由楊朱到《老子》，當中有一個橋樑，這便是《莊子》。因為不經過《莊子》，則《老子》便不會達到體系完整，內容充實的地步。就認識論的內容說，《莊子》比《老子》充實，若就宇宙觀的整個體系說，《老子》便比《莊子》強遠了。《老子》是集《論語》、楊朱為我說和《莊子》之大成的，所以它論述的對象特別地大。現在論述道家的宇宙觀，就先從莊子說起。

《莊子．天下》篇雖非莊子所自作，卻是一篇絕妙的批評的文字，這是大家都知道的。我們從這篇文章裡面，看如何地批評莊子。

芴漠無形，變化無常：死與生與？天地並與？神明往與？芒乎何之？忽乎何適？萬物畢羅，莫足以歸：古之道術有在於是者，莊周聞其風而悅之。以謬悠之說，荒唐之言，無端崖之辭，時恣縱而不儻，不以觭見之也，以天下為沉濁不可與莊語，以巵言為曼衍，以重言為真，以寓言為廣。獨與天地精神往來，而不敖倪於萬物，不譴是非，以與世俗處……上與造物者游，而下與外死生無終始者為友。其於本也，弘大而辟，深閎而肆；其於宗也，可謂稠適而上遂矣。雖然，其應於化而解於物也，其理不竭，其來不蛻；芒乎昧乎，未之盡者。

從這段話裡面，我們可以想見莊子是一個「獨與天地精神往來……上與造物者游，而下與外死生無終始者為友」的人，可以知道莊子是抱有「死與生與？天地並與」的思想。這正是一種「不以物累形」的精神。莊子的學說，我們現在只有從《莊子》內篇裡面去找，因為外篇和雜篇，多半是靠不住的。而內篇裡面也有許多靠不住的材料。因為後段和前段不是重複，便是後段裡面有許多不相干或不重要的話。即如《齊物論》篇的後段，就有後人加入的痕跡。因此有疑《齊物論》是慎到一班人的作品的。不過我以為《齊物論》的思想，確實是莊子的思想，絕不是慎到的思想。因為「慎到之道，非生人之行，而至死人之理」，齊物本旨卻是「外死生，無終始」一類的議論，正是莊子本人的主張。現在要講到道家的宇宙觀，就先將《莊子》論道和《老子》論道的地方作一比較的說明。《莊子．大宗師》說：

道有情有信，無為無形，可傳而不可受，可得而不可見。自本自根，未有天地，自古以固存。神鬼神帝，生天生地。在太極之先而不為高，在六極之下而不為深，先天地生而不為久，長於上古而不為老。

這是莊子對「道」的看法。莊子以為道是無所不在的。《知北遊》篇有這樣一段記載，雖然不一定是莊子的作品，但也許是人家記述莊子的主張。文云：

東郭子問於莊子曰：「所謂道，惡乎在？」莊子曰：「無所不在。」東郭子曰：「期而後可。」莊子曰：「在螻蟻。」曰：「何其下耶？」曰：「在稊稗。」曰：「何其愈下耶？」曰：「在瓦甓。」曰：「何其愈甚耶？」曰：「在屎溺。」東郭子不應。

這是說道充滿在動植礦三界，固液氣三態。螻蟻指動物，稊稗指植物，瓦甓指礦物。若屎溺便包括固體液體氣體而言。可見道是無所不在的。因此莊子說：

道行之而成。(《齊物論》)

意思是說「道」周遍在宇宙間，凡流轉變動的都是「道」。我們把上面所述的幾點總括起來，便是：一、「道」是自本自根，先天地而生的；二、「道」是有情有信，無為無形，可傳而不可受，可得而不可見的；三、「道」是無所不在的；四、「道」是流轉變動的。這幾層的意思，到了《老子》一部書裡面，便放大了，便體系化，深刻化了，表現法也不同了。我們從《老子》講「道」的地方可以歸納到下列幾點說明：

（一）無名

《老子》以為「道」就是「無名」，就是「無物」，也就是「無」。物由「名」而起，「有名」就「有物」，「無名」就「無物」。宇宙是由「無物」而到「有物」，由「無名」而到「有名」的。這種思想在《莊子．齊物論》中已啟其端，文曰：

> 古之人其知有所至矣！惡乎至？有以為未始有物者，至矣盡矣，不可以加矣！其次以為有物矣，而未始有封也；其次以為有封矣，而未始有是非也；是非之彰也，道之所以虧也。道之所以虧，愛之所以成。

這段話指示了道家的宇宙觀是由「無物」到「有物」，由「有物」到「有封」，由「有封」到「有是非」。但是「物」由何而起？《莊子》書中已有說明，便是：「物謂之而然。」（《齊物論》）即是說「物」由「稱謂」而起，亦即是說「物」由「名」而起。因此《老子》書中開首便提出兩句極重要的話，便是：「無名天地之始，有名萬物之母。」這兩句話便是道家的宇宙觀之鄭重的表白。所謂「無名」，即是「無」，這是《老子》的本體論；所謂「有名」，即是「有」，這是《老子》的宇宙論。本體論是說明實在的本質，宇宙論是說明實在的發展。我們可以看到《老子》的表現法比《莊子》的表現法便不同了。萬物由於「有名」，即是萬物生於「有」；「有名」由於「無名」，即是「有」生於「無」。《老子》有這樣一句講宇宙發生的話便是：

> 天下萬物生於有，有生於無。（《四十章》）

《老子》講「無」的地方很多，究竟「無」字應作怎樣的解釋，我以為絕沒有什麼了不起的深意，不過描寫一種混沌的狀態而已。正如《老子》所說的道，也不過是一種恍恍惚惚的東西，《老子》書中凡描寫本體的都用一些混沌疑似的字眼。如云：

> 有物混成，先天地生。（《二十五章》）

> 道之為物，唯恍唯惚。惚兮恍兮，其中有像；恍兮惚兮，其中有物；窈兮冥兮，其中有精；其精甚真，其中有信。自古及今，其名不去，以閱眾甫。吾何以知眾甫之狀哉，以此。（《二十一章》）

> 視之不見名曰夷；聽之不聞名曰希；搏之不得名曰微：此三者不可致詰，故混而為一。其上不皦，其下不昧，繩繩不可名，復歸於無物。是謂無狀之狀，無物之象。是謂恍惚。迎之不見其首，隨之不見其後。執古之道，以御今之有。能知古始，是謂道紀。（《十四章》）

> 道沖而用之或不盈，淵兮似萬物之宗。挫其銳，解其紛，和其光，同其塵。湛兮似或存，吾不知誰之子，象帝之先。（《四章》）

像「混成」「恍惚」「或」「似」一類的字眼，都是描寫「道」的，也即是描寫「無」的。都無非描寫未有天地以前一種混沌的狀態。這就是「無狀之狀，無物之象」。因為是「繩繩不可名」的，所以說是「無名」；因為畢竟「復歸於無物」的，所以說是「無物」。這樣看來，所謂「無名」、「無物」乃至「無」與「道」，結果都只是一件東西，都是就本體立論。不過在《老子》看來，「名」的關係最大。「名」關係到萬物的發生。而「道」的本身是與「無名」相終始的，所以《老子》說：「道常無名，樸。」（《三十二章》）又說：「道隱無名。」（《四十一章》）

莊、老都是把宇宙看作一個混沌的自然界，這自然界是沒有什麼分別的。粉筆是這自然界的東西，茶碗是這自然界的東西。人也是這自然界的東西，都沒有什麼分別。有分別的只是他們的「名」。所謂姓張的、姓李的，也不過是「名」的分別，大家還不是自然物？人與物的分別，也不過是「名」的分別，大家還不都是自然物？「名」的成立是由於日常生活的實用，「名」是不得已而使用的。否則沒有粉筆、茶碗這些名目，我們要想使用粉筆、茶碗，怎麼會知道呢？說要一件「無名」的東西，人家又怎麼懂得呢？所以「名」是不得已而使用的。「名」就是物與物的區別，「無名」便把一切看成一體，看成整個的自然界。天下萬物皆「有名」，所以說「天下萬物生於有」，所以說「有名萬物之母」。但天下萬物都屬於自然界，所以說「有生於無」，所以說「無名天地之始」。關於「名」的功用的發揮，是《老子》一書的特色。我以為這一點就從《莊子》「物謂之而然」一語而來。（參看第一講最後一段）

《老子》所謂「道」，又有軌道、過程、法則的意思。整個的自然界就包含著各式各樣的法則。天體運動有天體運動的法則。推而至於動物植物礦物的三界、固體液體氣體的三態，也莫不各有各自的法則。整個的自然界無處不有「道」，即無處不有法則。但法則各各以大於己的法則為法則，而自己也各自有其法則。《老子》說：

> 人法地，地法天，天法道，道法自然。（《二十五章》）

什麼都有法則，人便以地的法則為法則，地又以天的法則為法則，天又以「道」的法則為法則，「道」又以自然的法則為法則。秩序逐漸擴大。整個的自然界即是「無」，即是「無名」的東西，它包括一切法則，即包括「道」。「道」又包括天，各種天體都在軌道中運行。天包括地，地球不過是天體的一部分。地包括人，人類不過是地球上生物的一種。秩序逐漸縮小。所以自然界的東西各各以大於己的法則為法則，而自己也各自有其法則。整個的自然界（無）都有法則（道），所以「道」即是「無」，「無」即是「道」。「道」與「無」雖然是相同的，但其中又有一點不相同。在這裡就可以知道「道」與「無」的關係。

（二）無為

「無為」一點也是《老子》書中一個很重要的觀念。「無名」就自然界說，「無為」則兼就人事界說，《老子》書中講「無為」的地方很多。如云：

> 聖人處無為之事，行不言之教。（《二章》）

為無為，則無不治。（《三章》）

愛民治國，能無為乎？……為而不恃……是謂玄德。（《十章》）

上德無為而無以為，下德為之而有以為，上仁為之而無以為，上義為之而有以為，上禮為之而莫之應，則攘臂而扔之。（《三十八章》）

……吾是以知無為之有益。不言之教，無為之益，天下希及之。（《四十三章》）

不為而成。（《四十章》）

我無為而民自化，我好靜而民自正，我無事而民自富，我無慾而民自樸。（《五十七章》）

為無為，事無事，味無味。（《六十三章》）

為者敗之，執者失之，是以聖人無為故無敗，無執故無失。（《六十四章》）

民之難治，以其上之有為，是以難治。（《七十五章》）

《老子》這部書，幾乎全部都是發揮「無為」的道理的。什麼是「無為」，因為自然界的法則都是佈置好了的，不需人加以作為，也無法加以作為，如果勉強加以作為，就會變成假的，就會拿主觀的東西，當作客觀的東西。道是客觀的存在物，法則是客觀的存在物，所以說是「無為」。人事界正復如此。人事界的法則也是佈置好了的，無需加以更動，如果加以更動，就會引起許多機巧變詐，而為擾攘紛亂的張本。人事界主要的是講「愛民治國」，是講「取天下」。能夠無所事事地取天下，在《老子》是認為最好的政治現象。所以說：「取天下常以無事，及其有事，不足以取天下。」又說：「以無事取天下。」又說：「我無事而民自富。」這都是從《論語》上「無為而治」一語引申而來。

「無為」是無所作為，然而不是不作為，乃是「作焉而不辭」，「為而不恃」。李翱在《復性書下》發揮一段「無為」的意思。他說：

晝而作，夕而休者，凡人也。作乎作者，與萬物皆作；休乎休者，與萬物皆休。吾則不類於凡人，晝無所作，夕無所休。作非吾作也，作有物，休非吾休也，休有物。作耶休耶，二者離而不存。予之所存者，終不亡且離也。

《老子》說了一句「萬物作焉而不辭」的話，陸農師便這樣注著：「萬物之息，與之入而不逆；萬物之作，與之出而不辭。」這就是「作乎作者，與萬物皆作；休乎休者，與萬物皆休」之意。「聖人處無為之事，行不言之教」，所以「晝無所作，夕無所休。作非吾作也，作有物；休非吾休也，休有物」。一任自然，無為而無不為。不過「作」與「休」二者離而不存，所以《老子》說：「化而欲作，吾將鎮之以無名之樸。」如果以「無名之樸」鎮之，那就「化而欲作」，其作也不作，其休也不休，自然「終不亡且離」了。人與萬物為一體，自然休作與共，又哪會「亡且離」呢？這是李翱對《老子》「無為主義」的發揮。然則《老子》所謂「無為」，並不是不作為，乃是順任萬物的自然法則去作為，不加一點人為的意見。因此《老子》處處著重「不言之教」。

什麼是「不言之教」？謂不參以人為的意見或主張，或雖參以人為的意見或主張，而不以美惡，善不善相號召，使民相忘於美惡，善不善之間，如魚在水而忘水。魚在水忘水，便像無水，民在治忘治，便像無治。故曰「無為之事」。《老子》書中對這點是發揮得異常多的。《老子》說：

希言自然。（《二十三章》）

「希言」即「無言之教」，「希言」就可達到「自然」的境地。孔子說「予欲無言」，這便是「希言」；「天何言哉！四時行焉，百物生焉」，這便是「自然」。可見《老子》的重要觀念，都從《論語》而來。《老子》既從正面說明「不言」之益，如云「天之道……不言而善應」，「大巧若拙，大辯若訥」；又從反面說明「多言」之害，如云「多言數窮」，「知者不言，言者不知」，「信言不美，美言不信；善者不辯，辯者不善」。我們可以看到《老子》對於「言」與「行」都作否定的說明，貫徹它的「無為主義」的主張。

《老子》由「無為」又講到「無知」。因為知識是一切造作的源泉，也是一切虛偽欺詐的源泉，所以極力說明知識之害。它提出一個口號，是：

絕學無憂。（《二十章》）

本來一個人沒有知識，確實可以減去許多無謂的煩惱，正是所謂「知識為憂患之媒」。一個人如果像小孩那樣，過渾渾噩噩的生活，既可以減少苦惱，又可以保持天真，這不是很值得讚賞的嗎？

無怪《老子》要提出「絕學無憂」這個口號。因為這樣，所以《老子》極力讚美「無知」的好處，闡述「智多」的害處，譬如說：

> 眾人皆有餘，而我獨若遺，我愚人之心也哉，沌沌兮！俗人昭昭，我獨昏昏；俗人察察，我獨悶悶；澹兮其若海，風兮若無止。眾人皆有以，而我獨頑似鄙。我獨異於人，而貴食母。（《二十章》）
>
> 是以聖人之治，虛其心，實其腹，弱其志，強其骨，常使民無知無慾，使夫智者不敢為也。（《三章》）
>
> 五色令人目盲；五音令人耳聾；五味令人口爽；馳騁畋獵，令人心發狂；難得之貨令人行妨。是以聖人為腹不為目。（《十二章》）
>
> 明白四達，能無知乎？（《十章》）
>
> 古之善為道者非以明民，將以愚之；民之難治，以其智多。故以智治國，國之賊；不以智治國，國之福。（《六十五章》）
>
> 智慧出，有大偽。（《十八章》）
>
> 絕聖棄智，民利百倍。（《十九章》）
>
> 知不知上，不知知病。（《七十一章》）

知者不博，博者不知。（《八十一章》）

從這些文句裡面，可以看到不尊重「無知」的三層害處：一、在個人有「目盲耳聾」的危險；二、在國家有「賊國」的危險；三、在知識本身，有「不博」且「病」的危險。如果在個人修養上，只「為腹不為目」；在國家治安上，只用「愚之」的方法；在知識修養上，只抱著「知不知」的態度，那就一切危險都沒有了。《老子》處處讚美「無知」，但「無知」的思想，也見於《論語》。孔子說：「吾有知乎哉？無知也。」這不是「知不知」的根據嗎？我所以說《老子》一書，受《論語》啟發的地方是很多的。

小孩子之所以可貴，就在他能夠保持著原來的「無知」的態度，因此《老子》特別尊重小孩子的地位。譬如說「常德不離，復歸於嬰兒」；「專氣致柔，能嬰兒乎」；「我獨泊兮其未兆，如嬰兒之未孩」；「聖人皆孩之」；「含德之厚，比於赤子」。這是何等尊重小孩子的思想。小孩子沒有受到知識的渲染，所以能夠保持天真，如果知識漸漸地啟發了，那作偽的本領也就漸漸地大了，又有什麼值得我們去尊重呢？

人們在未受知識渲染的時候，常能保持著一種樸素的面目，這種樸素的面目，在《老子》看來，是很可貴的。《老子》的自然主義，就以這樸素一點為其核心。如云：「道常無名，樸。」「化而欲作，吾將鎮之以無名之樸。」可見「無名之樸」，便是「道」的本質的要素。此外發揮「樸素」的地方還很多。如云：「見素抱樸。」「敦兮其若樸」，「為天下谷，常德乃足，復歸於樸。樸散則為器，聖人用之，則為官長」，「我無慾而民自樸」。這些都是他的「無為主義」的說明。

（三）無為而無不為

《老子》一書，都是發揮「無為而無不為」的思想的，這句話頗難解釋，但在《老子》書中，卻是很重要的。《老子》處處發揮「無為」的精神，卻亦可說處處發揮「無不為」的精神，孔子說：「天何言哉！四時行焉，百物生焉，天何言哉！」這便是「無為而無不為」的註解。「天何言哉」，是「無為」，「四時行焉，百物生焉」，便是「無不為」。《老子》以為自然界的法則，已經完全具備，沒有一種事物不受它的支配。人也是自然界之一物，當然也逃不了這自然法則的支配。「道」便是自然法則本身，它是「無為」的，因為它是老早具備了的；但又是「無不為」的，因為一切事物乃至一切人類行為都須受它的支配。所以《老子》說：

道常無為而無不為。（《三十七章》）

這樣說來，人類的一切努力，根本用不著了嗎？主觀的力量，根本不足以變更客觀的法則嗎？在《老子》看來，人類的一切努力，是用得著的。人類應當努力學問，使學問增加，學問增加了，便會明了自然界一切事物發展的法則；學問愈增加，便會對於自然界的法則愈明了，愈覺得自然界的法則不過是那麼一回事，不過是原來佈置好了的客觀的存在物。所以《老子》的「無為」，不是要我們不去努力而是要我們去努力，愈努力，便對自然界法則的認識愈真切。可是主觀的力量，只能達到認識客觀的法則而止，要想變更客觀的法則，卻是不可能的。主觀的力量，一天天地增加，便會覺得客觀的法則一天天地減少。因為客觀事物是各各以大於己的法則為法則，而自己也各自有其法則，知道了這一點，久而久之，便會覺得沒有什麼客觀法則支配著似的，實際上卻是無一處沒有法則。所以《老子》說：

為學日益，為道日損，損之又損，以至於無為，無為而無不為。(《四十八章》)

嚴幾道對「日益」「日損」作這樣的說明，他以為「日益者內籀之事也；日損者外籀之事也；其日益也，所以為其日損也」。這種說明，與我上面的解釋，正有互相發明之處。《老子》的思想都是根據「無為而無不為」觀點去說明的。所以表面上像消極，實際上卻都是積極的。譬如說：

以其終不自為大，故能成其大。(《三十四章》)

以其不爭，故天下莫能與之爭。(《六十六章》)

這類的思想在《老子》書中是表現得很充分的，這是道家用自然法支配人為法的地方。關於這點，下面尚當論及。

總之，論「無名」，論「無為」，論「無為而無不為」，都是《老子》一書的特色。與《莊子》相比較，可以看到後者不如前者體系的周密。《莊子》謂：「物謂之而然。」意思是說物由「稱謂」而起，即物由「名」而起，「無名」便無物了，「無名」便達到「至矣盡矣，不可以加矣」之「未始有物」的境地了。然則「無名」的思想在《莊子》書中已有其端，不過到《老子》始盡力發揮，完成一種無名主義的主張。其次論「無為」，《莊子》書中已有「無為無形」之語，但將「無為」形成獨有的主張，尤其是形成一種政治的思想，這又是《老子》書中的特色。至於論「無為而無不為」，《老子》書中雖力言之，《莊子》卻根本不曾有這種思想。由以上三點，可證《老子》書出《莊子》後，因為思想的體系，總是後者比前者完備周密，這證之西洋哲學，也往往如此。

三　道家的辯證法

辯證法的思想是在任何思想裡面都潛伏著的，因為客觀的世界，原就是辯證法的發展。當然，反映到思想界也就多少含有辯證法的要素，儒家的思想也多少含有辯證法的要素，這在第一講中已有論及。至於道家的思想，那是在中國哲學中所含辯證法的要素最多的。《莊子．齊物論》中所包含辯證法的思想便特別豐富，至於《老子》一書，可以說整部著作都是用辯證的方法寫成的。現在分作幾點來說明：

（一）道是動的不是靜的

《莊子》書中有這麼一句精警的話：

道行之而成。（《齊物論》）

這便是說從「行之」之中見道。這已經把「道是動的，不是靜的」一點說明了。在《莊子．秋水》篇中有一段話，也是說明變動的道理的。便是：

物之生也，若驟若馳。無動而不變，無時而不移。

後來到了《老子》一部書裡面，更用力發揮這層意思，譬如說：

大道氾兮，其可左右。（《三十四章》）

這就是說「道」是動的，是無所不適的。左右上下，都是「道」在那裡流動轉變，正猶如水一般。希臘哲學開祖泰勒士喜歡拿水說明宇宙間流動轉變的現象，和《老子》的用意正相類。《老子》認「道」是整一的，又是永遠發展的，所以鄭重地說：

有物混成，先天地生。寂兮寥兮，獨立不改，周行而不殆，可以為天下母。（《二十五章》）

所謂「獨立不改」，是說明「道」的整一性；所謂「周行而不殆」，是說明「道」是動的、變的、轉化的；不是靜的、陳死的。唯其「周行不殆」，所以成其為「大」。「大」便由於它是流動轉變的，所以又叫「逝」。並不是一時的流動轉變，而是永遠的流動轉變，所以又叫「遠」。但何以會永遠地流動轉變呢？這就是「反」的作用。關於「反」的道理，下段說明。《老子》說明自然界，用「反」作最後的總結，所以說：

吾不知其名，字之曰道，強為之名曰大。大曰逝，逝曰遠，遠曰反。（《二十五章》）

《莊子》書中除「道行之而成」一語，說明「道」是動的之外，還有一語也隱示道動之意，便是所謂「道未始有封」。又莊子也隱約以水喻「道」，便是所謂「魚相造乎水，人相造乎道」。可是說來都不見真切，不如《老子》書中所主張之顯明。可見《老子》一書是出於《莊子》之後的。

（二）動由於反

道既是動的，但為什麼會動呢？這便是「反」的作用。《老子》有兩句最重要的話，說道：

反者道之動，弱者道之用。

「反」即是矛盾，即是否定。《老子》認自然界都是流動轉變的，其所以流動轉變，即由於矛盾，由於否定，否定復生否定，成為永遠的否定，就成為「無」。《老子》說明自然界，歸結到最後的「反」，也許便是這個意思。

《老子》的整個哲學體系，都在發揮「反」與「弱」的道理。換句話說，都在發揮否定方面的道理。像他所說的「知其雄，守其雌」；「知其白，守其黑」；「知其榮，守其辱」。這些話，都是著重「反」與「弱」的方面。《老子》根本認定宇宙是相對的，所以處處都從相對的道理立論。譬如說：

天下皆知美之為美，斯惡已；皆知善之為善，斯不善已。故有無相生，難易相成，長短相較，高下相傾，音聲相和，前後相隨。（《二章》）

這是很明顯的例子。此外如強弱、得失、曲全、枉直、窪盈、敝新、多少、重輕、靜躁、壯老、張歙、廢興、與奪、貴賤、損益、堅柔、成缺、生死、禍福、大細、有餘不足之類，舉不勝舉，幾乎沒有一處不是講的相對的道理。它從相對、對立的道理說明自然界，但它所特別看重的卻是「反」與「弱」。因為「反」是推動「道」的，「弱」是運用「道」的，都是說明否定的作用的。剛才說過：永遠的否定，便成為「無」，便是說自然界的本身，即是永遠的否定。《老子》的「無」，有廣狹二義：廣義的「無」，便是永遠的否定；狹義的「無」，便是否定的作用，便是負的方面的作用。譬如說：

三十輻，共一轂，當其無，有車之用；埏埴以為器，當其無，有器之用；鑿戶牖以為室，當其無，有室之用，故有之以為利，無之以為用。（《十一章》）

照上面所述的幾點看來，如果沒有「無」，沒有否定作用，便一切的一切都不能表示作用了。從費希特到黑格爾都用正反合的方式說明辯證法。道家的辯證法也取著同樣的方式，不過內容有不同。這是因為辯證法本身必然地要依照這方式而推演的。《老子》說：

道生一，一生二，二生三，三生萬物。萬物負陰而抱陽，沖氣以為和。（《四十二章》）

「道」本身為本質的同一性，揚棄一切有和無的規定，消失一切即自和對自的關係，僅為絕對的否定性之自己關係之同一，是為「道生一」。但所謂同一性，即伏著絕對的不等性，正是《莊子》所謂「齊物者齊其不齊」之意。在同一性之中，潛伏著一切差異、對立和矛盾，是故為「一生二」，矛盾為一切運動的主因，有矛盾（正、反）就有矛盾的統一（合），是故為「二生三」。一度統一，便發生一度的突變，萬物便從這裡面發生，是故為「三生萬物」。萬物的發生，都經過矛盾而達於統一，是謂「萬物負陰而抱陽，沖氣以為和」。可見《老子》的宇宙觀是包含著辯證法的原理的。

像這樣豐富的辯證法的思想，絕不能產生於《莊子》以前，更不能產生於《論語》以前。《莊子．齊物論》有一段很重要的議論。也是用辯證法說明萬物之發生的，不過沒有《老子》說得那樣顯明切實。文曰：

今且有言於此，不知其與是類乎，其與是不類乎？類與不類，相與為類，則與彼無以異矣。……天下莫大於秋毫之末，而太山為小；莫壽於殤子，而彭祖為夭。天地與我並生，而萬物與我為一。既已為一矣，且得有言乎？既已謂之一矣，且得無言乎？一與言為二，二與一為三；自此以往，巧歷不能得，而況其凡乎？故自無適有，以至於三；而況自有適有乎？無適焉，因是已。

《老子》借「名」與「無名」說明「道」，《莊子》便借「言」與「不言」說明「道」，其用意是相同的。關於這點，下段詳說。所謂「莫大於秋毫之末，而大山為小；莫壽於殤子，而彭祖為夭」，便是說空間時間都是相對的。大小是說空間，長短是說時間。大之外有更大的，小之內有更小的，長與更長的比較，則長反覺短；短與更短的比較，則短反覺長。如果用絕對的眼光去看世間，便「天地與我並生，而萬物與我為一」了。沒有什麼長短大小之分了。不過《莊子》討論宇宙發生的問題，總是著眼在概念，著眼在名言，不像《老子》由自然界歸結到人事界。《莊子》所謂「既已為一矣，且得有言乎」，是說明宇宙的同一性；「既已謂之一矣，且得無言乎」，是說明宇宙的差異性。前者是《老子》「獨立不改」的張本，後者是《老子》「周行不殆」的張本。《莊子》以為世間一切的差異、對立和矛盾，都起於言說，所謂「一與言為二」。既有了差異、對立和矛盾，便會隨著宇宙本身的發展而發展，差異的得了融合，對立的得了調解，矛盾的得了統一，是謂「二與一為三」。自此以往，繼續發展，無有止極。不過莊、老的思想，都是排遣名言的。《莊子》說：「無適焉，因是已。」意思是說宇宙盡可依自然法流行，不用人間的名言去推動，所以主張「無適」而「因是」。《老子》說：「名亦既有，夫亦將知止，知止所以不殆。」意思是說「名」雖是不得已而使用的，但也不可以聽其流衍，致發生許多是非紛擾，所以主張「知止」。這樣看來，莊、老的辯證法，都是著重在遣「名」遣「言」。我們可以知道他們的辯證法，完全是概念的。不過《莊子》所發表的辯證法，更完全是概念的。這也許是因莊子正當名家詭辯極盛之時，莊子本人又與許多的名家相往來，故不覺完全走於概念一途。若《老子》的辯證法便豐富多了，表現法也不同了。還有，《老子》能見到道之動由於「反」，《莊子》只能見到道之動由於「言」，即由於分別，分別僅是「反」中之一含義。這些地方也足證《老子》後出於《莊子》。

（三）兩行之道

《老子》開口便說：「道可道，非常道；名可名，非常名。」「名」即是「言」，有「言」就有「名」。可見《莊》《老》的看法是一致的，而《老子》以「常道」「常名」作全書的骨幹，這樣有組織的表現法，絕不能出現於《莊子》以前，則「道」與「名」並舉，顯見其依據《莊子》「道」與「言」並舉的思想路徑。「言」是相對的，「名」也是相對的。莊子說齊物，物如何能齊呢？只有一個方法，便是排遣名言區別，便是「不言則齊」。《寓言》篇說：「齊與言不齊，言與齊不齊。」要齊只好不言，只好不開口，一開口就是相對的，就是不齊。莊子以為「言」是表示意見的，說明事物的，結果不過是一種意見而已，所以說「言者有言」；卻不能表明事物的真相，所以說「夫言非吹」。「吹」是表示萬物自然之聲的，萬物自然之聲，自生自滅，不像「言」充滿著個人主觀的意見。所以說：「夫吹萬不同，而使其自已也。」「吹」可以喻「道」，「道」不是由「言」可以左右的，這即是說「道」不是由主觀的意見可以左右的。「言」只管有「言」，而「道」仍還是「道」。所以莊子提出這樣一段話：

> 有始也者，有未始有始也者，有未始有夫未始有始也者；有有也者，有無也者，有未始有無也者，有未始有夫未始有無也者。俄而有無矣，而未知有無之果孰有孰無也。今我則已有謂矣，而未

知吾所謂之其果有謂乎，其果無謂乎？（《齊物論》）

意思就是說，可言說性非「有」，離言說性非「無」。「道」還是那麼樣，不因「言」多而「道」增，亦不因「言」少而「道」損。《莊子》主張「道」在不言，《老子》便主張「道」常無名。關於「道」與「言」的關係，莊子發揮得很多。譬如說：

道惡乎隱而有真偽，言惡乎隱而有是非？道惡乎往而不存，言惡乎存而不可？道隱於小成，言隱於榮華。（《齊物論》）

這段話是說什麼地方都有「道」，什麼言論都可以成立。淺見之人在小成處見「道」，在榮華處見「言」，好像拿住一點道理，便當作全部真理看，大發其議論，弄得全世界成為是非黑白之林。其實「道」並不給我們一口說盡，它還是另有它的所在。我們所把握的、所論證的，只不過代表「道」的一小部分而已。真理的本身並不全部跑進人類的頭腦，僅只部分地躍入，因為這緣故，概念或知識永遠不能全然與現實相吻合，總不過是現實的一小片。每一個思想，必須認識出思想都是現實和真理的一部分，然後能區別思想的真偽。真偽總是相對的，不是絕對的。因為真偽總包含在自然界之中，包含在整一的自然界之中。

莊子所謂「道惡乎往而不存，言惡乎存而不可」，這即是《老子》「常道」「常名」之所本。莊子所謂「道惡乎隱而有真偽，言惡乎隱而有是非」，和所謂「不道之道」，「不言之辯」，這即是老子「道可道，非常道；名可名，非常名」之所本。「道」是無所不在的，上面已有提到，無所不在的「道」，便是「常道」。「言」是表示意見的，發表思想的，但思想總不過是現實的一小片，總包含在自然界之中。這樣，便任何名言皆可存，這便是「常名」。如果「道」隱而有真偽，則為可道之道，非「不道之道」；「言」隱而有是非，則為可名之名，非「不言之辯」。在這點也可以看到《老子》和《莊子》的關係。

莊子更進一步說道：「夫道未始有封，言未始有常。」因為「道」本沒有封界，言語也沒有一定，用沒有一定的言語，說明沒有封界的「道」，當然愈說明便愈招紛糾。因為你有一種說明，便有你的一種是非；我有一種說明，便有我的一種是非；是非愈多，「道」反因而愈晦。所以莊子說：「是非之彰也，道之所以虧也。」不過「道」與「言」雖有不同，我們雖然著重遣「名」遣「言」，以顯出「道」的真相，但名相和言語究竟不能不使用。我們仍然要把我們的工具弄正確些，把我們的名相和言語弄正確些，是這樣才能把「道」的真相部分地表現出來，才有比較正確的是非。不過立刻要知道，這所謂正確的是非，畢竟不過是名言區別，在「道」的全體說來，名言又不成立了。這便叫做「以名遣名」，「以言遣言」。這便是兩行之道，譬如刷子和粉筆，都是自然界的一部分，當我們說刷子或粉筆的時候，刷子是刷子，粉筆是粉筆，不可以含混的。但立刻要知道刷子或粉筆，畢竟不過是名相的不同，實際上它們是一體的，都屬於同一的自然界。是這樣，刷子或粉筆的名稱又不能成立了。一面肯定世間一切的名相，一面又否定世間一切的名相，這便是兩行之道。所以莊子說：

是以聖人和之以是非，而休乎天鈞，是之謂兩行。(《齊物論》)

是非在人事界是分別得很清楚的，若在自然界便無所謂是非了，是非便共同休息於自然平均的境界了。正如狄慈根所說的：「貓與豹雖是貓的不同的物種，但同屬於貓類。所以真的和偽的思想，雖有許多差異，而是屬於同一類的。因為真理是非常偉大的，萬物都被包括在裡面。」如果不明兩行之道，勢必造成許多無謂的爭執，不爭其所當爭，而爭其所不必爭。例如：

狙公賦芧，曰：朝三而暮四。眾狙皆怒。曰：然則朝四而暮三。眾狙皆悅。名實未虧，而喜怒為用。(《齊物論》)

這是何等可笑的事情啊！這只有認識出宇宙的二重性的人，知道世界的單元的性質是有限同時又是無限，是特殊同時又是普遍的人，才根本明了世間一切的是非可否，都不過是假立的區別，或暫定的名稱，在一定有限的範圍內，是不得不如此的。若在整個的自然界裡面，便這些計較，根本用不著了。所以能夠透徹兩行之道的人，便明白莊子所說的下面的一段道理：

惡乎然？然於然；惡乎不然？不然於不然。物固有所然，物固有所可，無物不然，無物不可。(《齊物論》)

莊子的意思，以為自然界是無所不包的，真偽是非，都包括在裡面。一切都是真理之一部，錯誤也是真理之一部。所以說：「儒、墨之辨，吾所不能同也；各冥其分，吾所不能異也。」我們對於是非真偽要想弄個永久的排遣辦法，只有任其自然。所以莊子有這樣的結論：

> 欲是其所非，而非其所是，則莫若以明。（《齊物論》）

「以明」便是聽其自明的意思，莊子重「以明」，《老子》重「襲明」，是同一的看法。莊子除「以明」之外還提出一個「因是」。如上面所說的「無適焉，因是已」。又如所謂「是以聖人不由而照之於天，亦因是也」。這些都是莊子不可知論之最赤裸的表白。

關於兩行之道，到了《老子》書裡面，就這樣地表現出來：

> 常無，欲以觀其妙；常有，欲以觀其徼。此兩者同，出而異名。（《一章》）

「無」是「無名」，「有」是「有名」。「無」就本體說，「有」就現象說；「無」就一說，「有」就多說；「無」就虛說，「有」就實說；「無」就同說，「有」就異說；「無」就暗說，「有」就明說。世間一切道理，總不外有無二面。換句話說，總不外有名無名二面。由有名可以表明一種要求，由無名可以顯出一種妙用。《易經》說：「妙萬物而為言。」「妙」即「妙萬物」之妙，謂貫通天地萬物的妙用。「徼」含「份徼」「際限」「界別」之意。謂萬物的際限或界別。就個人言，眼有眼的際限，眼只能視，而不能聽；耳有耳的際限，耳只能聽，而不能視。推而至於百骸九竅六藏，莫不皆然。各有各的際限，不能相亂。這便是有名之徼。可是在這時，如果遇著一個敵人加以某種危害之際，眼所見的，耳所聞的，乃至百骸九竅六藏所起的動作，都趨於同一的目的——抗拒敵人，這是什麼東西在主宰呢？這便是無名之妙。又就宇宙言：天地萬物有天地萬物的際限，水流溼，火就燥，水火不能相亂；四時運用有四時的際限，冬不能行夏令，秋不能行春令。這便是有名之徼。可是天地萬物的發生與四時的推移，都能消息盈虛，達到參天地、贊化育的目的，這是什麼東西在主宰呢？這便是無名之妙。有名之徼，重分析，為科學之事；無名之妙，重綜合，為玄學之事。有名之徼，肯定世間一切的名相；無名之妙，否定世間一切的名相。有名之徼，發生區別，遂有物；無名之妙，本無區別，遂有道。有名就「學」言，無名就「道」言。可是有名無名，表雖是二，而裡實是一。無中含有「有」的要求，有中含有「無」的妙用。所以說：「此兩者同，出而異名。」這便是《老子》書中所表現的兩行之道。這樣看來，《老子》的說明比《莊子》又充分多了。

（四）莊子所見的主觀和客觀

關於主觀和客觀，莊子的見解，有許多和費爾巴哈相類似的地方，便是認為主觀和客觀是統一的。費爾巴哈以為「我」的身上含有「我」與「你」兩個成分，所以主觀和客觀，便統一於我的身上。莊子也以為「我」身上含有主觀和客觀兩成分，不過他所討論的對象不僅限於人類，他是抱萬物一體的思想的，他是認「天地與我並生，萬物與我為一」的。《齊物論》末段有這樣一段記載：

昔者莊周夢為胡蝶，栩栩然胡蝶也，自喻適志與，不知周也。俄然覺，則蘧蘧然周也。不知周之夢為胡蝶與？胡蝶之夢為周與？周與胡蝶，則必有分矣。此之謂物化。

這段事實不管是不是真的，不管是不是後人加入的材料，可是莊子是抱著「物化」的思想的。莊子對人與物是同一的看法。明白了這點，就好討論主觀和客觀的問題。莊子說：

物無非彼，物無非是。自彼則不見，自知則知之。故曰：彼出於是，是亦因彼。（《齊物論》）

這是說沒有一件事物不是客觀，也沒有一件事物不是主觀。主觀客觀是對待的，說到主觀就有客觀，說到客觀就有主觀。也可以說客觀出於主觀，主觀是由於客觀。不過單講客觀是不大顯明的，由主觀進窺客觀，是十分清楚的。但這裡面有一層重要的道理，便是主觀和客觀是統一的。所以莊子繼續地說道：

彼是方生之說也。雖然，方生方死，方死方生；方可方不可，方不可方可；因是因非，因非因是。（《齊物論》）

這就是說主觀客觀是統一的，主觀客觀統一於個體。說到方生就含著方死，說到方死就含著方生；說到方可就含著方不可，說到方不可就含著方可；說到因是就含著因非，說到因非就含著因是。我的主觀上覺得我是對的，而在我的客觀上，就反映著一個不對的。在對待的地方就是統一的地方。因此莊子說道：

> 是亦彼也，彼亦是也。彼亦一是非，此亦一是非，果且有彼是乎哉？果且無彼是乎哉？彼是莫得其偶，謂之道樞。樞始得其環中，以應無窮；是亦一無窮，非亦一無窮也。故曰：莫若以明。

這就很顯明地說，主觀也即是客觀，客觀也即是主觀。客觀也有一個是非，主觀也有一個是非。既主觀客觀是統一的，既主觀客觀都屬於整一的自然界，那又有什麼主客之分呢？既無主客之分，那又有什麼對待呢？沒有對待，便是一切認識的總樞紐，便是「道樞」。在這「道樞」裡面，有無窮的是非，有無窮的真偽。說不勝說，莫若聽其自明。莊子由相對論走入不可知論，現在推論到這裡，又由不可知論走入懷疑論、詭辯論了。看下面一段話自知：

> 既使我與若辯矣，若勝我，我不若勝，若果是也，我果非也邪？我勝若，若不吾勝，我果是也，而果非也邪？其或是也，其或非也邪？其俱是也，其俱非也邪？我與若不能相知也，則人固受其黑暗，吾誰使正之？使同乎若者正之，既與若同矣，惡能正之？使同乎我者正之，既同乎我矣，

惡能正之？使異乎我與若者正之，既異乎我與若矣，惡能正之？使同乎我與若者正之，既同乎我與若矣，惡能正之？然則我與若與人，俱不能相知也，而待彼也邪？何謂和之以天倪？曰：是不是，然不然。是若果是也，則是之異乎不是也，亦無辯。然若果然也，則然之異乎不然也，亦無辯。化聲之相待，若其不相待。和之以天倪，因之以曼衍，所以窮年也。忘年忘義，振於無竟，故寓諸無竟。（《齊物論》）

這段議論和古希臘哲學家高爾吉亞的思想，又有什麼不同呢？莊子的思想推衍到極端，完全是破壞的，消極的，故為《老子》所不取。這一點又是《莊子》書與《老子》書的不同點。

以上說明了道家的自然主義和辯證法。我們可以看到莊、老有一種顯著的共同的特徵，便是「保真」。《莊子》的「真君」、「真宰」，《老子》的「無名之樸」，都是他們的宇宙觀的神髓。他們想「以言遣言」，「以名遣名」，其目的都在於「保真」。毋怪《莊子．天下》篇稱關尹、老聃之流為「博大真人」。（《老子》一書，當然是關尹、老聃之流的私淑者的作品。）還有一點，也是莊、老共同的特徵，便是「全生」。《莊子》的《養生主》一文，便完全是發揮「全生」的道理。所謂「為善無近名，為惡無近刑」，所謂「緣督以為經，可以保身，可以全生，可以養親，可以盡年」，是關於「全生」最精闢的議論。《老子》則極力闡明「長生久視」之道。譬如說：「以其不自生，故能長生……後其身而身先，外其身而身存。」又如說：「善攝生者，陸行不遇兕虎，入軍不被甲兵，兕無所投其角，虎無所措其爪，兵無所容其刃，夫何故，以其無死地。」這些都是發揮「全生」的道理的。

這樣看來，莊、老的思想，一面著重「全生」，一面又著重「保真」。而「全生保真」，固原來是楊朱的思想，可知莊、老是承楊朱的思想一脈而來。又楊朱「不以物累形」一點，也成為莊、老思想的主營。莊、老都是站在「無物」的立場，以說明他們的本體論的。《莊子》的「齊物」、「物化」，與夫所謂「審平無瑕而不與物遷」，「勝物而不傷」；《老子》的「無慾」、「知止」，與夫所謂「去甚、去奢、去泰」，「禍莫大於不知足」，都是發揮「不以物累形」的思想。可見楊朱的學說也成為道家哲學的淵源。

四　道家思想的社會背景及略評

本講中的道家思想，乃以楊朱、莊子及《老子》書為代表。楊朱的產生年代及其事跡，頗難考定。根據《淮南子·氾論訓》裡「兼愛、尚賢、右鬼、非命，墨子之所立也，而楊朱非之」一段話，可證楊朱在墨子之後，並且去莊子不遠。莊子是戰國時人，《老子》書是戰國末年的作品，這樣看來，關於道家思想的社會背景，便不難說明了。在封建制度日形動搖的時候，便有從農奴制掙扎出來的小農，而道家思想便是小農的社會生活的反映，在戰國的時候，商業資本得了高度的發展，於是從前為自足自給的生產，現在卻變為市場的生產了。從前為社會制度所限制不能自由出賣自己的土地，現在卻可以破除種種限制而得自由出賣了。可是封建制度動搖的結果，不僅不能使小農解除痛苦，反因土地的兼併，生產的集中，以及各種的自由競爭，而使他們的痛苦加甚。在這種情形之下，反映到他們的思想，是不甘保守，也不敢進取。換句話說，對於封建制度的束縛，他們是想打破的，而對於新興的社會潮流，卻又不能接受。結果只有對自然的原始社會生活的憧憬和思慕。這正是小農社會心理之寫真。道家思想正適合這種心理。我們從《老子》書中對儒家的仁義說，墨家的尚賢說之排斥，可以知道它不滿意於封建制度；我們從《老子》書中對五色、五音、五味等等之排斥，對什伯之器與乎舟輿、甲兵等等之排斥，可以知道它亦不滿意於新興的社會潮流。我們從《老於》書中提倡「小國寡民」，提倡「甘其食，美其服，安其居，樂其俗」，提倡「為腹不為目」，可以知道它對原始社會生活之憧憬與思慕。這樣看來，道家思想的產生，正有它的最顯明的社會背景的。

商業資本的發展，遂使人們的慾望隨而增高，因之社會上一切的惡德，如虛偽、欺詐、攘奪、盜竊等等，亦隨而愈演愈烈。道家最有力的代表思想——《老子》，便是反對這一切的惡德最力的；因為反對這一切的惡德，遂反對這一切惡德所以產生的根源——文明。所以《老子》說：

大道廢，有仁義；智慧出，有大偽；六親不和，有孝慈；國家昏亂，有忠臣。（《十八章》）

絕聖棄智，民利百倍；絕仁棄義，民復孝慈；絕巧棄利，盜賊無有。（《十九章》）

民多利器，國家滋昏；人多伎巧，奇物滋起；法令滋彰，盜賊多有。（《五十七章》）

隨著商業資本的發展，而剝削的形式更加複雜，而原來的封建形式的剝削卻並不曾減少，因此道家對舊文化——封建主義的文化、新文化——商業資本主義的文化，一概加以排斥，而主張「回到自然」。這是道家無名主義、無為主義之所由發生。

在封建統治日趨動搖，商業資本日形發展的瞬間，階級鬥爭的現象，遂不免陷於極複雜極尖銳的程度。在鄉村為農民對地主的鬥爭，在城市則為市民或商人對封建統治階級的鬥爭。太史公自傳上說：「春秋之中，弒君者三十六國，亡國者五十有二，諸侯奔走不得保其社稷者，不可勝數。」可想見當時鬥爭的激烈。下至戰國，其鬥爭的激烈，更有加無已。於是反映到哲學思想中，遂主張流動轉變，主張對立與融合，而有各種辯證法思想之產生。譬如《老子》說「禍兮福所倚，福兮禍所伏」，「有無相生，難易相成」，這些都是運用辯證法去觀察自然和社會的。這樣看來，道家的自然主義和辯證法正反映著當時的社會現象。

以下讓我們對道家的宇宙觀作一個簡括的批評。

道家的自然主義和西洋古代的自然主義不同，因為西洋古代的自然主義是物活論的。又和盧梭的自然主義不同，因為盧梭的自然主義是注重心理上生理上的自然發展的。又和西洋十九世紀下半期的自然主義不同，因為西洋十九世紀的自然主義是以自然科學為基礎的。若道家的自然主義，乃是講的原始的自然狀態，所謂「莫之命而常自然」。《老子》說：

萬物並作，吾以觀復。夫物藝藝，各復歸其根。歸根曰靜，是謂覆命。（《十六章》）

所謂「觀復」，所謂「歸其根」，所謂「覆命」，都是回到原始的自然狀態之意。道家不講征服自然，改造自然，乃是講的信任自然，服從自然。這種自然主義的思想，正是小農社會生活的反映。小農社會的農民沒有組織能力，沒有戰鬥能力，於是反映到他們的思想中成為無為主義、不爭主義，於是反映到他們對一切文明文化的排斥。

道家所謂「道」，所謂「無」，究竟是物質的呢，還是精神的呢？照前面的解釋，它本是一個混沌的狀態。莊、老自身已經聲明這種狀態是「未始有物」，是「無物之象」，當然不是物質的了。但是不是精神的呢？據莊、老的聲明，它是「先天地而生」的，它是「可傳而不可受，可得而不可見」的，它是「視之不見」，「聽之不聞」，「搏之不得」的，然則這個「道」是不能刺激我們的感官而引起某種感覺的。不能刺激我們的感官的「道」，就成為「不可知」的「道」，這就走到觀念論的營壘去了。「道」不依存於物質，而物質卻反依存於「道」，依存於「無」，是則「道」與「無」就不得不成為精神的了。我以為這種推論，可決定道家思想所取的途徑，可確定我們對道家研究的指針。

道家的辯證法是有可以相當注意的地方，因為它知道用辯證法觀察自然界，觀察人類社會，並觀察人類的思維。它知道把宇宙觀、認識論和辯證法看作一件東西，這是道家哲學強過其他各派哲學之處。不過它不知道從實踐去充實它的辯證法，以致它的思想僅餘一個空殼，以致走上論理的遊戲、玄學的捉弄一途，而成為一種觀念論的辯證法。這是表示它的最大缺點的地方。

道家的認識論，也有一種光輝的貢獻，因為它能見到主觀與客觀的統一這層道理。不過它只能見到靜的統一，不能見到動的統一。它只知客觀出於主觀，主觀由於客觀，卻沒有說明是主觀同時就是客觀，它認概念、思想不能全然與現實相吻合，否定絕對真理有認識的可能，因此走入相對論，不知絕對真理是可以認識的東西，不過因歷史條件的限制而不能不有所期待。它更不知相對性中含有絕對性，絕對真理即為相對真理的總和所組成。又他們好持不可知論的論調，《莊子》所謂「以明」、「因是」，《老子》所謂「襲明」，都是不可知論的思想的暴露。《莊子》裡面這樣的議論更多，於是由不可知論走入懷疑論、詭辯論，這些地方，都充分表現出他們的弱點。

道家哲學儘管有他們獨具的優點，可是所給予中國人的影響卻是極壞極壞的，不奮鬥——無為、無事，不進取——知足、知止，不抵抗——不爭，乃至一切言論行事，完全走入消極頹廢一途，都是道家哲學之賜。在競爭激烈的現代，這種哲學是不能不加以揚棄的。

第五講

名家之觀念論的辯證法與形式論理

中國春秋、戰國之交，因社會混亂，國無寧日，戰爭頻仍，此侵彼掠，綱紀敗壞，秩序盡失；故一般憂時之士，或出而輔王理政，期廓清諸反對派以求統一；或遊說諸侯偃兵，欲化干戈為玉帛；或自立學說，發揮其救世主張。因此，人才蔚起，思想繁興，學術史上稱為黃金時代，實有其由。考當時儒、墨、楊朱諸家，各出所論，皆足以振靡天下，其在學術上之價值，即此可見。所惜者公孫龍一派（公孫龍即稱為「秉」者）的著述多散佚不存，流傳世間的僅《公孫龍子》及《莊子·天下》篇所記的少許學說而已。但只在這殘餘材料中，已能給我們以至濃厚的興趣，蓋被稱為「辯者」的惠施、公孫龍一派的思想，確有其獨到的地方。

惠施、公孫龍，漢代學者稱為「名家」，戰國時大都稱為「辯者」。我想他們所以有「名家」的稱號，是因為他們對於名學有一種特殊的貢獻，好像西洋的芝諾、黑格爾被稱為辯證法家一樣。這並不是因為他們講名學才叫名家，如果這樣，那就世界上不知有許多的名家了。

名家思想注重抽象的概念，以概念為矇蔽民眾的麻醉妙品。蓋當時社會，一般民眾在現實世界上得不到物質的滿足和安慰，必然地要在抽象上著眼，名家因欲以空洞的概念去鎖住民眾每個的心靈，故注重靜的世界觀和定於一尊的思想。這本是一般御用學者共同的目標。孔子主張正名，蘇格拉底主張知德一致，正是顯例。孔子和蘇格拉底都是想用概念的「名」去牢籠民眾的思想，禁錮民眾的心靈，牽制民眾的行動的。名家如惠施、公孫龍輩也仍然是這樣。把概念的能動性故意誇大，把概念和事實分離，專在觀念上維持其思想體系，專為他們的觀念上的「一」辯護。他們只有觀念論辯證法的思想和形式論理的思想，因此他們始終在觀念範圍內兜圈子，不敢越出雷池一步。

一　名家和別墨的不同

有些學者主張名家出自墨家。這是由於晉魯勝所著的《墨辯注序》中有「惠施、公孫龍祖述其學，以正別名顯於世」的話。迨及於清之張惠言，亦沿此說。他的《墨子經說解後》云：

> 觀墨子之書《經說大小取》，盡同異堅白之術；蓋縱橫、名、法家，惠施、公孫、申、韓之屬者出焉。

名出於墨之說，似成一種定論。陳蘭甫《東塾讀書記》尤以《墨子小取》篇「乘白馬」、「盜人」諸說和公孫龍相似，認為是名出於墨的證明。胡適之先生更堅信這種主張，以名家為新墨學，名曰「別墨」，並舉四個理由證明《墨經》為惠施、公孫龍等所作。梁任公先生雖不主張施、龍一輩作《墨經》，但也認名家一派確出自墨門。（詳見《讀墨經余記》、《墨子學案》）名出於墨之說，似更成為不搖之論。

可是我們若加以深察，便不敢贊同此說。墨家和名家原有幾種根本不同的主張，根本主張既不同，便一切都不同了。讓我們先考察有哪幾種根本不同之點：

一、墨家富有實踐的精神，名家只是作抽象的研究。

在第三講中我們已把墨家實踐的精神詳細講過，譬如《莊子．天下》篇述及墨子的話，有「不能如此，非禹之道也，不足謂墨」之語，又有一段重要文字，述及墨家的實踐精神，如所謂「其生也勤，其死也薄，其道大觳，使人憂，使人悲，其行難為也……將使後世之墨者，必自苦以腓無胈，脛無毛，相進而已矣」。我們從這些文句中，就可以曉得墨家是具有怎樣一種精神的。墨者是如何的顧及實際，在苦難中發揮其能力，貫徹其主張的。我們可以說，墨家是手腦並用的勞動者，不像一般士大夫之文縐縐的只空談文章濟世。他們在行動上表現其思想的體系，在實踐上體現其根本的主張；他們的精神是苦幹，是實踐。他們反對一切裝飾主義，更反對身分主義。

我們再回頭來看名家是怎樣。名家在這一點，完全與墨家相反，名家只是抽象地研究學理，和一般士大夫的積習並無無二致。名家給予我們的印象，是概念的注重，是論理的遊戲，是在文字上鬥法寶，在觀念界兜圈子。它沒有絲毫實踐的事實供人參考，也沒有絲毫實踐的精神以與其學說相應和。這如何可以和墨家相提並論呢？所以，從氣質上觀察學派，是認識學派的基本條件。忽略了這點，便成為枝葉上的比附了。這是我所認為名墨不同的第一個理由。

二、墨家有特殊的組織，名家無之。

複次，我們看到墨家為一有紀律的團體，是有一定的特殊組織的。關於這點，我們看《莊子．天下》篇所記載的「以巨子為聖人，皆願為之尸，冀得為其後世」一段，就很明白。巨子制度究竟是怎樣的一種團體，我們雖然無法講明，但為一種紀律森嚴的團體，卻是絕無疑義的。在第三講中我曾說明這種團體的「自苦為義」的精神，想諸君還能記憶。這樣看來，欲為墨者，必須加入這種紀律森嚴的團體，或者必須經過入團的一定程式方可。

但名家呢，我們實找不著它的有組織的特徵。在古籍上並無記述名家為一種有組織的團體。我們姑且承認名家為新墨，為「別墨」。但我們考察許多從舊教蛻化而出的新教，或從保守黨蛻化而出的維新黨，也必定有其新的組織，何以這新墨或「別墨」獨無組織可言呢？因此，我們縱慾承認名家為新墨，為「別墨」，實不容易提供所以為「墨」的理由。不考察「墨」與「名」之不同，貿然以「墨」加之，便不免辱沒了「墨者」了。

三、墨家主名實合一，名家主名實對立。

關於這一點，有許多例子可以作證：

墨家主「二有一」，名家主「二無一」——我們看《墨經》所載：

> 體：分於兼也。——《經說》：「體若二之一：尺之端也。」

這樣，則墨家主張「兼」為二，「體」為一；體是分於兼的，故承認「二有一」。名家的公孫龍則反是，他說：

> 牛合羊非馬。

白以青非碧。（說詳《公孫龍子．通變論》）他以為任何兩物都無真正合一的契機，所謂「二」就是各各獨立而迥異的東西，無論如何都不能純粹合一的，故主張「二無一」。

墨家主盈，名家主離——《經說》下有：

> 見不見，離；一二相盈，廣修堅白。

撫堅得白，必相盈也。

根據上兩句，可知墨家以為堅白同囿於石，兩者必能相盈。

公孫龍則適與相對，他說：

無堅得白，其舉也二；無白得堅，其舉也二。

視不得其所堅，而得其所白者，無堅也；拊不得其所白，而得其所堅者，無白也。得其白，得其堅，見與不見離。不見離，一一不相盈故離。（均摘自《公孫龍子．堅白論》）公孫龍以為堅白在石，兩各相離。可稱它「堅石」，也可稱它「白石」，但不能稱它「堅白石」。故他認為一個石裡面兩者不能相盈，只能相離。

墨家主「白馬，馬也」，名家主「白馬，非馬」——《墨經》有：

偏去莫加少，說在故。——《經說》：「偏，俱一無變。」

這是說物有幾種表德，並不因為偏去某種表德而失其物的本來，或別成他物。凡物莫不體面相含，偏去體而說面，於體無損；反之亦然。雖然偏去某種表德，但原來幾種物德仍然存在如故，並不減少，所以「說在故」。所謂「偏，俱一無變」，亦即是同樣道理；雖「偏」去而「俱一」的諸德還是無變化的。因此墨家主「白馬，馬也」；以色形並具為馬，今偏去形而求馬，馬的全德仍舊無變，故「白馬，馬也」。

公孫龍則說：「白馬為非馬者：言白所以名色，言馬所以名形也；色非形，形非色也。夫言色則形不當與，言形則色不宜從，今合以為物，非也。」故「白馬，非馬」。

由上面三個例子，可知墨家是把名與實打成一片的：主張名即是實，實是即名。所以《小取篇》有「以名舉實」之語。但名家把名與實截然分開，名實之間橫著一條不相連屬的鴻溝，便是把抽象的名與實具體的事物之聯繫性一刀斬斷。

四、墨家「蔽於用」，名家「蔽於辭」。

荀子在《辭蔽篇》說：

墨子蔽於用而不知文。

惠子蔽於辭而不知實。

這兩句話批評得有些道理。墨子是講節用的，重苦幹的；謂用與善是一致的，義與利是一致的。他反對士大夫所謂堂哉皇哉的「禮」、「樂」，尤其反對士大夫那種論理的遊戲。當然墨子對於藝術不一定很理會，其實他根本反對所謂藝術。因為這樣，所以被荀子批評「蔽於用而不知文」了。惠施一流人則專在名詞上變花樣，他們避實就虛，終日以概念理論，抽象的法式自娛，原是觀念論派的典型人物，哪能對現實發生半點興致？這當然成為「蔽於辭而不知實」的了。

我們既找出名墨兩家幾個根本不同之點，則他們之相訾應自是必然之理。我們可以承認名墨兩家學說最相接近，但不能說名家即為別墨。至於他們兩家何以相似，不妨試舉一例來說明。譬如形式論理的思想，在《公孫龍子》書中便表現得很充分。現在舉出次述一條，作一對照。

墨家的論理方式：

大前提——「假，必非也而後假。」

小前提——「狗，假虎也。」

斷案——「狗非虎也。」

名家的論理方式：

大前提——「命色者，非命形也。」

小前提——「馬者，所以命形也；白者，所以命色也。」

斷案——「故白馬非馬。」

又《墨經》和《公孫龍子》兩書都著重「明類」的思想，墨子和惠施又都主張泛愛、非戰，這些都是一般人認為名出於墨的理由。但我們實不能隨便附從，我們只是認為名墨兩家最相接近罷了。

不但這樣，我們還可承認名家和儒家、道家的思想也有相契合之處：名家注重正名，儒家也講正名，雖不完全相同，但對「名」的重視，是一樣的。惠施十事中有「日方中方睨，物方生方死」之句，這與莊子《齊物論》所說的「方生方死，方死方生」，也正是一個意思。又惠施的「泛愛萬物，天地一體也」和莊子的「天地與我並生，而萬物與我為一」也極其恰合。

不過，名家雖與各家有相類似的地方，而其與墨家之相似，換句話說，與墨家關係之密切，確在其餘各家之上，這點也是我們不能忽視的。至關於名與墨何以不同，在講完本題之後，更可得到一個明確的了解。

二　兩種辯證法

在這段中，讓我們對於兩種辯證法先加一番認識。我們知道，辯證法的領域中，有觀念論的辯證法和唯物論的辯證法之分。而觀念論的辯證法曾在近代盛行一時，直至最近才逐漸銷聲匿跡，為唯物論的辯證法所取而代之。西洋哲學史上古代的芝諾和近代的黑格爾即為前者的代表人物，古代的赫拉克利特和最近代的馬克思、恩格斯、伊里奇等，則為後者的代表人物。現在我們分開來講。

一、觀念論的辯證法

芝諾可說是觀念論的辯證法的創始者，他站在觀念論的立場去說明現象界，為他的老師巴門尼德（Parmenides）辯護，認為整個宇宙是不相矛盾的「一」。他全從主觀的思維出發，認定思維是決定者，存在是被決定者，即「思維決定存在」。思維是主因，其餘只是從思維派生的東西。

這在我們看來，並不覺得十分驚奇；因為芝諾的時代背景，是充分地誘致他在這個立場上解釋真理，非抬高思維的能動性，誇張思維，將思維有意地歪曲使與現實隔絕，走入虛空之境不可。我們知道，當時芝諾所處的社會，是支配階級不能在物質上予民眾以滿足或慰安，而站在御用地位的芝諾，為要牢籠民眾而使其就範，自然只有逃避現實而引入踏入理想的王國。

於是抽象的東西被認為實有了，思維被誇張了，本是派生的思維反而變成決定要素了。於是許多現實的事物都歸入純粹概念的領域裡。結果，現實與思維失掉本來的聯繫。現實成了被摒棄的東西，從虛空的領域裡幻出一個理想的王國來。

芝諾的辯證法就是在歷史上第一個擁護「思維決定存在」的命題的，並在這錯誤的命題上竭力求豐富與深刻，使它越顯得持之有故，言之成理，至於使人們眼花繚亂，一時找不出它的錯誤。

到了十九世紀的黑格爾，更將辯證法推進到圓滿境界，將古代較簡略而乏生氣的東西，裝成一種蔥蘢蓬勃之象。黑格爾想把觀念論的辯證法作成一個完整的體系，使觀念的力量來得偉大無倫，且使人們迷惑於其圈套中而不自覺，故出其所謂「絕對理念」的主張。

他認定「絕對理念」是潛在於差別界的事物的實在，不是抽象的東西。「絕對理念」，即是內在於差別界的事物，質言之，即是差別界的事物本身，並不是超越於差別界的。他更說明「絕對理念」是發展的，不是靜止的或陳死的。因此他認定整個宇宙本身就是「絕對理念」發展的過程。當前世界的萬物，不過是「絕對理念」在發展的過程中某一階段的表現。他最後說到「絕對理念」本身也是發展的，「絕對理念」並不是靜止狀態或完成狀態。他的說明是具有頗大的誘惑力的。

在此我們發覺到黑格爾的辯證法委實達到頂峰，他的說明確也有其獨到之處。但他把「絕對理念」比擬得近於神祕，使我們無從捉摸。究竟「絕對理念」是什麼，就很難於說明，更難於證實。然則黑格爾自認不是抽象東西的那種「絕對理念」。骨子裡還只是觀念論的另一方式的說法。歸根結底，「絕對理念」仍不過是黑格爾的腦中的產品。

黑格爾認為人是「絕對理念」所造成的，費爾巴哈則謂「絕對理念」本身便是人所造成的。我們覺得費氏的說明，乃是對黑格爾的思想一個恰好的批判。我們否認黑格爾以及一切觀念論的辯證法之空想的說素，我們不能將故意誇張的思維完全接受。反過來說，我們承認「存在決定思維」，思維只是派生的東西。

二、唯物論的辯證法

承認存在與思維都發展著，聯繫著，同時又肯定「存在決定思維」的，那是唯物論的辯證法。不過這裡面有許多地方須補充說明。這種辯證法由赫拉克利特、斯賓諾莎、費爾巴哈諸氏啟其端，馬、恩、伊諸氏集其成。唯物論的辯證法體系異常浩大，內容異常豐富，非本講所能說明。現在簡括地提出幾條：

(一) 唯物論的辯證法認為宇宙間一切現象都出發於整一性的物質體。

(二) 宇宙間一切現象都相互聯繫著，而為不斷地變化發展的。

(三) 一切現象的變化發展，是由於內在的矛盾，主要地是內部矛盾的鬥爭。

(四) 矛盾發展到一定階段，必經過突變，遂產生新的形式。

(五) 真理的認識以社會的實踐為標準。

唯物論的辯證法和觀念論的辯證法是對立的。可是它們的對立，只是相對的對立，不是絕對的對立。哲學上唯物論與觀念論的區別，絕不是那麼簡單的，絕不是單憑直接的外形可以斷定的。如果僅憑抽象的形式斷定某也是唯物論者，某也是觀念論者，那是一種極幼稚的見解。譬如哲學上昌言對立的範疇，喜歡談普遍和個別的問題、原因和結果的問題、必然性和偶然性的問題，我們不能單憑這些抽象形式，斷定哪個是唯物論者或觀念論者。因為這種斷定是沒有具體的內容的。又譬如感覺一物，唯物論者認認識的起點是感覺。觀念論者也認認識的起點是感覺，你能夠單憑感覺去下一個斷定嗎？極端的觀念論者柏克萊主張「一切存在都由感覺而生」，但是我們盡可以運用這句話做一個徹底的唯物論者。可見單憑抽象形式貿然地下斷定，是一種幼稚見解的暴露。最近蘇俄的機械論者就都犯了這種弊病。他們單憑抽象形式斷定德波林一派是觀念論者，只是暴露自身的無知。他們把唯物論和觀念論看作絕對的對立，是怎樣的缺乏積極性的見解啊！

德波林一派也不了解唯物論和觀念論的區別，他們把唯物論的辯證法和觀念論的辯證法混為一談。這種謬誤，實由普列漢諾夫啟其端。普列漢諾夫把黑格爾的辯證法看作絕對不變的真理，以為只要把黑格爾的辯證法一倒轉，附上唯物論的命題，便成為完整的唯物論的辯證法。德波林正落入這種窠臼之中。以為唯物論和觀念論的區別，只要闡明物質和精神哪個是主體哪個是客體，便算完事，就講到黑格爾的辯證法，而以為只是抄襲，便算完事，這都是由於不曾深究黑格爾辯證法的本質，不知對黑格爾辯證法的內容有所改變，以致陷入觀念論的迷途。

我們可以指出德波林一派確實不曾理解的，便是當作認識論看的辯證法。他們把辯證法和認識論完全對立起來，把方法論和現實認識之歷史的發展完全隔離開來。他們不知道辯證法本身即是認識論，也即是論理學。論理學、辯證法、認識論成為一件東西的異名，他們全然不理解；他們只聚精會神於概念與範疇的研究，這便成為他們的謬誤的根源。例如關於「質」的範疇的說明，他們和機械論派便表現一種似異實同的謬誤。機械論派分析「質」，不是辯證法的，也不是歷史的，而是形上學的，統計學的。機械論派的看法是這樣：對象可分解為分子，由分子到原子，由原子到電子，既到電子的階段以後，在電子以前一切的階段都是虛偽的。他們不能說明「新質」發生的問題，不能區別「質」的界限，不能理解一「質」和他「質」相結合而成的「質量」。德波林派便不如此。他們著重「質」的範疇，並且主張從客觀的見地理解「質」，以別機械論派從主觀的見地理解「質」。不過他們把「質」看作自身孤立的東西，不從「質」的發展之現實的條件去考察，結果所謂「質」，變成一種凝固的、空虛的、陳死的「質」。在認識的發展階段，「質」的概念占了一個怎樣的地位，怎樣才可以達客觀「質」的概念，「質」又是怎樣發生的，怎樣相互移行的，這些問題，他們完全不注意。他們以為辯證法之一般的概念已經由黑格爾說明好了的，我們只要充實唯物論的基礎，便可以應付「質」的問題。這樣看來，德波林派和機械論派同樣地不能說明「質」。唯物論的辯證法對這問題的解決便是這樣：我們到達「質」的概念，須透過客觀的物質世界之感性的直觀。我們想認識某種對象之際，必先從感覺，直觀把握對象，然後移於表象的形式而從其中抽取互異之物。這種理論的抽取物則在實踐上檢證，而對象固有的某種同一物則反映於「質」的概念之中。這即是費爾巴哈所說「質與感覺的同一」。感覺是最初步的，最單純的，最直接的東西，可是其中蘊藏著「質」。「質」為事物或現象的規定性之一。它直接映於吾人的眼簾，而與人類的實踐隨處會合。在具體的客觀的現實界，一切事物的「質」雖是一種未發展的狀態，可是入於認識過程，「質」的概念便成為最初步的最單純的抽象。因此，一切事物之一步一步地被深刻地理解，即是以該事物之現實的歷史的發展為前提的。所以真正的認識是歷史的認識，歷史的認識是單純的事物向內容豐富的概念和法則的移行。一方面聯結論理的範疇，理解移行之一般的法則，他方面則要求對史的發展的事實為不絕的考慮。於是認識論與辯證法合而為一。

從抽象的範疇漸次進展到具體的範疇，這是黑格爾的看法，馬、伊主義的看法便不是這樣。他們規定人類認識發展的過程，是由生動的直觀到抽象的思維，再到實踐——這便是真理的認識，客觀的實在性的認識之辯證法的程途。在這裡，歷史的東西和論理的東西是一致的，事實的辯證法和概念的辯證法是一致的，辯證法和認識的歷史是一致的。

三　觀念論的辯證法與形式論理

在上面我們知道辯證法有觀念論的和唯物論的區別。但我們還須知道觀念論的辯證法中，又有否定矛盾和肯定矛盾的兩種。所以在這一段，要把這兩種觀念論的辯證法分別說明，並對形式論理也加以探討，然後認識它們彼此的關係。

一、否定矛盾之觀念論的辯證法

芝諾是觀念論的辯證法之創始者，也是否定矛盾的辯證法之創始者。他承認整個宇宙原是一個不可分的「一」；「一」才是真正實在的，與「一」相反的雜多乃不是實在的。同時他承認世界只是靜止的，所以他否認運動。因此他有難雜多難運動難感覺諸說。

芝諾這種學說原是為他的老師巴門尼德作辯護的，我們在前頭也曾提及過，巴氏的思想是主張「一」。主張「一」是不可分析、不生不滅，不動不變、無始無終。「一」是存在，多則非存在；「一」是靜止，多則變化；「一」是實體，多則為幻象。所以變化不居的萬物，都不過是一種幻象，實際上並不存在，所以不是實體。芝諾接受了這種思想，於是以巴氏的主張為其主張，將巴氏的思想從消極方面發揮而光大之。為要替不可分的「一」辯護，於是非難雜多；為要替靜止的「一」辯護，於是非難運動；為要替實體的「一」辯護，於是非難一切的感覺。

他說雜多是不能存在的。因為在量上說，多是無限大，同時又是無限小；在數上說，多是有限的，同時又是無限的。這是多的本身矛盾之暴露，自相矛盾的事物不能存在。故雜多不能存在，只有整個的「一」才存在。他說運動也是不可能的。他舉出「二分說」、「阿基里斯追龜說」、「飛箭不動說」三個例子作為明證。他的結論是說運動本身充滿了矛盾，所以不能成立。宇宙的實在只是不動不變的靜止，他更進而證明感覺也是矛盾的，不可靠的。故認一切所感覺的只是幻象，不是宇宙的真正實在。

芝諾便是站在否定矛盾之觀念論的辯證法立場上去說明宇宙的。他不承認宇宙間是一切矛盾之對立，他只肯定宇宙是一個整體，是靜止的，不動不變的整體。他這種說素只是充分地表現他自己對宇宙沒有認識；不知宇宙的真相就是發展的過程，就是矛盾之對立的發展。矛盾不但不是幻影，矛盾正是絕對地存在的。芝諾所以十全十足地成為否定矛盾之觀念論的辯證法家，就是因為他只看到主觀，沒有看到客觀，更沒有看到主觀本身也即是客觀。恩格斯寫給史彌特的信上說道：「我們頭腦中的辯證法，僅僅是自然界和人類社會中那些依照辯證法形式之真實的發展的反映。」頭腦中的辯證法，既是自然界和人類社會的反映，而自然界和人類社會是充分地表現著矛盾的，那麼，一切的矛盾現象，又有什麼方法去否定呢？

否定矛盾一派之觀念論辯證法思想家的錯誤，便是他們以空洞的觀唸作為了解世界事象的基礎，將思維與現實隔離。不從現實說明現實，而從抽象的概念說明現實，所以愈說明離題愈遠。然而他們所謂現實，所謂真理，只不過是腦子裡一群抽象概念而已。他們先在主觀上假定一個不動不變、靜止永恆的「一」，以此解釋宇宙，解釋一切事象。從未覺察到現實的存在才為觀念的根源，與現實事象符合的觀念才是正確，所以掩蔽了現實的矛盾性，乾脆地否定矛盾之存在，輕輕地把發展的意義推開，這是何等地陷於巨大的謬誤啊！

二、肯定矛盾之觀念論的辯證法

黑格爾雖然始終未跳出觀念論的壘營，可是他居然把辯證法撫育成為一個像樣的寧馨兒，這不能說不是他的功績。他認識了發展、矛盾的重要性，他以為世界一切的事象都是在發展或轉化的階段中，一切都是發展的過程。

他在起始便承認概念不是靜止永恆的東西，乃是發展著的運動著的。一個概念，其本身就含著和它相反對的概念，這矛盾的存在從發生發展而至消滅，形成了概念的過程。概念的發展過程是永續不絕的，所以發展是絕對的，運動是絕對的。概念採取著繼續發展的形式一直發展下去，這就是宇宙的真相。

黑格爾的辯證法表現在他的巨著《論理學》一書中。他在論理學上選擇一個最純粹的東西做出發點，這便是「有」的概念。他從這個「有」的概念開始分析，由辯證法漸漸導出其他的概念。即是，對於某種概念而發生反對概念，再走到一個新的立場而得第三概念。用黑格爾的話表出來，即從「即自」移到「對自」，再回到綜合二者的「即自和對自」。這便是他的概念發展的路徑。

「有」的概念在黑格爾的辯證法中是很重要的。我們現在借這個機會把黑格爾的「有」、「無」、「成」來講一講。黑格爾的「有」，是最純粹的東西，是最抽象、最簡單、最直接的東西，是全無內容、全無規定的東西。「有」是泛說，是「無所不有」，即不指任何物而言，因此便不含有任何「性質」。即從「性質」之點說來，「有」又為「無」。這是「有」本身所含之內在的矛盾。譬如講到「存在」，就已經伴著「早已不存在」，「尚未存在」，「全不存在」這些否定的事實之意。「有」自身是肯定，同時又是否定，由此兩者遂成為某物，於是有「成」。即「有」之中所含的矛盾在「成」而得統一。所以「成」為「有」，又為「無」。例如說「黑的物變成白的」，在這時，此物已變白，卻尚未全白，當然早已不黑。於是此物（成）「是」白（有），同時「非」黑（無）。故「有」和「無」的矛盾，在「成」而被否定，然二者同時又為不可缺的契機而被保存。推尋黑格爾的原意，「有」自身是肯定，同時又是否定。如果「有」只是肯定一個意思，那「有」便是不動的、陳死的、不能發展的。如果「有」只是否定一個意思，那「有」便等於零，成為全然無力的東西。但黑格爾之所謂「無」，也不是一切空無，「無」是「對自」的，是可以思考的，「對自」由「即自」而起，「對自」即含於「即自」之中，所以它也是「有」。「有」、「無」對立是矛盾，這矛盾即含於「有」之中。至講到「成」，「成」又使自己變成，使自己由「成」變成「已有」，於是「有」的性質稍稍確定。「有」既已是「成」，「有」便決定自己，限定自己，於是泛說的「有」，變成確定的「有」。例如說「黑的物完全變成白的」，這時的「有」名「定有」，或名「定在」。「定有」乃明顯的表示性質的範圍。由此「定有」而有「某物」的概念，由此「某物」的概念而導出與此相對的「他物」的概念。本此關係，繼續演進，便是他的概念發展的辯證法。

黑格爾以為概念不像芝諾所說的為寂靜不動之物，乃是時時向上發展之物。一概念成立，即內含一矛盾概念，於是此相矛盾的二概念得一統一，而成立一種較進步的概念。此種較進步的概念成立，同時又內含一矛盾概念，於是又得一統一，而成立更進步的概念。如此輾轉演進，為概念發展的形式。黑格爾以為凡一概念必然地內含一反對概念，當劣等概念發展之際，絕不以其為劣等而遽遭淘汰，必逢著矛盾以便互相鬥爭而促進向上之機。於是劣等概念退位，優等概念入位。劣等概念遂為優等概念發展的階梯。在原概念為「正」或「措定」，與此相矛盾的概念為「反」或「反措定」，而統一這兩種矛盾概念的便是「合」或「合措定」。「正」為肯定，「反」為否定。「合」便是否定的否定。這裡面所當注意的，便是「正」和「反」絕不是兩個對立的個體，而是一個個體之內在的矛盾。「正」本來是一個矛盾的統一體，矛盾性就內在於它的本身。這內在的矛盾就是它的否定。唯其因為它的內在的矛盾，所以有運動，有運動就有矛盾的量的擴大，矛盾的量擴大到某種程度，就會由量變質。發生突變，這就是否定的否定。即是在舊體的基礎上形成新的矛盾的統一體——新的高級的階段。這新的高級的矛盾的統一體中，又含著內在的新矛盾，於是又繼續發展到更高級的階段。辯證法的發展過程便是這樣發展著的。

我們在此可以看出黑格爾如何地充實辯證法，如何地使辯證法的內容豐富化、深刻化，這種看重矛盾、看重發展的辯證法，委實比芝諾的思想進步得多。還有，在他的辯證法，他知道尊重「突變」一個階段，這也是他的偉大的地方。可是黑格爾不能再有所貢獻，他只是始終以「絕對理念」為根源，認自然與社會的發展，都只是「絕對理念」的發展，於是「絕對理念」遠在物質、空間、時間、自然和人類發生以前，即已存在；「絕對理念」能夠創造一切，不和基督教所信奉的神相同嗎？毋怪恩格斯在《反杜林論》上說：「黑格爾所講的世界開闢，比正統派基督教徒所講的更陷於紊亂無條理的姿態。」

黑格爾用精神的發展來規定自然和社會的發展，自亂其主客的位置，毋怪馬、恩諸氏認黑格爾的辯證法是倒立的，要把它扶正起來。黑格爾說：「存在的是合理的，合理的是存在的。」結果就會達到擁護現代階級制度便是合理的這種反動的結論。黑格爾哲學一方面是自由主義的革命的意識形態，另方面又是保守主義的反動的意識形態，處處表現他的哲學的二重性。這正是當時德意志社會上政治上的矛盾之哲學的表現。

三、形式論理

形式論理在過去很長的時期中，作過一切科學思想的指針。就在現代也還有一部分學者囿於它的範疇之中而表示著嚮往的心情。從此我們可知這種方法論的來歷不小。可是，我們若一考察它的成績，往往會使我們發生懷疑，而世間上各種真理的發現，往往是越出這個範圍的。

我們知道，形式論理有三個定律：即（一）同一律，（二）矛盾律，（三）排中律。在同一律中，它告訴我們的圖式，是「甲是甲」，便是說「無論什麼東西，都等於其自身」。如桌子是桌子，粉筆是粉筆，水是水……這些事物與它自身都是同一的。這個定律在歷史上雖然到萊布尼茨才明白建立，可是在亞里斯多德以前，或在亞里斯多德自己，卻早已不自覺地大運用而特運用。矛盾律的圖式，是「甲不是非甲」或「甲是乙同時不能是非乙」。這定律，亞里斯多德早就作成這樣：「同一的賓詞對於同一的主詞，在同一的時候與同一的關係上不能被肯定又被否定。」這與同一律的意義並無二致。即是在同一律的反面確定其立詞，使人們更加覺察同一律的重要性。我們一方面承認這事物是甲，同時就不能在另一方面說它是非甲，所以矛盾律本身的立詞，不過要我們加強注意同一律而已。最後，排中律所顯示的圖式，是「甲是乙或不是乙」。譬如有甲一物，它若不是乙，就必是非乙，並沒有第三種的判斷。「甲是乙」或「甲不是乙」這兩個自相矛盾的判斷，必有一個是真理，另一個是謬誤，所以一切第三種判斷都不能存在，都無成立之可能。

形式論理所指示的定律，必須在兩個決定前提之下才有可能。(一) 世界各種事像是靜止的，不是運動的。(二) 世界各種事像是孤立的，不是聯繫的。可是世間一切現象並不是靜止的，而是時時刻刻運動著的。在肉眼所見不到的運動，實際上還是在運動。所謂運動，或是整個的轉動，或是內部成分的轉動。又所謂運動，不僅包括「動」，而且包括「變」。這麼一來，形式論理的認識，就成為很表面很膚淺的認識了。又世間一切現象，也並不是孤立的，而是互相聯繫著的。本體表現為現象，現象即本體發展的過程。個人是社會關係的總和，社會關係也便是個人結集的產物。因中有果，果中有因。世無無果之因，亦無無因之果。某種現象是因，同時亦是果，某種現象是果，同時亦是因。一因可以發為無數的果，一果也伏著無數的因。整個的自然界無處不是因的發端，也無處不是果的表現。因果的現象總是聯繫的，絕不是孤立的。這麼一來，形式論理的規律，又變成很虛空沒有內容的規律了。運用靜的方法之牛頓引力說，不能不見擯於愛因斯坦的相對論，我們就可以推見形式論理的價值了。

我們縱有時為了研究事象的方便起見，在較下級的思維狀態上，不能不利用形式論理，但我們當利用時，不可不顧到事象的矛盾性、發展性和聯繫性。形式論理把複雜的自然事象加以剖解，剖解成為簡單的零塊，然後將零塊加以研究，這在研究方法上本不算錯誤；可是把簡單的零塊看作整體，或看作與整體無關的，這便陷於不可恕宥的錯誤。關於這點，──下面尚當論及。

四、否定矛盾之觀念論的辯證法與形式論理

芝諾是把抽象的思維和具體的現實分離的，黑格爾也是把抽象的思維和具體的現實分離的，雖然一個否定著矛盾的存在，一個肯定著矛盾的存在。抽象的思維和具體的現實本是統一的，這層意思，黑格爾很明白，不過黑格爾對具體的現實看法不同而已。若在形式論理學家便不明白這一點，所以他們極力將概念和個物分離。結果概念自概念，個物自個物。講到概念，就沒有對應個物的概念，因為個物大小不一，長短不一，而且個物是刻刻在變化的，然則所謂概念，乃是一種虛空的概念。講到個物，也沒有對應概念的個物，因為他們認個物是幻影，是不存在的。然則所謂個物，乃

是一種幻現的個物。概念和個物，既是這樣隔絕的不同一的東西，我們怎樣會知道呢？在這裡我們可以看到形式論理學家所使用的伎倆。

形式論理學家先假定概念是一種靜止的固定不動的東西，又假定個物是一種幻現的不存在的東西，因為這樣，才可以把統治階級的地位確定，被統治階級的地位降低。思維是現實的反映，但思維又可以影響到現實。所以芝諾一生的努力，便以辯護靜止的、固定的、不相矛盾的「一」為唯一的職志。而把世間的雜多現象，運動現象乃至一切的感覺，都看作不存在的。芝諾的思想是否定矛盾之觀念論的辯證法的思想，同時又是形式論理的思想。因為形式論理的主要規律是同一律，即是站在否定矛盾的立場的。形式論理雖由亞里斯多德的三段論法的闡明而始顯著，但在芝諾的辯證法中卻完全是運用形式論理的方法。這個惡例，開自芝諾，後來遂大施影響於柏拉圖。

柏拉圖也是愛用辯證法的名詞的。他的辯證法，就是他的形上學，即玄學。他在辯證法中也是運用形式論理的方法。所以把概念和個物分離開來，截成兩個世界。一個是觀念界，一個是感覺界。觀念界比感覺界高。但觀念界中又有許多等級。高觀念支配低觀念，而更高觀念又支配高觀念，觀念達於絕頂，遂成為最高觀念。此最高觀念支配一切，統攝一切，柏拉圖名之為「善的觀念」。此為一切觀念之王。它不僅為感覺界的最終目的，並且為觀念界的最終目的。它是靜止的，固定的，不相矛盾的。在這裡，我們要問，這最高的觀念，從何而來呢？柏拉圖的回答是這樣：觀念之來，是由於賦予；觀念既一度由概念構成而被賦予以客觀的存在，其後便拒絕由個物抽取的概念，而以自己為原型，概念為摹寫。照這樣說：觀念所以為客觀的存在，是由於賦予，即由於柏拉圖的賦予。概念是一個明明白白的主觀的東西，而經柏拉圖的賦予，就變為客觀的東西。並且概念之被賦予客觀存在性，只容許一度，其後概無被賦予的資格。這樣看來，客觀的存在之產生，不是柏拉圖哲學上一個奇蹟嗎？柏拉圖一任主觀的成見，派定兩個世界，把概念和個物完全隔離，以大肆其形式論理的法術，而抹殺現實社會一切經驗的事實，一面又可以得統治階級的歡心。這是何等具有麻醉性的學說！

柏拉圖的「觀念」是由概念構成的，還是從個物抽取出來的東西，後來到了康德的時候，更進一步，他提出了一種「範疇」，認範疇是先驗地存在的，即在人們的理性是先驗地具有的，不是從個物抽取出來的。範疇是他的最高的概念。於是概念和個物更成為絕不相關的東西，而抽象作用亦遂失了意義。如果這樣，那我們的認識的主體如何能與被認識的客體發生關係呢？康德曾費八年的苦心思索，答覆這個問題。意謂吾人所謂被認識的客體，所謂自然界，好像是和主觀不發生關係的實在，其實都莫不從主觀而來。換句話說，客觀世界皆由悟性之先天的形式（即範疇）之制約而成立。然則範疇之為客觀的而含有普遍妥當性的，乃為當然之理。由時空的形式所與的表象皆雜多而不統一，自有悟性乃得統一而生認識。火發生熱這種客觀的事實，並不是僅由赤色和熱的表象而成，乃由因果的概念而統一之者，於是客觀的事實成為有秩序的事實，可認識的事實。故不由範疇，客觀世界即無法產生。所以自然界是純粹思維之所產，悟性本身的法則之所創造。範疇有客觀的妥當性，於是範疇由概念之形變為關於自然界的命題之形，而自然科學之客觀的真理乃因以發生。照康德的說法，抽象作用用不著，真正的客觀世界也可以不必過問，只專一地聽命於先驗的主觀的範疇，便算完了。不求主觀適合於客觀，反求客觀適合於主觀，這是形式論理學者唯一的本領。

芝諾、柏拉圖和康德都是把概念和個物分開的，並且都是把概念看作固定不變的，他們不知道概念本身也是變化發展的。概念隨著客觀界個物的變化而變化，隨著客觀界個物的發展而發展。概念和個物是時時結合著的統一體。「猿」的概念隨著「猿」的變化發展為「類人猿」，而成為「類人猿」的概念。「類人猿」的概念又隨著「類人猿」的變化發展為「人類」，而成為「人類」的概念。概念在個物變化發展中完成概念。概念的完成，不是完成了，不前進了，不變化了；而是時時變化，變化到概念的否定；否定的結果便有一個新的概念起而代之。於是概念因了自己的否定，而得到更高的發展。芝諾、柏拉圖和康德諸人完全不理解這層道理，所以一經把概念完成了，便固定了；一經把概念否定了，便消滅了。這不是形式論理掩蔽著他們的智慧嗎？

五、肯定矛盾之觀念論的辯證法與形式論理

形式論理既如上述，然則關於真理的認識，形式論理不是完全沒有效用嗎？那又不然。形式論理在把複雜的自然事象加以分類，排列，本來是很適合的，我們並不能忽視這方面的工作。因為一切科學的認識是多方面的認識。動的認識固重要，靜的認識也重要；聯繫的認識固重要，個別的認識也重要。動與靜的關係，聯繫與個別的關係，我們須要知道靜是動的一種虛偽的外觀，個別是聯繫的一種虛偽的外觀。運動的切斷面，則成為靜，聯繫的切斷面，則成為個別。形式論理是個別地

處置靜的事象的。如果認形式論理的靜觀個別觀是絕對的，那便不免陷於謬誤，但如果把形式論理同化於辯證論理，那形式論理倒也不失掉它的效用。因為在整個的運動體系中，在整體的聯繫狀態中，倒可以知道切斷面的「靜態」和「個別相」的情形。科學的辯證法的世界觀便是這樣。

上面大略地說明了形式論理和辯證論理的關係，現在討論肯定矛盾之觀念論的辯證法所含形式論理的成分。

亞里斯多德是最早地肯定矛盾之觀念論的辯證法家。他的思想的特質，是形式和物質的對立，不是形式和物質之對立的統一。他以為物質可轉變為形式，形式也可轉變為物質。形式和物質是同一物的考察的二方面。形式和物質之間有一種主動和受動的關係。可是亞里斯多德認形式是主動的東西，物質是受動的東西。形式能推動物質，物質不能推動形式。形式和物質成為等級的排列。即形式之上，又有形式，物質之下，又有物質。最奇的是排列的結果，有第一形式和第一物質之稱。第一物質是指最下級的東西，任對何物，沒有做形式的資格。第一形式，是指最上級的東西，任對何物，不承受物質的待遇。於是亞里斯多德因尊重第一形式的結果，遂走入形式論理的路子。第一形式是孤立的，第一形式便是第一形式，甲便是甲，這不是形式理論唯一的基本規律嗎？一個肯定矛盾的辯證法家，結果會走上形式論理的路子，這是觀念論的思想在那裡作祟。

黑格爾繼承亞里斯多德的緒餘，成為近代唯一的、肯定矛盾之觀念論的辯證法家。他之認絕對為繼續發展之物，為內在於差別界而非超越差別界之物，顯然地是受了亞里斯多德的影響。亞里斯多德提出一個「第一形式」，他便提出一個「絕對理念」。他的「絕對理念」，雖不像「第一形式」

那樣固定的，然而黑格爾的思想，是整個地站在決定論的立場，「絕對理念」就決定了整個的宇宙。不仍是一個固定的概念嗎？黑格爾的辯證法雖似揚棄形式論理，而這一種固定的概念，便使他陷入形式論理的深淵。這是什麼緣故呢？結果，也是觀念論在那裡作祟。

所以，站在觀念論的立場，無論是亞里斯多德或黑格爾，雖然運用辯證法的方法以觀察宇宙之變化發展，結果總沒有不陷入形式論理的深淵的。亞里斯多德意識地走入形式論理的路子，固不足深論，黑格爾主在排斥形式論理，為什麼也落入相同的命運呢？這只有唯物論的辯證法便能深察形式論理與辯證論理之所以不同，而擷取形式論理之長，以廣辯證論理之用。關於這點，現在無暇細說。

四　惠施、公孫龍及其他辯者的觀念論的辯證法與形式論理

我們上面已經講過觀念論的辯證法和形式論理的關係，結果使我們知道觀念論的辯證法無論是否定矛盾的，或是肯定矛盾的，都容易走上形式論理的路子。我們現在根據這些關係來觀察中國的名家，或者對於名家的思想可以得到一個比較徹底的了解。中國名家的主要代表者是惠施、公孫龍，現在分別講述。

惠施、公孫龍及其他辯者，就是代表中國古代觀念論的辯證法思想的。他們的思想，有屬於肯定矛盾，承認發展的；有屬於否定矛盾，掩蔽運動的；有屬於分離概念與個物概念，或把個物看成孤立無聯繫性的。我們若不加以分析，必至不容易窺見他們的主張，或者誤解他們的主張。所以本講第三段的說明，雖頗覺繁複，不易理解，但我認為是很重要的。現在歸到本題。

一、惠施

惠施的生卒年月，至今尚無定論，這是有待於考證家的努力。我們現在雖不能確定他的生死，但其生平事跡，是可以推知一二的。大概惠施是好學的人，又是富有哲理的素養的人，所以莊子過

其墓而這樣嘆息地說道：「自夫子之死也，吾無可與言者矣。」《莊子．天下》篇談到惠施便說他「其學多方，其書五車」。而且《天下》篇又這樣記著：「南方有倚人焉，曰黃繚，問天地所以不墜不陷，風雨雷霆之故，施不辭而應，不慮而對，遍為萬物說；說而不休，多而無已，猶以為寡……」這些都是表現惠施的識見過人的。

可惜我們現在無從窺見他的思想的全部，只能在這些遺留的殘篇斷簡中加以研討。不過，從這些殘篇斷簡裡面，也未嘗不可以考察他的思想的路徑。

惠施的歷物十事《天下》篇這樣記著：「惠施……歷物之意，曰：至大無外，謂之大一；至小無內，謂之小一；無厚不可積也，其大千里；天與地卑，山與澤平；日方中方睨，物方生方死；大同而與小同異，此之謂小同異；萬物畢同畢異，此之謂大同異；南方無窮而有窮；今日適越而昔來；連環可解也；我知天下之中央，燕之北，越之南是也；泛愛萬物，天地一體也。」這十事有許多人解釋過，雖他們所解釋的不必相同，而能滿人意的，實在很少很少。現在用我們的觀點分項解釋：

（一）至大無外，謂之大一；至小無內，謂之小一。

這是說明整個宇宙就是「一」。和芝諾的思想雖不相同，但在認定整個宇宙為「一」，說明宇宙的整一性這一點，是沒有什麼差異的。「大一」是就宇宙的全體說，「小一」是就宇宙的部分說。部分積成全體，是為「大一」；全體散為部分，是為「小一」。全體和部分合而為「一」，所差的只是

「大」「小」之不同。在這段文句裡面，有兩層很重要的意思，便是「無外」和「無內」。「大」而至於「無外」，則「大」是有限的，不是無限的；「小」而至於「無內」，則「小」是不可分的，不是無限可分的。在這兩點，我們可以知道惠施是站在形上學的立場，並且是站在觀念論的立場。先講「無內」。希臘唯物論開祖德漠克利特認原子為物質的最後質點，以為原子是「無內」的，不可分的，結果走到靜止的、孤立的一個機械論的立場，自陷於形上學的窠臼之中。惠施的「無內」，正犯著同樣的謬誤。次講「無外」，亞里斯多德的「第一形式」，是「無外」的，結果完成他的神學。黑格爾的「絕對理念」是「無外」的，結果完成他的絕對的觀念論。惠施的「無外」，又是什麼不同？宇宙本身是無限的，又是無限可分的，外之外又有外，內之內又有內，來無盡而去無窮，這點是惠施所不能理解的。

㈡ 無厚不可積也，其大千里。

這兩句是繼續地說明「大一」和「小一」的。「無厚」是說明非體，「不可積」是說明非面且非線，因為面由線積成，線由點積成。然則所謂「無厚不可積」，便是說點了。羅素的新論理學，便從數學的點出發。從前數學的公理，都以為一部分是比全部小些，但是新數學的基礎觀念，不以量為標準，而以點為標準。以點為標準，那就一部和全部都沒有大小的區別。換句話說，一部分所含的點數和全部所含的點數，都是無限的。這不是「無厚不可積也，其大千里」嗎？

（三）天與地卑，山與澤平。

以上說明宇宙的全體和部分，現在說明宇宙的形成和毀滅。惠施是站在肯定矛盾的立場的。他以為宇宙是時時刻刻變化發展的，時時刻刻在形成和毀滅的過程中，「天」有「與地卑」的時候，「山」有「與澤平」的時候，天地山澤的變化，便是宇宙發展的真相。

（四）日方中方睨，物方生方死。

這是說明宇宙之所以變化發展。他以為宇宙的變化發展，由於矛盾的統一。一種事物，當其發生時便潛伏了消滅的因子。發生的剎那便是消滅的剎那。譬如人身細胞，在一剎那間，細胞生長，同時細胞死滅。因此，日「方中」的時候，正是「方睨」的時候；物「方生」的時候，正是「方死」的時候。個體的生長，便是個體的死滅，個體的死滅，便是個體的發展。個體因了自己的死滅而得到更高的發展。這是辯證發展的形式。惠施取宇宙間最大的最普遍的對象——日與物——來說明，是有他的深意的。

（五）大同而與小同異，此之謂小同異；萬物畢同畢異，此之謂大同異。

這是說明宇宙萬事萬物的聯繫性。宇宙間一切事象都互相聯繫，同中有異，異中有同。本來是永遠變化發展的過程，找不出它的同異的地方。從同方面看，可以說是「畢同」，從異方面看，也可以說是「畢異」。不過實際上不能不假定一些「大同」和「小同」，從整個過程的切斷面去看，從靜態和個別相去考察，以求獲得靜的認識和個別的認識，所以有「小同異」。「小同異」是就形式論理方面說，「大同異」是就辯證論理方面說。這是惠施的識解過人處。

（六）南方無窮而有窮。

在這裡，我們要認識他所謂「南方」，只是隨意拿來做主語的，並不是指實際方向部位的「南方」。因為他承認宇宙是整個的過程，永遠變化發展，續連不絕，所以說「南方無窮」。但我們說某處是「南方」，某處不是「南方」，這是實際上的假定，所以說「南方有窮」。和上面「大同異」「小同異」有互相發明的地方。

（七）今日適越而昔來。

這仍然是他一貫的說法。他認宇宙是整個的發展過程，時間不過是一條長流，在人們所假定的「今」與「昔」，都離不掉這時間的長流，都在這一條長流之上。所以說「今日適越而昔來」。

（八）連環可解也。

這是說明矛盾統一律。宇宙整個體系的存在，就是矛盾的作用。矛盾內在於體系本身，成為一個「連環」。這個「連環」，不僅促進體系的運動，並且發生質量的變化，成為宇宙發展的規律。故曰「連環可解」。關於這條，只是說明一個大意。若欲詳加解釋，須待專篇。

（九）我知天下之中央，燕之北，越之南是也。

「天下之中央」，是實際上的假定。整個宇宙無處不可作「天下之中央」，故曰「燕之北，越之南是也」，這條與「南方無窮而有窮」相發明。

（十）泛愛萬物，天地一體也。

這是一個總結，也可以說是他的倫理思想的表現。

總看上列十事，我們可以知道惠施的思想是站在肯定矛盾之觀念論的辯證法的立場。他能認識事物的矛盾性、發展性和聯繫性。他雖是站在觀念論立場上，但其說法委實有令人特加注意之處。他在十事中能一貫地解釋各種事象，把辯證法上各個要點闡明，這是他識力獨到的地方。無怪有些學者認他遠勝於公孫龍，非思想蕪雜的公孫龍所能及。

二、公孫龍

公孫龍的生卒年月亦不可考，我們只知他比惠施稍後些。他本是趙國人，曾到過燕國，勸昭王偃兵（見《呂氏春秋．應言篇》），後來回趙國也曾勸平原君勿受封。（《史記．平原君列傳》）他的著名的學說是「白馬論」。魯孔穿和他會於平原君家，勸他放棄「白馬非馬」之說，然後願為他的弟子。他痛斥孔穿，說這不是請教他的，乃是指教他的。（《公孫龍子．跡府》）他和孔穿也辯論過「臧三耳」的問題。(《孔叢子.公孫》)龍當時有許多人以為他立言詭異，如鄒衍，便說他「煩文以相假，飾辭以相悖，巧譬以相移……」因此他很受一般人的非難。相傳他著有《公孫龍子》一書，他的思想都表現在那部書裡面。又《天下》篇所列「辯者」二十一事，也是他和他的同派所主張的。

公孫龍子六篇《公孫龍子》一書，內含《跡府》、《白馬》、《指物》、《通變》、《堅白》和《名實》六篇。《跡府》一篇是後人加上去的，所說種種並非公孫龍本人的口氣，茲不具論。現在將其餘五篇大意，概述於後：

(一) 白馬論

在這篇中他說明「白馬非馬」的道理，他以為「馬」是命形的，「白」是命色的，命形與命色不同，所以「白馬非馬」。他的原文是：

> 白馬非馬，可乎？曰：可。曰何哉？曰馬者，所以命形也，白者，所以命色也，命色者非命形也，故曰白馬非馬。

為明了起見，他又說明求「馬」則什麼馬都可以應，不拘黃馬黑馬；若說求「白馬」，那便不同了，那只有「白馬」才可以應。因此所謂「白馬非馬」，更可得到證明。原文是：

> 求馬，黃黑馬皆可致；求白馬，黃黑馬不可致。使白馬乃馬也，是所求一也；所求一者，白者不異馬也。所求不異，為黃黑馬，有可有不可，何也？可與不可，其相非明。故黃黑馬一也，而可以應有馬，而不可以應有白馬，是白馬之非馬審矣。

在後他又說明「馬」是不拘什麼顏色的，「白馬」是指定著顏色的；不拘顏色的和指定顏色的自然不同，故曰「白馬非馬」。原文是：

> 馬者無去取於色，故黃黑皆所以應；白馬者，有去取於色，黃黑馬皆可以色去，故唯白馬獨可以應耳。無去者非有去也，故曰白馬非馬。

在這篇《白馬論》裡面我們發現他完全站在形式論理的立場。他是把概念和現實隔離的，把現實的「白馬」和概念的「馬」截成兩段，在同一律上，認概念的「馬」比現實的「馬」實在。認「甲是甲」，「馬是馬」，「白馬非馬」。不知概念是和現實根本不能分離的東西，「馬」的概念是隨著「馬」的種族的進化而進化的。在這點就表現著惠施和公孫龍的不同。

（二）指物論

這篇他說明「指」與「物」的不同，說明概念的「指」與現實的「物」不相切合，把抽象的、普遍的概念和具體的、特殊的事實，看作完全隔離的。這篇開宗明義便是這樣幾句話：

物莫非指，而指非指。天下無指，物無可以謂物。

在這幾句話裡面，我們可以看到公孫龍是十足的觀念論者。所謂「物莫非指」，所謂「天下無指，物無可以謂物」，這不是說宇宙萬物都是概念所形成的嗎？這明明是主觀的概念論的主張。一個主觀的觀念論者誇張概念的作用，走入形式論理的深淵，這是毫不足奇怪的。

(三) 通變論

公孫龍在《通變》篇中告訴我們的，是「不變」的哲學。他不承認變化，他以為變化的只是形式，物的本質是不變的。所以他主張「二無一」，這是說兩件東西無論如何總是分離的，孤立的，沒有結合統一的可能。在本篇裡這樣寫著：

曰：二有一乎？曰：二無一……曰：謂變非變（依俞蔭甫校改）可乎？曰：可……羊合牛非馬，牛合羊非雞……青以白非黃，白以青非碧。（「以」即「與」的意思）

由本篇看來，他不但是個觀念論者，他還否認「變」的絕對性。他以為變只有形式的變，本質是不變的永恆的。他既不承認變，自然也就不了解矛盾，更不了解矛盾的統一。所以主「二無一」，以為「二」是彼此絕對孤立、不相聯繫的，沒有合而為一的可能。但我們知道變是絕對的，矛盾是絕對的；兩個不同的質素，發展到一定程度，就有統一的契機，變成第三種新的質體，把「二」結合為新的「一」。所以我們是承認「二有一」的。

(四) 堅白論

這是說明「堅白相離」的道理。他以為「堅白石」是二不是三。手撫石得「堅」而不能得「白」，目察石得「白」而不能得「堅」，這時只有「堅、石」或「白、石」的兩概念，並沒有「堅、白、石」同時具備的三概念，可見堅白是相離不相盈的，所以說「白石」可，說「堅石」亦可，說「堅白石」則不可。文曰：

> 堅白石三可乎？曰：不可。曰：二可乎？曰：可。曰：何哉？曰：無堅得白，其舉也二；無白得堅，其舉也二。……視不得其所堅，而得其所白者，無堅也；拊不得其所白，而得其所堅者，無白也……得其白，得其堅，見與不見離。不見離，一一不相盈，故離。離也者，藏也。

這是說主觀與客觀之分離，主觀方面的感覺——觸覺感堅，視覺感白，與客觀方面的物質——石，不能發生聯繫，縱發生聯繫也是片面的，所以只有「堅石」「白石」，而無「堅白石」。這是由於他把抽象作用和具體的直觀之聯繫截斷了，所以感覺不到「堅白石」。他只知道「堅」、「白」兩抽象概念各各獨立，卻不知道這具體的「堅」、「白」的事實，是在「石」裡面滲透著，融合著。這樣，作為認識內容的抽象作用，僅僅成為固定的孤立的僵固體，不僅主觀與客觀之辯證法的統一談不上，即主觀與客觀之靜的統一亦談不上，結果完全陷入詭辯論的淵底。

（五）名實論

這篇可看作他的形式論理的結論。他想完全用概念說明個物，表面上雖然名實契合，實際上都是實隨名變。所以他說：

> ……正其所實者，正其名也。其名正，則唯乎其彼此焉。謂彼而行不唯乎彼，則彼謂不行；謂此而行不唯乎此，則此謂不行……故彼，彼止於彼；此，此止於此，可。彼此而彼且此，此彼而此且彼，不可。夫名，實謂也。知此之非此也，知此之不在此也，則不謂也。（依俞蔭甫校改）知彼之非彼也，知彼之不在彼也，則不謂也。

在這裡，他雖然認識名與實的聯繫，可是他沒有想到「名」是隨「實」而變的，概念是跟著個物的發展而發展的。在這點，也十足地表現他的觀念論的立場。

關於公孫龍的思想略如以上的說明，因本講已太長，故未加細論。現在簡略地說明辯者二十一事。

三、《莊子・天下》篇的二十一事

《天下》篇所載的二十一事大概是公孫龍及其同派者的主張。先記二十一事如下：

(1)卵有毛。

(2)雞三足。

(3)郢有天下。

(4)犬可以為羊。

(5)馬有卵。

(6)丁子有尾。

(7)火不熱。

(8)山出口。

(9)輪不輾地。

(10)目不見。

(11)指不至，至不絕。

(12)龜長於蛇。

(13)矩不方，規不可以為圓。

(14)鑿不圍枘。

(15)飛鳥之影未嘗動也。
(16)鏃矢之疾，而有不行不止之時。
(17)狗非犬。
(18)黃馬、驪牛三。
(19)白狗黑。
(20)孤駒未嘗有母。
(21)一尺之棰，日取其半，萬世不竭。

這二十一事，我們可分作三組來說：

屬於肯定矛盾之觀念論的辯證法

(1)卵有毛。
(3)郢有天下。
(5)馬有卵。
(6)丁子有尾。
(11)指不至，至不絕。
(12)龜長於蛇。
(14)鑿不圍枘。
(19)白狗黑。

屬於否定矛盾之觀念論的辯證法

（15）飛鳥之影未嘗動也。

（16）鏃矢之疾，而有不行不止之時。

（21）一尺之棰，日取其半，萬世不竭。

屬於形式論理

（2）雞三足。

（4）犬可以為羊。

（7）火不熱。

（8）山出口。

（9）輪不輾地。

（10）目不見。

（13）矩不方，規不可以為圓。

（17）狗非犬。

（18）黃馬、驪牛三。

（20）孤駒未嘗有母。

現在依次說明：

屬於肯定矛盾的。這是說表現在思想上有肯定矛盾的成分。不是承認有可能性，發展性，便是承認有聯繫性。在這樣簡短的詞句中，當然只能推定它的傾向，不能確定它的內容。我們看：

（1）卵有毛。

這是主張「卵」有「有毛」的可能性。在卵的個體上看，雖無毛，但卵實含有毛的種子，這種子經過發展到了一定程度發生突變，便變成有毛的動物了。可能性經過某種發展階段，就成為現實性。這條很顯明地說明這個道理。

（3）郢有天下。

這條與惠施所主張的「大一」、「小一」相同，所謂「郢」，便是「小一」；所謂「天下」，便是「大一」。「小一」雖是「大一」的一個小部分，卻備有整個的「一」的要素。譬如一滴的海水，卻備有全海水的質素，所以說「郢有天下」——這是把萬事萬物看作有密切聯繫性的，不是各自孤立的。

（5）馬有卵。

（6）丁子有尾。

這兩事都是說明發展的道理，與（1）條相通。就是說：「馬」是經過卵生動物的時代而發展成功的；至於「丁子」，則在其每個個體成長時，都經過有尾的階段。

（11）指不至，至不絕。

「指」是抽象的概念，是代表物性的。這裡是說「指」不能純粹的代表物性，即一時偶然地代表物性，也不是絕對的。倏忽間物性變了，便不能代表了。這條很可注意，它承認了發展，承認了概念不能支配個物，並承認個物的重要性。這是一種比較進步的思想。

（12）龜長於蛇。

這條是說龜有長於蛇的可能性。

（14）鑿不圍枘。

宇宙萬事萬物都是變化的，鑿與枘同在變化過程中，而所變不一，故「鑿不圍枘」。

（19）白狗黑。

這條也是說明發展性可能性的道理。所謂白狗，它本身並不是純粹的白，是有其他各種顏色的內含著的。在某一個契機，這黑的顏色會體現出來；所以白狗有黑的可能性。同此，也可說「白狗黃」……這都是就可能性著眼的。

屬於否定矛盾的。這是說表現在思想上，有否定矛盾，否認運動的成分。這是一種靜的思想，不變的思想的暴露，和芝諾的主張正有許多暗合的地方。

（15）飛鳥之影未嘗動也。

這是否認運動的可能性，以為飛鳥的影子在每個階段停住，並不曾動。人們所看到的影子的移動，只不過是許多停住的影子的連續。這種說法在另一方面，也可說飛鳥未嘗移動。可是我們能夠相信嗎？這是因為對運動的意義不了解，不知所謂運動乃是時間和空間聯合而生的，單著眼空間一方面而摒棄時間不顧，當然會發生這種錯誤。這條與芝諾的「飛箭不動說」相通。

(16) 鏃矢之疾，而有不行不止之時。

這條有許多人拿「形」與「勢」的道理去解釋，並不曾指出這條的錯誤。我們知道，在運動中的鏃矢只是行著的沒有「不行」的。這裡所謂「不行不止」，意在說明靜止的連續。這是觀念論者在抽象觀念上鬥法寶而已。

(21) 一尺之棰，日取其半，萬世不竭。

這與芝諾的「二分說」陷於同樣的謬誤。芝諾的「二分說」，是謂運動不能開始，即謂運動不能發生。欲運動到一定的距離，必先經過其中分點，欲達到此中分點，必先經過此中分點的中分點，如此推求至盡，結果只經過無數的點，並沒有運動。這裡所謂「萬世不竭」，不是說運動，而是說一定的有限距離，可以無限地分割的。可是運動的法則告訴我們，一定的有限距離，不是由無限的部分成立的。那麼，這裡所說的「日取其半，萬世不竭」，只不過是概念上「萬世不竭」而已，事實上是不會「不竭」的。

最後，屬於形式論理的。這是說表現在思想上，完全將概念與事實的關係分離。概念自概念，事實自事實，所以有許多乖謬的現象發生。

(2) 雞三足。

這就是把雞足的概念和雞足的實數加起來而成為三，其式如次：「謂雞足」一，「數雞足」二，故云：「雞三足。」

(4) 犬可以為羊。

如果站在形式論理的立場，只見有同一，不見有變異，只重概念的世界，不重現實的世界，那就「犬可以為羊」了。

(7) 火不熱。

這是說火的概念不熱，熱的是實在的火，故「火不熱」。

(8) 山出口。

成玄英云：「山本無名，名出自人口；在山既爾，萬法皆然也。」這裡所謂山，即是山的概念，即所謂山的名。山的名是「出自人口」的，故曰「山出口」。一切的名，都出自人口，「在山既爾，萬法皆然」。人們盡可以仿著說：「天出口」，「海出口」……

(9) 輪不輾地。

輪的概念不輾地，因為輾地的是具體的輪；又地的概念亦不為輪所輾，因為為輪所輾的乃具體的地，即地的一部分，部分的地非地，猶白馬非馬。

(10) 目不見。

目是概念，目的概念不能有見的作用。

(13) 矩不方，規不可以為圓。

概念上的矩，才是真正方的，概念上的規，才是真正圓的，現象界一切的矩都不方，一切的規都不可以為圓。

(17) 狗非犬。

這是從概念上說明部分與全體不同。犬是全體，狗是部分（《爾雅》「犬未成豪曰狗」），部分不等於全體，猶之白馬非馬，故雲。

(18) 黃馬驪牛三。

這與「雞三足」同一道理。黃馬、驪牛的概念一，實數的黃馬驪牛二，合起來為三。其式如次：「謂黃馬驪牛」一，「數黃馬驪牛」二，故「黃馬驪牛三」。

(20) 孤駒未嘗有母。

「孤駒」的概念是未嘗有母的；實際的孤駒縱在未孤時嘗有過母，但概念的孤駒是不承認有母的。

除《天下》篇所載二十一事外，《列子．仲尼》篇也載有七事，為「指不至」，「白馬非馬」，「孤犢未嘗有母」，「意不心」，「發引千鈞」……這些不是與《天下》篇二十一事重複，便是和其中某種道理一致的，我們若能把握住上述的三個觀點，便不難窺察他們的思想了。

綜合上面所述各家思想觀之，我們知道惠施的見解是高人一等的。公孫龍的堅白異同之說，實無驚人的議論。若辯者的二十一事，益見蕪雜，更遠在惠施之下了。章太炎先生特別推崇惠施，不重二十一事，我以為是有他的獨到的地方的。

第六講
《中庸》的哲理

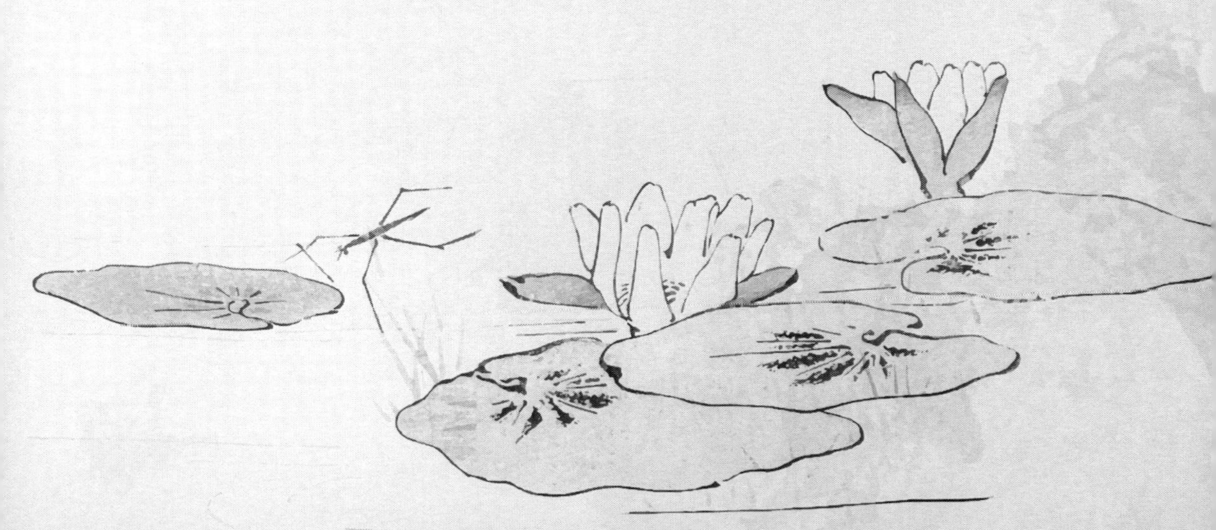

第六講　《中庸》的哲理

關於儒家的思想，在第二講中已講過，不過關於儒家的哲學，很少談及。在第二講所講的，只是儒家的倫理學，並不是儒家的哲學。《論語》說：「夫子之文章，可得而聞也；夫子之言性與天道，不可得而聞也。」在《論語》裡面，談性與天道，確實是很少的。還有關於生死的問題，鬼神的問題，《論語》上也很少提起。季路問事鬼神，孔子說：「未能事人，焉能事鬼。」又問死，孔子說：「未知生，焉知死。」可見關於生死鬼神，孔子都不願發表什麼議論。但是所謂性與天道的問題，生死鬼神的問題，都是哲學上的中心問題。如果把這些問題拋開，豈不是儒家本身根本沒有所謂哲學嗎？作為維護封建統治最有力的儒家思想，如果沒有哲學做它的基礎，沒有系統的世界觀做它後面的臺柱，那麼，儒家思想的支配力，一定不容易維持很長久的壽命。於是《中庸》一書，在這時成為最需要的產物。《中庸》便是供給這種哲學的基礎的，《中庸》便是建立這種系統的世界觀的。所以《中庸》所著重的問題，是性與天道，而於鬼神的問題，也有談及。

因此，關於《中庸》這部書，頗引起許多議論。有的說是道家的作品，因為裡面所講的體與用的關係，和道家的思想有許多相通的地方。道家想散播思想種子到儒家裡面去，所以有《中庸》之作。又有的說是儒家的作品，認裡面的思想雖有許多是取自道家，而其根本立場卻仍是儒家。又有的說是孟子一派的儒者所作，因為裡面講性命誠明，都像是根據孟子的學說而發揮的。我以為這幾說中，以第二、第三兩說為近是。不過講到這裡，就要討論到《中庸》的出生問題。我現在先作這樣一個假定，然後說明這假定的根據。便是《中庸》一書，我認為是秦、漢統一後的產物。秦、漢統一以後，儒、道兩家的思想，爭取思想界的支配權。道家思想內容充實，但不為統治階級所歡迎；儒家思想內容平泛，但統治階級爭相利用。就這兩種情形說，儒家之取得最後勝利，乃是意計中事。道家思想是在戰國之末才發展的，在第四講中已有談及。到了秦、漢統一之後，以其方興之勢，與儒家周旋，固未為不可，無如儒家有統治階級做護符，當然不能不讓儒家操最後的左券。因此《中庸》之作，可以成為有意義且有權威的作品。《中庸》裡面講體用關係頗精，不能說沒有道家的影響；而其講性命誠明諸點，也確實是從孟子學說中推衍而來的。所以我說上面的第二、第三兩說，較近事實。至於《中庸》所以為秦、漢統一以後的書，更有一點為一般人所引證，便是書中有「今天下，車同軌，書同文，行同倫」的文句。這在秦、漢統一以前是不能有這種現象的。

講到這裡，就要討論到《中庸》和《孟子》先後的問題。一般人認《中庸》在《孟子》之先，因為肯定《中庸》為子思所作，已早成為思想界的定論，當然認《中庸》是在《孟子》之前了。可是自從崔東壁一聲喝破以後，這兩書的前後就發生問題了。關於這點，另開一段說明。

一　《中庸》和《孟子》二書的關係

崔東壁在《洙泗考信錄》上說：

世傳《戴記中庸》篇為子思所作。余按孔子、孟子之言，皆平實切於日用，無高深廣遠之言。《中庸》獨探賾索隱，欲極微妙之致，與孔、孟之言皆不類。其可疑一也。《論語》之文簡而明，《孟子》之文曲而盡。《論語》者，有子、曾子門人所記，正與子思同時，何以《中庸》之文，獨繁而晦。上去《論語》絕遠，下猶不逮《孟子》，其可疑二也。在下位以下十六句，見於《孟子》，其文小異，說者謂子思傳之孟子者。然孔子、子思之名言多矣，孟子何以獨述此語？孟子述孔子之言，皆稱「孔子曰」。又不當掠之為己語也。其可疑三也。由是言之，《中庸》必非子思所作。蓋子思以後，宗子思者之所為書，故托之於子思，或傳之久而誤以為子思也……嗟夫！《中庸》之文，采之《孟子》，《家語》之文，采之《中庸》。少究心於文議，顯然而易見也。

崔東壁從兩書內容及文體與乎孟子平昔所稱述之處，證明《中庸》在《孟子》後，並堅決地斷定「《中庸》之文，采之《孟子》」，不可謂非有斷有識。他並在《孟子事實錄》裡面敘述《孟子．居下章》為《中庸》的張本，說道：

《孟子》此章，原言誠能動人，故由獲上、信友、悅親、遞近而歸本於誠身，然後以至誠未有不動總結之，又以不誠之動反結之，首尾呼應，章法甚明。《中庸》采此章文，但欲歸本於誠身，以開下文不思不勉、擇善固執之意。意不在於動人，故刪其後兩句，然則是《中庸》襲《孟子》，非《孟子》襲《中庸》，明矣。

東壁認《孟子》重「誠能動人」，《中庸》「但欲歸本於誠身」，「意不在於動人」，可謂獨具識解。自東壁以後，《中庸》與《孟子》之傳統的看法，漸漸成為問題；到現在，固群認《中庸》之後於《孟子》了。不過關於《中庸》與《孟子》的關係，都未能說得明白。東壁也只能看到《孟子》重動人，《中庸》不重動人，但何以《孟子》能動人，《中庸》不重動人，就未能說明了。關於這點，我以為應先審明《孟子》和《中庸》兩書的根本不同之點。《孟子》和《中庸》同為儒家重要文獻，可是《孟子》著重在倫理學，《中庸》便著重在形上學。前者以倫理觀、人生觀為主題，後者以世界觀、宇宙觀為主題。《孟子》書中雖然也有不少的形上學的思想，可是比之《中庸》，便相差遠了。《孟子》書中常常提到誠身明善的道理，譬如說：「反身而誠，樂莫大焉。」又如說：「愛人不親，反其仁；治人不治，反其智；禮人不答，反其敬。行有不得者，皆反求諸己。」又如說：「有人於此，其待我以橫逆，則君子必自反也，我必不仁也，必無禮也，此物奚宜至哉？其自反而仁矣，自反而有禮矣，其橫逆由是也，君子必自反也，我必不忠。」關於反己誠身的議論，在《孟子》書中隨處皆是。所以孟子在《居下章》下了這麼一個結論：

是故誠者天之道也；思誠者，人之道也。至誠而不動者，未之有也；不誠，未有能動者也。

孟子注重反己誠身，以為至誠可以動人，不誠便不能動人，單就個人的修養方面說話，可以知道完全是倫理學的觀點。他認「人之道」為「思誠」，「思誠」即由於個人心志上的努力。如孔子說：「我欲仁，斯仁至矣。」又如說：「苟志於仁矣，無惡也。」「欲仁」、「志於仁」和「思誠」是一樣的態度，都是著重在「心之所之」。孟子是唯心論的大師，而對於心志上的努力，比別人提倡得起勁，所以特別著重「思誠」。還有一點，也是孟子著重「思誠」的意思，便是「心之官則思，思則得之，不思則不得也」。孟子的「思誠」和孔子的「欲仁」、「志於仁」，都可當作唯心論的倫理學者的動機說看，若《中庸》的態度便不同了。《中庸》是想在「誠」字上面，建立一種誠的宇宙觀，它把宇宙的本質看作「誠」，因此，由這宇宙本質的發展，便看作「誠之」。一個是體，一個是用。體不離用，用不離體。體能生用，即用顯體，因此說：

誠者天之道也，誠之者人之道也。

「誠之」固為人之道，但不限於人類，不過在人類當更努力盡「誠之」之道而已。「誠」與「物」是息息相關的。「誠」是「本體」，「物」是「現象」。本體發為現象，現象必依本體。所以說：

誠者物之終始，不誠無物。是故君子誠之為貴。

「誠之為貴」，這個「誠之」和《孟子》的「思誠」不同。「誠之」關係到「物之終始」。包括人與物而言。所以《中庸》繼續地說：「誠者非自成己而已也，所以成物也。」這完全是一種形上學的態度。若《孟子》的「思誠」，著重在心志上的努力，著重在動人不動人，專言人與人的關係，便完全是一種倫理學的態度了。《中庸》拿住《孟子》的「誠」，盡力發揮形上學的意義，以建立一種系統的世界觀，由以上的說明，便不難瞭然。

《中庸》一書，著重在宇宙與人生的關係的說明。開首一段，便提出全書的綱領，都是關係到宇宙與人的。其後用誠明說明性教之不同，更申明「至誠盡性」、「至誠如神」、「至誠無息」之旨，對於宇宙與人生的關係，層層緊逼，而皆以「誠」之一字做中心，足見這書為一種有組織有主張的著作。《中庸》認「誠」充滿在天地間，卻全靠人生去表現出來，表現得最圓滿的，就要和「誠」合而為一了，這是一種最高的境界。所以說：「誠者不勉而中，不思而得，從容中道，聖人也。」如果「誠之」的功夫做得十分充實，那就可以聯宇宙與人生而為一，更分不出哪個是宇宙，哪個是人生了。到了那種境地，就可以與天地並立而為三了。這便是《中庸》所謂「與天地參」。「與天地參」的思想，不是很顯明的一種形上學的思想嗎？像這種形上學的思想，在《孟子》裡面是很少的。《孟子》是以談性最著名的。《孟子》談性，只談「人之性」，既不是「犬之性」，也不是「牛之性」，若《中庸》談性，則並犬馬牛羊，人類物類而一切賅括之，所以曰：「天命之謂性。」我們拿《中庸》和《孟子》相比較，處處可以見到《中庸》在《孟子》之後，而是以形上學的建立為其主題的。

二 《中庸》的基礎理論

《中庸》的基礎理論，我們可以分作兩項說明：第一，論誠，即是論道；第二，論中與和。但第一與第二卻是一貫的。先說明第一項。

《中庸》開宗明義第一章說：

天命之謂性，率性之謂道，修道之謂教。

這是全書的主旨。把體用的道理、天人的思想，都包括淨盡。什麼叫「天命」？我以為「天命」即自然所命，與《老子》中「莫之命而常自然」的意思相彷彿。所謂「天命之謂性」，即無異於說出於自然所命即謂之性。性和教是不同的：教是人力加於自然的，性是自然施於人身的。要說明性和教的不同，必須考察下面的話：

自誠明，謂之性；自明誠，謂之教。

「誠」是「誠」，「明」是「誠之」。「誠」是「天之道」，「明」是「人之道」。「自誠明」即是由天而人，由自然而施及於人事，故謂之「性」，亦即所謂「天命之謂性」。「自明誠」，乃由人而天，由人力加於自然，故渭之「教」，亦即所謂「修道之謂教」。以上是說明「性」和「教」的兩方面。至講到「道」，「道」是介乎二者之間的。屬於「性」的方面的，為「天之道」；屬於「教」的方面的，為「人之道」。「道」有軌道、法則、過程的意思。天有天的法則，人有人的法則，宇宙有宇宙的法則，人生有人生的法則。法則是隨自然界而建立的，「道」是因「誠」而建立的。沒有自然界也就沒有法則，沒有「誠」也就沒有「道」。所以說「率性之謂道」。這又與《老子》中「道法自然」的思想相彷彿。「誠」與「道」實際上是一而二、二而一的東西。有「誠」便有「道」。不過「誠」為「天之道」，「誠之」為「人之道」而已。《老子》把「自然」看作本體，把「道」看作法則；《中庸》便把「誠」看作本體，把「道」看作法則。一個拿「自然」做中心，一個拿「誠」做中心，這是兩家的分界線。「誠」與「道」雖是二而一的，卻又是一而二的。「誠」是自己具有「誠」的本質的，不假借於他物，而為一切物的基體。「道」是自己具有一種法則的，無論物的大小長短，都有各種大小長短的法則。所以《中庸》說：

> 誠者自誠也，而道自道也。誠者物之終始，不誠無物。

不過「誠」與「道」畢竟是二而一的。「誠」無論其「成己」「成物」，總是一種「合內外之道」。

我們將「誠」與「道」的關係及「誠」與「誠之」的關係。列為一表說明，則如次式：

誠——自誠明——性——天之道

誠之——自明誠——教——人之道道

《中庸》所謂「誠者自誠，而道自道」，已顯明地告訴我們「誠」與「道」是有密切聯繫的，我們由上表的說明，更可以瞭然於「誠」與「道」之是二而實一。既已把「誠」與「道」，和「誠」與「誠之」的關係說明了，現在可以提出兩個要點來說。

一、至誠

《中庸》一書，是拿住「誠」做中心觀念的。它認為人的本性是「誠」，萬物的本性亦是「誠」，推而至於宇宙全體，亦無往而非「誠」。所謂「至誠」，乃盡力表現所本有的「誠」，如果盡力表現所本有的「誠」，便沒有不能推動其他事物之理。所以孟子說：「至誠而不動者，未之有也。」表現所本有的「誠」，是謂「盡性」。因為這是「自誠明」的道理。孟子說：「堯、舜性之也。湯、武反之也。」堯、舜性之，即是盡性；湯、武反之，即是反身而誠。前者是表現所本有的「誠」，後者是用了一番工夫才達到「誠」。表現自己所本有的「誠」，也能表現其他事物所本有的「誠」，因為「誠」是一體的。所以能盡己之性，亦能盡人之性，亦能盡物之性。《中庸》說：

> 唯天下至誠，為能盡其性。能盡其性，則能盡人之性；能盡人之性，則能盡物之性；能盡物之

性，則可以贊天地之化育；可以贊天地之化育，則可以與天地參矣。

孟子所謂「至誠而不動者，未之有也」，單就「動人」說，若《中庸》則推擴到物，推擴到宇宙全體。所以認表現一己所本有的「誠」，結果可以「贊天地之化育」而「與天地參」。以上是說明至誠盡性的道理。

其次說明至誠如神。《中庸》說：

至誠之道，可以前知。國家將興，必有禎祥；國家將亡，必有妖孽。見乎蓍龜，動乎四體。禍福將至，善，必先知之；不善，必先知之。故至誠如神。

這雖是一派迷信的議論，卻也有它一番道理。《中庸》以為「誠」是充滿在宇宙之間的，只看個人對於「誠」的表現如何。就可以決定個人的休咎。國家是由個人相集而成的，因此也可以決定國家的休咎。於是《中庸》提出一個「前知」。就上面的話看來，「前知」分作兩類：一、關於國家，二、關於個人。但這兩類的「前知」，《孟子》書裡都有提到。關於國家方面的，如云：

五百年必有王者興，其間必有名世者。（《公孫丑下》）

由堯、舜至於湯，五百有餘歲……由湯至於文王，五百有餘歲……由文王至於孔子，五百有餘歲……（《盡心下》）

孟子相信運會之說，以為「名世者」之出，可以「前知」，雖不像《中庸》說得那樣逼真，然而也是說明「前知」是可能的。還有關於個人方面的，如云：

> 存乎人者，莫良於眸子，眸子不能掩其惡，胸中正，則眸子瞭焉；胸中不正，則眸子眊焉。（《離婁上》）

孟子以為在個人身上的，也可以「前知」，就是從個人身上的眸子去觀察。這便是《中庸》所謂「動乎四體」。《中庸》根據《孟子》的「前知」之說，說明國家和個人兩方面都可以「前知」，而一歸本於「至誠之道」。不過《中庸》又增加些古代陰陽家的思想，而有「見乎蓍龜」之說，也許是《中庸》撰成時陰陽家思想正盛行的緣故。以上是說明「至誠如神」的道理。

其次說明至誠無息。《中庸》說：

> 故至誠無息。不息則久，久則征，征則悠遠，悠遠則博厚，博厚則高明。博厚所以載物也，高明所以覆物也，悠久所以成物也。博厚配地，高明配天，悠久無疆。如此者，不見而章，不動而變，無為而成。

這是《中庸》的宇宙觀的暴露，即是說明宇宙之所由發生。《中庸》以為表現「誠」的功夫要做得不間斷，不間斷就可以長久地做下去，能夠長久地做下去，就可以在事物上得到征驗。既在事物上得到征驗，就可垂之於無窮。凡可以垂之於無窮的，就沒有不瀰漫到上下四方的，於是有悠久、博厚、高明之說。博厚載物，是指地而言；高明覆物，是指天而言；悠久成物，是就永遠發展而言。所以《中庸》說：「博厚配地，高明配天，悠久無疆。」當表現「誠」的功夫的時候，只一味盡力表現，但是結果可以在事物上得到征驗，可以垂之於無窮。是謂「不見而章」。又當表現的時候，是由於吾心之靜，但結果可以引起萬物的變化，是謂「不動而變」。又當表現「誠」的時候，並不必有所作為，但結果卻是無不為。是謂「無為而成」。這都是說明至誠之道，發於隱微，而其所成就卻是不可限量的。所以《中庸》繼續地說：

> 天地之道，可以一言而盡也。其為物不貳，則其生物不測。天地之道，博也，厚也，高也，明也，悠也，久也。今夫天，斯昭昭之多，及其無窮也，日月星辰系焉，萬物覆焉。今夫地，一撮土之多，及其廣厚，載華岳而不重，振河海而不泄，萬物載焉。今夫山，一卷石之多，及其廣大，草木生之，禽獸居之，寶藏興焉。今夫水，一勺之多，及其不測，黿鼉蛟龍魚鱉生焉，貨財殖焉。《詩》云：「維天之命，於穆不已。」蓋曰天之所以為天也。「於乎不顯，文王之德之純。」蓋曰文王之所以為文也，純亦不已。

至誠之道，可以一言盡，便是「為物不貳」。「不貳」即是純一不雜，因此，朱晦庵（朱熹）解作「所以誠」。「為物不貳」，正是「生物不測」的原因。譬如昭昭的天，可以系星辰日月，可以覆萬物；一撮土的地，可以載華岳，振河海；一卷石的山，可以生草木，居禽獸，興寶藏；一勺之水，可以生黿鼉蛟龍魚鱉，又可以殖貨財。這都是說明至誠所招致的結果。所以至誠是「無息」的。「無息」和「不息」略有分別。「不息」是說明不間斷，「無息」是綿延進展，無有已時。二者雖然義有相關，可是這一段話，注重在「無息」。天之所以為天，就在「無息」，所謂「天行健」。孔子說：「天何言哉，四時行焉，百物生焉。」也是說明「無息」的意思。因此，《中庸》引《詩經》「維天之命，於穆不已」作證。但我們要知道：「不已」只是由於「不貳」，即是由於「純」，所以又說：「純亦不已。」以上是說明「至誠無息」。

上面所說的三點是分別說明，道理卻是一貫的。能夠透徹了以上的三點，便發為事功，施諸化育，無往而不可。所以《中庸》對至誠作這樣的結論：

> 唯天下至誠，為能經綸天下之大經，立天下之大本，知天地之化育。夫焉有所倚？

「夫焉有所倚」，是說無所倚著於外物，就是說只有表現一己的「誠」，便可達到上述的目的。

二、致曲

《中庸》一面用全力說明至誠之道，一面又說明致曲之道，其處心積慮，可謂無微不至。《中庸》說：

其次致曲，曲能有誠，誠則形，形則著，著則明，明則動，動則變，變則化。唯天下至誠，為能化。

「致曲」謂由表現一端的「誠」，以達到「誠」的全體。「致」有「推廣」、「擴充」之意，「曲」有「一端」、「一偏」之意，「致曲」謂由一端擴充到全體，由一偏推廣到一般。孟子認惻隱之心為仁之端，羞惡之心為義之端，辭讓之心為禮之端，是非之心為智之端。如果這四端能擴而充之，便足以保四海。這是孟子所認定的四端。若在《中庸》，則以為只須把一端擴充，便可以推廣到全體。因為這一端也是全體的「誠」的一部分，所謂「曲能有誠」，這一端的「誠」雖是全體的「誠」的一部分，卻是這一部分也含有全體的「誠」的本質，所以也能達到「至誠」的境界，也能造到「化」的功用。但由一端的「誠」達到「能化」，須經過怎樣的路徑呢？《中庸》以為「誠」是有諸中必形諸外的，所以「誠則形」。既已發而為形，也就可以見到形後面的性。孟子說：「形色天性也，唯聖人然後可以踐形。」「踐形」即是踐性，因為性著於形。所以《中庸》說：「形則著。」既已性著於形，則由形的顯著即有一種教誨人的力量。孟子說：「教亦多術矣，予不屑之教誨也者，是亦教誨之而已矣。」「不屑之教誨」，即是示以不屑教誨的「形」，與以不屑教誨的顏色。明是修道，示道可由教而入，所以說「自明誠謂之教」。這段話是說由形的顯著可以有「明示人」、「昭示人」的效能。所謂「著則明」，既已明示於人，便容易使人發生感動，既已發生感動，便容易由感動而起變異，既已起了變異，便可使之同化。這是說明由一端的「誠」而到「化」的過程。如果已經到了「化」的境地，便由一端的「誠」達到全體的「誠」了。可見「致曲」亦能達到全體的「誠」。其實「致曲」的功夫，雖不比至誠之道高明，卻是比至誠之道重要，因為在一般的人，只能望其「致曲」。如果人人能表現一端的「誠」，則充滿宇宙之內，便無往而非「誠」了。孟子說：「人能充無慾害人之心，而仁不可勝用也；人能充無穿窬之心，而義不可勝用也。」這不是很顯明地說明「致曲」的重要嗎？

現在請說明《中庸》第二項的基礎理論，便是中與和。《中庸》說：

喜怒哀樂之未發，謂之中，發而皆中節，謂之和。中也者，天下之大本也；和也者，天下之達道也。致中和，天地位焉，萬物育焉。

這段話是說明體和用最重要的道理，與前面所說，體系上是一貫的。「喜怒哀樂之未發」，是就體說；「發而皆中節」，是就用說。體不離用，用不離體，故喜怒哀樂在體和用兩方面都有，只是一個已發，一個未發而已。一般人講體用，以為體和用是截然二物，或是彼此絕不相關，殊不知這種講法完全錯了。要知體用之不同，只在已發未發，在本質上是沒有差別的。未發時是本質，已發後便是本質的發展，何嘗有本質上的差別呢？在未發時並不是沒有喜怒哀樂，也不是與已發的喜怒哀樂有不同。這些都是講體和用時所不可忽視的要點。荀子講心，和這裡所說的已發未發，正有互相發明之處。《荀子》說：

> 人心譬如槃水，正錯而勿動，則湛濁在下，而清明在上，則足見鬚眉而察膚理矣；微風過之，湛濁動乎下，清明亂乎上，則不可以得本形之正也。心亦如是矣。

所謂「正錯而勿動，則湛濁在下，而清明在上」，便是未發前的狀態。所謂「微風過之，湛濁動乎下，清明亂乎上」，便是已發後的狀態。並不是未發前沒有「湛濁」，也不是已發後沒有「清明」，「湛濁」和「清明」，是在兩界都有的。只是一個「湛濁在下，清明在上」，一個「湛濁動乎下，清明亂乎上」而已。以上是泛言體和用的關係。在《中庸》所說的「中」是「體」，所說的「和」是「用」，這是毋庸置疑的。不過所說的「和」，乃是「用」的一種境界，因為喜怒哀樂已發後，有中節的，也有不中節的，中節的謂之「和」，不中節的便不得謂之「和」了。這樣的議論，在儒家他種著作裡面是不常見的。

《中庸》一書，是講性情的關係最精的。我以為「中」是說性，「和」是說情。性是未發的，無有不善，情是已發的，有善有不善。而所謂「和」，乃是已發的情之善的。《中庸》一書，有許多地方是根據《孟子》的見解，而作進一步的闡明，講到性情，也是這樣。孟子說：「人性之善也，猶水之就下也。人無有不善，水無有不下。」又說：「乃若其情，則可以為善矣，乃所謂善也。若夫為不善，非才之罪也。」孟子的意思，是說性是無有不善的。情為性之動，也是「可以為善」的，孟子似乎完全就善的一方面說話，沒有想到情的發動也有不善的。若《中庸》便不同了，《中庸》說：「發而皆中節，謂之和。」當然不中節便不得謂之和了。《中庸》講情，含有中節不中節兩方面，其態度就不像孟子那樣褊狹而固執了。後來唐代的李翺把《中庸》上中和的道理發揮頗詳盡，雖然他是站在禪家的立場說話，卻是有些地方說明得很透徹。他在《復性書》上篇說道：

人之所以為聖人者性也，人之所以惑其性者情也。喜怒哀樂愛惡欲七者，皆情之所為也。情既昏，性斯匿矣。非性之過也……雖然，無性則情無所生矣。是情由性而生，情不自情，因性而情；性不自性，由情以明。聖人者豈其無情耶？聖人者寂然不動……雖有情也，未嘗有情也。然則百姓者豈其無性者耶？百姓之性，與聖人之性弗差也。雖然，情之所發，交相攻伐，未始有窮，故雖終身而不自睹其性焉。

這段話可看作「喜怒哀樂之未發，謂之中；發而皆中節，謂之和」的註腳。「情不自情，因性而情」，因為喜怒哀樂含於未發之中；「性不自性，由情以明」，因為喜怒哀樂見諸已發之和。何以聖人有情而未嘗有情？因為他能保持「未發之中」的狀態；何以百姓情之所發而不自睹其性？因為他不能保持「中節之和」的狀態。所謂「百姓之性與聖人之性弗差」，便是已發時有喜怒哀樂，未發時亦有喜怒哀樂。李翺這段議論，可謂能抉發中和的要旨，而性情之關係，自是益明。

《中庸》既以中庸名篇，便是專發揮體用的道理的。「中」是體，「庸」便是用。《莊子．齊物論》說「庸也者用也」是「庸」字最好的解釋。儒家一部講體用的書，卻沒有人懂得。《中庸》講體用，並不能說如何的高明，不過講體用通常的道理，卻大體是對的。宋儒程、朱一班人，好自作聰明，把《中庸》隨意亂解，看來實覺好笑。程伊川說：「不偏之謂中，不易之謂庸。」用「不偏」、「不易」解中庸二字，是何等淺陋的見解。試問世間哪裡有「不偏」、「不易」的那麼一回事？《中庸》上明明說道：「喜怒哀樂之未發，謂之中。」不是很顯明地告訴我們，「中」是一種「未發」的狀態嗎？「未發」的狀態何嘗是「不偏」呢？他們的誤解，是由於《中庸》上有這麼一段話，所謂「道之不行也，我知之矣：知者過之，愚者不及也。道之不明也，我知之矣：賢者過之，不肖者不及也。人莫不飲食也，鮮能知味也」。這段話實際上都是講「和」，並不是講「中」。無太過與不及，便是「發而中節」，這是說明「和」的重要的。因為在未發時，便看不到太過與不及，既已看到了太過與不及，便在已發之後了。「人莫不飲食也，鮮能知味也。」意思是說：「人莫不有喜怒哀樂也，鮮能發而中節也。」發而中節，就不會到太過或不及的地步。這與「不偏」有什麼關係呢？至於講到「不易」，更是說謊。《中庸》的重心，就在變易，就在由動而變，由變而化。譬如講「生物不測」一段，是何等看重變易、變化的道理！《中庸》說：「小德川流，大德敦化，此天地之所以為大也。」所謂「川流」，所謂「敦化」，正是尊重變化的議論，何嘗是「不易」呢？所以程伊川的解釋，只暴露他的淺陋無知。朱晦庵（朱熹）所犯的錯誤，正有相同之處。他以為「中者不偏不倚，無過不及之名」；庸則為平常之義。所講的是「平常之理」。用「不偏不倚，無過不及」解「中」，其錯誤之點，與伊川正相等，上面已有論及。至於說「庸」是「平常」，那是一種極武斷的說法。《中庸》一部書所講的道理，都是些極不平常的道理。你能說「贊化育、參天地」的道理是平常的道理嗎？你能說性命誠明的道理是平常的道理嗎？況且《中庸》明明說道：「君子之道費而隱。夫婦之愚，可以與知焉；及其至也，雖聖人亦有所不知焉；夫婦之不肖，可以能行焉；及其至也，雖聖人亦有所不能焉。」你能說「聖人所不知」，「聖人所不能」的道理是平常的道理嗎？這樣看來，程、朱解《中庸》，完全是一任主觀的臆斷，不顧客觀的事實。我認為這不是善於講《中庸》的。

然則中庸應該怎樣去解釋呢？什麼叫做中庸之道呢？上面已經說過《中庸》所以名為中庸，便是專為發揮體用的道理的。中是誠之道，庸是誠之之道。中就性說，庸就教說；中就中說，庸就和說。《中庸》說：

中庸其至矣乎，民鮮能久矣。

這句話《論語》上也有提到，便是「中庸之為德也，其至矣乎，民鮮能久矣」。所謂「中庸之為德」便是「中」的德，與「庸」的德，「中」的德是自誠而明的德；「庸」的德是自明而誠的德。「中」的德是「不勉而中，不思而得，從容中道」的德，「庸」的德是「擇善而固執」的德。質言之，「中」的德是能保持「未發之中」，「庸」的德是能保持「中節之和」。「中」的德是天成的，是出於生知安行的，「庸」的德是人為的，是由於困學勉強而行的。嚴格說來，「庸」的德雖不如「中」的德，卻比「中」的德更可貴重，因為加了一番人的努力。所以《中庸》說：

庸德之行，庸言之謹。有所不足，不敢不勉；有餘不敢盡。言顧行，行顧言，君子胡不慥慥爾？

這是一番督勵人的努力的話，因為看重人事甚於看重自然，乃是儒家的根本立場。《中庸》所以尊重「庸德」、「庸言」，便是這番意思。所以提出「有所不足，不敢不勉；有餘不敢盡。言顧行，行顧言」，更是著重「庸」德的一種最露骨的議論。我在下面還要講到「《中庸》的修養法」，都是關於「庸」德方面的。孔子讚美中庸，也只是讚美「庸」德。孔子說：

不得中行而與之，必也狂狷乎？狂者進取。狷者有所不為也。（《子路》）

狂者便太過了，狷者便不及了，太過不及，都是發而不中節，所以孔子不與。「中行」即發而中節，無太過不及，與「中道」同意。孟子說：

孔子不得中道而與之，必也狂狷乎。狂者進取，狷者有所不為也。孔子豈不欲中道哉？不可必得，故思其次也。（《盡心下》）

「中行」和「中道」同意，都重在發而中節，這便是中庸的根本義。我們若不從「庸」德去看中庸，若不從發而中節去看中庸，便會走到程朱一流的見解上去。《中庸》上所記關於中庸的文句，都應該從發而中節方面去解釋。

仲尼曰：「君子中庸，小人反中庸。君子之中庸也，君子而時中，小人之反中庸也，小人而無忌憚也。」什麼是「時中」，有人解作孟子所稱「孔子聖之時者也」，有人解作「執中為近之」，又有人從「可以仕則仕，可以止則止，可以久則久，可以速則速」去解釋，其實在我看來，都不中肯綮。我以為所謂「時中」，所謂「無忌憚」，都是就中節不中節說，都是就「已發之和」方面說，並不是就「未發之中」方面說，質言之，都是著重在「庸」的德。戴東原頗能看到這點，他解釋這段話，說道：

> 庸即篇內「庸德之行，庸言之謹」，由之務協於中，故曰中庸。而，猶乃也。君子何以中庸，乃隨時審處其中；小人何以反中庸，乃肆焉以行。

東原用「由之務協於中」解「庸」字，這比程、朱強遠了。所謂「務協於中」，不就是「已發之和」嗎?東原知道從「庸」字解中庸，是他的炯識，可是他不能徹底認識「庸」字在中庸上的地位。東原從「隨時審處其中」解「時中」，從「肆焉以行」解「無忌憚」，我認為大體不錯。不過君子何以能「隨時審處其中」？小人何以「肆焉以行」？他就不能說明了。這是由於他僅知道從「庸」看中庸，而不知道從「和」看中庸。不知「和」比「庸」更來得鞭辟近裡。君子何以中庸，由於發而中節，發而中節，是謂「時中」；小人何以反中庸，由於發而不中節，發而不中節，便不免當怒而喜，當哀而樂，結果就「無忌憚」了。《中庸》裡面還有關於知識與中庸幾段的記載：

子曰：「舜其大知也與！舜好問而好察邇言，隱惡而揚善，執其兩端，用其中於民，其斯以為舜乎？」

子曰：「人皆曰予知，驅而納諸罟擭陷阱之中，而莫之知辟也。人皆曰予知，擇乎中庸，而不能期月守也。」

子曰：「回之為人也，擇乎中庸。得一善則拳拳服膺，而弗失之矣。」

我們知道中庸之道，即是體用之道，即是中和之道，這關係到宇宙和人生的全體，非智慧超絕的人，便不容易把握住其中的關係。所以上面幾段記載，都講到智慧的問題。舜何以稱為「大知」，因為他能深明體用的關係。我們現在無論歷史上有沒有舜這個人，姑且照原來的文句加以解釋。舜以好問察言的資質，當然容易透徹執兩用中之理。什麼叫做執兩用中？兩，便是體與用；用中，便是把握體用的關係。關於知識和中庸的關係，《論語》也有同樣的記載。孔子說：

吾有知乎哉，無知也，有鄙夫問於我，空空如也。我叩其兩端而竭焉。

孔子自己說沒有知識，實際上是故作此語，以激勵那些以知識自炫的。因為富有知識的人，才會了解體用的關係。所謂「叩兩端而竭焉」，和執兩用中的道理並沒有兩樣。「叩兩端而竭」，即是說明體用，把握體用的關係。那些以知識自炫的，自以為知道體用的關係，實際上是「擇乎中庸，而不能期月守」。又以為深明體用的關係，不必「戒慎乎其所不睹，恐懼乎其所不聞」，但實際上是「驅而納諸罟獲陷阱之中，而莫之知辟」。可見以知識自炫的，未必真有知識。所以孔子有「空空如也」之言。這只有顏回才能體會這層道理。顏回是「聞一知十」的。顏回的知識過人，所以能守，所以拳拳弗失。以上都是論知識與中庸的關係。富有知識的人能夠把握中庸的道理，已如上述；但能夠把握中庸的道理的人，他的知識也就益發完備，所以能「知天」、「知人」，甚至於「可以前知」。二者是互為影響的。

關於《中庸》的基礎理論，略如以上的說明，現在講《中庸》的修養法。

三　《中庸》的修養法

《中庸》認人的本性是「誠」，萬物的本性亦是「誠」，所謂「誠者天之道」，人可但依其本性行之，實無修養或教育之必要。然所以需要修養，也有一番道理。人的本性雖是「誠」，但人有三階級。《中庸》說：

> 或生而知之，或學而知之，或困而知之。及其知之一也；或安而行之，或利而行之，或勉強而行之，及其成功一也。

從這段話裡面，可知道人類顯明地分成三階級，從「知」的方面看：第一級是「生而知之」，第二級是學而知之，第三級是困而知之。從「行」的方面看：第一級是安而行之，第二級是利而行之，第三級是勉強而行之。《中庸》以為在這三階級的人類中，各人表現各人的「誠」，結果都能達到成功的地步。在生知安行的人，本用不著怎樣去修養，而所謂修養，主要的是學知利行，或困知勉強而行的人。不過生知安行的人，也另外有種修養法。因此，《中庸》的修養法，分作二部分：即自誠明的功夫和自明誠的功夫。我們且先把《中庸》最重要的一段話寫在下面，然後加以解釋。《中庸》說：

故君子尊德性而道問學，致廣大而盡精微，極高明而道中庸，溫故而知新，敦厚以崇禮。

這段話裡面就告訴了我們兩種修養法：一種是自誠明的修養法，一種是自明誠的修養法。前者關於天事，故為「天之道」，後者關於人事，故為「人之道」。什麼是自誠明的修養法？這是就生知安行的人立言的。這種人雖然天事已足，但也須輔以人事。天事已足的人，他的性情，他的識見，乃至他的胸懷，都要比平常人高一等，所以應該尊重固有的德性，就固有的德性求其擴充，期達於廣大高明之域。這是一種「溫故」的功夫，即是一種「敦厚」的修養法。所以貴「慎獨」。關於「慎獨」的話，《中庸》裡面發揮得很多，譬如說：

莫見乎隱，莫顯乎微，故君子慎其獨也。

詩云：「潛雖伏矣，亦孔之昭。」故君子內省不疚，無惡於志。君子之所不可及者，其唯人之所不見乎？

詩云：「相在爾室，尚不愧於屋漏。」故君子不動而敬，不言而信。

關於「慎獨」一點，儒家是特別注重的。孟子認「仰不愧於天，俯不怍於人」為三樂之一，都是著重「慎獨」的思想的。在生知安行的人，天事已足，只需把固有的天事保持得好好的，所以最重要的是「慎獨」，是「不愧於天」。什麼是自明誠的修養法？這是就學知利行或困知勉強而行的人立言的。這種人天事既不甚足，不得不專恃人事。所以應該注重問學的功夫，應該使知識造到極精微的地步。我上面已經說過中庸的主旨在發而中節，在著重「庸」的德，即是專為學知利行或困知勉強而行的人說法的。所以又應該實踐中庸之道。知識和中庸有不可離的關係，這在上面也說過。既富有知識便能把握中庸的道理，所以這種人要問學與中庸並進。就知識說，務在「知新」，就中庸說，務在「崇禮」，不過最重要的關鍵，還在「道問學」。因為這樣，所以《中庸》對問學的方法，闡述至為詳明。《中庸》說：

> 博學之，審問之，慎思之，明辨之，篤行之。

這段話是做學問最吃緊的方法，在儒家的著作裡面，是頗值得貴重的文句，可以說是做學問的五個步驟。前四個步驟講知，最後一個步驟講行。以圖說明如下：

- 學問
  - 知
    - 外的
      - 博學
      - 審問
    - 內的
      - 慎思
      - 明辨
  - 行 —— 篤行

《論語》上只有「博學於文」的話，至於審問、愼思、明辨這幾點，都很少講論到，不像《中庸》把這種做學問的步驟分得很明白。在修養法裡面注重在「誠之」，所謂「誠之」，便是「擇善而固執」。何謂「固執」？便是「弗能弗措」。「弗能弗措」是一切治學處事、立身行己的總法門。所以《中庸》說：

有弗學，學之弗能，弗措也；有弗問，問之弗知，弗措也；有弗思，思之弗得，弗措也；有弗辨，辨之弗明，弗措也；有弗行，行之弗篤，弗措也。人一能之，己百之；人十能之，己千之。果能此道矣，雖愚必明，雖柔必強。

「弗能弗措」，也就是「人一己百，人十己千」，這便是致「明」之道，也便是致「強」之道。《中庸》上講「明」是講得很多的，也講得很切實的，上面已有說到。但是《中庸》也注重解釋致「強」之道。《中庸》說：

子路問強，子曰：「南方之強與？北方之強與？抑而強與？寬柔以教，不報無道，南方之強也，君子居之；衽金革，死而不厭，北方之強也，而強者居之。故君子和而不流，強哉矯！中立而不倚，強哉矯！國有道，不變塞焉，強哉矯！國無道，至死不變，強哉矯！」

這段話頗難解釋，我以為都是說明中庸之道，即說明「庸」的德，而須用「弗能弗措」的方法貫徹之。所謂「北方之強與？抑而強與？」實指一事，並非二事。即是說「北方之強與？或強者與？」所以下面說：「北方之強也，而強者居之。」所謂南方之強，或系就老子一派言；所謂北方之強，或系就墨子一派言，但俱未達到發而中節的地步，即俱未達到「庸」的德。「和」與「中立」，近乎南方之強；「不變」則近乎北方之強，但俱非《中庸》之強。《中庸》之強，乃「和而不流」，「中立而不倚」，乃「國有道，不變塞，國無道，至死不變」。這非有「弗能弗措」，「人一己百，人十己千」的修養功夫是不容易達到的。在學知利行，或困知勉強而行的人，天事既不甚足，非有「弗能弗措」，「人一己百，人十己千」的決心，就不容易達到「明」與「強」的地步。因此《中庸》說：

> 子曰：……君子遵道而行，半途而廢，吾弗能已矣。君子依乎中庸，遁世不見知而不悔，唯聖者能之。

具有「弗能弗措」的決心，才能「不見知而不悔」，才不至「遵道而行，半途而廢」。這些議論，本很平常，但為學知利行，或困知勉強而行的人說法，不得不如此。

以上說明了兩種修養法。

《中庸》上關於修養的尚有一段很可注意的議論，便是對於知、仁、勇的說明。《中庸》說：「知、仁、勇三者，天下之達德也。」又說：

好學近乎知，力行近乎仁，知恥近乎勇。

這段話標明「子曰」，雖不一定是孔子說的，卻很能發揮孔子的原意。《論語》上關於知、仁、勇，曾有過兩段記載。

子曰：「知者不惑，仁者不憂，勇者不懼。」（《子罕》）

子曰：「君子道者三，我無能焉：仁者不憂，知者不惑，勇者不懼。」（《憲問》）

《論語》只說明了知、仁、勇三者的歸結，但何以達到知、仁、勇，卻沒有系統的說明，這就不能不使人聯想到《中庸》了。何以說「好學近乎知」呢？這是很容易明白的。因為好學可以去蔽，凡事必有所蔽，有所蔽則知不真切，去蔽即所以去知的蔽。《論語》說：

好仁不好學，其蔽也愚；好智不好學，其蔽也蕩；好信不好學，其蔽也賊；好直不好學，其蔽也絞；好勇不好學，其蔽也亂；好剛不好學，其蔽也狂。

這段話是說明不好學所招致種種蔽，知有所蔽，則非真知，求知之道，首在好學。所以說「好學近乎知」。既做到知者則一切蔽都去掉了，所以「知者不惑」。何以說「力行近乎仁」呢？這句話我認為是孔門的「仁」的正解。孔子說：

飽食終日，無所用心，難矣哉！不有博弈者乎，為之猶賢乎已。

孔子只恨那些坐著不動的，無論做什麼事，只要你向前做去，總是對的。向前做去便是仁，飽食終日，無所用心，便是不仁。仁是表現生活的努力的。孔子提出一個忠恕之道：忠是盡己，恕是推己及人。所謂忠恕，也就是「己立立人，己達達人」的意思，即是表現對己對人一種生活上的努力。所以說「力行近乎仁」。既做了一個仁者，他的生活必充滿著生意，必一味向前做去，而無退後反顧之憂。所謂「有生之樂，無死之心」。《論語》上記載孔子的生活，有這麼一段：

葉公問孔子於子路，子路不對。子曰：「女奚不曰，其為人也，發憤忘食，樂以忘憂，不知老之將至云爾。」（《述而》）

這是描寫孔子的生活之樂的。在這裡也就知道所謂「仁者不憂」的意義了。何以說「知恥近乎勇」呢？這句話比上兩句更來得重要，只是不容易說明罷了。一般人認勇是屬於體育方面的，以為身體不強，必不能勇，這是一種很膚淺而且錯誤的說法。勇並不是體力角逐，也並不是「撫劍疾視」的意思，質言之，勇並不是一味蠻勇，乃是知恥，是人格修養上最重要的一段功夫。孟子講養勇，講得很起勁。他講到養勇，就連帶地講到養志養氣。養志養氣，才是養勇的根本功夫。否則所養的只是小勇，只是敵一人的匹夫之勇。我們養勇，要養大勇。大勇是要與我們的生命發生危害的。我們處在生死存亡之際，要能夠立定腳跟，不隨風轉舵，這樣便可以造到大勇的地步。這樣便非養志養氣不可。關於這種大勇修養的方法，要在平日能認清目標。譬如孔子的目標是仁，他便說：「毋求生以害仁，有殺身以成仁。」孟子的目標是義，他便說：「生我所欲也，義亦我所欲也，二者不可得兼，捨生而取義者也。」「殺身成仁」，「捨生取義」，這是何等的大勇。所以孔子說：「勇者不懼。」而《中庸》更明白地說：「知恥近乎勇。」不從知恥說明勇，是不能抉出勇的真正意義的。

知、仁、勇三者何以謂之達德？「達德」謂日用常行，人人共由，不可須臾離之德。《中庸》中有所謂「達道」、「達孝」，均作如此解釋。知、仁、勇三者是緊相聯繫的，有知而不仁，或仁而無勇，都不足以為德之全。用現代的話說明，知是研究學術的精神，仁是服務社會的精神，勇是砥礪人格的精神，三者缺一不可。譬如研究學術，不去服務社會，不求社會的實踐，是無法證明學術的真價的。又如服務社會，不顧到自己的人格，不能知恥，也徒然做了他人的工具。所以三者是緊相聯繫的。《論語》上有相類似的議論，大體上也可以看作說明知、仁、勇三者的聯繫。譬如《衛靈》章說：

子曰：知及之，仁不能守之，雖得之，必失之。知及之，仁能守之，不莊以莅之，則民不敬。知及之，仁能守之，莊以莅之，動之不以禮，未善也。

所謂「莊以莅之」，是就外表之莊嚴說，所謂「動之以禮」，是就人格之莊嚴說，這都是養勇的功夫，可見知、仁、勇三者缺一不可。

以上是說明知、仁、勇的修養法。

儒家的書大部分是關於倫理問題的說明的，所以特別注重修養法。《中庸》是儒家的體大思精之作，當然對於修養法說得更透徹些，而且《中庸》是有它的明確的世界觀的，當然對於修養法說得更有系統。譬如關於知、仁、勇的修養法，《中庸》便能夠提出所以達到知、仁、勇的下手功夫，這便比《論語》強遠了。

四 《中庸》的影響

《中庸》一書在儒家的思想史中影響是很大的，這在上面也略略講過。我以為《中庸》一書上接孔、孟的道統，下開宋、明理學的端緒，是儒家一部極重要的著作。現在談到它的影響，我們不妨分作三項來說明。

一、對抗道家思想

上面已經說過，秦、漢統一以後，儒、道兩家的思想，爭取思想界的支配權。道家思想內容充實，但不為統治階級所歡迎，儒家思想內容平泛，但統治階級爭相利用，於是有《中庸》之作。《中庸》一書，確實有許多思想是取自道家。依照上面的說明，《中庸》開宗明義第一章，所謂「天命之謂性，率性之謂道，修道之謂教」，開始的兩個前提，即從道家的思想導引而出。至於所謂「誠」與「誠之」，分明是說明體與用的關係；所謂「自誠明」、「自明誠」，分明是說明由體到用，由用到體；所謂「誠則明矣，明則誠矣」，分明是說明體即用，用即體，體用一元。這些關鍵，也都是從道家思想導引而出的。因為道家哲學在古代哲學中是說明體用關係最精的。《中庸》上還有「不見而章，不動而變，無為而成」的話，又有「不動而敬，不言而信」的話，與《老子》上「不行而至，不見而名，不為而成」的話，和「不自見，故明，不自是，故彰，不自伐，故有功，不自矜，故長」的話，不是同樣的論法嗎？不是同樣地說明相反相成的道理嗎？《老子》一書，幾乎全部都是發揮「無為」的道理，說明「無為而無不為」，而《中庸》上所謂「不見而章，不動而變，無為而成」，不正是說明「無為而無不為」嗎？這樣看來，《中庸》的思想，實有許多地方是取自道家，無可為諱。不過我為什麼要說《中庸》一書是對抗道家的思想呢？這是因為儒家的立場和道家的立場，是根本不同的。儒家是維護封建統治的，道家卻是反對封建統治的。儒家因為要維護封建統治，所以提高倫理的價值，所以拿「誠」做中心；道家因為要反對封建統治，所以看重個人的價值，所以拿「自然」做中心。儒家知道自己沒有深厚的哲學基礎，沒有系統的世界觀，所以不得不採取道家所講的體用關係與乎相反相成之理。可是儒家就在這裡用它自己的立場抨擊道家。以為道家思想陷於虛玄，而不切於實用。道家的主張雖可以坐而言，卻不能起而行。於是提出一大套的倫理的說素，直接地顯示儒家思想之切近人事，間接地暴露道家思想之無裨世用。這便是《中庸》一書之所由發生。我們且看《中庸》上關於封建道德的說明：

……君子之道四，丘未能一焉：所求乎子，以事父，未能也；所求乎臣，以事君，未能也；所求乎弟，以事兄，未能也；所求乎朋友，先施之，未能也。

君子之道，辟如行遠，必自邇；辟如登高，必自卑。詩曰：「妻子好合，如鼓瑟琴；兄弟既翕，和樂且湛。」子曰：「父母其順矣乎。」

子曰：「舜其大孝也與！德為聖人，尊為天子，富有四海之內，宗廟饗之，子孫保之，故大德，必得其位，必得其祿，必得其名，必得其壽……」

子曰：「無憂者其唯文王乎！以王季為父，以武王為子；父作之，子述之……」

子曰：「武王、周公其達孝矣乎！夫孝者善繼人之志，善述人之事者也。春秋修其祖廟，陳其宗器，設其裳衣，薦其時食……」

……仁者人也，親親為大；義者宜也，尊賢為大。親親之殺，尊賢之等，禮所生也。

……天下之達道五，所以行之者三。曰：君臣也，父子也，夫婦也，昆弟也，朋友之交也。五者天下之達道也。知、仁、勇三者天下之達德也，所以行之者一也。

……凡為天下國家有九經，曰：修身也，尊賢也，親親也，敬大臣也，體群臣也，子庶民也，來百工也，柔遠人也，懷諸侯也。修身則道立，尊賢則不惑，親親則諸父昆弟不怨，敬大臣則不眩，體群臣則士之報禮重，子庶民則百姓勸，來百工則財用足，柔遠人則四方歸之，懷諸侯則天下畏之。齊明盛服，非禮不動，所以修身也；去讒遠色，賤貨而貴德，所以勸賢也；尊其位，重其祿，同其好惡，所以勸親親也；官盛任使，所以勸大臣也；忠信重祿，所以勸士也；時使薄斂，所以勸百姓也；日省月試，既廩稱事，所以勸百工也；送往迎來，嘉善而矜不能，所以柔遠人也；繼絕世，舉廢國，治亂持危，朝聘以時，厚往而薄來，所以懷諸侯也。凡為天下國家有九經，所以行之者一也。

我們看了上面幾段的記載，都是關於孝的倫理的說明。因為儒家是認孝為一切倫理的起點的，所謂「行遠必自邇」，「登高必自卑」。如《中庸》臚舉舜的大孝，武王、周公的達孝，文王的父作子述，都足以證明《中庸》是如何地推重孝的倫理。孝的倫理是宗法社會的柱石，也是封建社會的柱石。如果《中庸》不提出孝的倫理，徒然提供一些形上學的議論，便失了儒家思想的重心，也不足以和道家相對抗。因為儒家和道家對抗的武器，便是借宗法倫理的提倡，一方面可以迎合統治者的心理，一方面更可以加鈍一般群眾的意識。還有一點，也是道家得到社會信仰遠不如儒家的，便是儒家用位祿名壽作為吸引一般群眾的工具，而位祿名壽是人人所日夜想望不置的，這當然很容易得到一般的普遍信仰。譬如《中庸》說：「故大德，必得其位，必得其祿，必得其名，必得其壽。」而道家的教理卻與此相反。譬如《楊朱篇》說：「生民之不得休息，為四事故：一為壽，二為名，三為位，四為貨……不逆命，何羨壽；不矜貴，何羨名；不要勢，何羨位；不貪富，何羨貨。」這樣的教理要想吸收大量的群眾，像儒家一樣，又如何可能呢？所以說宗法倫理的提倡，乃是儒家對抗道家的重大武器。

《中庸》中提出治天下的五達道和「為天下國家」的九經。「五達道」即儒家的五倫。《孟子》說：「使契為司徒，教以人倫：父子有親，君臣有義，夫婦有別，長幼有序，朋友有信。」這五倫在儒家是認為天經地義的。「九經」則賅括修身齊家治國平天下，更是儒家所認為萬世不易的真理。但我們知道，在封建社會中這五達道和九經，正是統治階級的唯一法寶，因為根據這五達道和九經可以盡羈縻束縛的能事。這絕不像道家欲以無為無事的方法，來處理天下國家，所謂「我無為而民自化，我好靜而民自正，我無事而民自富，我無慾而民自樸」。兩兩比較，在統治階級當然歡迎前者而不歡迎後者。不過《中庸》雖然說得很廣闊，無論君臣、父子、昆弟、夫婦、朋友，無論尊賢、親親，乃至柔遠人、懷諸侯，都有談到，可是它卻想都歸納到「誠」，所謂「所以行之者一也」，以見它的思想都出發於一個系統的世界觀。這樣，用儒表道裡的手段，以達到崇儒黜道的目的，遂又成為它的對抗道家的武器。然則《中庸》之作，在儒家確實是一種極重要的作品。

凡上面所述的五達道和九經，都可歸納到修道之教，《中庸》注重在修道之教，至於所謂天命之性，率性之道，不過是拿來做做幌子而已，這正是所謂用儒表道裡的手段，達崇儒黜道的目的。這種伎倆，後來宋、明的理學家，運用得極其純熟。這便是《中庸》的影響之一。

二、開發禪家思想

佛教思想到中國和佛教思想到西洋，所得的結果是兩樣的。何以呈兩樣的結果，這就不能不追溯前因。我們先說西洋吧。叔本華是受佛教的影響最大的，佛教思想到了叔本華手裡，卻會成為主意論，這不是很可怪異的事情嗎？其實細按起來，一點也不奇怪，因為西洋人所受過去重大的影響，像古希臘前期哲學，像近代初期哲學，都是很前進的，所以佛教思想落入西洋人手中，也會向前進，不會向後退。若在我中國便不然。中國人所受過去重大的影響，像道家哲學，完全是向後退的。像儒家的則古稱先王，也是向後退，又儒家關於「無言」、「無為」的議論也是很多的，這也分明是向後退。因此佛教思想傳到中國，就會變成離言語文字的禪宗。現在講到《中庸》，《中庸》是以「誠」為其基本觀念的。所謂「至誠盡性」，「至誠無息」，「至誠如神」，都是導引禪家思想的根源。而最重要的是中和之說。中是說性，和是說情；中屬未發，和屬已發。這種未發已發之說，也為導引禪家思想發展的媒介。譬如上面曾經講過的李翱，他在《復性書》上所說的：「情由性而生。情不自情，因性而情；性不自性，由情以明。」這便是借用《中庸》的意思，發揮禪家的教旨。李翱本是禪家藥山唯儼的弟子，對於禪家的思想，浸潤頗深，後來看到《中庸》「喜怒哀樂之未發，謂之中；發而皆中節，謂之和」的話，觸動禪機，遂有《復性書上》之作。叔本華受到印度思想的影響，會發展為向前進的主意說，李翱受到印度思想的影響，會發展為向後退的復性書，我們若不追溯前因，將會認此為「世界七不可思議」之一。然則《中庸》對於後來禪家思想的發達，不能說沒有相當的影響。

禪家的主旨是不立文字，一超直入，這些道理，將在第七講中說明。禪家思想何以在中國發揚起來，並且何以在唐代發揚，這可以從背景說明。中國處在一個長期的封建社會之中，封建社會統治者需要一超直入的思想，需要不立文字的宗教，以便運用其麻醉民眾的手腕，這是絲毫不足怪異的。尤其是唐代，是中國封建統治最出色的時期，則這種一超直入的禪宗，當然更比其他的思想更容易迎合統治者的心理。在這裡，我們可以知道佛教發展於中國，與耶教發展於西洋，是同一道理。在中國有儒家思想導引於前，在西洋則有觀念論派思想導引於前，這是一種有意義的對照。

三、開宋、明理學的端緒

宋儒好言天命心性，是明明白白地受《中庸》的影響的。他們用一個「理」字概括天命心性。朱晦庵（朱熹）說：「太極只是一個理字。」程伊川說：「心也，性也，天也，一理也。」又說：「在天為命，在物為理，在人為性，主於身為心，其實一也。」程、朱的思想因受《中庸》的啟發，敢於侈談理氣心性，固已成為周知的事實。尤其是《中庸》上中和之說，幾乎成為他們的根本思想的導引。如程伊川說：「天下之理，原無不善。喜怒哀樂之未發，何嘗不善。發而中節，往往無不善；發而不中節，然後為不善。」這是很顯明的從《中庸》的中和之說，發揮他的理一元論。朱晦庵（朱熹）亦復如此，他說：「性是未動，情是已動，心包得已動未動。」又答張敬夫的信，說：「心者所以主於身，而無動靜語默之間者也，立其靜也。事物未至，思慮未萌，而一性渾然，道義全具；其所謂中，乃心之所以為體，而寂然不動者也，及其動也，事物交至，思慮萌焉，則七情迭用，各有攸主；其所謂和，乃心之所以為用，感而遂通者也。」這樣看來，程、朱的思想，都是受《中庸》的影響很大的。不僅程、朱是如此，推而上之，如張橫渠，如邵康節，他們都是拿住中和一點去發揮他們的思想的。如張橫渠說：「情未必為惡，哀樂喜怒，發而皆中節謂之和，不中節則為惡。」又如邵康節說：「以物觀物，性也；以我觀物，情也。性公而明，情偏而暗。」這些議論，都是從中和的道理導引而出。所以《中庸》一書，對於宋儒理學的發展是關係極大的。此外如宋儒好言誠明，好言盡性，好言鬼神，我們都可以從《中庸》一書找出它們的線索。

《中庸》說：「君子尊德性而道問學，致廣大而盡精微，極高明而道中庸。」這幾句話，就開了宋、明儒者兩個研究學問的法門。無論宋、明儒者所受禪宗的影響是何等的大，但《中庸》的影響是很明白的。程、朱是走的道問學、盡精微、道中庸的路子，陸、王是走的尊德性、致廣大、極高明的路子，形成兩個壁壘，成為後世「朱、陸異同」的佳話。陸象山用「易簡工夫終久大，支離事業竟浮沉」的詞句嘲笑朱子，朱晦庵（朱熹）也用「卻愁說到無言處，不信人間有古今」的詞句嘲笑陸子。這不能說不是由《中庸》給了他們的導火線。這樣看來，《中庸》影響於宋、明理學的發展，又是很大的。

總之，《中庸》一書，上接孔、孟的道統，下開宋、明理學的端緒，一面為儒家建立哲學的基礎，一面對道家思想作一種防禦戰，它的作用，它的價值，也就可想而知了。我們研究中國哲學史，萬不能忽視了一部《中庸》。朱晦庵（朱熹）說：「須是且著力去看《大學》，又著力去看《論語》，又著力去看《孟子》，看得三書了，這《中庸》半截都了。」他的話不一定對，但《中庸》意義的重大，是可以想見的，所以我在這裡特別開一講去說明它。

第七講

禪家的哲理

在中國哲學史上，佛教的思想佔有很重要的地位，尤其是佛教的禪宗一派所占的地位之重要，比其他各派更有過之，這是稍為留心宋明哲學的人都知道的。我們要研究秦、漢以後的中國哲學，則對於佛教中禪家的哲理，實有講明的必要。要了解禪家的哲理，不能不先對佛教的整個思想和禪的來源得一大概的認識。為方便起見，先說明禪的來源，然後將佛教的大意擇要講述。

一　佛法與禪

一、論禪的淵源和古禪今禪之別

禪的原文為「禪那」，是定和靜慮的意思，即是由禪定使自我和神冥合的意思。關於禪的來源，有兩種說法：

第一種，是說禪出發於《梵書》，和《奧義書》，然後由佛教中發展起來的。隨著佛教傳到中國，終於成立禪宗。原來《梵書》是西元前1000年至西元前500年間印度的重要經典，這種經典是屬於祭祀的聖書，內含有不少的哲學意義。至於《奧義書》，是由古代最早的祭典如《四吠陀》等及《梵書》思想的啟發而成立的。它的根本思想，在闡明「自我即梵」。把宇宙原理的「梵」和個人原理的「自我」合而為一。所以這兩部書可說是印度古代哲學思想的淵藪。《梵書》載著需要口訣傳授的祕密法。闡明密義的名阿蘭若，又名阿蘭若迦，曾附載於《梵書》之末。阿蘭若迦譯為無諍處，寂靜處，遠離處，即在森林之下，山谷幽靜之裡，非深思沉慮不易領悟之場所。《奧義書》實為專為解釋阿蘭若迦的作品，所以禪的淵源即存於《奧義書》之中。「禪那」、「禪定」之語，在《奧義書》中曾屢用之。在《奧義書》中關於靜坐時須選擇清淨平坦之所；關於胸、頸、頭三部需求直立，關於呼吸時應注意之事，關於誦經時應注意之事，均有詳細說明。這時的禪法當然不能與佛教發達時的禪法相比擬，但禪定靜慮的思想為印度哲學的根源，卻不難推見。後來，印度的思想分為六大派，就中瑜伽一派，是專為做禪定工夫而建立的一個宗派，以求自我與神相冥合為目的，而稱其所信奉之神為「自在天」。瑜伽一派，關於禪定方法敘述至為周詳。迨禪成立以後，佛始產生。佛教成立之時，不僅采禪理以入於佛，並視為佛家教理中的重要部分。佛教中的禪，與佛教以前的禪，當然不可同日而語，但印度的禪教遠在《梵書》、《奧義書》時代即已養成，卻可斷言。迨佛教入中國後，才有今日的所謂禪宗。所以禪宗的淵源，實遠在西元前千五百年之頃。

第二種，是說禪起於釋尊。他們說釋尊在靈山會上有人送花與他，請他說教，但他原是注重頓悟，不立文字，以心傳心的，故他只有拈花示眾，凝視不語。座上眾人悉皆莫明其意，呆頭呆腦，相顧驚愕，唯有摩訶迦葉破顏微笑。因是，釋尊即開口說了下面幾句要訣：「吾有正法眼藏，涅槃妙心，實相無相，微妙法門，不立文字，教外別傳，付囑摩訶迦葉。」其後迦葉以衣鉢傳阿難，中經馬鳴、龍樹、天親等二十七代，密密相授，直至達摩。達摩為印度二十八祖，梁時入中國，方得傳法之人，故達摩又為中國禪宗的初祖。他們說禪的來源，便是這樣。

第一種說法，是研究印度哲學思想史一般人所承認的，第二種是禪宗一派所傳說的，而贊同前說的最多。我們也認禪發生於《梵書》、《奧義書》的說法比較可靠。不過有一點要知道，便是佛教也是出發於《梵書》、《奧義書》的。

禪宗自達摩在中國開創以後，二祖慧可，三祖僧燦，四祖道信，皆依印度傳授之例，不說法，不立文字，只要求得可傳授之人，即自圓寂。至五祖弘忍，始開山授徒，門下達千五百人。五祖有二弟子，即神秀與慧能。關於他兩人，有一段頗有趣味的故事。

慧能俗姓盧氏，南海新州人，天賦卓絕，幼時喪父，家道窮困不堪。他和他母親二人只有入山采薪，以為求生之計。一天，他在途中聽人家念《金剛經》的「應無所住而生其心」一句，即大為感悟，回家後辭別他的母親，要出家為僧。先到韶州寶林寺暫住，後到樂昌學教於知遠禪師，最後往黃梅嶺見五祖弘忍。當五祖見他時，即發一套問話，當中最要的是：「你們嶺南人本無佛性，哪能成佛？」他的答話頗令人注意。他說：「人有南北之分，難道佛性也是這樣嗎？」因此，五祖頗覺他別具特性，遂收容他，並使他在碓房裡作苦役，他也沒有半點不平之色。約莫過了八個月的時光，五祖有一天大集門徒，舉行付法傳道的典禮。在五祖的許多弟子中，只有神秀聰穎過人，學通內外，聲望甚高。當時眾人莫不以為神秀是唯一的接受法道的人。那被人稱作盧行者的慧能當然是睬也無人睬他的。神秀呢，他自己很熱烈地這般期待著，所以興致異常奮發，曾於更深人靜後，在南廊壁間寫了這麼一偈：

身是菩提樹，心如明鏡臺；時時勤拂拭，莫使惹塵埃。

慧能知道傳法的事，且也見到神秀所寫的那一偈，他說：「這偈雖寫得好，但是還沒有達到登峰造極的地步。」故在當天晚上，便私下約了一個童子同去神秀題偈的地方，在偈旁邊寫上他自己的作品：

菩提本非樹，明鏡亦非臺；本來無一物，何處惹塵埃？

若把這兩偈比較起來，就很容易看到慧能的思想是到了什麼程度。第二日五祖見到這偈，非常驚喜，當夜裡密往碓房和慧能問答數番後，便回房草立遺囑，將衣鉢傳與慧能。於是被稱為盧行者的慧能，一躍而為禪宗六祖了。他怕神秀之徒萌生害意，遂半夜下山，遠向南方奔去，後來成為南派禪宗之祖。

後來神秀則潛往北地，別立宗風，為武則天一班人所崇敬，門徒也很多，竟成為北派之祖。於是有「南頓北漸」之目。

六祖慧能以後，禪家支派漸多，所謂五家七宗，都是慧能以後的禪宗。

表內的曹洞宗、雲門宗、法眼宗、臨濟宗和溈仰宗，稱為五家；再加上楊岐派、黃龍派，便稱為七家。

在此我們回到本題，我們可用很簡單的話，說明古禪與今禪。所謂古禪，即自達摩到神秀的禪；所謂今禪，即慧能以後的禪。其大別之處是：前者說教，以文字教義為基本；後者則不用文字，遠離教義。換句話說：前者教乘兼行，習禪恃教；後者單傳心印，離教說禪。唯本文所談，都屬於今禪的範圍。

今禪中有曹洞宗與臨濟宗，後來在中國哲學上都發生很大的影響；因這兩宗的宗主都產生於唐末，好尚不同，遂養成禪學上二大宗風。到了宋代，由臨濟與洞山對立的結果，遂形成大慧宗杲與宏智正覺的對立。曹洞與臨濟兩家宗風何以不同？便是前者主知見穩實，後者尚機鋒峻烈；前者貴婉轉，後者尚直截；前者似慈母，後者似嚴父。後來兩家各走極端，到了大慧和宏智兩人互相對立的時候，在大慧門下的便罵宏智為「默照禪」。意思是說只知默照枯坐，而無發展機用。在宏智門下的也罵大慧為「看話禪」。意思是說只知看古人的話頭，別無機用。南宋的朱、陸正深受了這兩派的影響。朱晦庵（朱熹）是親承大慧宗杲的教旨的，故主先慧後定，主由萬殊到一本；陸象山亦似以宏智正覺的教旨為依據的，故主先定後慧，主由一本到萬殊。至於在朱、陸以前的周、張諸子，其哲學思想莫不以禪學為根據，形成儒表佛裡的新趨勢。關於這問題，我們在後面尚當論及。

- 曹溪慧能
  - 青原行思 — 石頭希遷
    - 藥山惟儼 — 雲巖曇晟 — 洞山良价 — 曹洞宗
    - 天皇道悟 — 龍潭崇信 — 德山宣鑑 — 雪峰義存
      - 雲門文偃 — 雲門宗
      - 玄沙師備 — 羅漢桂琛 — 法眼文益 — 法眼宗
  - 南嶽懷讓 — 馬祖道一 — 百丈懷海
    - 黃蘗希運 — 臨濟義玄 — 臨濟宗
      - 興化存獎 — 南院慧顒 — 風穴延沼 — 首山省念 — 汾陽善昭 — 慈明楚圓
        - 楊岐方圓 — 楊岐派
        - 黃龍慧南 — 黃龍派
    - 溈山靈祐 — 仰山慧寂 — 溈仰宗

二、佛教略說

現在將佛教的內容，說明一個大概。佛教思想在各種宗教思想當中，是比較難懂的，而且它的內容很豐富，一時也說不明白。我們現在只有提出兩個要點來說明，並且單就有關係於禪宗教理的說一說。

說佛家思想是把萬法看成因緣所生的。所謂「一切法無主宰」，「一切法無我」都是從因緣所生著眼的。佛教中的四諦——苦諦、集諦、滅諦、道諦——只有「集諦」最要緊，最不容易講明。「集諦」主要的是說明因緣所生的道理的。佛教認世界的真相便是一切苦。「集諦」便是說明一切苦的原因的。它以為一切苦的原因是無明。無明即惑，亦即煩惱，由無明生起一切執著、慾望；然後由執著、慾望在身、口、意三方面造作種種業，由業便醞釀成一種潛勢的業力，業力便成業因，業因便生業果，即是苦果。苦果的近因是業，遠因乃是惑（無明）。惑、業、苦三者互為因果，輾轉相生，遂成過去、現在與未來三世，因有他的十二緣起說。

佛教中有所謂三性，便是「遍計所執性」，「依他起性」，「圓成實性」。「遍計所執」雲者，遍計系周遍計度，所執系就對象說。乃謂由凡夫的妄情，起是非善惡的分別，而現「情有理無」之境。譬如見繩而誤以為蛇，非有蛇的實體，但妄情迷執為蛇。我們的日常生活，便是這種「遍計所執」的生活，所以世間沒有實我實法，而我們每每妄情計度，迷執為實我實法。這便是「遍計所執性」。「依他起」雲者，「他」指因緣，謂世間一切萬法依因緣而生，與妄情計度有別，為「理有情無」之境。譬如繩自麻之因緣而生，由麻而呈現一時的假相。推之世間一切事物莫不如此，因為都是由因果之理而存在。這便是「依他起性」。「圓成實」云者，是圓滿、成就、真實之意，乃指一切圓滿，功德成就之真實體，謂之曰法性，亦稱之為真如，既非妄情計度，亦非因緣所生，乃是「法性真常」之境。譬如繩之實性為麻。可知一切現象皆成立於「圓又實」之上。這便是「圓成實性」。此三性中「遍計所執性」為妄有，「依他起性」為假有，「圓成實性」為真有，又「遍計所執性」為實無，「依他起性」為假有，「圓成實性」為真有。在三性中「遍計所執」易破，「圓成實」難入，只有「依他起」使人們易入卻又不容易徹底理解。所以佛家教理頗難說明而又不能不說明的，便是「依他起性」。

《法華經》說：「佛為一大事因緣出現於世，開示悟入佛之知見。」佛之所以為佛，就在於廣利群生，妙業無盡，故知見圓明為入佛的初階，亦為成佛的後果。法相宗特於此義盡力發揮，原非無故。所以唯識家說：「雖則涅槃而是無住；諸佛如來。不住涅槃，而住菩提。」涅槃是體，菩提是用，體不離用，用能顯體。即體以求體，過誤叢生；但用而顯體，善巧方便。用當而體顯，能緣淨而所緣即真。說菩提轉依，即涅槃轉依。故發心者不曰發涅槃心，而曰發菩提心，證果者不曰證解脫果，而曰證大覺果。因此佛的無盡功德，不在於說「圓成實」，而在於說「依他起」。「他」之言緣，顯非自性。法待緣生，明非實有，雖非實有，而是幻存。蓋緣生法分明有相，相者相貌之義。我有我相，法有法相，是故非無；但相瞬息全非，一剎那生，一剎那滅。流轉不息，變化無端。有如流水，要指何部分為何地之水，竟不可得。這樣的相，都是幻起，非有實物可指。是故非有。故以幻義解緣生法相，為法相宗獨有的精神。但幻之為幻，並不是無中生有，幻正有幻的條理，就是受一定因果律的支配。有因必有果，無因則無果，因並不是死的，只是一種功能。如果功能永久是一樣，則永久應有他結果的現象起來，但其實際有不然，可知它是刻刻變化生滅的。如果有了結果的現象，而功能便沒有了，則那樣現象仍是無因而生。（因它只存在的一剎那可說得是生，在以前和以後都沒有的。）所以現象存在的當時，功能也存在，所謂「因果同時」。功能既不因生結果而斷絕，也不因生了而斷絕，所以向後仍繼續存在。但功能何以會變化到生結果的一步？又何以結果不常生？這就有外緣的關係。一切法都不是單獨存在的，則其發見必待其他的容順幫助，這都是增上的功能。那些增上的又各待其他的增上，所以仍有其變化。如此變化的因緣而使一切法相不常不斷，而其間又為有條有理的開展，這就是一般「人生」的執著所由起，其實則相續的幻相而已。但在此處有一層須明白：就是幻相相續，有待因緣，這因緣絕不是自然的湊合，也絕不是受著自由意志的支配，乃是法相的必然。因著因緣生果相續的法則（佛家術語為緣生覺理），而為必然的，佛家便叫做「法爾如是」。因那樣的法，就是那樣的相，因那樣的原因，就起那樣的相，有那樣的因，又為了以後的因緣而起相續的相。有了一個執字而一切相續的相脫不了迷惘苦惱，有了一個覺字，而一切相續的相又到處是光明無礙。所謂執，所謂覺，又各自有其因緣。故一切法相都無主宰。但在此處還有一層須明白：依著因緣生果法則的一切法相，正各有其系統，一絲不亂。因為相的存在是被分別的結果，沒有能分別的事，則有無此相，何從得知？然而相宛然是幻有的，這是賴一種分別的功能而存。但功能何嘗不是幻，何嘗不有相，又何嘗不被其他分別功能所分別，所以可說在一切幻有的法相裡，法爾有這樣兩部分：一部是能分別的，一部是被分別的，兩部不離而相續，故各有其系統，厘然不亂。那能分別的部分便是識。一切不離識而生，故說唯識。因唯識而法相井然。於是可知世間只有相，並無實人實法。所以佛家說不應為迷惘的幻生活；但因法相的有條理，有系統，所以又說應為覺悟的幻生活。同是一樣的幻，何以一種不應主張，一種轉宜主張呢？因為迷惘的幻生活，是昧幻為實。明明是一種騙局，他卻信以為真。所以處處都受束縛，處處都是苦惱，正如春蠶作繭自縛一般。至於覺悟的幻生活便不然，知幻為幻，而任運以盡幻之用，處處是光明大道，正如看活動影戲一般。兩兩比較，何者應主張，何者不應主張，便不辨自明了。

與緣起說有關係的，還有兩個術語，應得說明的，並且在佛教思想上占了極重要的地位的，便是「輪迴」和「涅槃」。先說明「輪迴」。「輪迴」是因果法則必然的現象，在一切法相的因緣裡面，有極大勢力的一種緣，叫做「業」。這業足以改變種種法相開展的方面。它的勢力足以撼動其他功能，使它們現起結果。它或者是善，則凡和善的性類有關係的一切法相，都藉著它們的助力而逐漸現起；它如果是惡，則凡和惡相隨順的諸法相，也能以次顯起。因這一顯起的緣故，又種下了以後的種子。功能是不磨滅的，因業的召感而使它們有不斷的現起。業雖不是一一法都去召感，它卻能召感一一法相的總系統。因它的力而一切法相的系統都在一定之位置。但這也不過是就苦樂多少的方面分別，所謂人、天、鬼等都不外這樣意義。就在此位置常常一期一期地反覆實現，就叫做輪迴。其實業也沒有實物，也不會常住，但功能因緣的法則上有如此一種現象，如此一種公例，遂使功能生果有一定的軌道。再說明「涅槃」，「涅槃」便是幻的實性，幻便幻了，又有何實性可言？但幻只是相，而相必有依，宇宙間一切幻相，都自有其所依，這便假說為法性。以這是幻相所依，所以說是不幻，以此為變化之相所依，所以說是不異。這都是從幻相見出不幻的道理。覺悟的生活必須到這一步。覺悟了法性，而後知法相，而後知用幻而不為幻所用。但由「輪迴」如何到得「涅槃」？換句話說，由迷惘如何走到覺悟，這全憑一點自覺，一點信心。能自覺，方知對於人生苦惱而力求解脫；能信，方有實事求是的精神。否則，欲免去苦惱而苦惱愈甚。佛家的教理就著重這一步。

我法二空說佛教用「我」、「法」賅括萬有，先假說「我」、「法」有，然後實說「我」、「法」無。而所謂「我」，又有廣狹二義。狹義的「我」為五蘊假者，蘊乃積聚之義。五蘊謂色蘊、受蘊、想蘊、行蘊、識蘊，五蘊假者即五蘊之假和合者。佛教謂「我」只是五蘊之假和合者，換句話說，即假我，非有「我」的實體。廣義的「我」，為凡夫，聖者，菩薩及佛。狹義的「我」，乃理上的詮釋（有名無實，如旋火之輪）；廣義的「我」，乃事上的詮釋（其相非無，如火輪之幻相）。法相宗就廣義立說，謂遍計的「我」、「法」雖無，而依他的「我」、「法」仍有。所以假說有「我」、「法」。但在佛法的本義上，卻是認「我」、「法」俱無的，即是認「人無我」，「法無我」。

何謂「人無我」？欲探究「人無我」的真義，須先明「我執」之所由起。所謂「我執」，乃昧於五蘊和合之作用，而起「常我」之妄情。因有「俱生我執」、「分別我執」二者。在說明二種我執之前，須略說明八識的意義。所謂八識，即一切有情所有心思精粗分別。前五識為眼識、耳識、鼻識、舌識、身識；第六識為意識；第七識為末那識，乃我法二執之根本；第八識為阿賴耶識，亦名藏識，乃心法而保藏一切善惡因果染淨習氣之義。習氣即種子，乃對於現行之稱，有生一切法之功能。種子是體，現行是用。種子能生現行，現行能熏種子。種子有二類：一名「本有種子」，一名

「新熏種子」。「無始法爾」，有生一切有為法之功能，名「本有種子」。種子由現行之前七識，隨所應而色心萬差之種種習氣，皆留跡於第八識中，更成生果之功能，名「新熏種子」。而「俱生我執」者由六七二識，其性自爾，妄有所執，且在第八識處熏習法爾妄情之種子（現行熏種子），由其種子之力，繼續發生我執而不窮（種子生現行）。「分別我執者」，僅第六識有之，乃由於邪師邪教邪思維之分別計度。即此可知二種「我執」之所由起。所以「我執」皆起於夕；七二識，離識執著則無有「我」。這便是「人無我」的本義。而眾生不察，輒起「我是常」的妄情，或發為「蘊我即離」的妄論，不知人我如是常，則刁；應隨身而受苦樂，又不應無動轉而造諸業。又持「蘊我即離」之論者，不知蘊與我即，則我應如蘊，非常非一。又內諸色，定非實我；如外諸色，則有質礙。如蘊與我離，則我應如虛空，既非覺性，亦無作受。可知持「我是常」與「蘊我即離」之說者皆不成立。蓋二者皆昧於十二緣生之義，遂成此妄見。

何謂「法無我」？欲探究「法無我」的真義，須先明「法執」之所由起。所謂「法執」，乃昧於諸法因緣所生之義，而起法具自性的妄情。因有「俱生法執」、「分別法執」二者。「俱生法執」，亦由六七二識性爾有執，熏習法執種子，即相續不絕，而有與生俱來的法執。「分別法執」，亦僅第六識有之，由於邪師邪教邪思維之分別計度。即此可知二種「法執」之所由起。所以「法執」亦起於六七二識，離識執著亦無有「法」。眾生不察，或持「轉變說」，或持「聚積說」，或主「不平等因」，或主「外色」，於是一切妄見遂由是湧起。今請逐一破之：一、破「轉變說」。彼持「轉變說」者，以為因中有果，果系由因轉變而成，不知果即是因，何可轉變。因果輾轉相望，應無差別，如上面所說種子生現行，現行熏種子，即同時成二重的因果。舊種生現行，現行又生新種，這便叫做「三法輾轉，因果同時」。就八識而論，則第八識所持之種子為因，生眼等的七轉識；同時七轉識的現行法為因，熏成第八識中種子。因謂之「七轉第八，互為因果」。可知「轉變說」完全昧於因果體用的關係。二、破「聚積說」。彼持「聚積說」者，以為世間萬法皆由聚積而成，不知所謂聚積，究為和合，抑屬極微？如為和合，定非實有，以屬和合故，譬如瓶盆等物。若為極微，請問為有質礙，抑無質礙？若有質礙，此應是假，以有質礙故，如瓶等物，若無質礙，應不能集成瓶等，以無質礙故，如非色法。又極微為有方分，抑無方分？若有方分，體應非實，有方分故；若無方分，應不能共聚生粗果色，無方分故。可知「聚積說」無論從何方面觀察，皆不合理。三、破「不平等因」。彼持「不平等因」之說者，謂世間萬物的原因為不平等，質言之，世間萬物只有一因。不知世間如為一因，則應一切時頓生一切法，且既能生法，必非是常，以能生故，如地水等。可知「不平等因」說亦不成。四、破「外色」。彼持「外色」說者，以為外境離心獨立，體是實有，不知外色如夢，乃由識幻所生，若有外色，雲何有情所見相違？且聖者雲何有「無所緣識智？」可知「外色」說亦不成立。以上數者，皆昧於依他緣生之義，遂成此妄見。

總之，「人我」、「法我」，皆起於「執」，而「人無我」、「法無我」，皆由於「破執」。佛法但是「破執」，一無所執，即是佛。所謂「我執」、「法執」，皆自同一本體而來。而二執的相互關係，則「法執」為根本的，「我執」為派生的。有了「法執」，方會有「我執」，沒有「我執」時，「法執」也得存在。由「我執」生「煩惱障」，由「法執」生「所知障」，即所謂「二障」。障者障蔽涅槃與菩提，使不得佛果。故欲成佛道者，在於斷二執，由觀我法二空之理，而有所謂「二空智」。這「二空智」即專為斷執之用。「生空觀」斷「我執」，「法空觀」斷「法執」。「我執」斷，則內縛解脫，「法執」斷，則外縛解脫，內外二縛俱去，便達到佛法的究竟。

三、禪宗要義

本來佛陀說法，最要的只是「空、有」二義。但二義非孤立，說有即須說空，說空亦須說有。因為要具備二者，言說乃得圓滿，否則便不圓滿。後來的學者議論橫生，或更劃成許多派別，尤其是佛教到中國以後，宗派繁多，為前此所未有，實則佛教原來並不如此，若以空有二義相貫，只見其全體渾成，無所謂派別。現在因空有二名相，頗易涉糾紛，別以法相法性為言。法相以非空非不空為宗，法性以非有非無為宗。法相之非空對外，非不空對內；法性則非有對外，非無對內，在兩宗不過顛倒次第以立言，究其義則一。佛三時說教：第一時多說「法有」以破人執，第二時多說「法空」以破法執，第三時多說「中道」以顯究竟。即佛初成道時為破眾生實我之執，因說四大五蘊等諸法之實有，以明人我之為空無，如《四阿含》中一類經是。但眾生仍執有法我，佛又為說諸法皆空之理，如諸部《般若經》是。但眾生又執法空，佛又為說遍計之法非不空，依他圓成之法非空，如《深密》等經是。所以佛法所談，雖重在空有二義，實只一義。

佛法都是本這一義以求設法推廣的。或從有說法，或從空說法，要不離這一義。佛法最普遍的莫如淨土，而最特殊的則莫如禪宗，淨土從有說明這一義，禪宗便從空說明這一義。禪宗揀根器，淨土則普攝。淨土但唸佛可以生西，而禪宗則非見性無由成佛。《血脈論》說：「若欲見佛，須是見性，性即是佛；若不見性，唸佛誦經，持齋修戒，亦無益處。」這便是禪宗與淨土根本不同之處。所謂見性，性乃遍在有情無情，普及凡夫賢聖，都無所住。故無住之性，雖在於有情，雖在於有情而不住於有情，雖在於惡而不住於惡，雖在於色而不住於色，雖在於形而不住於形，不住於一切。故云：「無住之性。」又此性非色、非有、非無、非住、非明、非無明、非煩惱、非菩提，全無實性，覺之名為見性。眾生迷於此性，故輪迴於六道，諸佛覺悟此性，故不受六道之苦。所以見性在禪宗是唯一的工夫。達摩西來，不立文字，單傳心印，直指人心，見性成佛，可見禪宗是另外一種境界。唯所謂「見性成佛」，頗不易了解。禪宗以覺悟佛心為禪之體，佛心即指心之自性，故謂之「直指人心，見性成佛」。人心之性即佛性，發見佛性謂之成佛。這也許是非過來人不能瞭然的。

禪宗以不立文字為教，以心心傳授為法門，所謂教外別傳，既無所謂人生觀，亦無所謂世界觀，因為宇宙實相，僅由直覺而得，如談現象，便落言詮，故無世界觀。禪宗以般若為心印，系屬頓門，非指禪定仍由漸入，故以無所得，真宗為究竟，以頓悟直覺為方法，一往即達深處，又何人生觀之可言？如從又一方面解釋，空為平等，我為差別，差別起於妄慮，妄止則平等絕對，何從發生我執？故無人生觀。世界觀人生觀俱無，可知禪宗所談屬於另一境界。

禪宗談理談事，理屬本體，事屬現象。又談正談偏，正屬本體，偏屬現象。它以為理中有事，事中有理；偏中有正，正中有偏，便是說本體中有現象，現象中有本體。又以為從理可以見事，從正可以見偏，便是說從本體可以見現象，成為純粹本體論的主張。從事可以見理，從偏可以見正，便是說從現象可以見本體，成為純粹現象論的主張。不過禪宗所重，系非理非事，亦理亦事；非正非偏，亦正亦偏。用《心經》的話說來，乃「非空非色，亦空亦色」的境界，即超越一切對待的境界。既不能從本體求，亦不能從現象求，但其中又有本體，又有現象。禪家的工夫就看重這一步。到此時既無煩惱，亦失菩提，對於涅槃也不起欣求，對於死生也不生厭惡，這便是它所認為圓融無礙的妙境。在慧能以下的禪宗，都是說明這種妙境的。

在慧能之下，分為青原、南嶽二大派。青原的弟子石頭希遷，是一個聰慧絕倫的人。他所著的《參同契》（方士魏伯陽著有《參同契》，石頭希遷即借用其名），在禪家的地位是很高的。其後有洞山良價其人，因造詣頗高，信仰者亦不少，遂蔚為曹洞宗。洞山良價著有《五位頌》，亦成為禪家重要的理論基礎。以上屬於青原系。其屬於南嶽系的，便有臨濟義玄其人。因見解有過人處，又蔚為臨濟宗。他著有《四料簡》，也為一般禪學者好諷誦的文字，發揮一種獨有的禪風。以上三種作品——《參同契》、《五位頌》、《四料簡》——在中國禪學史上都具有很重要的地位。由唐而宋，禪風日熾，都由這三種作品開其端緒。現在依次說明這三種作品的內容。

二 《參同契》

慧能的再傳弟子石頭希遷作了一篇很深邃的哲理文章，可以代表禪家全般的思想，一方面在中國哲學上也佔有相當的地位的，這便是《參同契》。所謂參，即參差殊異的意思，所謂同，即相同一致的意思，契可作契合統一解。參同契可說是差別和一致兩相契合，亦即矛盾的統一之意。這文的主要點在說明理和事的關係，即參的事和同的理互相契合為一。現在我們先看他的原文：

竺土大仙心，東西密相付；人根有利鈍，道無南北祖。靈源明皎潔，支派暗流注；執事元是迷，契理亦非悟。門門一切境，回互不回互；回而更相涉，不爾依位住。色本殊質象，聲元異樂苦；暗合上中言，明明清濁句。四大性自復，如子得其母；火熱風動搖，水濕地堅固。眼色耳音聲，鼻香舌鹹醋；然於一一法，依根葉分佈。本末須歸宗，尊卑用其語。當明中有暗，勿以暗相遇；當暗中有明，勿以明相睹。明暗各相對，比如前後步；萬物自有功，當言用與處。事存涵蓋合，理應箭鋒拄；承言須會宗，勿自立規矩。觸目不會道，運足焉知路？進步非近遠，迷隔山河固。謹白參玄人，光陰莫虛度！

我們看，這文雖只是寥寥兩百多字，但其含義委實不容易懂。現在為洞徹它全篇內容起見，讓我們先分句去解釋，然後再綜合其大意作一概括，這樣即可得到深切的認識。

竺土大仙心，東西密相付；人根有利鈍，道無南北祖。

竺土即天竺的國土，大仙就是佛陀。所謂「大仙心」，即佛陀的大徹大悟的心，亦即佛心。禪宗以心傳心，從印度傳至中國，密相付與傳授，綿延不斷，成為禪家一個悠遠的系統。人類中有天資聰穎的，有本性愚鈍的，為說法的方便起見，有頓門漸門的不同，於是入中國後，乃有「南頓北漸」的分別。南派主頓悟，一超直入，北派主漸修，由教理入，這是入道的二大法門。在這裡，我們可以看出作者的思想是承認宇宙真理是普遍的，「南頓北漸」，只不過是法門的不同，教理上卻是根本一致的。這四句是一個引子。

靈源明皎潔，支派暗流注；執事元是迷，契理亦非悟。

這四句是全篇的主眼，提示事和理的關係，隱隱地指示人們，事理只是契合統一的，人們不應單執著事相界，也不宜單求契合於理體界。「靈源」就是心靈的源泉，也即是佛心。這心靈源泉是明明白白的皎潔澄明、清淨平靜的。沒有生死、善惡、苦樂、賢愚的差別妄情，沒有因這妄情而生取此排彼的執著意念，故說「靈源皎潔」。「支派」是對「靈源」說的。「靈源」雖是平等的，支派卻有彼此之別。從「靈源」發出的各種不同的「支派」，遂暗注於複雜事相裡面，成為差別界的萬法。這即是說「靈源」是理體，「支派」是事相。也可說「靈源」是同，「支派」是參。他以為人們單單在事相上，或單單在支派方面執著固為迷惘，但專想契合理體，懷抱靈源，也並非有所徹悟。原來事相界吸收著理體的成分，理體界復藉著事相而表現。事中有理，理中有事；事理兩者契合而統一。上面已經說明真空和幻有二義，真空是理，幻有是事；真空是靈源，幻有是支派，但宇宙實相乃是空有一如的中道，禪宗貴在事理契合，便是這中道。參同契便是這空有一如的中道。這可以說是禪宗的主旨，也可以說是禪宗的真理觀。

門門一切境，回互不回互；回而更相涉，不爾依位住。

所謂門門，便是我們各人攝取外界的事象的入口，淺顯地說，就是眼門、耳門、鼻門、舌門、身門、意門這六門。這六門亦稱六根。由這六門而受取色、聲、香、味、觸、法這六境。這六境便是和靈源發生關係的總樞紐。由於六門所受的一切境，便構成一切客觀主觀，而有天地間的森羅萬象，那天地間的森羅萬象，結果不出兩途，便是回互不回互。回互便是相關聯的意思。回互的結果，則一塵可以攝法界。法界盡散為一塵。譬如研究一滴的水的性質，就可以斷定這一滴的水和全海的水有關係。又譬如，桌上飛來一塊紙片，這紙片何由構成？是構成於植物；植物何由生長？是生長於地球；地球何由成立？是成立於瓦斯體。但這紙片何由而飛來？是由於風吹；風吹何由而發生？由於空氣流動；空氣何以流動？是由於空氣所受的冷熱不均。又風吹的結果，致拔木發屋；拔木發屋的結果，致傷人畜；因是影響到都市村落，森林道路。可見桌上飛來一塊紙片，就有了這麼多的關係牽涉。這就是回互的意義。不回互的結果，則萬法各住本位，法法不相到，法法不相知。各個現象彼此在一種孤立的狀態中。譬如耳司聞，目司見，手司動作，腳司行走。耳不能代目，目不能助耳。手忙時腳不能分手之勞，腳亂時手不能分腳之力。各住本位，各司所職，彼此不生聯繫，彼此不相牽涉。這便是不回互的意義。禪家的思想就以為世界真相不外是回互與不回互的兩種狀態。回互便成一本，不回互便生萬殊；回互便是理，不回互便是事；回互便是暗，不回互便是明。歸結地說，回互便是同，不回互便是參。但回互的結果又產生其他的回互，綿延輾轉，無有止極，正如上面所舉桌上紙片的例子，這就叫做「回而更相涉」。如果不回互，那麼宇宙萬象仍然各住本位，所謂「不爾依位住」。以上是說明萬法的關係。

色本殊質象，聲元異樂苦；暗合上中言，明明清濁句。

在上面已經說過世間萬法只是兩種狀態，便是回互不回互，這裡他就拿色與聲來舉例。因為色與聲比其他更來得顯著些。這即是說色與聲在六境中為勝義，可以代表其餘的現象。色境有質與象的不同，聲境有樂與苦的殊異。色境中在質的方面說，有金、石、木各樣的不同，在象的方面說，有三角、四方、圓的不同；而聲境中也有各種快樂的音和各種悲苦的音之差別。單從色聲兩境去看，就可知其中千差萬別。更推而至於六境，那千差萬別，更是有加無已。但他以為這種種千差萬別，都不過表現在明的一方面，若暗的一方面，便仍然是回互的狀態，仍然是緊相聯繫著，所以說「暗合上中言，明明清濁句」。就是說在暗的方面是「回互」的，若在明的方面，則有清濁、苦樂、善惡等的不同，即是「不回互」的。

四大性自復，如子得其母；火熱風動搖，水濕地堅固。眼色耳音聲，鼻香舌鹹醋；然於一一法，依根葉分佈。

這裡仍是照上面的四句之意，先說明萬殊，再歸到一本。即萬法雖各住本位，有其不可變化之性；但萬法都不外是理體界的顯現，依著本根而分佈為枝葉。所謂四大，即地、水、火、風；他以為地、水、火、風各有其性，其性之永不變化而復歸於原本，一如孺子之不離其母。譬如火的熱性，風的動盪性，水的濕性，地的堅固性，都是不變的；縱然形式上有改變，但本性是不變的。除四大外，又如六根中的眼、耳、鼻、舌等，其所產生的六境，也是這樣。眼管色、耳管聲、鼻管香、舌管鹹醋——莫不各有其性而永無變易。所以從四大和六根看，它們都各有殊異，保持著「不回互」的狀態。但這種「不回互」的狀態，卻都是從「回互」的狀態發生出來的，正如枝葉從根蒂分佈出來的一樣。所謂萬殊發自一本，便是這個意思。

本末須歸宗，尊卑用其語。

這兩句是對上邊所說種種略作結語，謂萬法的根、葉、本、末，都須歸合為一。同便是本，參便是末，窮本末的究竟，都不能不歸到一個總根源，這總根源即為佛心。四大六根都只是佛心的顯現。一切萬法都是佛心的顯現，因此用不著拿文字去翻譯，用不著拿言語去說明，鶯便用它嚶嚶的鶯聲，燕便用它喣喣的燕語，少女便用她的婉轉清脆的嬌啼，老嫗便用她的氣逆哽咽的敗嗄，日本人使用他的阿嗚伊耶唉，英國人便用他的 ABCDE，這就是所謂人籟天籟地籟。又不僅言語文字，無論是一動一靜、一飲一啄、一聞一見、一思一慮，都莫不如此，結果都歸結到佛心。因此，回互之中有不回互，不回互之中有回互。萬殊所以一本，一本所以萬殊。參之所以同，同之所以參，更看不出什麼參同，這便是參同契。

當明中有暗，勿以暗相遇；當暗中有明，勿以明相睹。

因為回互中有不回互，不回互中有回互，故明中有暗，暗中有明。人們不應在暗中才看出暗，在明中才看出明。當知明生自暗，暗發出明，明暗根本是統一的。明就是歷然不爽的不回互，暗就是圓融無礙的回互。

明暗各相對，比如前後步；萬物自有功，當言用與處。

明與暗相對著，如腳的步行一般。在不回互方面看，則前步和後步不同；但在回互方面看，則前步為後步的先導，後步為前步的連續。明與暗的關係正是這樣。萬法固然只是回互和不回互的兩種狀態，人們也宜知道萬物有其各別的功能。水有水的功能，火有火的功能，山有山的功能，澤有澤的功能。功能的表現隨物的作用和位置而有不同。水足以滅火，火足以化水。山居澤上，澤繞山旁。一切萬物的功能都由各別的作用和相互的位置而生差別。人們都應知道：這作用和位置一有錯誤，則宇宙間一切事象，都不成體系也無所謂宇宙的真理了。反之，若用與處正常無誤，則宇宙真理遂活潑潑地顯現出來。

事存涵蓋合，理應箭鋒拄；承言須會宗，勿自立規矩。

在此處是說事與理應相切合無間。事存於理中，如涵蓋之相切合；理應於事相，如箭鋒之相針對。關於「箭鋒拄」的解釋，說見《列子》。《列子》中有這樣一段故事，謂古時有兩個絕妙射手，一為紀昌，一為飛衛，彼此都自以為天下無敵。有一天這兩人恰好在田野中相遇，於是雙方各展所長，冀消滅對方，乃放射，結果，雙方箭鋒恰恰相針對而落於地。這些都是說明理與事應相切合，不可自立規矩。

觸目不會道，運足焉知路？進步非近遠，迷隔山河固。謹白參玄人，光陰莫虛度！

文將結束時，他告人要隨時隨地徹悟佛心，否則即不能到達涅槃的妙境。意思是說，如不就目所見的一些事相，體會入佛之道，徹悟大仙之心，則如何能入佛國，超生西土？縱慾修行成佛，亦恐運足無路。所以他結末告訴人們要努力精進，勿自陷入迷惘之中。

我們總看全文，知道石頭希遷的思想，在說明理事相即，參同相契，與乎一切事象的聯繫性，而歸本於佛心。在全文中，「本末須歸宗，尊卑用其語」，是極緊要處。禪宗所重，是本地風光，絕對排斥有意造作，和莊子「夫言非吹也，言者有言」，有相發明之處。禪宗認宇宙間一切事象都有它的本來面目，不能用言語文字解說出來，如果用言語文字解說出來，便要知道言語文字也就不過是一種言語文字，正如莊子所謂「言者有言」，卻並不是不用言語文字解說的那種本地風光，正如莊子所謂「言者非吹」。禪家所以不立文字，單傳心印，意即如此。這便是「本末須歸宗，尊卑用其語」的意思。所以這兩句是極其重要的。石頭希遷的思想，到了李翱手裡，遂發展成為《復性書》。宋、明思想家不待說，當然更受到石頭希遷的影響。

三 《五位頌》與《四料簡》

在禪家思想產物中，除《參同契》而外，還有《五位頌》和《四料簡》兩文也是很重要的。因為這兩文都和《參同契》的立場一樣，同是說明理與事的關係的。假如我們明了了《參同契》之後，更將《五位頌》和《四料簡》加以一番認識，便對於禪家的哲理不難徹底了解了。現在先將《五位頌》說明。

一、《五位頌》

《五位頌》的作者究竟是誰，到現在還沒有定論。不過一般人都相信是洞山良價作的。《五位頌》在文字上說是很簡單的，可是在意義上說，卻是異常奧妙。所謂「五位」，便是：

正中偏，偏中正，正中來，偏中至，兼中到。

每一位說明一派真理，也可說每一位說明一派立場，如果仔細研究一番，也頗有趣味。洞山良價拿「正」、「偏」、「兼」三點闡明宇宙的真理。「正」就理體說，「偏」就事相說，「兼」則包括各方面而言。他以為一切學說，都可以包括在這五位之中。現在依次說明。

正中偏

在未解釋正中偏之前，我們須先對「中」字檢討一下。他這裡所說的「中」，並非照普通所詮釋的當中、裡面的意思，乃含著正即中、偏即中、中即正、中即偏的見解，即「無一物處無盡藏」之意。貫通五位，就靠這「中」字，正是貫通空有的「中道」。「中」字說明了，再說明五位，才有著落。

正中偏是說平等即差別，理體即相事。正雖是空無一物，但千差萬別的事相，無不盡藏於此。這即是說平等的、理體的正，就內含著差別的、事相的偏。簡捷地說，正即是偏，或理體界即是事相界。這是從理體看事相的。蘇東坡有首詩說：「素紈不畫意高哉！倘著丹青墮二來；無一物處無盡藏，有花有月有樓臺。」所謂「無一物處無盡藏」，便是「正中偏」的意思。在「無一物處」的素紈中，正可顯現出「有花有月有樓臺」的「無盡藏」。所以這一位的頌語，這樣寫著：「正中偏，三更初夜月明前，莫怪相逢不相識，隱隱猶懷舊日妍。」三更初夜月明之前，乃正位的暗走向偏位的明的時候，於是無物之中漸漸地呈現萬物。所謂「隱隱猶懷舊日妍」，即謂在這時乃悟到萬法原來平等一如的。總之，在這位中所講的差別，是平等中的差別，與次位恰恰相反。

偏中正

偏中正是說差別即平等，事相即理體，和正中偏是說的同樣的道理，不過立腳點有不同。一個從理體方面看宇宙，一個從事相方面看宇宙。前者是說一切差別都統括於真如法性之中；後者是說在一切差別裡面都具有真如法性的道理，也即是說宇宙萬象雖立於差別之上，卻都趨向平等一如的本體。所以這一位的頌語和上面的恰相反。頌云：「偏中正，失曉老逢古鏡，分明覿面別無真，休更迷頭還認影。」上一回所描寫的，是黑夜的光景，這一回所描寫的，卻是萬象歷歷可指的白晝的光景。在白晝的時候，拿了古鏡自己一照，才知道從前的嬌羞的面影，現在卻成了醜陋不堪的老媪。宇宙間森羅萬象，正復如此。宇宙間森羅萬象，雖備極醜陋，然而都可歸結到平等一如的真如法性。正是「差別即平等之意」。

正中來

正中來是就理體的妙用說。理體不是現象，可是現象的發生不能不靠理體；平等不是差別，可是差別的表現不能不依平等，因為現象界差別界都是從理體界、平等界出來的，這就是正中來的妙處。這位的頌語是：「正中來，無中有路隔塵埃，但能不觸當今諱，又勝前朝斷舌才。」所謂「無中有路」，即是說從真如法性發見一條通路，而能統攝千差萬別之諸法，以自由自在活動於宇宙間。這條通路是與真妄迷悟、定散是非之分別判斷相隔絕的，也是言語文字所不能說明的。禪機一觸，便覺得真如法性具有絕對權威，非議論、理由、種種理智上的努力所能形容其萬一。所謂橫說豎說，不如一字不說。而在不言不語之中，卻又如獅子吼，又如雷鳴。所以入禪之道，言語道斷，一超直入，常智不足以語此。

偏中至

偏中至是就事相的功能說。現象不是理體，但能盡表顯理體之能事；差別不是平等，但能參平等之化育。因為理體界平等界的「正」，非借現象界差別界的「偏」就無由顯現，故說「偏中至」。頌云：「偏中至，兩刃交鋒不用避，好手猶如火裡蓮，宛然自有沖天氣。」上面的正中來，是在真如法性之裡，找出一條通路，使萬物歸向理體。現在的偏中至，卻正相反，完全在事相方面著力。宇宙萬象千差萬別，都能自保其本來面目，自盡其應有職責，隨緣而同化，應機而接物。異己之來則有以優容之，伎倆之施則有以招架之。得心應手，無往而不自由自在。正如兩刃交鋒，龍虎相鬥，稍一不慎，即墮危機。但處茲心猿意馬，五欲六塵之場，得左衝右撞，不損毫髮。不僅水中可以生蓮，即火中亦可以生蓮。其氣象之磅礡，不難想見。這便是偏中至的境界。

兼中到

上面四句如用《心經》的話來說：第一句，空即是色；第二句，色即是空；第三句，空即是空；第四句，色即是色。至第五句所謂兼中到，乃是超越一切相對的境界，非正非偏，亦正亦偏，非空非色，亦空亦色，完全是一種圓融無礙的妙境。故「兼」的意義即為體相一如的境界。既不執事，亦不契理，非事非理，亦事亦理。這句話為禪家所特別重視。但欲適切解釋，實頗不易。蘇東坡另有首詩說：「廬山煙雨浙江潮，未到千般恨未消；到得還來無別事，廬山煙雨浙江潮。」這首詩很可以幫助我們了解「兼中到」的道理。本位頌云：「兼中到，不墮有無誰敢和，人人盡欲出常流，折合還歸炭裡坐。」這頌專描寫本地風光。凡天地的妙用，宇宙的靈機，都莫不儘量地呈露出來。正中來是倚重他力的，偏中至是專靠自力的，結果都落入兼中到。「兼」字非「兼務」、「兼帶」之兼，乃事理合一，事理無礙的境界，即超越一切有無生死、迷悟凡聖、是非善惡一切相對的境界。但「人人盡欲出常流」，以為我要如何超凡人聖，去迷成悟，先存一個凡聖迷悟的分別之心，所以結果「還歸炭裡坐」，這都是由於不了解兼中到的道理。從前承陽大師在天童會下，身心脫落，得到如淨禪師的密印還朝，常語人云：「這裡一毫佛法也沒有，空手入唐還鄉。」這件故事，也可以描寫兼中到的境界。

我們既然一一地研究過《五位頌》了，就知道它是將天地自然的萬物現象從本體、現象、妙用三方面去觀察，以闡明事理之關係，闡明事理在這三方是圓融無礙的。禪家不重文字言說，專在徹悟佛心，故所遺留文字記述甚少，可供我們參考者不多。不過我們在這裡可知道的就是《五位頌》的思想是禪家一貫的道理，與《參同契》的思想是互相發明的。

二、《四料簡》

《四料簡》為臨濟義玄所作，原文是：

奪人不奪境，奪境不奪人，人境俱奪，人境俱不奪。

這四句可說是四種看法，或四個標準；我們可以用這些標準去觀察宇宙萬事萬物。宇宙是「差別」相。也可說只是「一」相。因為一切法散為一一法，一一法又攝於一切法，所以差別即是平等，平等即是差別；小非大，大非小；小即大，大即小；有非無，無非有；有即無，無即有。與之，則萬物皆備於我；奪之，則我育於萬物。就客觀說，只見有宇宙，不見有人，故曰「奪人不奪境」；就主觀說，只見有人，不見有宇宙，故曰「奪境不奪人」。但只是就人與境上著眼，猶不免滯執於人與境，未能達觀萬物、徹悟宇宙之理，所以要進一步不為人境所繫牽，不滯執於人境，這一步便是「人境俱奪」了。可是這進一步的見解也不算超絕。因這一境猶屬有意作為，不是本地風光。為要不掩蔽本來面目而猶能達於超絕的境地的，則唯有「人境俱不奪」的看法。

這四句話，可以用撞鐘的譬喻來說明：

奪人不奪境

這是說鐘鳴而撞木不鳴，無鐘則鐘音不起；是在客觀的境（鐘）著眼，是注重境而不注重人。這是第一個標準。

奪境不奪人

這是說鐘鳴實起於撞木，無撞木則鐘音不起；是在主觀的人（撞木）著眼，是注重人而不注重境。這是第二個標準。

人境俱奪

這是說鐘鳴不起於鐘，亦不起於撞木，乃是起於鐘與撞木之間；是從主觀客觀的關係上著眼，不專注重人或境。這是第三個標準。

人境俱不奪

這是說鐘也要緊，撞木也要緊，撞木與鐘之間也要緊，三者缺一不可。這種看法，是不單執著於人或境，又不故意作為而掩蔽了人或境。這是第四個標準。

禪家思想特重第四個標準，因這種境界，正是表現本地風光，這是「執事元是迷，契理亦非悟」的看法，是「本末須歸宗，尊卑用其語」的看法，可見禪家的思想，都是一貫的。

總之，我們若能把握住禪家的根本立場，認識其思想要點，則凡屬禪家哲理中一切話頭都可領會。我們在看過《五位頌》和《四料簡》之後，更可明白禪家思想的主眼。禪家因為作了這麼一番的努力，所以後來在中國哲學界便發生了很大的影響，將於次節說明。

四　禪家對唐宋以後思想界的影響

禪家的思想是很緻密的，它的一超直入的主張，最適宜生長於封建社會，而為統治階級所歡迎。統治階級的命令便是一超直入的，不許加以說明的，言語文字都成為贅余無用的。所以禪家思想在唐以後特別發達。

一、禪家對於唐代李翱的影響

李翱在唐代算是一位突出的人物，他的思想雖參和著儒、佛、道三家的成分，但對於禪家的造詣獨高。我們在他的《復性書》裡面就可以看到他匠心獨具。文云：

或問曰：「人之昏也久矣。將復其性者必有漸也，敢問其方？」曰：「弗慮弗思，情則不生；情既不生，乃為正思。正思者無慮無思者也。」……曰：「已矣乎？」曰：「未也，此齋戒其心者也，猶未離於靜焉。有靜必有動，有動必有靜，動靜不息，是乃情也……方靜之時，知心無思者，是齋戒也。知本無有思，動靜皆離，寂然不動者，是至誠也。」……問曰：「本無有思，動靜皆離，然則聲之來也，其不聞乎？物之形也，其不見乎？」曰：「不睹不聞，是非人也，視聽昭昭，而不起於見聞者斯可矣。無不知也，無不為也。其心寂然，光昭天地，是誠之明也。」

我們看了這段話，便知道他的思想全出自禪家。所謂「弗慮弗思」，所謂「正思」，便與禪家的「無念者正念也」完全吻合。禪以無念為宗，恐滯兩邊，恐生執著，故主無念。譬如「齋戒其心」，是猶不免執著「靜」的一邊；有靜必有動，那就仍舊是些參同，而不是參同契。所以主張「動靜皆離」。就是要把動靜的執著都去了，才能達到佛心，才是所謂「至誠」。不過又要知道，所謂動靜皆離，並不是不聞不見，而是「視聽昭昭」。就是當視聽的時候，毫不起見聞的執著，這便是禪家的功夫。禪家談到佛，每說「將來打死與狗子吃」，這便是說執著的佛應該打死，即打破執著。學禪的人，遊遍天下名山大川，問遍世間高僧法師，卻一點學不到什麼，但一觸禪機，便能恍然大悟。凡屬禪悟，都是如此。李翱完全明白這個道理，所以能見到「動靜皆離」的一步。李翱曾親承禪師藥山唯儼之教，其所以能透徹禪理，也是無足怪異的。這是禪宗在唐代所發生的影響。

二、禪家對於宋明諸儒的影響

禪家對於宋、明諸儒所發生的影響，更遠非唐代所能及。宋、明諸儒幾乎沒有不是拿禪學做背景而別標榜所謂儒學，幾乎沒有不是先研究禪學許多年然後再求合於儒學，他們暗地裡都結識許多禪師禪友。周濂溪的師友最多：有說他曾就學於潤州鶴林寺壽涯的，有說他曾問道於黃龍山慧南及晦堂祖心的，又有說他曾請業於廬山歸宗寺佛印及東林寺常聰的，大抵與佛印及常聰的關係最深。濂溪悟到窗前草與自家生意一般，全是佛印的影響。至於東林的關係更是密切：他的《太極圖說》，恐怕也和東林有關；他主靜的功夫，大半從東林得來。《居士分燈錄》說：「敦頤嘗嘆曰：『吾此妙心，實啟迪於黃龍，發明於佛印，然易理廓達，自非東林開遮拂拭，無繇表裡洞然。』」他這樣尊重禪學，毋怪游定夫竟要罵他是個「窮禪客」。據東林門人弘益所記：張橫渠曾與周濂溪同出東林門下，受性理之學。如果這話可信，那就周、張之學原出於同一的系統。張橫渠與程明道終日講論於興國寺。那時的興國寺是常有禪師主教的。可見張、程之學，又有一種禪學上的關係。程明道禪學的師授，雖不易考見，但他「出入於老、釋者幾十年」，也許他禪學上的朋友很不少。高景逸說：「先儒唯明道先生看得禪書透，識得禪弊真。」這樣看來，明道的禪學功夫，也許是從自己看書下手的。程伊川之學，系從黃龍之靈源得來。《歸元真指集》說：「《嘉泰普燈錄》云：『程伊川……問道於靈源禪師，故伊川之作文注書，多取佛祖辭意……或全用其語。如《易傳序》體用一源顯微無間。』」可見伊川和靈源的關係是很深的。我們從《靈源筆語》中又可以看到伊川和靈源之師晦堂祖心有對見之事。晦堂在元符三年以七十六歲入寂，伊川在紹聖四年以六十五歲被竄於涪州，則與晦堂相見，當是紹聖四年以後之事。這些關係，在《禪林寶訓》中也有說到。朱晦庵（朱熹）之學，則從大慧宗杲、道謙得來。「熹嘗致書道謙（大慧宗杲之嗣）曰：『向蒙妙喜（大慧）開示……但以狗子話時時提撕，願投一語，警所不逮。』謙答曰：『某二十年不能到無疑之地，後忽知非勇猛直前，便是一刀兩段。把這一念提撕狗子語頭，不要商量，不要穿鑿，不要去知見，不要強承當。』熹於言下有省，並撰有《齋居誦經詩》。」後來道謙死時，朱晦庵（朱熹）祭以文，略曰：「……下從長者，問所當務，皆告之言，要須契悟。開悟之語，不出於禪，我於是時，則願學焉……始知平生，浪自苦辛，去道日遠，無所問津……師亦喜我，為說禪病，我亦感師，恨不速證……」可見朱晦庵（朱熹）之學是受了大慧、道謙最大的影響的。至陸象山禪學的功夫，恐怕比朱晦庵（朱熹）還要深，所以「宗朱者詆陸為狂禪」。陸象山之學，是遠宗李翱，近繼周、程的。李翱《復性書》說：「東方如有聖人焉，不出乎此也，南方如有聖人焉，亦不出乎此也。」陸象山就拿住這段話做他學說的出發點。陸曾有一段自白，他說：「某雖不曾看釋藏經教，然於《楞嚴》、《圓覺》、《維摩》等經則嘗見之。」宋代的禪學，大抵憑依《楞嚴》、《圓覺》、《維摩》等經，無怪「天下皆說先生（陸九淵）是禪學」。由陸象山而王陽明，禪學的造詣可謂達到百尺竿頭。王陽明也有一段自白。他說：「因求諸老、釋，欣然有會於心，以為聖人之學在此矣。」可見他於老、釋之學，不僅有根底，而且看得極重的。他的講友湛甘泉，是禪門造就最高的，王陽明也許有幾分受到湛甘泉的影響。照以上所述，可知宋、明儒都和禪學發生了最深的關係。現在將他們的根本思想，從《五位領》所講的方法加以說明。

周濂溪的《太極圖說》乃是他的宇宙觀和人生觀的表現。他說：「無極而太極。太極動而生陽，靜而生明……一動一靜，互為其根。」這是平等即差別、理體即事相的思想，即是「正中偏」的立場。他又在《通書》中言及心性，他說：「誠者聖人之本，大哉乾元，萬物資始，誠之源也。乾道變化，各正性命，誠斯立焉，純粹至善者也。」他把誠看作無為的，超越善惡的，所以說：「誠無為，幾善惡。」幾是幾微的意思，幾者，動之微。誠無為，動有為，幾就是有無之際。所謂「誠無為，幾善惡」，便是正中偏的思想。他主張無慾，在《聖學篇》說：「聖可學乎？曰：可。有要乎？曰：有。請聞焉。曰：一為要。一者，無慾也。無慾則靜虛動直，靜虛則明，明則通；動直則公，公則溥；明通公溥，庶矣乎！」這也是「正中偏」的看法。

張橫渠主張「理一分殊」。《太和》篇云：「兩不立則一不可見……其究一而已。」這是偏中正的看法。他最愛講氣，由氣說到虛，故說：「氣之聚散於太虛，猶冰凝釋於水。」又說：「氣之為物，散人無形，適得吾體；聚為有像，不失吾常。太虛不能無氣，氣不能不聚而為萬物，萬物不能不散而為太虛。」這種看法是認差別即平等，事相即理體，正站在「偏中正」的立場。於是講到心性問題，也莫不歸結到氣。他說：「由太虛有天地之名，由氣化有道之名，合虛與氣有性之名，合性與知覺有心之名。」可見他的心性說都和氣有關係。他要由氣說到虛，由「太虛演為陰陽」，說到「由陰陽復歸太虛」，因此建立了「天地之性與氣質之性」。他總要人們由氣質之性反到天地之性，所以他說：「形而後有氣質之性，善反之則天地之性存焉。故氣質之性，君子有弗性者焉。」他所以別立一個氣質之性，就因為他的思想是從氣質出發，也便是從「偏」出發。由偏說到正，故要由氣質之性反到天地之性，即是「偏中正」的思想。他的天地之性與氣質之性的說法，也許是本之《楞嚴經》。《楞嚴經．第四》說：「世間諸相雜和成一體者，名和合性，非和合者稱本然性；本然非然，和合非合，合然俱離，離合俱非。」張橫渠便藉著這段思想大發其議論。他說：「知太虛即氣則無無，故聖人語性與天道之極，盡於參伍之神。變易而已，諸子淺妄有有無之分，非窮理之學也。」

他由氣質之性，說到「變化氣質」，以為變化氣質，則與虛心相表裡，不至為氣所使，不至走入於「氣之偏」。所以說：「人之剛柔緩急，有才有不才，氣之偏也。天本參和不偏，養其氣，反之本而不偏，則盡性而天矣。」他這種變化氣質說，後來影響於程朱很不小。

程明道也看重氣，不過他是偏中至的看法，所以主張「道外無物，物外無道」。程明道說：「自家原是天然完全自足之物，若無所汙壞，即當直而行之，若小有汙壞，即敬以治之，使復如舊。所以能使如舊者，蓋為自家本質原是完足之物。」程明道拿「自家本質原是完足」的思想去看宇宙，所以看重差別相，所以看重氣。這和萊布尼茨的《單子論》有些相彷佛之處。一個單子就是一個宇宙的縮圖，表現自己，就是表現宇宙。所以說：「自家本質原是完足。」程明道唯其看重差別相，看重小的本體，所以說：「地亦天也。」又說：「今所謂地者，特於天中一物爾。」可見他對於「地」的看法，是和人家不同的。尼采的思想也是看重「地」的，所以都是「偏中至」的系統。程明道也論到心性，他比橫渠更進一步。橫渠尚痛罵「以生為性」的（張橫渠說：「以生為性，既不通晝夜之道，且人與物等。故告子之妄，不可不詆。」），而明道則直接主張「生之謂性」了。故他說：「生之謂性，性即氣，氣即性，生之謂也。」不過，我們應注意的就是明道所謂「生之謂性」，乃就「氣」而說，無異於說「氣之謂性」。善惡由於氣稟的不同，而氣即是性，故說：「善固性也，然惡亦不可不謂之性也。」他以為談到性時，便已不是性，乃是氣。但專談氣而不談性，又恐易於混淆，於是不得不取「生」為「性」的界說。所以他說：「論性不論氣，不備；論氣不論性，不明。二之則不是。」從上所說，可知明道實具著「偏中至」的思想。故對氣性的看法，一切和人不同。

程伊川與其兄明道的思想適相反，明道處處著重在氣，伊川則處處著重在理。伊川說：「性即是理。」「有理則有氣。」又說：「心也，性也，天也，一理也。自理而言謂之天，有稟受而言謂之性，自存諸人而言謂之心。」又說：「在天為命，在物為理，在人為性，主於身為心，其實一也。」這完全是「理一元論」的看法，是「正中來」的立場。程伊川也好講氣質之性，可是他的講法和張橫渠大不相同。因為張橫渠的思想，是從「氣」出發，他是從「理」出發的。彷彿張橫渠說氣質之性是實有的，所以要人家「善反」；程伊川說氣質之性是幻有的，根本不成其為性。因為「性出於天」，「性即是理」。性沒有不善的，又何必講到「善反不善反」呢？張橫渠謂「氣質之性，君子有弗性者焉」，是維護「偏中至」的系統，程伊川「截氣質為一性，言君子不謂之性」（戴東原語），是維護「正中來」的系統，故二者各有不同。

朱晦庵（朱熹）的思想，更其為禪家哲理所浸染。在上面已說過他是親承大慧宗杲的先慧而後定的教旨的。他在思想上的立場，是受了程伊川很深的影響，也是偏重「正中來」的看法。《語類》云：「太極只是一個理字，太極只是天地萬物之理。在天地言，則天地之中有太極；在萬物言，則萬物之中各有太極。未有天地之先，畢竟是先有此理。動而生陽，亦只是理，靜而生陰，亦只是理。」這純然是「正中來」的思想的暴露，他接著伊川的系統，也抱定「性即理」的主張。他說：『性即理也』一語，自孔子後無人見得到此，伊川此語，真是顛撲不破。性即是天理，哪得有惡？」可見他把伊川看作孔子後第一人。伊川好講氣質之性，他便擴大為「人心道心」之說。亞夫問：「氣質之說，起於何人？」朱晦庵（朱熹）說：「此起於張、程，某以為極有功於聖門，有補於後學。」

他後來便力持從氣質之性見到本然之性之說。他又講到欲，也是伊川的主張。伊川說欲由於氣稟之濁，他的見解也正是如此，都是出發於「正中來」的。

陸象山的思想，是另外一個法門。既和張橫渠、程明道的「氣一元論」不同，也和程伊川、朱晦庵（朱熹）的「理一元論」有別。他不講理氣的區別，更不講人心道心與天理人欲的差異。論到心性情慾的關係，他差不多看作是一件東西。所以說：「心，一心也；理，一理也；至當歸一，精義無二。此心此理，實不容有二。故孔子曰：『吾道一以貫之。』孟子曰：『夫道一而已矣。』」這樣，我們知道他的思想，是站在「兼中到」的立場。

王陽明比象山更明顯，主張心性情慾為一，主張「心即理」。他答羅整庵書說道：「理一而已。以其理之凝聚而言，則謂之性；以其凝聚之主宰而言，則謂之心；以其主宰之發動而言，則謂之意；以其發動之明覺而言，則謂之知；以其明覺之感應而言，則謂之物。故就物而言謂之格；就知而言謂之致；就意而言謂之誠；就心而言謂之正。正者，正此也；誠者，誠此也；致者，致此也；格者，格此也。所謂窮理以盡性也。天下無性外之理，無性外之物。」又說：「物理不外於吾心……心之體，性也，性即理也。」這都是極力發揮「兼中到」的見解的。他答陸原靜書，論到七情道：「樂是心之本體，雖不同於七情之樂，亦不外於七情之樂。雖則聖賢別有真樂，而亦常人之所同有。但常人有之而不自知，反自求許多憂苦，自加迷棄。雖在自加迷棄之中，而此樂又未嘗不存。但一念開明，反身而誠，則即此而在矣。」這種說法，實含著「正中來」的要義。所謂「雖不同於七情之樂，亦不外於七情之樂」，正與李翱的「視聽昭昭，而不起於見聞」相同。這是「正中來」的最明確的主張。

以上關於禪家哲理及禪家對中國哲學思想界的影響，大體述意。禪家是站在極端的觀念論的立場，那是毋庸說明的。它所謂「不立文字，以心傳心」，是廢止一切言論並摧廢一切科學的企圖，這完全是封建社會觀念論發展的最高產物。就以印度的禪而論，他們仍是看重文字的，因為真正的佛教，離開文字便無從說。所以在先要積了許多的多聞熏習的工夫，然後能因事見理，隨事作觀，隨事有省，隨時悟得，這便是禪的境界。總之，以教解禪，尚有可明之理，以禪解禪，則陷於迷障不知所云。印度的禪到了中國之後，為什麼會流為「不立文字」的禪宗，為什麼會成為「一超直入」的禪宗，這是中國封建社會矛盾日趨於尖銳化的緣故。尤其是禪宗發展於唐以後，更明明白白地是統治階級權力集中的反映，資本主義社會尚需要科學，若在封建形態尖銳化的社會是根本用不著科學的。這是禪宗能在中國迅速地發展的理由。禪宗既為統治階級所歡迎，而在專以維護封建自任的儒家，更莫不變本加厲，因而有「儒表禪裡」的主張。現在中國更努力於佛化，這是統治階級所慣用的伎倆，絲毫不足怪異的。無論佛化或耶化，在統治階級的心理，都是把它當作羈縻大眾最有力的工具。所以宗教傳播的問題，在現代富階級性的國家，都成為嚴重的問題。

第七講　禪家的哲理

第八講
什麼是理學

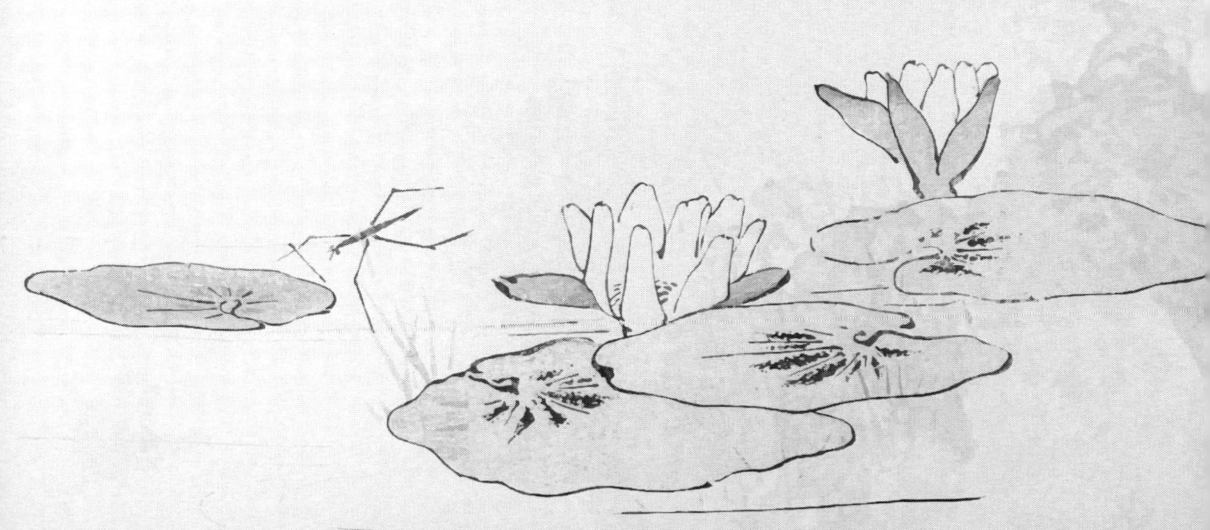

關於宋代理學，體系浩大，不是短時間所能說明的。現在單提朱晦庵（朱熹）做代表，說明什麼是理學，關於本講的內容，分三部分來說明。

一　宋代思想發生的背景

宋代理學，固多可非議之處，但在中國哲學史上的地位卻頗重要，因為它負有繼往開來的責任。因此，我們對於這種思想與其發生的背景，實有探討和說明的必要。我們現在先從這種思想的背景觀察：第一，從歷史方面來觀察；第二，從環境方面來觀察。

一、從歷史觀察宋代思想的發生

中國全部思想史，可以分為三個階段。先秦以前，是第一個階段；從兩漢到明，是第二個階段；明末海通以後，是第三個階段。在第一個階段裡面，是漢族文化產生兼發展的時期；在第二個階段裡面，是印度文化輸入兼融合的時期；在第三個階段裡面，是西洋文化侵入的時期。宋代思想的產生，正在第二個階段，所以它的思想處處表現它一種不同的色彩。在這個階段裡面，特別影響或構成宋代哲學的條件有三種：第一，是屬於民族方面。西北方面的異民族，乘著漢民族勢力衰弱的時候，於是風起雲湧地侵入黃河流域，構成中國史上一個極大的紛亂期。經過五胡亂華和南北朝的對峙以後，遂有隋唐的大一統；後來又經過了紛亂而黑暗的五代，又達到宋代的統一。這種統一的精神，是給予唐代延至宋代的哲學一個暗示。第二，是屬於經濟方面。中國本是農業和家庭手工業聯合成立的一個國家，由漢到明，這種經濟形式並不曾改變。不僅如此，這種聯合的經濟形式，日見惡化。所謂農業經濟，實際上是地主經濟，便是土地集中。這種情勢，自漢以後，日趨惡劣，以至富者愈富，貧者愈貧，至於家庭手工業，更敗壞不可收拾，徒為有力者所壟斷。以致中國的封建形態日趨於尖銳化，這也是推動中國哲學走上極端唯心論之一因。第三，是屬於文化方面。兩漢以來，代表中國學術思想的有兩大派，就是儒家和道家。這兩派思想此興彼伏，直達到西北民族擾亂中國的時候。那時中國的文化，另起了一個波動，便是印度文化的侵入。印度文化由兩方面傳入中國，一由西北方面傳入，一由東南方面傳入，自此遂與儒道兩派，三分天下。儒道佛三家的思想，最初雖相互衝突，但結果，卒由衝突而進於調融。觀於唐代李翱所著的《復性書》，便可證明。由以上三種原因，宋代思想遂完全走入觀念論的領域，這樣看來，宋代哲學的產生，絕非偶然的事。

二、從環境說明宋代思想的發生

宋代雖繼承隋唐大一統的精神，但其所處的環境，卻與隋唐迥異。隋唐兩代，為漢民族勢力向外發展時期。宋代雖能統一中國本部，但實為漢民族勢力縮小時期。漢民族勢力縮小，在過去歷史中，實以宋代為最。宋代與外患相終始，初則東北有遼人之患，繼則西北有西夏之患，再繼則有金人之患，蒙古之患。宋人處於外患繼續的壓迫之下，養成一種苟安旦夕的心理。對外則屈服忍辱，納幣稱臣，以求和平；對內則專事敷衍，養兵雖多，毫無所用，設官雖多，毫無建樹。於是由納幣而失地，由失地而亡國。宋代哲學，產生於這樣的環境之下，遂不得不以含羞忍辱為涵養深沉，不抵抗為老成持重，而一切怪誕的道德原理、哲學教義都在這裡發生。這也是宋代哲學發生的主要原因之一。

二　晦庵思想體系的概說

朱晦庵（朱熹）是宋代哲學一個集大成的人。他是繼承周張二程的思想的，尤其是受程伊川的影響最大，他提出一個「理」字說明他的全部哲學。他雖提到心性情慾，與乎心性的關係，卻是特別尊重「心」和「理」的合一。其次，便是說明「性」與「理」的關係。他雖提出天地之性和氣質之性的分別，但他主張天地之性是理，氣質之性是理與氣雜，於是又認「性」和「理」的合一。他對於修養方面，則提出居敬窮理四字。居敬是涵養的功夫，屬於內的方面；窮理是致知的功夫，屬於外的方面。所謂居敬，所謂窮理，實際上都指理而言。這樣看來，我們可以把晦庵全部的思想，叫做「理一元論」。現在分作三部來說明。

一、心即理說

心和理這兩個字，在晦庵的思想上，占著極端重要的地位。他說：

> 人之所以為學，心與理而已矣。心雖主乎一身，而其體之虛明，足以管乎天下之理；理雖散在萬物，而其用之微妙，實不外乎一人之心，初不可以內外精粗而論也。（《學的》）

這一段話是說明「心」的體和用。心的體是虛明的，心的用是微妙的。可見晦庵是站在心的立場上去說明理。不過心究竟是怎樣的一種東西呢，我們須得進一步地去研究。晦庵說：

身在是，則其心在是，而無一息之離；其事在是，則其心在是，而無一念之雜。（《學的》）

心者，人之知覺，主於身而應於事者也。指其生於形氣之私者而言，則謂之人心；指其發於義理之公者而言，則謂之道心。（《學的》）

以一心而窮造化之原，盡性情之妙，達聖賢之蘊；以一身而體天地之運，備事物之理，任綱常之責。（《學的》）

在戰國的時候，大約出了一部《道經》，可惜那部經早已亡佚了。只在《荀子．解蔽篇》裡面留下兩句，便是：「人心之危，道心之微。」於是「人心」、「道心」之說，成為哲學家聚訟之林。晦庵也是愛講「人心」、「道心」的。他以為「人心」、「道心」，只是一個心，並不是兩個心，不過「生於形氣之私者」為「人心」，「發於義理之公者」為「道心」。晦庵當然是看重「道心」的，所以他說：

聖人全是道心主宰，故其人心自是不危，若只是人心也危，故曰唯聖罔唸作狂。（《學的》）

有人間晦庵，「人心」可以無否？晦庵給了一個否定的回答。他說：

如何無得？但以道心為主，而人心每聽道心區處方可。（《學的》）

在晦庵的意思，並不是要我們完全斷絕那種「生於形氣之私」的「人心」，事實上我們也沒法能夠斷絕了「人心」。他的意思只是要我們能夠做到「全是道心主宰」，「人心每聽道心區處」的境地而已。所以他說：

道心是義理上發出來底，人心是人身上發出來底。雖聖人不能無人心，如饑食渴飲之類；雖小人不能無道心，如惻隱之心是。（《學的》）

人只有一個心，並沒有兩個心，其所以分化的緣故，是由於心有公私的不同。庵晦說：

將天下正大底道理，去處置事，便公；以自家佩意去處之，便私。（《語類》）

人只有一個公私，天下只有一個邪正。（《語類》）

他所說的「道心」，是指「公」的心而言；他所說的「人心」是指「私」的心而言。他對於公的心，又稱為義理之心；私的心，又稱為利心。他認為義理之心，為人心所固有，利心，則非人心所固有。他說：「仁義，根於人心之固有，利心，生於物我之相形。」（《語類》）又說：

義理，身心所自有，失而不知，所以復之。富貴，身外之物，求之唯恐不得，縱使得之，於身心無分毫之益，況不可必得乎？若義理求則得之，能不喪其所有，可以為聖為賢，利害甚明。人心之公，每為私慾所蔽，所以更放不下，但常常以此兩端體察，若見得時，自須猛省急擺脫出來。（《語類》）

在另一個地方，曾經有過這樣的一段問答：

問：「橫渠說：『客慮多而常心少，習俗之心勝而實心未完。』所謂客慮與習俗之心，有分別否？」曰：「也有分別。客慮，是泛泛思慮，習俗之心，便是從來習染偏勝底心，實心是義理底心。」（《語類》）

所謂客慮，習俗之心，利心，都是指私的心而言。所謂實心，義理之心，都是指公的心而言。公的心晦庵稱之為天理，私的心晦庵稱之為人欲。關於天理和人欲，等到後面，再加討論。不過在這裡我們可以知道他的道心人心說是與他的天理人欲說有密切關係的。他以為「利心生於物我之相形」，「仁義根於人心之固有」，心雖只是一個心，卻可以因天理人欲的消長而呈現為兩個心。他說：「心只是一個心，非是以一個心治一個心，所謂存，所謂收，只是喚醒。」（《學的》）又說：

人只是此一心。今日是，明日非，不是將不是底換了是底。今日不好，明日好。不是將好底換了不好底。只此一心，但看天理私慾之消長如何爾。（《語類》）

晦庵所說的「只是一個心」，究竟是一個什麼心呢？他稱之為「本心」。他說：「常人之性，因物有遷，唯聖人為能不失其本心。」（《學的》）「聖賢千言萬語，只要人不失其本心。」（《語類》）又說：

人有不仁，心無不仁；心有不仁，心之本體無不仁。（《語類》）

所謂「存」，所謂「收」，所謂「喚醒」，都是指「本心」而言，都是指「心之本體」而言。所以他說：

學者常用提醒此心，使如日月之方升，群邪自息。（《學的》）

晦庵對於心，何以要看重「收」，看重「存」，看重「喚醒」呢？這是由於他看重「用」的緣故。他說：

> 心有所用，則心有所主。只看如今才讀書，則心便主於讀書，才寫字，則心便主於寫字。若是悠悠蕩蕩，未有不入於邪僻者。（《學的》）

> 天下雖大，而吾心之體無不該；事物雖多，而吾心之用無不貫。蓋必析之有以極其精而不亂，然後合之有以盡其大而無餘。（《學的》）

> 人之一心，湛然虛明，如鑒之空，如衡之平，以為一身之主者，固其真體之本。然而喜怒憂懼隨感而應，妍媸俯仰隨物賦形者，亦其用之所不能無者也。（《學的》）

又說：

> 人之一心，在外者要收入來，如求放心是也。在內者又要推出去，如擴充四端是也。大抵一收一放，一闔一辟，道理森然。（《學的》）

「心有所用，則心有所主」這一句話，關係非常重大。人之所以入於邪僻者，正由於悠悠蕩蕩心無所用而失其所主的緣故。舉凡喜怒憂懼，妍媸俯仰，無一不是「心之用」。天下雖大，事物雖多，然而析之其所以能「極其精而不亂」，合之其所以能「盡其大而無餘」者，則因心為一身之主宰而能「有所用」之故。心之用，在外的求所以收，在內的求所以推，一收一推，而後心之用顯，而能有所主。晦庵說：

心若不存，一身便無所主宰。（《語類》）

心者，身之所主也。（《學的》）

心者，人之神明，所以具眾理而應萬事者也。（《學的》）

又說：

心，主宰之謂也。動靜皆主宰，非是靜時無所用，及其動時方有主宰也。言主宰則混然體統自在其中，心統攝性情，非侗與性情為一物而不分別也。（《語類》）

心既是一身的主宰，所以有「心統性情」之論。「心統性情」，本是張橫渠的主張，不過晦庵卻給了一個詳盡的解釋。晦庵說：

心者，一身之主宰，意者，心之所發，情者，心之所動，志者，心之所之，比於情意尤重。（《語類》）

性者心之理，情者心之動，才便是那情之會恁地者，情與才絕相近……要之，千頭萬緒，皆是從心上來。（《語類》）

又說：

> 心，譬水也。性，水之理也。性所以立乎水之靜，情所以行乎水之動；欲則水之流，而至於濫也；才者，水之氣力，所以能流者。然其流有急有緩，則是才之不同。（《語類》）

意、志、性、情、才這許多東西，各有各的作用，他們與心既不同，而彼此之間亦復不同，但是他們都是從心上發出來的。晦庵更進一步地說：

> 仁義禮智，性也。惻隱羞惡辭讓是非，情也。以仁愛，以義惡，以禮讓，以智知，心也。性者，心之理也；情者，性之用也；心者，性情之主也。（《學的》）

> 心主乎身。其所以為體者，性也；所以為用者，情也。是以貫乎動靜而無不在焉。（《學的》）

> 靜而無不該者，性之所以為中也，寂然不動者也。動而無不中者，情之發而得其正也，感而遂通者也。靜而常覺，動而常止者，心之妙也，寂而感，感而寂者也。（《學的》）

> 情之未發者，性也，是乃所謂中也，天下之大本也；性之已發者，情也，其皆中節，所謂和也，天下之達道也。皆天理之自然也。妙性情之德者，心也，所以致中和，立大本，而行達道者也。天理之主宰也。（《學的》）

性是「寂然不動」的，是心之「體」，是「天下之大本」，所謂「中」也。情，是「感而遂通」的，是心之「用」，是「天下之達道」，所謂「和」也。性和情，都是屬於「天理的自然」。總之，心是性和情的主宰，有一種「靜而常覺，動而常止」，「寂而感，感而寂」的作用，能夠做到「貫乎動靜而無不在」的地步，因為心是天理的主宰。晦庵把心看得這樣重要，說得這樣周密，遂建立了宋代觀念論的根基。

其次，我們要討論晦庵對於理的看法。理，是散在萬物的，晦庵說到理的時候，往往和事物並舉。他說：

> 下學者，事也；上達者，理也。理只在事中。（《學的》）
>
> 上而無極太極，下至於一草一木昆蟲之微，亦各有理。一書不讀，則闕了一書道理；一事不窮，則闕了一事道理；一物不格，則闕了一物道理。須著逐一件與他理會過。（《學的》）
>
> 為學之道無他，只是要理會得目前許多道理，世間事無大無小，皆有道理。（《語類》）
>
> 凡事事物物，各有一個道理。（《學的》）
>
> 有是物必有是理，理無形而難知，物有跡而易見。（《學的》）

理在事中，無論事之大小，都有一個道理存在。大而至於宇宙的廣大，小而至於昆蟲的微細，都各有一個道理。我們為學的目的，就在於理會這許多事事物物的道理。不過物是一種易見而有跡的東西，理是一種難知而無形的東西。然而理雖難知而無形，卻為我們人人所共由。晦庵說：

道，猶路也。（《學的》）

又說：

道者，事物當然之理，人之共由者也。（《學的》）

道即理也。以人所共由而言，則謂之道；以其各有條理而言，則謂之理。（《學的》）

但是我們怎樣才可以把這個道理理會得出來呢？他認為只有就事物當中去理會，因為物之所以為物，「莫不各有當然之則」的緣故。他說：

天道流行，造化發育，凡有聲色貌象而盈於天地之間者，皆物也。既有是物，則其所以為是物者，莫不各有當然之則，而自不容已，是皆得於天之所賦，而非人之所能為也。其至切而近者，則心之為物，實主於身，其體，則有仁義禮智之性；其用，則有惻隱羞惡恭敬是非之情。渾然在中，隨感而應，各有攸生而不可亂也。次而及於身之所具，則有口鼻耳目四肢之用。又次而及於身之所接，則有君臣父子夫婦長幼朋友之常，是皆必有當然之則，而自不容已，所謂理也。外而至於人，則人之理，不外於己也。遠而至於物，則物之理，不異於人也。極其大，則天地之運，古今之變，不能外也；盡其小，則一塵之微，一息之頃，不能遺也。是乃上帝所降之衷，烝民所秉之彝，劉子所謂天地之中，孔子所謂性與天道，子思所謂天命之性，孟子所謂仁義之心，程子所謂天然自有之中，張子所謂萬物之一原，邵子所謂道之形體者。（《學的》）

理，是自不容已的當然之則。人之理與己之理無異，物之理與人之理相同。大而言之，天地之運，古今之變，不能外乎此理；小而言之，一塵之微，一息之頃，不能遺棄此理。我們一方面要知道，「事事物物，各有一個道理」，另一方面更要知道，事事物物所各有的道理，實際上還只是一個道理。所以劉子、孔子、子思、孟子、程子、張子、邵子等一班人所說的話，表面上似乎各不相同，其實都是說的那種「當然之則而自不容已」的理。所以他說：

孔子說非禮勿視聽言動，出門如見大賓，使民如承大祭，言忠信，行篤敬；孟子又說求放心，存心養性；《大學》又教人格、致、誠、正；程子又發明一敬字，各自觀之，似乎參錯不齊，千頭萬緒，其實只一理。（《學的》）

又說：

萬理只是一理，學者且要去萬理中，千頭萬緒都理會，四面輳合來，見得是一理。（《學的》）

這道理須是見得是如此了，驗之於物，驗之吾身又如此，以至見天下道理，皆端的如此了，方得。（《學的》）

萬理只是一理，一理又可推之於萬理，這是晦庵的徹頭徹尾的「理一元論」的盡想。唯其他把「理」之二字，看得這樣重要，所以他敢於照先驗家的口吻，大膽地肯定「未有天地之先，畢竟是先有此理」了。他說：

太極只是天地萬物之理，在天地言，則天地中有太極；在萬物言，則萬物中各有太極。未有天地之先，畢竟是先有此理。動而生陽，亦只是理；靜而生陰，亦只是理。（《語類》）

理既是先天地而存在，所以動靜陰陽，天地萬物，都不能離開這個理字。晦庵以為：理，是人物同得於天的，物雖無情，亦有此理。譬如舟可行水，車可行陸，都由「得於天」的理。因此晦庵肯定地主張：宇宙間一切事物，只有「道理」是真實的，其餘的萬事萬物，都是顛倒迷妄，須臾變滅的。他說：

看得道理熟後，只除了這道理是真實法外，見世間萬事顛倒迷妄，耽嗜戀著，無一不是戲劇，真不堪著眼也。（《語類》）

又說：

世間萬事，須臾變滅，皆不足置胸中，唯有窮理修身為究竟法耳。（《語類》）

晦庵視萬事如戲劇，只有理為究竟法的那種極端唯理論的主張，實際上是從他的極端觀念論出發的，所以主張「心即理」。我們再看他對心和理的關係的說明。

晦庵認心和理是同一的東西，不過是就兩方面來觀察而已。他說：

致知格物，只是一事。格物以理言，致知以心言。（《學的》）

誠者，真實無妄之謂。在道則為實有之理，在人則為實然之心。（《學的》）

又說：

以理言之，則天地之理至實，而無一息之妄。故自古至今，無一物之不實，而一物之中，自始至終，皆實理之所為也。以心言之，則至人之心亦至實，而無一息之妄。故從生至死，無一事之不實，而一事之中，自始至終，皆實心之所為也。（《學的》）

晦庵認心和理，都是真實無妄的。他稱理為實有之理，稱心為實然之心。實有之理是就道言，實然之心是就人言。理何以實有？因為「天地之理至實」；心何以實然？因為「聖人之心亦至實」。理是指的格物，心是指的致知；格物和致知，其實只是一事，所以晦庵認心和理是相即不離的。他說：

心包萬理，萬理具於一心。不能存得心，不能究得理；不能窮得理，不能盡得心。（《語類》）

「心包萬理，萬理具於一心」，正是「心雖主乎一身，而其體之虛明，足以管乎天下之理；理雖散在萬物，而其用之微妙，實不外乎一人之心」的意思。不過我們要知道，如果要想盡得心，一定先要窮得理，但是要想窮得理，尤其是要能夠先存得心。因為心不存，則理無著，理無著，當然不能做到盡心的地步。我們只要看這兩段的記載，就可以明白。

問：「心是知覺性是理，心與理如何得貫通為一？」曰：「不須去著貫通，本來貫通。」「如何本來貫通？」曰：「理無心則無著處。」（《語類》）

問：「祭祀之理，還是有其誠則有其理，無其誠則無其神否？」曰：「鬼神之理，即是此心之理。」（《語類》）

晦庵認清了「理無心則無著處」，「鬼神之理，即是此心之理」，所以他便暢然地說道：

心熟後自然有見理處，熟則心精微，不見理只緣是心粗。（《語類》）

又說：

理只在一心，此心一定，則萬理畢見。（《學的》）

晦庵以為對心和理的說明，不僅表示個人思想的中心所在，而且是儒釋兩家思想的分野。他說：

釋氏虛，吾儒實；釋氏二，吾儒一。釋氏以事理為不緊要，不理會。（《學的》）

又說：

儒釋之異，正為吾心與理為一，而彼以心與理為二耳。（《學的》）

以上是晦庵對「心即理」的說明。

二、性即理說

晦庵的性論，是從二程得來的。程伊川說：「性即理也。」程明道說：「論性不論氣不備，論氣不論性不明。」晦庵在論性的時候，往往要說到氣，往往拿氣和理對比著來說明性。不過晦庵的性論，還是從「理一元論」出發，所以更看重「性即理也」一語。他說：

> 伊川謂性即理也一句，直自孔子。後唯伊川說盡這一句，便是千萬世說性之根基。（《學的》）

晦庵認為「性即理也」一語，是千萬世說性的根基，在這裡可以看到他自己的立場。他說：

> 性即理也，當然之理，無有不善者，故孟子之言性，指性之本而言。然必有所依而立，故氣質之稟，不能無淺深厚薄之別。孔子曰，性相近也，兼氣質而言。（《語類》）

> 性者，即天理也。萬物稟而受之，無一理之不具。（《語類》）

又說：

> 性即理也。在心喚做性，在事喚做理。（《語類》）

理有兩種，一種叫做事理，一種叫做天理，在心而言，稱之為性，在事而言，稱之為理。「萬理具於一心」，故謂性即是理，這是就事理來說。萬物的稟受，實由於天，當萬物稟而受之的時候，已經是「無一理之不具」了，所以認性即天理，這是就天理來說。於此，可知天理和事理，實際上是一樣的東西。孟子論性，是就「性之本」說，孔子論性，是「兼氣質」說，然而都是離不了「性即理也」的立場。但是性是怎樣來的呢？晦庵認為是稟受於天。他說：

> 伊川云，天所賦為命，物所受為性，理一也。自天所賦予萬物言之，謂之命；以人物所稟受於天言之，謂之性。（《學的》）

> 性者，人所稟於天以生之理也。渾然至善，未嘗有惡。（《學的》）

又說：

> 性者，人之所得於天之理也；生者，人之所得於天之氣也。（《學的》）。

命，是就天所賦予的方面說，性，是就物所稟受的方面說，命和性雖是就兩種不同的方面而言，然而其理則一。晦庵謂「命猶令也，性即理也」。性既然是指「人物所稟受於天」的，那麼，性就是「人之所得於天之理」。關於天、命、性、理四者的關係，在《語類》上曾經有過一段明白透徹的解說。

問：「天與命、性與理四者之別。天則就其自然者言之，命則就其流行而賦予物者言之，性則就其全體而萬物所得以為生者言之，理則就其事事物物各有其則者言之……合而言之，則天即理也，命即理也，性即理也，是如此否?」曰：「然。」

天、命、性、理四者，分開來說，各有各的含義，合併來說，所謂天、命、性，都不外乎一個理。因此他便認定「天即理」、「命即理」、「性即理」了。

晦庵在論性的時候，常常提到一個氣字，拿氣和理作對比的說明。當然在這一點上，他受明道的影響不小。他說：

孟子說性善，他只見得大本處，未說得氣質之性細碎處。程子謂論性不論氣不備，論氣不論性不明，二之則不是。孟子只論性不論氣，便不全備。論性不論氣，這性說不盡，論氣不論性，性之本領處，又不透澈。荀、揚諸人，雖是論性，其實只說得氣。荀子只見得不好人底性，便說做惡。揚子見半善半惡底人，便說善惡混。韓子見天下有許多般人，所以立為三品之說。就三子中，韓子說又較近，他以仁義禮智為性，以喜怒哀樂為情，只是中間過接處，少個氣字。（《語類》）

又說：

退之說性，只將仁義禮智來說，便是識見高處，如論三品亦是。但以某觀之，性豈獨三品，須有百千萬品，退之所論，卻少了一氣字。程子曰：「論性不論氣不備，論氣不論性不明。」此皆前所未發。（《語類》）

晦庵認孟子論性，「只見得大本處」，「只論性不論氣」。荀、揚諸人，「雖是論性，其實只說得氣」。韓退之論性，分性為三品，以仁義禮智為性，識見雖高，卻少了一氣字。只有程明道論性，最為明備（晦庵說：「自古論性，至程子方始明備。」），因為他所說的「論性不論氣不備，論氣不論性不明」一語，實發前人之所未發。但性和氣何以有這麼一重關係呢？晦庵說：

天地之間，一氣而已。分而為二，則為陰陽。而五行造化，萬物始終，莫不管於是焉。（《學的》）

陰陽只是一氣，陰氣流行即為陽，陽氣凝聚即為陰，非直有二物相對也。（《學的》）

自天地言之，只是一個氣，自一身言之，我之氣即祖先之氣，亦只是一個氣，所以才感必應。（《語類》）

又說：

人物性本同，只氣稟異。如水無有不清，傾放白碗中，是一般色，及放黑碗中，又是一般色，放青碗中，又是一般色。（《語類》）

天地之間，只是一個氣，我的氣就是祖先的氣，因為同屬此天地間之氣。所有陰陽五行萬物等等，無一不是這個氣的作用。人物所以有分別，就由於稟受此氣不同的緣故。譬如水，放在白碗裡面便成白色，放在黑碗裡面便成黑色，放在青碗裡面便成青色，其實何嘗不是一樣的水。所以晦庵說：「一草一木，皆天地和平之氣。」（《語類》）又說：

> 動物有血氣，故能知。植物雖不可言知，然一般生意，亦可默見，若戕賊之，便枯悴不復悅怿，亦似有知者。嘗觀一般花樹，朝日照耀之時，欣欣向榮，有這生意，皮包不住，自迸出來。若枯枝老葉，便覺憔悴，蓋氣行已過也。（《語類》）

動物的能知，因為是有血氣。植物的欣欣向榮，充滿生意，也是氣的作用。假使氣行過了，那便要呈現憔悴枯老的樣子。譬如梨樹，是一種極易枯死的植物，當它將死的時候，一定要猛結一年實，然後死去，這就是氣將脫的表現。可見，一草一木，都是充滿了天地間和平之氣的。有人問，浩然之氣和血氣怎樣不同？晦庵說：

> 只是一氣，義理附於其中，則為浩然之氣；不由義理而發，則只為血氣。（《學的》）

晦庵在談到氣的時候，往往與理並提。他說：

天地之間，有理有氣。理也者，形而上之道也，生物之本也；氣也者，形而下之器也，生物之具也。是以人物之生，必稟此理，然後有性；必稟此氣，然後有形。（《學的》）

理是生物之本，「未有天地之先，畢竟也只是理，有此理便有此天地」，所以稱之為形而上之道。氣是生物之具，「有理便有氣流行，發育萬物」，所以稱之為形而下之器。理既是生物之本，所以必稟受此理，然後有性；氣既是生物之具，所以必稟受此氣，然後有形。理和氣是構成天地萬物的兩大條件，在《語類》上有一段討論理和氣的話，非常重要。

某有疑問呈先生曰：「人物之性，有所謂同者，又有所謂異者，知其所以同，又知其所以異，然後可以論性矣。夫太極動而二氣形，二氣形而萬化生，人與物俱本乎此，則是其所謂同者。而二氣五行絪交感，萬變不齊，則是其所謂異者。同者其理也，異者其氣也。必得是理，而後有以為人物之性，則其所謂同然者，固不得而異也。必得是氣，而後有以為人物之形，則所謂異者，亦不得而同也。是以先生於《大學．或問》，因謂『以其理而言之，則萬物一原，因無人物貴賤之殊；以其氣而言之，則得其正且通者為人，得其偏且塞者為物，是以或貴或賤，而有所不能齊』者，蓋以此也。然其氣雖有不齊，而得之以有生者，在人物莫不皆有；理雖有所謂同，而得之以為性者，人則獨異於物。故為知覺、為運動者，此氣也；為仁義、為禮智者，此理也。知覺運動，人能之，物亦能之；而仁義禮智，則物固有之，而豈能全之乎？今告子乃欲指其氣而遺其理，梏於其同者，而不知其所謂異者，此所以見辟於孟子。而先生於《集注》，則亦以為『以氣言之，則知覺運動，人物若不異；以理言之，則仁義禮智之稟，非物之所能全也』。於此則言氣同而理異者，所以見人之為貴，非物之所能並；於彼則言理同而氣異者，所以見太極之無虧欠，而非有我之所得為也，以是觀之，尚何疑哉！有以《集注》、《或問》異同為疑者，答之如此，未知是否？」先生批云：「此一條論得甚分明，昨晚朋友正有講及此者，亦已略為言之，然不及此之有條理也。」

這一段討論理氣同異的關係，是何等的明白透徹。太極是指理而言，二氣是指氣而言。人物之生，俱本乎太極，這是就理說，所謂同也。二氣交感，萬變不齊，這是就氣說，所謂異也。人物之性，稟受於理，這是同而非異，所以說，「萬物一原，固無人物貴賤之殊」。人物之形，稟受於氣，這是異而非同，所以說，「得其正且通者為人，得其偏且塞者為物」。晦庵說明理同氣異，則謂：「人物之生，天賦之以此理，未嘗不同。但人物之稟受，自有異耳。如一江水，你將杓去取，只得一杓，將碗去取，只得一碗！至於一桶一缸，各自隨器量不同，故理亦隨以異。」這是就「萬物一原」說。晦庵說明氣同理異，則謂：「自一氣而言之，則人物皆受是氣而生；自精粗而言，則人得其氣之正且通者，物得其氣之偏且塞者。唯人得其正，故是理通而無所塞；物得其偏，故是理塞而無所知。」這是就「萬物異體」說。所以他說：

以理言之，則無不全；以氣言之，則不能無偏。（《學的》）

又說：

論萬物之一原，則理同而氣異；觀萬物之異體，則氣猶相近，而理絕不同。（《學的》）

然則氣和理是兩個對立的東西嗎？卻又不然。他說：

天下未有無理之氣，亦未有無氣之理。（《學的》）

又說：

有是理必有是氣，不可分說。都是理，都是氣，哪個不是理，哪個不是氣。（《語類》）

原來理和氣是不能分說的，「天下未有無理之氣，亦未有無氣之理」，這一句話，把理和氣的關係，說得是何等的明白了。理和氣雖然不能分說，但是晦庵卻認定理在氣中。他說：

人之所以生，理與氣合而已。天理固浩浩不窮，然非是氣，則雖有是理，而無所湊泊。故必二氣交感，凝結生聚，然後是理有所附著。（《語類》）

又說：

> 此本無先後之可言，然必卻推其所從來，則須說先有是理。然理又非別為一物，即存乎是氣之中，無是氣，則是理亦無掛搭處。氣則為金木水火，理則為仁義禮智。（《語類》）

「故必二氣交感，凝結生聚，然後是理有所附著。」「理非別為一物，即存乎是氣之中，無是氣，則是理亦無掛搭處。」晦庵在這兩段話裡面，很明顯地告訴我們：理在氣中。不過他以為理雖在氣中，卻仍以理為主。他說：「有是理便有是氣，但理是本。」（《語類》）又說：

> 天道流行，發育萬物，有理而後有氣，雖是一時都有，畢竟以理為主。（《語類》）

理和氣雖一時都有，卻仍以理為主。於此，我們可以看出晦庵的思想，依舊是「理一元論」的立場。

晦庵論性，也是根據理和氣的觀點。他提出一個天地之性和氣質之性的分別來。他說：

> 論天地之性，則專指理言；論氣質之性，則以理與氣雜而言之。未有此氣，已有此性，氣有不存，而性卻常在。雖其方在氣中，然氣自是氣，性自是性，亦不相夾雜，至論其遍體於物。無處不

在，則又不論氣之精粗，莫不有是理。（《語類》）

在這一段話裡面，含著四層意思。第一，他告訴我們，天地之性是理，氣質之性是理與氣雜。第二，他認為：「未有此氣，已有此性，氣有不存，而性卻常在。」這與他所說的「論萬物之一原，則理同而氣異」相發明。第三，他說：「雖其方在氣中，然氣自是氣，性自是性，亦不相夾雜。」這與他所說的「有是理必有是氣，不可分說。都是理，都是氣，哪個不是理，哪個不是氣」的話，似乎是衝突，其實不然，因為他又說過：「觀萬物之異體，則氣猶相近，而理絕不同。」第四，他告訴我們，理雖在氣中，卻仍以理為主。說明了上述幾點之外，他便作出這樣的結論：

有天地之性，有氣質之性。天地之性，則太極本然之妙，萬殊而一本者也。氣質之性，則二氣交運而生，一本而萬殊者也。（《學的》）

「太極本然之妙」，是指理而言，所以認為是天地之性；「二氣交運而生」，是指氣而言，所以認為是氣質之性。「萬殊而一本」，就是他所說的「於彼則言理同而氣異者，所以見太極之無虧欠，而非有我之所得為」。「一本而萬殊」，就是他所說的「於此則言氣同而理異者，所以見人之為貴，非物之所能並」。但氣質之性何以是「一本而萬殊」呢？《語類》上這樣寫著：

問：「氣質有昏濁不同，則天命之性有偏全否？」曰：「非有偏全。謂如日月之光，若在露地，則盡見之；若在蔀屋之下，有所遮蔽，有見有不見。昏濁者是氣昏濁了，故自蔽塞，如在蔀屋之下。然在人則蔽塞有可通之理，至於禽獸，亦是此性，只被他形體所拘，生得蔽隔之甚，無可通處。至於虎狼之仁，豺獺之祭，蜂蟻之義，卻只通這些子，譬如一隙之光。至於獼猴形狀類人，便最靈於他物，只不會說話耳。」（《語類》）

天命之性無偏全，氣質之性有昏濁，這是由於被形體所拘的緣故。既被形體所拘，則所得之氣雖同，而理實各異。物之蔽隔甚者，無可通處；虎狼、豺獺、蜂蟻，只通一隙之光；獼猴雖靈於他物，然終不若人。這便是「氣同而理異」的道理，所以晦庵對於氣質之性，也看得非常重要。他說：

才說性時，便有些氣質在裡，若無氣質，則這性亦無安頓處。所以繼之者只說得善，到成之者便是性。（《語類》）

又說：

孟子未嘗說氣質之性，程子論性，所以有功於名教者，以其發明氣質之性也。以氣質論，則凡言性不同者，皆冰釋矣。退之言性亦好，亦不知氣質之性耳。（《語類》）

天地之性是理，氣質之性是理與氣雜，理雖在氣中，然而依舊以理為主。我們把握了這一點去觀察晦庵的思想，便無難處。

三、修養的方法

李正叔批評晦庵的思想，有幾句扼要的話，他說：

> 先生之道之至，原其所以臻斯閫者，無他焉，亦曰，主敬以立其本，窮理以致其知，反躬以踐其實。而敬者，又貫通乎三者之間，所以成始而成終也。（《學的》）

主敬以立其本，是指涵養的功夫而言；窮理以致其知，是指致知的功夫而言；反躬以踐其實，是指力行的功夫而言。這三句話，把晦庵的修養方法，包括無餘。

現在我們先研究晦庵的涵養的功夫。晦庵說：

> 舊讀程子之書有年矣，而不得其要，比因講《中庸》首章之旨，乃知「涵養須用敬，進學則在致知」者，兩言雖約，其實入德之門，無逾於此。（《學的》）

「涵養須用敬，進學則在致知」二語，成為晦庵思想的骨幹。所以晦庵的涵養功夫，特別看重一個敬字，他說：

人之為學，千頭萬緒，豈可無本領？此程夫子所以有持敬之語。（《學的》）

敬字功夫，乃聖門第一義。（《學的》）

自古聖賢，自堯舜以來，便說個敬字。孔子曰：「修己以敬。」此是最緊要處。（《學的》）

又說：

敬之一字，聖學之所以成始而成終者也。為小學者，不由乎此，固無以涵養本原，而謹夫灑掃應對進退之節，與夫六藝之教。為大學者，不由乎此，亦無以開發聰明，進德修業，而致夫明德新民之功。是以程子發明格物之道，而必以是為說焉。（《學的》）

敬字在晦庵看來，是一種成始成終的功夫。學之始，要有敬字功夫，才能著手，學之終，更要有敬字功夫，才能完成。小學的灑掃應對進退之節以及六藝之教，是以敬字功夫為涵養本原；大學的開發聰明，進德修業，以及明德新民之功，是以敬字功夫為格物之道。所以晦庵認「敬字功夫，乃聖門第一義」。敬字功夫在聖門中為什麼這樣重要呢？晦庵說：

敬者，一心之主宰，萬事之本根也。（《學的》）

敬何以是一心的主宰？他說：

儼然端莊，執事恭恪時，此心如何？怠惰頹靡，渙然不收時，此心如何？試於此審之，則知內外未始相離，而所謂莊整齊肅者，正所以存其心也。（《學的》）

儼然端莊，執事恭恪，便是敬的表現；怠惰頹靡，渙然不收，便是不敬的表現。有諸內必形諸外，反之，形諸外必有諸內，內外本是相即不離的，所以說「莊整齊肅，正所以存其心」。有人問晦庵，敬如何用功？他答道：「只是內無妄思，外無妄動。」又問，下手功夫？他說：「只是要收斂此心，莫要走作。」（《學的》）這兩次的答話，都是從「一心的主宰」著眼的，無怪他說：

人之心，唯敬則常存，不敬則不存。（《學的》）

敬何以又是萬事的本根呢？晦庵說：

敬之一字，萬善根本，涵養省察，格物致如，種種功夫，皆從此出，方有據依。（《學的》）

又說：

聖賢之學，徹頭徹尾，只是一敬字。致知者，以敬而致之也；力行者，以敬而行之也。（《學的》）

致知的功夫，看重專一，只有敬，才能夠專一。晦庵說：

賢輩但知有營營逐物之心，不知有真心，故識慮皆昏。觀書察理，皆草草不精。眼前易曉者，亦看不見，皆由此心雜而不一故也。所以前輩語初學者必以敬。曰，未有致知而不在敬者。今未知反求諸心，而胸中方且叢雜錯亂，未知所守，持此雜亂之心，以觀書察理，故凡功夫皆一偏一角做去，何緣會見得全理。某以為諸公莫若且收斂身心，盡掃雜慮，令其光明洞達，方能作得主宰，方能見理。不然，亦終歲而無成耳。（《語類》）

「叢雜錯亂」，當然是不專一，這是由於不敬的緣故，如何能做到「見得全理」的致知功夫？所以要說「未有致知而不在敬者」。力行的功夫，看重切實，只有敬，才能夠切實。晦庵說：

學固不在乎讀書，然不讀書則義理無由明，要之，無事不要理會，無書不要讀。若不讀這一件書，便闕了這一件道理，不理會這一事，便闕這一事道理。要他底須著些精彩方得，然泛泛做又不得。故程先生教人以敬為本，然後心定理明。（《語類》）

「泛泛做」，當然是不切實，這也是由於不敬的緣故，如何能做到「心定理明」的力行功夫？所以要說「以敬為本，然後心定理明」。我們既已知道致知力行，都離不了一個敬字，那麼，涵養省察，格物致知種種功夫，皆是由敬而出，更可瞭然。所以晦庵認為，敬之一字是「萬善根本」。不過「敬」的功夫，在無事時和有事時，各有不同。晦庵說：

無事時，敬在裡面；有事時，敬在事上。有事無事，吾之敬未嘗間斷也。（《學的》）

又說：

方其無事，而存諸中不懈者，敬也。及其應物，而酬酢不亂者，亦敬也。（《學的》）

存諸中不懈者，指心而言，這是無事時的敬；應物酬酢不亂者，指理而言，這是有事時的敬。可見無論有事無事，敬的功夫總是不可間斷的。上面已經說了許多關於敬的修養的話，不過「敬」之一字，究竟應該作怎樣的解釋呢？晦庵說：「敬者，主一無適之謂。」（《學的》）又說：

自秦以來，無人識敬字，至程子方說得親切。曰，主一之謂敬，無適之謂一。故此合言之。（《學的》）

有人問主一無適，晦庵答道：

主一，只是心專一；無適，只是不走作。如讀書時只讀書；著衣時只著衣；理會一事，只理會一事；了此一件，又作一件。（《學的》）

主一無適，就是「收斂此心」「存其心」「專一」「莫要走作」之意，這是晦庵對「敬」之一字所下的解釋。但是晦庵有時又從外表方面去說明。他說：

持敬之說，不必多言，但熟味整齊嚴肅，威儀儼恪，動容貌，整思慮，正衣冠，尊瞻視，此等數語，而實加工焉。則所謂直內，所謂主一，自然不費安排，而身心肅然，表裡如一矣。（《學的》）

又說：

程夫子教人持敬，不過以整衣冠，齊容貌為先。（《學的》）

動容貌，整思慮，則自然生敬，只此便是下手用功處。（《學的》）

但是無論怎樣注重外表，而內心的表現總是重要的，不過，外表之尊崇乃所以增加內心的力量。你看晦庵下面的話自知：

或問：「所謂敬者，若何而用力？」朱子曰：程子於此，嘗以主一無適言之矣，嘗以整齊嚴肅言之矣。至其門人謝氏之說，則又有所謂常惺惺法者焉。尹氏之說，則又有所謂其心收斂，不容一物者焉。此數說足以見其用力之方矣。（《學的》）

所謂「主一無適」，「常惺惺法」，「其心收斂，不容一物」，哪一種不是反求諸內的功夫？我們不僅要業業兢兢，而且要不間斷地業業兢兢，所以晦庵答覆他人問敬，便這樣說：

一念不存，也是間斷；一事有差，也是間斷。（《語類》）

然則我們只要死守著「主一無適」，就可算做到了圓滿的地步嗎？卻又不然。晦庵說：

敬，有死敬，有活敬。若只守著主一之敬，遇事不濟之以義，辨其是非，則不活。若熟後，敬

> 便有義，義便有敬，靜則察其敬與不敬，動則察其義與不義……須敬義夾持，循環無端，則內外透澈。(《語類》)

晦庵認為只守著主一之敬，是死敬，不是活敬。我們要能遇事濟之以義，辨其是非，才算是活敬。所以他更提出一個義字來。他以為我們在靜的時候，是要察其敬與不敬；但在動的時候，就要察其義與不義了。有人問，存養須用靜否？他說：

> 不必然，孔子卻都就用處教人做功夫。(《學的》)

就用處教人做功夫，正是叫我們遇事濟之以義，辨其是非，不可僅僅死守著主一之敬。所以晦庵說：

> 方未有事時，只得說敬以直內，若事物之來，當辨別一個是非，不成只管敬去，敬義不是兩事。(《語類》)

> 敬者，守於此而不易之謂；義者，施於彼而合宜之謂。(《語類》)

> 敬要回頭看，義要向前看。(《語類》)

又說：

涵養須用敬，處事須是集義。（《語類》）

不過敬和義，雖有內外之分，靜動之別，但是並非兩事。他說：

敬義只是一事。如兩腳立定是敬，行才是義；合目是敬，開眼見物便是義。（《學的》）

所以晦庵認為：

「敬以直內，義以方外」八個字一生用之不窮。（《學的》）

我們果能做到敬義夾持，內外透徹的地步，那麼，對於敬之一字的功夫，可以算得圓滿成熟了。有了如此的涵養，當然不難達到「欲寡理明」的境地。晦庵說：

敬，則天理常明，自然人欲懲窒消治。（《學的》）

敬，則欲寡而理明，寡之又寡，以至於無，則靜虛動直，而聖可學矣。（《學的》）

又說：

人能存得敬，則吾心湛然，天理粲然，無一分著力處，亦無一分不著力處。（《語類》）

我們如果透徹上述各點，就可以做到「吾心湛然，天理粲然」的境地了。

以上是說明晦庵的涵養的功夫。

其次，我們要研究晦庵的致知的功夫。晦庵對於「格物」、「致知」和「窮理」這幾個名詞，常常地說到。它們的關係，究竟怎樣？晦庵說：

窮理以虛心靜慮為本，人入德處，全在格物致知。（《學的》）

格物是零細說，致知是全體說。（《學的》）

格物以理言，致知以心言。（《學的》）

又說：

《大學》不說窮理，只說格物，要人就事物上理會。（《學的》）

格物致知，只是一事。格物是零細的，就散在萬物之理說，致知是全體的，就管乎天下之理的心說。格物致知，是入德的下手功夫。格物致知和窮理，實際上是說明同一的關係。《大學》只說格物，不說窮理，其實說格物之處，正是說窮理之處。「窮理以致其和」，可見窮理和致知，並非兩事。不過窮理的下手功夫，在於格物；窮理的目的，則在致知。我們研究晦庵的致知功夫，只要看他對窮理的說明，就可以知道。為什麼要窮理呢？晦庵說：

窮理者，欲知事物之所以然，與其所當然者而已。知其所以然，故志不惑；知其所當然，故行不繆。（《學的》）

知其所以然，就致知言，知其所當然，就力行言，致知和力行，都是窮理的目的。只有真正窮理的人，然後能致知；只有窮理以致知的人，然後能力行。窮理的目的既是這樣重要，所以晦庵特別看重窮理。他說：

萬事皆在窮理後，經不正，理不明，看如何地持守，也只是空。（《語類》）

何以認為不窮理則持守是空呢？《語類》上這樣記著：

王子充問：「某在湖南，見一先生，只教人踐履。」曰：「義理不明，如何踐履？」曰：「他

> 說行得便見得。」曰：「如人行路不見，便如何行？今人多教人踐履，皆是自立標緻去教人，自有一般資質好底人，便不須窮理格物致知。聖人作個《大學》，便使人齊入於聖賢之域，若講得道理明時，自是事親不得不孝，事兄不得不弟，交朋友不得不信。」

「義理不明，如何踐履？」這是晦庵窮理的中心思想。他認為一個不明義理而去踐履的人，和一個看不見路而去走路的人的情形是一樣的。所以他認「萬事皆在窮理後」。但是窮理不是一日所能窮得盡的，也不是一窮便了的。他說：

> 程先生曰，窮理者，非謂必盡窮天下之理，又非謂只窮得一理便到，但積累多後，自當脫然有悟處。（《語類》）

又說：

> 自一身之中，以至萬物之理，理會得多，自當豁然有個覺處。與人務博者，卻要盡窮天下之理；務約者，又謂反身而誠，則天下之物，無不在我，此皆不是。（《語類》）

「謂必盡窮天下之理」的務博者，和「謂只窮得一理便到」的務約者，都不能算真正知道窮理的功夫。窮理的功夫，是要「理會得多」，「理會得多」，「才豁然有個覺處」。所以他說：「窮理須有先後緩急，久之亦要窮盡。」（《學的》）又說：

窮理且令有切己功夫。若只泛窮天下萬物之理，不務切己，即遺書所謂遊騎無歸矣。（《學的》）

「窮理且令有切己功夫」，這是何等鞭辟入裡之談。晦庵處處看重切己功夫，正是晦庵的大過人處。不過窮理究竟要如何著手呢？晦庵便提出一個讀書的問題來。他說：

窮理之要，必在於讀書；讀書之法，莫貴於循序而致精；而致精之本，則又在於居敬而持志。（《學的》）

在這裡，晦庵提出了三個步驟：第一，是窮理之要；第二，是讀書之法；第三，是致精之本。他以為讀書，是窮理之要；循序而致精，是讀書之法；居敬而持志，是致精之本。他說：

讀書以觀聖賢之意，因聖賢之意，以觀自然之理。（《語類》）

學固不在乎讀書，然不讀書則義理無由明。（《語類》）

讀書已是第二義，蓋人生道理，合下完具，所以要讀書者，蓋是未曾經歷見得許多，聖人是經歷見得許多，所以寫在冊上與人看。而今讀書，只是要見得許多道理，及理會得了，又皆是自家合下元有底，不是外面旋添得來。（《語類》）

又說：

古人設教，自灑掃應對進退之節，禮樂射御書數之文，必皆使之抑心下氣，以從事其間而不敢忽，然後可以消磨其飛揚倔強之氣，而為入德之階。今既無此矣，唯有讀書一事，尚可以為懾服身心之助。（《學的》）

晦庵雖然說「讀書已是第二義」，「學固不在乎讀書」，但是他認為讀書有兩種作用。一方面可以為懾服身心之助；另一方面又可以見得許多道理。道理既「皆是自家合下元有底，不是外面旋添得來」的，所以需要懾服身心，「以消磨其飛揚倔強之氣」。書冊上既是寫著聖賢人許多的經歷，所以需要讀書以觀聖賢之意，「因聖賢之意，以觀自然之理」。有了這兩種作用，當然晦庵看重讀書。無怪他說「窮理之要，必在於讀書」了。晦庵對於讀書的方法，提出兩點意見來，一為循序，即不求速之意；一為致精，即熟讀之意。他說：

讀書之法，在循序而漸進，熟讀而精思。（《學的》）

我們先看晦庵所講的循序而漸進的讀書方法。他說：

字求其訓，句索其旨。未得於前，則不敢求其後；未通乎此，則不敢志乎彼。（《學的》）

且讀一書，先其近而易知者，字字考驗，句句推詳，上句瞭然後及下句，前段瞭然後及後段。（《學的》）

又說：

先須讀得正文，記得註解，成誦精熟，注中訓釋文意事物名義，發明經旨，有相穿紐處，一一認得，如自己做出來一般，方能玩味反覆，向上有通透處。（《學的》）

讀書看義理，須是胸次放開，磊落明快。恁地去，第一不可先責效，才責效便有憂愁底意，只管如此，胸中便結聚一餅子不散。今且放置閒事，不要閒思量，只專心去玩味義理，便會心精，心精便會熟。（《語類》）

「不可先責效」，「未得於前，不敢求其後；未通乎此，不敢志乎彼」，這些都是晦庵的循序而漸進的功夫。他是希望我們能夠「一一認得，如自己做出來一般」的。他是要我們不責效，「專心去玩味義理」的。所以他主張：

寧詳毋略，寧下毋高，寧拙毋巧，寧邇毋遠。（《學的》）

我們再看晦庵所說的熟讀而精思的讀書方法。他說：

先須熟讀，使其言皆若出於吾之口，繼以精思，使其意皆若出於吾之心。（《學的》）

學者只是要熟，功夫純一而已。讀時熟，看時熟，玩味時熟。（《學的》）

聖賢之言，常將來眼頭過，口頭轉，心頭運。（《學的》）

又說：

古人讀書與今人異，如孔門學者，於聖人才問仁、問智，終身事業已在此。今人讀書，仁、義、禮、智總識，而卻無落泊處，此不熟之故也。（《學的》）

晦庵對於讀書是非常地看重一個熟字，所謂熟，就是功夫純一而已。功夫怎樣可以純一呢？他要我們讀時、看時、玩味時，都要熟。怎樣才能夠熟呢？他認為只有「常將來眼頭過，口頭轉，心頭運」。達到了怎樣的程度，才算得是熟呢？他以為須要做到「其言皆若出於吾之口」，「其意皆若出於吾之心」。凡是讀書無落泊處的人，都是不熟的緣故。熟了以後又怎樣呢？他說：

> 學者須是熟，熟時一喚便在目前；不熟時，須著旋思索到，思索得來，意思已不如初了。（《語類》）
>
> 心熟後自然有見理處。熟則心精微，不見理只緣是心粗。（《語類》）
>
> 且如百工技藝，也只要熟，熟則精，精則巧。（《語類》）

又說：

> 讀書初勤敏著力，仔細窮究，後來卻須緩緩溫尋，反覆玩味，道理自出。又不得貪多欲速，直須要熟，功夫自熟中出。（《語類》）

原來熟了以後，是能夠做到「一喚便在目前」，「自然有見理處」，「熟則精，精則巧」的地步，因為功夫是自熟中出來的。所以晦庵說：「某常謂此道理無他，只是要熟。」（《語類》）又說：

> 今學者若已曉得大義，但有一兩處阻礙說不去，某這裡略些數句發動，自然曉得。今諸公蓋不曾曉得，縱某多言何益，無他，只要熟看熟讀而已，別無方法也。（《語類》）

但是有許多人何以不能做到精熟的地步？這是由於喜博不求精的緣故。他說：

今人讀書，務廣而不求精。刻苦者，迫切而無從容之樂；平易者，泛濫而無精約之功。兩者之病雖殊，然其所以受病之源則一而已。（《學的》）

在《朱子語類》上另有一段與此相同的記載：

山谷與李幾仲帖云：「不審諸經諸史，何者最熟？大率學者喜博而常病不精，況泛濫百書，不若精於一也。有餘力然後及諸書，則涉獵諸篇，亦得其精。蓋以我觀書，則處處得益；以書博我，則釋卷而茫然。」先生深喜之，以為有補於學者。

晦庵既認為不精熟的緣故，是由於務廣喜博，當然務廣喜博的人，不能做到「其言若出於吾之口，其意若出於吾之心」。這正是所謂：「以書博我，則釋卷而茫然。」晦庵對於讀書，既然看重循序，看重致精，所以他總論讀書的方法，說道：

嚴立功程，寬著意思，久之自當有味，不可求欲速之功也。（《學的》）

嚴立功程，就致精而言；寬著意思，就循序而言。這八個字，可以表現出晦庵讀書的精神。無怪他說：

大凡看文字，少看熟讀，一也；不要鑽研立說，但要反覆體驗，二也；埋頭理會，不要求效，三也。三者，學者當守此。（《語類》）

這幾句話，可以看作「讀書之法，莫貴於循序而致精」的解說。現在我們要討論第三個步驟，便是居敬而持志，何以是致精之本？晦庵說：

古者小學已自暗養成了，到長來已自有聖賢坯模，只就上面加光飾。如今全失了小學功夫，只得教人且把敬為主，收斂身心，卻方可下功夫。（《語類》）

因為以敬為主，收斂身心，然後讀書時才能夠虛心，才能夠有所疑，才能夠攻破大處。晦庵說：

讀書先且虛心考其文詞指意所歸，然後可以要其義理之所在。近見學者多先立己見，不問經文向背之勢，而橫以義理加之，其說雖不倍理，然非經文本意。（《學的》）

觀書但當虛心平氣，以徐觀義理之所在。如其可取，雖世俗庸人之言，有所不廢；如其可疑，雖或傳以為聖賢之言，亦須更加審擇。（《學的》）

又說：

虛心切己，虛心，則見道理明，切己，自然體認得出。（《語類》）

讀書的時候，第一要虛心。虛心才能對書中道理，看得明切，才能有所懷疑，疑則深入，見理然後精細。晦庵說：

學者貪做功夫，便看得義理不精，讀書須是仔細，逐句逐字，要見著落，若用工粗鹵，不務精思，只道無可疑處，非無可疑，理會未到，不知有疑爾。（《語類》）

讀書始讀未知有疑，其次則漸漸有疑，中則節節是疑，過了這一番，後漸漸釋，以至融會貫通，都無可疑，方始是學。（《學的》）

又說：

無疑者須要有疑，有疑者卻要無疑。（《學的》）

疑，是疑問，是提出問題。凡是一個善於讀書的人，第一步要能提出問題，第二步要能解決問題。能提出問題，是讀書精細處，能解決問題，是讀書有得處。但是一個初讀書的人，往往不知何處可疑。須要讀書既久，學養日深，才能由無疑到有疑，再由有疑到無疑。「無疑者須要有疑」，是指提出問題而言；「有疑者卻要無疑」，是指解決問題而言。我們一定要做到這個地步，然後讀書能有所得。我們既已虛心而且有所疑，但是還要能攻破大處，方可造到致精的地步。晦庵說：

學須先理會那大底，理會得大底了，將來那裡面小底，自然通透，今人卻是理會那大底不得，只去搜尋裡面小小節目。（《語類》）

晦庵又說：

學問須是大進一番，方始有益。若能於一處大處攻得破，見那許多零碎，只是這一個道理，方是快活。然零碎底非是不當理會，但大處攻不破，縱零碎理會得些少，終不快活。（《語類》）

「學須先理會那大底」，「能於一處大處攻得破」，「方始有益」。這是晦庵讀書有得之言。但是怎樣才能攻破大處呢？晦庵以為須要以敬為主，收斂身心；須要虛心；須要能有所疑。因為收斂身心，才能專一；虛心，才能見理；有所疑，才能有所獲。到這時自然可以理會大底，攻破大處了。晦庵說：

讀書須是看著他那縫罅處，方尋得道理透徹，若不見得縫罅，無由入得，看見縫罅時，脈絡自開。（《語類》）

「讀書須是看著他那縫罅處」，這只有心專境一、仔細反覆的人，才能做到。所以晦庵看重居敬，認居敬為致精之本。晦庵何以又看重持志呢？我們只要看他論科舉和讀書兩事，就可以知道。他說：

士人先要分別科舉與讀書兩件，孰輕孰重。若讀書上有七分志，科舉上有三分，猶自可；若科舉七分，讀書三分，將來必被他勝卻。況此志全是科舉，所以到全使不著，蓋不關為己也。聖人教人，只是為己。（《語類》）

又說：

非是科舉累人，自是人累科舉。若高見遠識之士，讀聖賢之書，據吾所見，而為文以應之，得失利害，置之度外，雖日日應舉，亦不累也。居今之世，使孔子復生，也不免應舉，然豈能累孔子耶？（《語類》）

有人問科舉之業妨功否?晦庵答道:

程先生有言,不患妨功,唯恐奪志。(《語類》)

晦庵以為科舉本沒有什麼累人之處,但是因科舉而奪志,那就有累於人了。所以他特別看重持志兩字。他說:

為學先須立志。志既立,則學問可次第著力。立志不定,終不濟事。(《學的》)

書不記,熟讀可記;義不精,細思可精。唯有志不立,直是無著力處。只如而今貪利祿而不貪道義,要作貴人而不要作好人,皆是志不立之病。(《學的》)

又說:

孔子只十五歲時,便斷然以聖人為志矣。志字最有力,要如饑渴之於飲食,才悠悠便是志不立。(《學的》)

立志不是一件容易的事體,是須要下一番堅卓不拔的功夫,因為「才悠悠便是志不立」了。只有立志的人，學問才可以次第著力，假使「志不立，直是無著力處」。所以晦庵認為持志也是致精之本。這是對於晦庵所說「致精之本，則又在於居敬而持志」的解說。晦庵看重讀書，正是看重窮理，也就是他的致知的功夫。

以上說明了晦庵致知的功夫。

再次，我們要研究晦庵的力行的功夫。晦庵看重涵養，看重致知，同時也看重力行。他說：「既涵養又須致知，既致知又須力行，亦須一時並了。非謂今日涵養，明日致知，後日力行也。」（《學的》）又說：

學之之博，未若知之之要；知之之要，未若行之之實。（《語類》）

涵養、致知和力行，只不過是一件事體的幾個階段，所以晦庵認為「須一時並了」。不過同時我們也要知道，知比學重要，行又比知重要。然而「知」和「行」終是不可偏廢的。晦庵說：「知與行，常相須。如目無足不行，足無目不見。論先後，知為先，論輕重，行為重。」（《學的》）又說：

致知力行，用功不可偏，偏過一邊，則一邊受病。如程子云：「涵養須用敬，進學則在致如。」分明自作兩腳說，但只要分先後輕重。論先後，當以致知為先；論輕重，當以力行為重。（《語類》）

為什麼說「論先後，知為先」呢?晦庵說：

人之一身，應事接物，無非義理之所在，人雖不能盡知，然要枉力行其所已知，而勉求其所未至。(《學的》)

又說：

須是說得分明，然後行得分明。(《學的》)

「力行其所已知，勉求其所未至」，這是告訴我們知然後能行。所以晦庵肯定地主張「須是說得分明，然後行得分明」。《語類》上有兩段說明力行的話，頗切實：

時舉云：「如此者，不是知上功夫欠，乃是行上全然欠耳。」曰：「也緣知得不實，故行得無力。」或問：「力行如何是淺近語?」曰：「不明道理，只是硬行。」又問：「何以為淺近?」曰：「他只是見聖賢所為，心下硬愛依他行，這是私意，不是當行。若見得道理時，皆是當恁地行。」

力行，不重「硬行」，及重「當行」。「硬行」，是由於不明道理，「當行」，則能見得道理。所以一個知得不實的人，當然要行得無力了。為什麼又說「論輕重，行為重」呢？晦庵說：

曾子之學，大抵力行之意多。（《學的》）

聖賢心事，今只於紙上看，如何見得？（《學的》）

須反來就自家身上推究。（《學的》）

聖賢心事，不是一種空洞的話語，是他們在力行裡面，所得到的實際的經驗。假使我們僅僅在紙上看聖賢的心事，那一定要錯看了。我們要把聖賢所說的話語，拿來力行，就自家身上推究，才能看出聖賢的心事。所以晦庵認「曾子之學，力行之意為多」。晦庵說明自己講學的態度是這樣：

某此間講說時少，踐履時多。事事都用你自去理會，自去體察，自去涵養。書用你自去讀，道理用你自去究索。某只是做得個引路底人，做得個證明底人，有疑難處，同商量而已。（《語類》）

「自去理會，自去體察，自去涵養」，這是一種力行的功夫，只有在力行裡面，才能夠真有所得。所以他說：

文義乃是躬行之門路；躬行乃是文義之事實。（《語類》）

因此晦庵下「行」的定義說：「存之於中謂理，得之於心為德，發見於行事為百行。」（《語類》）又說：

以其得之於心，故謂之德；以其行之於身，故謂之行。（《學的》）

「存之於中謂理」，是就涵養而言；「得之於心為德」，是就致知而言；「發見於行事為百行」，是就力行而言。晦庵認「行」是「發見於行事」，是「行之於身」，可見晦庵也很看重行。晦庵對於力行提出三個意見：第一是反躬，第二是務實，第三是存天理、去人欲。反躬是力行的功夫，務實是力行的要件，存天理、去人欲是力行的目的。晦庵說：

反躬以踐其實。（《學的》）

原來反躬的目的，是在踐其實。有人問，所謂格物致知之學，與世之所謂博物洽聞者，奚以異？晦庵答道：

此以反身窮理為主，而必究其本末是非之極至。彼以徇外誇多為務，而不核其表裡真妄之實然。必究其極，是以知愈博而心愈明，不核其實，是以識愈多而心愈窒。此正為人為己之分，不可

不察也。(《學的》)

格物致知，是一種為己的功夫；博物洽聞，是一種為人的功夫。前者「必究其本末是非之極至」，而以「反身窮理為主」，當然是「知愈博而心愈明」了。後者「不核其表裡真妄之實然」，而以「徇外誇多為務」，當然是「識愈多而心愈窒」了。所以晦庵說：

> 讀書不可只專就紙上求理義，須反來就自家身上推究。秦、漢以後，無人說到此，亦只是一向去書冊上求，不就自家身上理會。自家見未到聖人，先說在那裡，自家只借他言語，來就身上推究始得。(《語類》)

「讀書不可只專就紙上求理義，須反來就自家身上推究」始得，這正是晦庵看重「反躬以踐其實」之處。但是反躬的功夫，不是一件容易的事體。他說：

> 講學固不可無，須是更去自己分上做功夫。若只管說，不過一兩日，都說盡了，只是功夫難。且如人雖知此事，不是不可為，忽然無事，又自起此念。又如臨事時，雖知其不義，不要做，又卻不知不覺自去做了，是如何？又如好事，初心本是要做，又卻終不肯做，是如何？蓋人心本善，方其見善欲為之時，此是真心發見之端，然才發，便被氣稟物慾，隨即蔽錮了，不教他發，此須自去

體察存養。看得此，最是一件大功夫。(《語類》)

體察存養，不是一件容易做到的事體，最是一件大功夫。晦庵說：

其存之也虛而靜；其發之也果而確；其用之也，應事接物而不窮；其守之也，歷變履險而不易。(《學的》)

這種存、發、用、守的功夫，是何等的重要！但是怎樣才可以做到呢？晦庵認為只有收斂身心之一法。他說：

人常須收斂個身心，使精神常在這裡，似擔百十斤擔相似，須硬著筋骨擔。(《語類》)

又說：

學者為學，未問真知與力行，且要收拾此心，令且個頓放處，若收斂都在義理上安頓，無許多胡思亂想，則久久自於物慾上輕，於義理上重。須是教義理心重於物慾，如秤令有低昂，即見得義理自端的，自有欲罷不能之意，其於物慾自無暇及之矣。茍操舍存亡之間，無所主宰，縱說得，亦

何益。（《語類》）

在晦庵的意思，是叫我們收斂身心，都在義理上安頓，能夠使精神常在這裡，硬著筋骨去擔負重擔。所以他特別看重反躬，看重存養。無怪他說：

持養之說，言之，則一言可盡；行之，則終身不窮。（《語類》）

晦庵的力行的功夫，是非常看重務實的，我們只要看他臨終時的一番談話，就可以看出他的務實的精神。

朱子疾且革，諸生入問疾。朱子起坐曰：「誤諸君遠來，然道理亦止是如此。但相率下堅苦功夫，牢固著足，方有進步處。」（《學的》）

「相率下堅苦功夫，牢固著足」，這是晦庵的務實的精神，也是晦庵的成功的祕訣。晦庵曾自白讀書用功之難：

某舊時用心甚苦。思量這道理，如過危木橋子，相去只在毫髮之間，才失腳，便跌落下去，用心極苦。（《語類》）

何以晦庵要如此地自苦呢？他說：

看來前輩以至敏之才，而做至鈍底功夫；今人以至鈍之才，而欲為至敏底功夫，涉獵看過，所以不及古人也。（《語類》）

原來晦庵之所以務實，晦庵之所以自苦，都是由於他的那種「牢固著足」，「做至鈍底功夫」的精神而來。所以晦庵對寒泉之和昌父兩人辭別時的贈言，只有務實兩字。

寒泉之別，請所以教。曰：「講論只是如此，但須務實。」請益。曰：「須是下真實功夫。」未幾，復以書來，曰：「臨別所說務實一事，途中曾致思否？今日學者不能進步，病痛全在此處，不可不知也。」（《語類》）

昌父辭，請教。曰：「當從實處做功夫。」（《語類》）

但是怎樣才能做到務實的功夫呢？晦庵提出「克己」兩字來。他說：

孟子更說甚性善與浩然之氣，孔子便全不說，便是怕人有走作，只教人克己復禮。到克盡己私，復還天理處，自是實見得這個道理，便是貼實底聖賢。聖人說克己復禮，便是真實下功夫。一日克己復禮，施之於一家，則一家歸其仁；施之於一鄉，則一鄉歸其仁；施之天下，則天下歸其仁，是真實從手頭過。（《語類》）

有人問，聖賢大公固未敢請，學者之心，當如何？晦庵答道：

也只要存得這個在，克去私意這兩句，是有頭有尾說話。（《語類》）

「克盡己私，復還天理」，「存得這個在，克去私意」，這是晦庵所時時牢記著的。所以力行的功夫，結果不得不歸結到他所主張的「存天理去人欲」上面去。他說：

人之一心，天理存則人欲亡，人欲勝則天理滅，未有天理人欲夾雜者，學者須要於此體認省察之。（《語類》）

大抵人能於天理人欲界分上，立得腳住，則盡長進在。（《語類》）

人只有個天理人欲，此勝則彼退，彼勝則此退，無中立不進退之理。凡人不進便退也。（《語類》）

天理和人欲，是不能夾雜的。天理存，人欲亡；人欲勝，天理滅。我們做功夫的要點，就在於對此天理和人欲的界分上，能夠立得住腳，加以一番體認省察的功夫，然後有所長進。所以他說：

《動箴》「曠順理則裕，從欲唯危」兩句，最緊要，這是生死路頭。（《學的》）

但是天理和人欲之分甚微。他說：

天理人欲，同行異情。循理而公於天下者，聖賢之所以盡其性也，縱慾而私於一己者，眾人之所以滅其天也。二者之間，不能以發，而其是非得失之歸，相去遠矣。（《學的》）

天理人欲之分，只爭些子，故周先生只管說幾字。然辨之又不可不早，故橫渠每說豫字。（《語類》）

唯其天理人欲之分甚微，故不能不看重一個幾字。唯其辨別此幾微之分的天理人欲，不可不早，故不能不看重一個豫字。晦庵說：

幾者，動之微，是欲動未動之間，便有善惡，便須就這裡理會。若到發出處，便怎生奈何得。（《學的》）

微動之初，是非善惡，於此可見。一念之生，不是善，便是惡。（《學的》）

幾微之間，善者，便是天理；惡者，便是人欲。才覺如此，便存其善去其惡可也。（《學的》）

戒懼是防之於未然，以全其體；謹獨是察之於將然，以審其幾。（《學的》）

戒懼，是「豫」字的功夫，是要防之於未然，目的在於「全其體」。謹獨，是「幾」字的功夫，是要察之於將然，目的在於「審其幾」。「豫」字是一種靜的功夫，所以看重存養；「幾」字是一種動的功夫，所以看重省察。晦庵說：

存養是靜功夫，省察是動功夫。（《學的》）

靜，而不知所以存之，則天理昧而大本有所不立矣；動，而不知所以節之，則人欲肆而達道有所不行矣。（《學的》）

天理是心之本有的，屬於靜的方面，所以看重「存」，所以晦庵主張「存天理」。人欲是動而後生的，屬於動的方面，所以看重「節」，所以晦庵主張「去人欲」。他說：

修德之實，本乎去人欲，存天理，不必聲色貨利之娛，宮室觀游之侈也。但存諸心，小失其正，便是人欲。（《學的》）

又說：

耳目口鼻四肢之欲，雖人所不能無，然多而不節，未有不失其本心者，學者所當深戒也。（《學的》）

晦庵對天理人欲的解釋，有一種頗奇特的見解，他拿活心死心去解釋。他說：

心要活，活是生活之活，對著死說。活是天理，死是人欲，周流無窮，活便能如此。（《語類》）

有人問，程子所說的「要息思慮，便是不息思慮」，怎講？晦庵說：

思慮息不得，只敬，便都沒了。（《語類》）

晦庵認為只有敬之一字，可以做到一切的功夫。當然存天理去人欲的功夫，也不能離開一個敬字。他說：

敬則欲寡而理明，寡之又寡，以至於無，則靜虛動直，而聖可學矣。（《學的》）

晦庵希望我們以敬的功夫，做到欲寡理明的地步。做到「寡之又寡，以至於無」的地步，這便是他所認為「聖可學」的功夫。

關於晦庵思想的體系，略如上述。現在擇要加以批判。

三　晦庵思想的批判

晦庵的思想是融合儒、道、釋三家思想而成的，又為周、張、二程諸人思想之集大成者，在中國思想界確實是個有數的人物。儒家思想在中國社會上已經占了很長久的歷史，可是自晦庵產生以後，儒家的地位更特別地增高。教育家的孔子，到了晦庵手裡，就變成宗教家的孔子了；倫理學家的孔子，到了晦庵手裡，就變成玄學家的孔子了。他所集注的《論語》、《孟子》、《中庸》、《大學》，成為儒家的聖經；他所講的格物、致知、居敬、窮理，成為士林的圭臬。這些，都可以看到他在中國社會上影響之大。毋怪他的思想，在中國學術界籠罩了有六七百年之久。平心地說，他一生做學問的堅苦牢固的精神是可以敬佩的，他所講的格物，本著程伊川的精神，「今日格一件，明日又格一件」，這對於中國尊重知識尊重考證的學派也是影響很大的。除了這些，我們就只看見他拼一生的心血以加強中國社會的封建意識，以增多無知民眾的固定觀念，以厚植維護宗法的儒家勢力。我們現在且提出他思想中幾個要點來批評。

首先，使我們驚詫的，便是他的絕對觀念說。我們知道，西洋第一個觀念論者柏拉圖，他把世界截成兩個：一個是觀念界，他認為這是真實界；一個是感覺界，他認為這是迷妄界。這兩個世界是絕不交通的。這樣，他便走上一個無法解釋的二無論。不料我們的考亭朱子，正懷著同樣的見解。他也把世界截成兩個：一個是真實的，一個是迷妄的；而所謂真實的，是一個虛無縹緲的理。

他說：「除了這道理是真實法外，見世間萬事顛倒迷妄，耽嗜戀著，無一不是戲劇，真不堪著眼也。」柏拉圖把世間萬事比作「幻影」，朱晦庵（朱熹）便把世間萬事比作「戲劇」，是出於同樣的看法。無怪晦庵更補充地說：「世間萬事，須臾變滅，皆不足置胸中。」把須臾變滅的世間萬事拋開，試問所謂真實界的理，如何真實起來？這一著不弄清，那就全般的說教都不免要瓦解。那就晦庵所謂理，任它如何真實，根本與我們不發生關係，正猶柏拉圖的觀念界與我們不發生關係一樣。這是第一點可批評的地方。

其次，是他的理先天地說。在西洋哲學上第二個觀念論者便是康德。他提出一種先驗的主張，認客觀世界是由悟性之先天的形式，所謂範疇者的制限而成立，即是說先有範疇才有客觀世界。不幸我們的考亭朱子，也牢守著這樣的立場。他以為「未有天地之先，畢竟是先有此理」。「有此理，便有此天地。」試問未有天地之先，理存於何處？我們只知道「理」是隨著世界的產生而產生的，隨著世界的發展而發展的。有這樣一種存在物，就產生這樣一種法則，有那樣一種存在物，就產生那樣一種法則，法則總是隨著存在物而產生而變化的。法則不能離開存在物而有所謂超然的存在。這便是存在決定思維，思維不能決定存在。這只有主觀的觀念論者，會離開存在物而相信有法則，離開感覺而相信有理性。法則離開了存在物，理性離開了感覺，那就會成為一種虛無縹緲的東西。如果講到真理，那就會拿自己的意見當作真理，或則武斷著世間只有一個真理。晦庵說：「人只有一個公私，天下只有一個邪正。」這是他的明明白白的主觀的觀念論之暴露。晦庵以為離開了天地會有理，和康德認為離開了客觀世界會有範疇，不是一樣的看法嗎？康德的看法是認客觀世界根本是由範疇造成的；而晦庵也明白地說：「有此理，便有此天地。」不是認「此天地」根本是由「此理」造成的嗎？這完全是主觀的觀念論一派的見解，和真正的客觀的真理是距離得很遠很遠的。

再次，我們要批評他的天理人欲說。他的天理人欲說，是從他的絕對觀念說而來。在他的絕對觀念說裡面，把世界截成真實界和迷妄界，因此在他的修養法裡面，就有天理人欲說。他主張天理宜存，人欲宜去，但人欲如何可去呢？他說：「敬則欲寡而理明，寡之又寡，以至於無。」試問人類可以無慾嗎？世間上有沒有「無慾」的人類？這都是由於晦庵看「耽嗜戀著，無一不是戲劇」。不然，慾望在人類，正是一種生機，「飲食男女，人之大欲」，如何可去，如何可無？晦庵把世界截成兩段，當然從他的玄學演繹到他的倫理學，不能不得出這樣一種結論。

最後，我們要批評他的讀書的態度。晦庵認「讀便是學，學便是讀」，關於這點，清代學者如顏習齋一流人曾加以批難，後當論及。我此刻所要說的，是晦庵認「讀書一事，尚可以為懾服身心之助」。他以為古人設教，自灑掃應對進退之節，禮樂射御書數之文，必皆使之抑心下氣。現在這些禮節都沒有了，只有拿讀書來替代。晦庵主敬，正與這種態度相同。他說：「古者小學已自暗養成了，到長來已有聖賢坯模……如今全失了小學功夫，只得教人且把敬為主。」無論主敬也好，讀書也好，他的根本意思是在「消磨飛揚倔強之氣」。自經晦庵這番的說明，於是後來的統治階級，尤其是清代，遂專用這種態度，提倡讀書，以消磨被統治階級的飛揚倔強之氣。晦庵對於讀書，既抱著這樣的一種態度，毋怪他對科舉毫不加非難。並且說：「非是科舉累人，自是人累科舉。」用懾服身心、消磨志氣的態度，提倡讀書，只是表現一個御用學者的可憫的心境。

自晦庵以後，反對晦庵的很多，我們現在單提出反對而頗具力量的三個人：一是王陽明，他根據他的極端唯心論去反對；二是顏習齋，他根據他的實踐的精神去反對；三是戴東原，他根據他的理欲一元論去反對。現在依次略加說明。

王陽明是一個極端的觀念論者，他覺得朱晦庵（朱熹）的觀念論還不夠數，因為晦庵雖主張心理合一，但他還認事事物物，各有一理，陽明便直截了當地主張「求理於心」。這樣，便一切的一切無往而非觀念了。陽明在答顧東橋的書中，批評晦庵頗嚴厲。書云：

夫物理不外於吾心，外吾心而求物理，無物理矣。遺物理而求吾心，吾心又何物耶？心之體，性也，性即理也。故有孝親之心，即有孝之理，無孝親之心，即無孝之理矣；有忠君之心，即有忠之理，無忠君之心，即無忠之理矣。理豈外於吾心耶？晦庵謂人之所以為學者，心與理而已。心雖主乎一身，而實管乎天下之理；理雖散在萬事，而實不外乎一人之心。是其一分一合之間，而未免已啟學者心理為二之弊。此後世所以有「專求本心，遂遺物理」之患，正由不知心即理耳。夫外心以求物理，是以有暗而不達之處；此告子義外之說，孟子所以謂之不知義也。心一而已，以其全體惻怛而言謂之仁，以其得宜而言謂之義，以其條理而言謂之理；不可外心以求仁，不可外心以求義，獨可外心以求理乎？外心以求理，此知、行之所以二也。求理於吾心，此聖門知行合一之教，吾子又何疑乎！（《傳習錄中》）

陽明的觀念論，可謂登峰造極，可是還沒有達到荒謬的態度，像下面的話，就荒謬極了。先生游南鎮，一友指岩中花樹問曰：「天下無心外之物，如此花樹，在深山中自開自落，於我心亦何相關？」先生曰：「你未看此花時，此花與汝心同歸於寂；你來看此花時，則此花顏色一時明白起來，便知此花不在你的心外。」（《傳習錄下》）

英國有一個極端的觀念論者柏克萊，他這樣觀察世界。他說：「凡存在的都是被感覺的。」意思是說，凡不感覺的都是不存在的。有人問他：「你不曾出生時那些舊的東西，為什麼會存在？」他說：「這是由於先輩有人去感覺它。」又問：「異地的東西為什麼會存在？」他說：「這有異地的人去感覺它。」西方有個柏克萊，東方便有個王陽明，都陷入唯我論，真可謂無獨有偶。用這樣的觀點去批評朱晦庵（朱熹），朱晦庵（朱熹）是不接受的。

其次講顏習齋，顏習齋的見解便高明多了。習齋處處看重實用，他便用實用的觀點批評晦庵。晦庵說：「古人只去心上理會……今人只去事上理會。」習齋便從這點下攻擊。習齋說：

見理已明，而不能處事者，多矣。有宋諸先生，便謂還是見理不明，只教人明理。孔子則只教人習事。迨見理於事，則已徹上徹下矣。此孔子之學與程、朱之學所由分也。（《顏氏學記》）

「見理於事」和「求理於心」，是兩種剛剛相反的見解。這麼一來，晦庵便站不住了。還有，關於讀書問題，習齋也對晦庵攻擊最力。晦庵說：「書只貴讀，讀多自然曉……嘗思之，讀便是學……

學便是讀……若讀得熟而又思得精，自然心與理一，永遠不忘。」習齋以為這種讀書法也不對。他主張「讀之以為學」，而反對晦庵「讀便是學」的看法。習齋說：

> 周公之法，春秋教以禮樂，冬夏教以詩書，豈可不讀書？但古人是讀之以為學，如讀琴譜以學琴，讀禮經以學禮。博學之，是學六府、六德、六行、六藝之事也。專以多讀書為博學，是第一義已誤，又何暇計問思辨行也！（《顏氏學記》）

> 元為此懼，著《存學編》，申明堯、舜、周、孔三事、六府、六德、六行、六藝之道。明道不在章句，學不在誦讀，期如孔門博文約禮，實學實習實用之天下。（《顏氏學記》）

可見習齋的話是處處針對晦庵而發的。不過習齋所謂學，還是以學堯、舜、周、孔之道為主，其維護封建的思想，是和晦庵一致的。

戴東原的哲學，則為針對宋代一般學者的思想而發，其對晦庵攻擊之處，更為鞭辟近裡。晦庵主張存天理、去人欲，東原則明目張膽地認天理和人欲並非兩事，因而揭起理欲一元論的旗幟。東原說：

> 欲者，血氣之自然，其好是懿德也，心知之自然。（《疏證上》）

聖人順其血氣之欲，則為相生養之道。（《疏證上》）

又說：

有血氣則有心知，有心知則學以進於神明，一本然也。（《疏證上》）

東原認血氣是就欲的方面而言，心知是就理的方面而言，都是屬於一種自然的狀態。但是必定要先有血氣之欲，然後才能有心知之理。「有血氣則有心知」一語，是東原理欲一元論的中心思想。在晦庵一方面，則主張「未有天地之先，畢竟是先有此理」，「萬理具於一心」。無怪東原對於晦庵所說的「理」，要力加攻擊了。東原首先告訴我們：欲不可無。他說：

孟子言：「養心莫善於寡慾。」明乎欲不可無也，寡之而已。（《疏證上》）

天理者，節其欲而不窮人欲也。是故欲不可窮，非不可有。（《疏證上》）

又說：

欲其物，理其則也。（《疏證上》）

晦庵卻說：「欲寡理明，寡之又寡，以至於無。」明明是「無慾」的主張了。這點也是東原所攻擊的。其次，東原告訴我們理在事中。他說：

物者，事也。語其事不出乎日用飲食而已矣。舍是而言理，非古賢聖所謂理也。（《疏證上》）

又說：

是故就事物言，非事物之外別有理義也。有物必有則，以其則正其物，如是而已矣。就人心言，非別有理以予之而具於心也。心之神明於事物，咸足以知其不易之則。譬有光皆能照，而中理者，乃其光盛，其照不謬也。（《疏證上》）

再次，東原告訴我們：不可視理如有物。他說：

舉凡天地人物事為，求其必然不可易，理至明顯也。從而尊大之，不徒曰天地人物事為之理，而轉其語曰理無不在，視之如有物焉，將使學者皓首茫然，求其物不得。（《疏證上》）

晦庵的主張，明明是「欲不可有」，「求理於心」，「視理如有物」，那麼，他所謂理者，僅不過是一種意見。若以意見為理，流弊所及，將有不堪設想之處。所以東原對晦庵便下了這樣的警告：

> 自宋以來，始相習成俗，則以理為如有物焉，得於天而具於心，因以心之意見當之也。於是負其氣，挾其勢位，加以口給者理伸，力弱氣慴口不能道辭者理屈。嗚呼，其孰謂以此制事以此制人之非理哉？（《疏證上》）

> 人莫患乎蔽而自智，任其意見，執之為理義。吾懼求理義者以意見當之，孰知民受其禍之所終極也哉？（《疏證上》）

又說：

> 人死於法，猶有憐之者，死於理，其誰憐之。（《疏證上》）

東原對晦庵的攻擊，可謂達到百尺竿頭，但所持的理由，卻是很正確的。在封建社會統治階級的淫威之下，「死於理」的確實要比「死於法」的更可憐。這是東原的識解過人之處。

總之，晦庵談理，建立一種理學，結果，對於封建社會統治階級的效用大，而對於被統治階級的幫助卻是極微極微，宜乎在中國現代社會也成為一般人攻擊的目標。

第九講
體用一源論

第九講　體用一源論

今天講第九講，以清代哲學家王船山（王夫之）為主題。清代哲學是和宋、明哲學完全不同的。關於清代哲學的社會背景，須得有個說明。不過我還有一講是講清代哲學的，那麼，關於這點率性留在下一次來講，現在單講船山哲學。船山在中國哲學史上的地位，我看比朱晦庵（朱熹）、王陽明還要高，也比顏習齋、戴東原諸人來得重要。就清代哲學說，我認為船山是第一個人，只可惜很少有人研究他，或者進一步理解他。他的哲學是完全站在「體用一源」的立場上。我們現在分作五段來講明。

一　船山思想的體系

船山在《張子正蒙注．太和》篇裡面說道：

> 太和，本然之體未有知也，未有能也，易簡而已。而其所涵之性，有健有順，故知於此起，法於此效，而大用行矣。

「體」是指的大自然的本體而言，在這本體的大自然當中，一切事物之所以能夠產生的原因，完全是由於「用」的關係。「用」，離開了「體」，就無從發生；「體」，若是沒有「用」，也就不能顯其存在。體和用實際是一件東西，我們不應把它分開，也無法把它分開。船山說：

乾坤有體則必生用，用而還成其體。（《正蒙注》）

用是從體發生的，有了體，一定是要發生出用來，用不僅是從體發生，用來顯現出體的存在，就算了事，還要從用的關係裡面，產生出一個新的體來。大自然的本體是體，顯現出大自然存在的關係是用，因有這顯現大自然存在的用，於是在大自然當中產生了萬有不齊的各種新的事物，這許多新的事物的本身又是新「體」。這些新「體」，是從顯現大自然存在的「用」而成的。同時在各種事物的新「體」當中，又有一種新的「用」的關係存在。如此推演不已，因而產生萬物，這就是大自然之所以為大自然了。所以船山說：「中涵者，其體；是生者，其用也。」船山關於太和兩字的解釋，曾有這樣的一段話，他說：

太和，和之至也。道者，天地人物之通理，即所謂太極也。陰陽異撰，而其絪於太虛之中，合約而不相悖害，渾淪無間，和之至矣。未有形器之先，本無不和，既有形器之後，其和不失，故曰太和。（《正蒙注》）

他對「太和」兩字的解釋，正是說明「體」和「用」的關係。「未有形器之先」，是指的那個「渾淪無間」的大自然而言，就是所謂「太極」。當然，在這個「渾淪無間」的大自然當中，哪裡會有不和之可言。既然有了大自然的本體，於是因體生用，因用而產生萬事萬物的新體，這就是所謂「既有形器之後」了。這些萬事萬物的形器，各有其體，各有其用，「合約而不相悖害」，所以「其和不失」，這就叫做太和，這就叫做「天地人物之通理」。所以船山說：

神，行氣而無不可成之化，凡方皆方，無一隅之方。易，六位錯綜，因時成象，凡體皆體，無一定之體。（《正蒙注》）

體者，所以用；用者，即用其體。（《正蒙注》）

我們從這兩段話裡面，可以知道體之為體，是由於「六位錯綜，因時成象」的關係，所以「無一定之體」可言。不過體雖無定，然而我們可以認識因體而發生的用，更可以從用的關係上來確定體的關係。船山認為如果廢用，則體亦無實。所以他說：「佛、老之初，皆立體而廢用，用既廢，則體亦無實；故其既也，體不立而一因乎用。莊生所謂寓諸庸，釋氏所謂行起解滅是也。君子不廢用以立體，則致曲有誠，誠立，而用自行。逮其用也，左右逢原，而皆其真體。」（《思問錄》）因此我們知道「由體生用，廢用無體」。譬如說，有了目就可以見色，有了耳就可以聽音，有了舌就可以嘗味，有了肢體就可以辨物。目、耳、舌和肢體，都是指體而言，見、聽、嘗、辨，都是指用而言，沒有見、聽、嘗、辨的用，怎能顯現得出目、耳、舌和肢體的存在，因此，我們可以從見、聽、嘗、辨的用的關係上面，認識了目、耳、舌和肢體的體的關係。這就是說：「體者，所以用；用者，即用其體。」船山說：

> 天無體，用即其體，範圍者大心以廣運之，則天之用顯，而天體可知矣。（《正蒙注》）

我們不但要知道「體者所以用」，我們不但要知道「用者即用其體」，我們尤其應當更進一步地了解，所謂用，就是體的本身，因為用之顯，然後體之存可知。無體，用固無從發生；無用，體亦不能存在。用和體不但不能分開，實際上就是同一的東西，船山稱之為「體用一源」。他說：

> 因理而體其所以然，知以天也；事物至而以所聞所見者證之，知以人也。通學識之知於德性之所喻，而體用一源，則其明自誠而明也。（《正蒙注》）

「體用一源」這四個字，是船山思想全部的中心。他認為宇宙間一切事物的聚散屈伸推演生長的關係，都是「體」和「用」在那裡發生作用。所以他說：「人者，動物得天之最秀者也。其體愈靈，其用愈廣。」人之所以能夠超出動物之上，日求改善自身的生活，並且進而做出許多征服自然的事業出來，其原因是由於人類得天最秀的關係，所謂得天最秀者，就是體靈，唯其「體靈」，所以「用廣」，這就是人之所以為人。船山雖然認清了體用是一源的，然而他對體和用卻有一種不同的看法，他認為：「變者，用也；不變者，體也。」變和不變，是「用」和「體」所以不同的地方，也正是宇宙間一切事物推演生長的關鍵。在這裡我們可以看出船山思想的體系。

二　船山的有和動

船山從體用一源的中心思想推演出他的全部哲學。他從體的觀點上面，看重了一個「有」字；他從「用」的觀點上面，看重了一個「動」字。「有」和「動」這兩個字，在船山的全部思想上，占著非常重要的地位。船山因為反對釋氏的無，所以提出一個「有」字；船山因為反對老氏的靜，所以提出一個「動」字。「有」和「動」這兩個字，雖然是針對著釋、老兩氏的思想而發，然而卻成為船山全部思想的兩根柱石。

船山之所謂體，是指的實體而言。他從體的觀點上，看重了有，所謂有，當然是指的實事實物而言。張載在《正蒙》上說：「氣之聚散於太虛，猶冰凝釋於水。知太虛即氣則無無。」太虛，是指的一無所有的空間而言。氣，不是一個空虛的名詞，而是指的實物的氣體而言，所謂太虛，就表面看來，似乎是空無一物，似乎可以算得是無了，然而究其實際，所謂太虛者，事實上是充滿了無量數的實物，這種實物，我們稱它做氣體。不過氣體這種東西，在表面上似乎是視之不見，聽之不聞，觸之不得。唯其在表面上似乎是不見不聞不知的緣故，所以我們就要誤認太虛為無。其實這種看法，僅僅是一種錯覺罷了，哪裡能夠算得是正確的觀念。太虛且不能稱之為無，宇宙間更有何處，能容得一個「無」字存在。所以船山說：

虛空者，氣之量。氣彌淪無涯，而希微不形，則人見虛空而不見氣，凡虛空，皆氣也。（《正蒙注》）

人之所見為太虛者，氣也，非虛也。虛涵氣，氣充虛，無有所謂無者。（《正蒙注》）

充滿宇宙間的儘是實物，沒有所謂無的關係存在的餘地，所謂無，不過是人們的一種誤認，一種錯覺罷了。所謂「盈天地之間者，法象而已矣」。（張子《正蒙》）但是人們為什麼要認為有一種「無」的觀念存在呢？船山對此曾作一種反覆的說明。他說：

聚而明得施人，遂謂之有；散而明不可施人，遂謂之無。不知聚者暫聚，客也，非必為常存之主。散者返於虛也，非無固有之實。人以見不見而言之，是以滯爾。（《正蒙注》）

無形，則人不得而見之，幽也。無形，非無形也；人之目力窮於微，遂見為無也。心量窮於大，耳目之力窮於小。（《正蒙注》）

聖人……知幽明之故，而不言有無也。言有無者，絢目而已。（《正蒙注》）

可見謂之有，不可見遂謂之無。（《正蒙注》）

聚則見有，散則疑無。（《正蒙注》）

船山認為：一般人之所謂有，是由於聚的關係，見的關係，明的關係，因而稱之為有；一般人之所謂無，是由於散的關係，不見的關係，幽的關係，因而稱之為無。要知道聚非常存，有聚則必有散；散非消滅，散而復成為聚。視聚散為有無，僅不過是宥於耳目所能見及的狹小的範圍而已。以耳目所能見及之狹小的範圍，來衡定一切事物之有無，所得安能正確？須知耳目受著空間和時間的限制，我們不能把我們所能見及的空間以內的事物，視之為有，而把存在於我們所能見及的空間以外的一切事物，視之為無；我們也不能把我們生存著的一段時間，視之為有，而把我們未生存以前的一段更長的時間，反視之為無。若以耳目所不見及者謂之無，則其所謂無者，實為一種錯覺而已。這就是說明「言有無者，絢目而已」的關係。無既然是一種錯覺，為什麼大家還要去信任它傳說它呢？船山認為以不知為無，正可以給人以一種躲閃的餘地，這就是無之所以能存在的關係，也就是大家之所以相信的緣故。船山認為用無來做護符的，遠則有釋氏的思想，近則有姚江的學說。他說：

> 釋氏謂：心生，種種法生；心滅，種種法滅。置之不見不聞，而即謂之無。天地本無起滅，而以私意起滅之，愚矣哉！（《正蒙注》）

> 以虛空為無盡藏，故塵芥六合；以見聞覺知所不能及為無有，故夢幻人世。（《正蒙注》）
>
> 釋氏之邪妄者，據見聞之所窮，而遂謂無也。（《正蒙注》）
>
> 釋氏以真空為如來藏，謂太虛之中，本無一物，而氣從幻起，以成諸惡，為障礙真如之根本，故斥七識乾健之性，六識坤順之性，為流轉染汙之害源。（《正蒙注》）

釋氏緣見聞之所不及，而遂謂之無。故以真空為圓成實性，乃於物理之必感者，無理以處之，而欲滅之。滅之而終不可滅，又為化身無礙之遁辭。乃至雲淫坊酒肆，皆菩提道場，其窮見矣。（《正蒙注》）

尋求而不得，則將應之曰無，姚江之徒以之。天下之尋求而不得者眾矣，宜其樂從之也。（《思問錄》）

釋氏和姚江之徒之所以發生「無」的觀念，是由於「尋求而不得」，是「據見聞之所窮」，是「以見聞覺知所不能及」者，稱之為無。實際上他們之所謂無，僅不過是把實事實物，「置之不見不聞」的地位而已。實事實物絕不因他們的不見不聞，而即失其存在的地位，宜乎他們是以有作無，視真為幻。所以他們認為實物的氣，是從幻而起，以致造成了無量數的惡因，他們終於走入了「夢幻人世」的一條錯覺的道路。我們要知道凡是一種學說，希望它能夠成立，一定要有建樹這種學說的理由存在。我們不應當抱著那種「尋求而不得，則將應之曰無」的偷懶的態度，我們更不應當採取那種「置之不見不聞」的躲閃的辦法。所以船山說：

言無者，激於言有者而破除之也。就言有者之所謂有，而謂無其有也。天下果何者而可謂之無哉？言龜無毛，言犬也，非言龜也；言兔無角，言麋也，非言兔也。言者，必有所立，而後其說成。今使言者立一無於前，博求之上下四維古今存亡而不可得窮矣。（《思問錄》）

「言者必有所立而後其說成」，這句話，是船山攻擊釋氏重無最有力量的話語，也就是船山自己建樹他的重實重有的主張的基礎。假使我們是言而無所立，我們的主張所建樹的基礎，就不能牢固，那麼，我們又何貴乎來講這樣無聊的話語。所以我們在言龜時，只應當言龜，而不應當說到毛，在言兔時，只應當言兔，而不應當說到角。如果我們說到無毛無角，那麼，我們所說的已經不是龜和兔，而是那種有毛的犬和生角的麋了。船山認為釋氏之所以發生那種錯誤的虛無思想的原因，是因為他們看重了生滅的關係，既然宇宙當中有所謂消滅的關係存在，當然就要發生無的思想。不過事實上就以釋氏自身來說，他們也不能徹底地做到消滅的境地。所以船山說他們是「滅之而終不可滅」，乃至於有那種「淫坊酒肆，皆菩提道場」的遁詞。那種「化身無礙」的遁詞，正足以證明釋氏所主張的無和滅，不過是一種不能成立的錯誤的思想而已。所以船山曾經慨乎其言之說道：「天下惡有所謂無者哉？於物或未有，於事非無，於事或未有，於理非無。尋求而不得，怠惰而不求，則曰無而已矣。甚矣，言無之陋也。」（《正蒙注》）然則船山自己怎樣來說明宇宙間一切現象的關係呢？他認為宇宙間的一切，都是聚散屈伸的關係，根本就沒有所謂生滅。聚散屈伸的意義，和生滅的意義完全不同。生滅是說明從無生有，滅有為無的關係，聚散屈伸是說明顯和隱的關係。我們知道無中不能生有，有亦不能消滅為無。若隱顯之說，則與生滅之說大異。所謂顯者，是我們對於事物，能見能聞的時候；所謂隱者，是我們對於事物，不能見不能聞的時候。不過我們要知道，事物雖由於我們的能見能聞與否，而有所謂顯和隱的關係，然而事物本身，則永存於宇宙之間，絕不因我們的不見不聞而有所消滅。船山說：「吾目之所不見，不可謂之五色；吾耳之所不聞，不可謂之無聲；吾心之所未思，不可謂之無理。以其不見不聞不思也，而謂之隱，而天下之色有定形，聲有定響，理有定則也。何嘗以吾見聞思慮之不至，為之藏匿無何有之鄉哉！」（《經義》）這就是船山的思想和釋氏的思想一個重要的分野，也就是船山之所以重有，釋氏之所以重無的關鍵。所以船山說：

散而歸於太虛，復其縕之本體，非消滅也；聚而為物之生，自縕之常性，非幻成也。（《正蒙注》）

聚而成形，散而歸於太虛……聚而可見，散而不可見爾。其體豈有不順而妄者乎？（《正蒙注》）

聚則顯，顯則人謂之有；散則隱，隱則人謂之無。（《正蒙注》）

故曰往來，曰屈伸，曰聚散，曰幽明，而不曰生滅。生滅者，釋氏之陋說也。（《正蒙注》）

散非消滅，聚非幻成，散而不可見，聚而可見，散則隱，聚則顯。故船山反覆說明聚散屈伸的關係，而不言生滅。明乎此，則知船山之所以重有，與其所以反對釋氏的無的緣故。

我們在上面曾經說過，重有重動，是船山全部思想的兩大柱石。我們又說過，船山重有的思想，是從他的體的觀念出發；船山重動的思想，是從他的用的觀念出發。他因為反對釋氏的無，所以重有；因為反對老氏的靜，所以重動。關於他的重有的思想，我們已經說明一個大概，現在進而討論他的重動的思想。船山說：

太極動而生陽，動之動也；靜而生陰，動之靜也。廢然無動而靜，陰惡從生哉！一動一靜，闔辟之謂也。由闔而辟，由辟而闔，皆動也。廢然之靜，則是息矣。至誠無息，況天地乎！維天之命，於穆不已，何靜之有！（《思問錄》）

又說：

時習而說，朋來而樂，動也；人不知，而不愠，靜也，動之靜也；嗒然若喪其耦，靜也，廢然之靜也。天地自生，而吾無所不生。動不能生陽，靜不能生陰，委其身心，如山林之畏佳，大木之穴竅，而心死矣。人莫悲於心死，莊生其自道矣乎！（《思問錄》）

船山把動和靜的關係，分為三種：第一為動之動；第二為動之靜；第三為廢然之靜。他認為宇宙間的一切，都是時刻在變動不停，所謂靜，不是停息不動的意思，靜，不過是動的另一種方式，所以稱之為動之靜。假如是真的停息不動了，我們不應叫它做靜，只應叫它做息。這種停止不動的息，船山稱之為廢然之靜。我們要知道靜和廢然之靜，是完全不同的。靜是動的另一方式，靜是包含在動的關係當中，所謂靜，實際上就是動，不過是名詞不同，不過是一件事的兩面觀而已。所以船山稱之為動之靜。至若廢然之靜，其含意大不相同。廢然之靜是息，是停止不動的意思。所謂息，是指不動而言。息與動處於對立的地位。息則不動，動則不息，息和動，決無同時並存的可能。我們知道宇宙間的一切，都是「由闔而辟由辟而闔」地變動著，永遠沒有停息的時候。假如說宇宙是不動的，那麼，生機斷絕，作用全失，宇宙還能成其為宇宙嗎？所以船山說：「至誠無息，況天地乎！」因此船山認為莊生之「嗒然若喪其耦」，為「廢然之靜」，而稱之為「心死」。老氏因為主靜，所以看重一個樸字，船山對此，異常反對。他說：「樸之為說，始於老氏，後世習以為美談。樸者，木之已伐而未裁者也。已伐則生理已絕，未裁則不成於用，終乎樸，則終乎無用矣。如其用之，可棟可楹，可豆可俎，而抑可溷可牢，可杻可梏者也。」（《俟解》）又說：「養其生理自然之文，而修飾之以成乎用者，禮也。詩曰：『人而無禮，胡不遄死。』遄死者，木之伐而為樸者也。」（《俟解》）木之未伐的時候，生機盎然，充滿條達榮茂，這是動的緣故，也正是用的緣故。木之已伐而裁之以用，大而用之則可棟可楹可豆可俎，小而用之則可溷可牢可權可梏，這依舊是動的緣故，也正是用的緣故。至於樸，是指的那種停息不動的已伐之木而未裁之以用的關係而言。此種生理已絕不成於用的廢物，有何價值之可言！所以船山稱此已伐而未裁的樸，為「遄死」，為「終乎無用」了。船山曾經說明動和用的關係，有如下的話語。他說：

存諸中者為靜，見諸行者為動。（《正蒙注》）

中涵者其體，是生者其用。（《正蒙注》）

溫涼，體之覺，動靜，體之用。（《正蒙注》）

乾坤有體則必生用，用而還成其體，體靜而用動。故曰，靜極而動，動極而靜，動靜無端。（《正蒙注》）

我們看他既說「存諸中者為靜」，又說「中涵者其體」；既說「見諸行者為動」，又說「是生者其用」。所謂「存諸中」，就是「中涵」的意思；所謂「見諸行」，就是「是生」的意思。可見靜，是指體而言；動，是指用而言。所以他說「體靜而用動」。但是「體靜而用動」，是就動和靜的本身而言，若以動靜對體的關係來看，則又不同。何以故？因為「靜極而動，動極而靜，動靜無端」的緣故。所謂「動靜無端」者，就是說動靜都是用的關係。船山所謂「動」是動之動，「靜」是動之靜，正是這個緣故。他說：

動極而靜，靜極復動，所謂動極靜極者，言動靜乎。（《思問錄》）

方動即靜，方靜旋動，靜即含動，動不含靜，善體天地之化者，未有不如此者也。（《思問錄》）

在這兩段話裡面，可以看出船山說明動和靜的關係。但是動和靜是怎樣發生的呢？他以為是由於陰陽二氣的作用。他說：

陰陽二氣，充滿太虛，此外更無他物，亦無間隙。天之象，地之形，皆其所範圍也。散入無形，而適得氣之體，聚為有形，而不失氣之常。（《正蒙注》）

> 虛者，太虛之量，實者，氣之充周也。升降飛揚而無間隙，則有動者以流行，則有靜者以凝止。於是而靜者以陰為性，雖陽之靜，亦陰也；動者以陽為性，雖陰之動，亦陽也。（《正蒙注》）

> 感者，交相感。陰感於陽，而形乃成；陽感於陰，而像乃著。遇者，類相遇。陰與陽遇形乃滋，陽與陰遇象乃明。感遇則聚，聚已必散，皆升降飛揚自然之理勢。（《正蒙注》）

> 動靜者，即此陰陽之動靜，動則陰變於陽，靜則陽凝於陰……非動而後有陽，靜而後有陰，本無二氣，由動靜而生，如老氏之說也。（《正蒙注》）

「陰陽二氣，充滿太虛，此外更無他物，亦無間隙」，這是就體而言。「散入無形，而適得氣之體，聚為有形，而不失氣之常」，這是就用而言。唯其有體和用的關係，所以發生陰陽動靜的作用。靜，以陰為性，動，以陽為性，靜以凝止，動以流行。因為有動和靜的關係，於是陰陽二氣，發生感和遇的作用。陰陽交相感，然後形乃成而像乃著；陰陽類相遇，然後形乃滋而像乃明。這種成形、著象、滋形、明象的感和遇的作用，完全是由於動和靜的關係。不過我們要知道，動靜，就是陰陽二氣本身的動靜，並不是說在陰陽二氣之外，另有一種動靜的關係存在。如果說因動而後有陽，因靜而後有陰，那就等於是說，在未有體之先，已有用的關係存在，先有用而後有體。我們知道，用的關係，從體而生，用何能先體而存在。動靜的關係，從陰陽而生，動靜又何能先陰陽而存在。船山以為老氏那種本無陰陽二氣，由動靜而生陰陽的說法，完全是一種先有用而後有體的倒果為因的謬說。但這點也是船山思想和老氏思想的一個很重要的分野。船山對於這種體用動靜的關係，曾有一段明白曉暢的說明。他說：

虛必成實，實中有虛，一也；而來則實於此虛於彼，往則虛於此實於彼，其體分矣。止而行之動，動也，行而止之靜，亦動也，一也；而動有動之用，靜有靜之質，其體分矣。聚者聚所散，散者散所聚，一也；而聚則顯，散則微，其體分矣。清以為濁，濁固有清，一也；而清者通，濁者礙，其體分矣。使無一虛一實一動一靜一聚一散一清一濁，則可疑太虛之本無有，而何者為一？唯兩端迭用，遂成對立之象。於是可知所動所靜所聚所散為虛為實為清為濁，皆取給於太和絪之實體。一之體立，故兩之用行。如水唯一體，則寒可為冰，熱可為湯，於冰湯之異，足知水之常體。（《正蒙注》）

「一之體立，兩之用行」，是船山說明體用以及陰陽動靜關係的一句最明了的話語。我們既然知道動靜和陰陽的關係，那麼當陰陽發生了動靜的作用以後，將成何種狀態呢？船山以為那是一種變化不息，日新不已的狀態。他說：

有像斯有對，對必反其為；有反斯有仇，仇必和而解。（《正蒙注》）

以氣化言之，陰陽各成其象，則相為對。剛柔寒溫生殺必相反而相為仇，乃其究也，互以相成，無終相敵之理，而解散仍返於太虛。（《正蒙注》）

相反相仇則惡，和而解則愛。陰陽異用，惡不容已。陰得陽，陽得陰，乃遂其化，愛不容已。

形者，言其規模儀象也，非謂質也。質日代而形如一，無恆器而有恆道也。江河之水，今猶古也，而非今水之即古水。燈燭之光，昨猶今也，而非昨火之即今火。水火近而易知，日月遠而不察耳。爪發之日生，而舊者消也，人所知也；肌肉之日生，而舊者消也，人所未知也。人見形之不變而不知其質之已遷，則疑今茲之日月，為邃古之日月；今茲之肌肉，為初生之肌肉。惡足以語日新之化哉？（《思問錄》）

宇宙間的一切，是永遠在繼續不停地日新月異地變化著。為什麼我們好像感覺到一種「質日代而形如一」的關係存在呢？這原因是由於我們往往只覺察到一些近而易知的事物，是在那裡變化著；對於那些遠邊而難察的東西，好像是有一種千古不變永存的關係。我們對於近而易知的水火，知道他是今昔不同；不過對於遠而難察的日月，就認為是永古不變的。不但如此，就以我們本身的關係來說，我們所能察知有變化消長的關係的，僅僅限於易知易見的爪發而已，對於自身的日生著的肌肉，則反以為是沒有變化消長的關係，而認為是「今茲之肌肉，為初生之肌肉」。但是我們要知道宇宙的萬事萬物，是永在日新變異之中，易知易察的水火爪發，固然是在日新不已地變動著，難知難察的日月肌肉，也同樣地是在日新不已地變動之中。因為只要有像，在他的本身當中，就存立著一種與之相對而相反的關係，有了這種相對而相反的關係，因而更發生一種相仇的作用。在這種「反而仇」的作用當中，就產生那種「和而解」的結果。因此，我們知道，相反相仇的惡，和那種和而解的愛，正是說明萬事萬物日新不已的變動的法則。於此，船山的「體用一源」的思想，得到了一種圓滿而有力的完成。

三　船山的性論

關於船山的思想體系，我們已經有了一個大概的說明，現在可以研究船山的性論。船山的思想體系，是建築在「體用一源」說的基礎之上，船山的性論，是建築在「理氣一源」說的基礎之上。船山的「理氣一源」的思想，當然是從他的根本思想「體用一源」說引申出來的。他說：

乾道變化，各正性命，理氣一源，而各有所合於天，無非善也。而就一物言之，則不善者多矣。唯人則全具健順五常之理；善者，人之獨也。（《正蒙注》）

神化者，氣之聚散不測之妙，然而有跡可見；性命者，氣之健順有常之理，主持神化而寓於神化之中，無跡可見。若其實，則理在氣中，氣無非理；氣在空中，空無非氣。通一而無二者也。（《正蒙注》）

人之有性，函之於心，而感物以通，象著而數陳，名立而義起，習其故而心喻之。形也，神也，物也，三者相遇而知覺乃發。故由性生知，以知知性，交涵於聚而有間之中，統於一心。由此言之，則謂之心。順而言之，則唯天有道，以道成性，性發知道。逆而推之，則以心盡性，以性合道，以道事天。唯其理本一原，故人心即天，而盡心知性，則存順沒寧。（《正蒙注》）

由太虛有天之名；由氣化有道之名；合虛與氣，有性之名；合性與知覺，有心之名。（《正蒙注》）

物與我皆氣之所聚，理之所行，受命於一陰一陽之道，而道為其體。不但夫婦鳶魚為道之所昭著，而我之心思耳目，何莫非道之所凝承，而為道效其用者乎！唯體道者，能以道體物我則大，以道而不以我。（《正蒙注》）

又說：

未生則此理在太虛，為天之體性；已生則此理聚於形中，為人之性；死則此理氣仍返於太虛。形有凝釋，氣不損益，理亦不雜，此所謂通極於道也。（《正蒙注》）

性、命、理、氣，這許多名稱，看起來似乎是並不相同，各有各的含義，各有各的範圍。但是我們要知道這許多含義不同、範圍各異的名稱，實際上均是那個大自然的體所發生出來的各種不同的用。所以說「物與我皆氣之所聚，理之所行」。氣雖然是有聚散變化的關係存在，雖然有時是有跡可見，有時是無跡可尋，然而它總離開不了那種體和用的關係。所以說：「理在氣中，氣無非理，氣在空中，空無非氣。」

我們知道：當我們未生的時候，所謂理，是寄存在太虛的當中，我們稱它做天的體性；等到已生之後，在我們的本身，也有一個形體存在，於是理聚於我們的形體之中，我們稱它做人之性；及至於我們死亡以後，形體又歸於消滅了，那麼理氣就仍然返之於太虛之中。所以我們說，形體雖然有凝聚和散釋的變遷，然而氣和理則永存於宇宙之間，沒有所謂損益和雜亂的現象。所以稱「性命為氣之健順有常之理」。因此，船山說，「其理本一原」，「通一而無二者也」，「乾道變化，各正性命，理氣一源」。船山又說：

名者，言道者分析而名言之，各有所指，故一理而多為之名，其實一也。（《正蒙注》）

這一段話，正是說明理氣一源的關係。名之發生，是由於說道者為了便利起見，於是分析為各種不同的名稱，以便於指示各種不同的關係，我們就表面上看來，雖然是名目繁多，然而按之實際，還是不能離開那個根本的道理。我們知道，天之名，是由太虛而生；道之名，是由氣化而生；性之名，是合虛與氣而生；心之名，是合性與知覺而生。所謂天、道、性、心這許多名稱，當然是各有各的來源。但是，它們那些生成變化的關係，又怎能離開體和用的範圍？所以船山認為名雖多而理則一理氣同是一源。船山說性，不是一種唯心的空洞的說法，他認為性和形和氣，都有連貫的關係，尤其是他說性的產生，是有一種客觀的關係存在，他說：

天氣入乎地氣之中，而無不浹，猶火之暖氣入水中也，性，陽之靜也，氣，陰陽之動也，形，陰之靜也。氣浹形中，性浹氣中，氣入形則性亦入形矣。形之撰氣也，形之理則亦性也。形無非氣之凝，形亦無非性之合也。故人之性雖隨習遷，而好惡靜躁，多如其父母，則精氣之與性，不相離矣。由此念之，耳目口體髮膚，皆為性之所藏，日用而不知者，不能顯耳。鳶飛戾天，魚躍於淵，道之察上下，於吾身求之自見矣。（《思問錄》）

性、氣、形，這三種東西，雖然是各自有其不同的關係存在，但是實際上都是脫離不了陰陽動靜的作用。氣周匝於形體中，性又周匝於氣中，在氣的凝聚而成的形體裡面，已經含有性的存在。無怪說：形，無非是氣之所凝，形，亦無非是性之所合了。不過我們要知道，一個已經成形了的人，他的性，往往跟隨著環境的關係而有所變遷，但是各個人的好惡靜躁的本性，卻又各自不同。因為我們各個人的形體，都是從我們父母的形體所分化出來的，在我們未成形之前，我們的好惡靜躁的本性，大體上早已由父母的形體代為決定了。所以船山認為「人之性雖隨習遷，而好惡靜躁，多如其父母」。這是何等客觀而唯物的至理名言呀！因此船山認為性和精氣，是不能離開的，他更進一步地要我們知道：在我們本身上的耳目口體髮膚各方面，都是性之所藏的地方，不過我們終日用之而不能察覺而已。船山認為性是我們人類所獨有的，人類和禽獸草木的分別，就在一個性字上面。他說：

動物皆出地上，而受五行未成形之氣以生。氣之往來在呼吸，自稚至壯，呼吸盛而日聚；自壯至老，呼吸衰而日散，形以神而成，故各含其性。（《正蒙注》）

植物根於地而受五行已成形之氣以長。陽降而陰升，則聚而榮；陽升而陰降，則散而槁。以形而受氣，故但有質而無性。（《正蒙注》）

禽獸無道者也，草木無性者也，唯命則天無心無擇之良能，因材而篤物，得與人而共者也。（《正蒙注》）

又說：

夫人之於禽獸，無所不異，而其異皆幾希也。禽獸有命而無性，或謂之為性者，其情才耳。即謂禽獸有性，而固無道，其所謂道者，人之利用耳。若以立人之道，較而辨之，其幾甚微，其防固甚大矣。（《經義》）

草木的生長，因為「受五行已成形之氣」，所以是「但有質而無性」。動物的生存，因為「受五行未成形之氣」，所以是「各含其性」。人和禽獸雖然同是動物，然而卻有一種很大的不同的關係在裡面。禽獸僅有情才，而無所謂性。即或我們對於禽獸的情才，也稱之為性，而禽獸和人，依舊還有一個很大的分別。這分別就是因為禽獸是無道的，人類是有道的。禽獸何以無道而人類何以獨能有道呢？這是因為「人則全具健順五常之理」的緣故。所以說：「禽獸無道者也，草木無性者也。」所以說：「就一物言之，則不善者多矣……善者，人之獨也。」我們既經知道：性和形是同時發生的，那麼，在未有形體以先，我們的性，大體上已經由那種決定形體的環境所決定了。我們又知道：人和禽獸草木的分別，是在於性，因為性是人類所獨有的。現在我們可以進一步來討論性的各方面的關係。

船山在談性的時候，往往說到「才」和「情」這兩字。才和情對於性的關係，究竟怎樣？才和情的相互之間，又有怎樣的不同？我們應當先弄明白這許多關係，才能明了船山談性的真意。船山對於才和性的關係，曾經說過這樣的話：

性者善之藏，才者善之用。用皆因體而得，而用不足以盡體。故才有或窮，而誠無不察於才之窮，不廢其誠，則性盡矣。多聞闕疑，多見闕殆，有馬者借人乘之，皆不詘誠，以就才也。充其類，則知盡性者之不窮於誠矣。（《思問錄》）

程子謂天命之性與氣質之性為二。其所謂氣質之性，才也，非性也。張子以耳目口體之必資物而安者，為氣質之性，合於孟子，而別剛柔緩急之殊質者為才。性之為性，乃獨立而不為人所亂。蓋命於天之謂性，成於人之謂才，靜而為之謂性，動而有之謂才，性不易見，而才則著。是以言性者，但言其才而性隱。張子辨性之功大矣哉！（《正蒙注》）

在這兩段話裡面，船山告訴我們：才不是性。「性者善之藏，才者善之用」。「靜而為之謂性，動而有之謂才」。我們再看船山對於情和性的關係，是怎樣的說法。他說：

或謂聲有哀樂，而作者必導以和；或謂聲無哀樂，而唯人之所感。之二說者之相持久矣。謂聲有哀樂者，性之則，天之動也；謂聲無哀樂者，情之變，人之欲也。雖然，情亦豈盡然哉。（《經義》）

聖人之哀，發乎性而止乎情也。蓋情無有不足者，當其哭而哀足，於發為生之情，理所不發，而抑奚暇及之。此孟子體堯、舜之微而極言之。日，德純乎性者，情亦適如其性，如其性者之情。不容已之情也。夫人之於情，無有非其不容已者矣。而不知不容已者之固可已也，則不已者意以移而已焉矣。其唯聖人乎。（《經丈》）

又說：

天欣合於地，地欣合於天。以生萬匯，而欣合之際，感而情動，情動而性成。（《經義》）

我們從「聲有哀樂者，性之則，天之動；聲無哀樂者，情之變，人之欲」，「發乎性而止乎情」和「情動而性成」，這幾句話裡面，可以看出船山對於情和性的看法。船山雖然有時是情才並舉，如他說：「禽獸有命而無性，或謂之為性者，其情才耳。」但是船山認為情和才並非一物。他說：

才之可竭，竭以誠而不匱；情之可推，推以理而不窮。（《經義》）

船山對於「才」，則提出了一個「竭」字，而濟之以誠；船山對於「情」，則提出了一個「推」字，而濟之以理。這又是船山對於情和才的一種看法。船山認為性是體的關係，情和才是用的關係。有了性的體，然後始有情和才的用。當靜的時候，情才之用不顯，而性之體，則藏之於耳目口體髮膚之間；當動的時候，則由性之體而發生情才之用，更由情才之用，而顯現出性之存在。所以船山在說情和性的時候，一則曰「情動而性成」；再則曰「發乎性而止乎情」。船山在說才和性的時候，則曰「靜而為之謂性，動而有之謂才」；再則曰「性者善之藏，才者善之用」。這就是因為情和才對於性的關係，正是用對於體的關係。船山對於情和才，雖同認為是性之用，但是認為情和才的相互之間，卻又不同。他以為情是由內而發的，才是由外而成的。他說明情之生，則謂：「感於物乃發為欲，情之所自生也。」（《正蒙注》）他說明才之成，則謂：「命於天之謂性，成於人之謂才。」（《正蒙注》）唯其說情是發之於內的，所以看重一個「推」字。這種發於心而推於外的情，是始於理而終於理的，所以說「推以理而不窮」。因此他說：「情貞而性自凝也，此所謂本立而道生也。」（《經義》）唯其說才是成之於外的，所以認才有匱竭的時候。他提出一個「減」字，便是補救的辦法。所以說「竭以誠而不匱」。因此更補充說：「居移氣，養移體，氣體移則才化，若性則不待移者也。」（《正蒙注》）從上面的說明，我們可以知道：情，是發之於內的，是「無有不足者」，所以是盡善；才，是成之於外的，是有時可竭，所以未必是盡善，這其中有全和偏的分別。才不但未必盡善，有時且足為性之累。船山說：

性借才以成用，才有不善，遂累其性，而不知者，遂咎性之惡。此古今言性者，皆不知才性各有從來，而以才為性爾。（《正蒙注》）

船山在一方面雖然告訴我們說：「才有不善，遂累其性。」但在另一方面，卻又告訴我們，才不過是性之役，全固不足以為善，偏亦不足以為害。他說：

陷溺深則習氣重，而並屈其才，陷溺未深而不知存養，則才伸而屈其性。故孟子……言為不善非才之罪，則為善亦非才之功。可見是才者性之役，全者不足以為善，偏者不足以為害，故困勉之成功，均於生安。學者當專於盡性，勿恃才之有餘，勿諉才之不足也。（《正蒙注》）

然而才若與習相狎，則性不可得而復見，這是一個不容忽視的事情。我們假如要想矯習復性，則必先矯正其才，使之不偏而後可，不然，則雖善而隘。他說：

才既偏矣，不矯而欲宏，則窮大失居，宏非其宏矣。蓋才與習相狎，則性不可得而見。習之所以溺人者，皆乘其才之相近而遂相得，故矯習以復性者，必矯其才之所利。不然，陷於一曲之知能，雖善而隘，不但人欲之侷促也。（《正蒙注》）

所以船山要說：

變，謂變其才質之偏；化，則宏大而無滯也。（《正蒙注》）

於此，我們可以知道船山是怎樣地說明才和性的關係，同時我們也可以明了才和情所以不相同的地方。以後我們要討論船山對理和欲的看法。

四　船山對理和欲的看法

船山的思想，是立足於由體生用、即用顯體的基礎上面。所以他認為一切的關係，都是建築在實物之上，離開了實物，則無一切關係之可言。他對於理和欲的看法，也正是如此。他這樣說明理：

盡物之性者，盡物之理而已。（《正蒙注》）

理在氣中，氣無非理。（《正蒙注》）

天之所以敘萬物者無方，而約之日理。（《經義》）

在天而為象，在物而有數，在人心而為理。（《思問錄》）

他對於欲的說明，則謂：

愛惡之情，同出於太虛，而卒歸於物慾。（《正蒙注》）

感於物乃發為欲，情之所自生也。（《正蒙注》）

欲曰人欲，猶人之欲也。積金困粟，則非人之欲，而初不可欲者也。（《俟解》）

我們知道他所謂理，即指物理，舍物則無理之可言；所謂欲，即指物慾，舍物亦無慾之可言。物由於氣之凝聚而成形，形成則形顯於外而性含於中，初無所謂理和欲的關係。所謂理者，是因為「敘萬物者無方」，然後才「約之曰理」，因而認為「盡物之理」，就是「盡物之性」。所謂欲者，「猶人之欲也」，因為「愛惡之情」，必感於物而後乃能發生，此種因感而生的情，雖「同出於太虛」，但「卒歸於物慾」。所以船山說：

理與欲皆自然，而非由人為。（《正蒙注》）

這就是說明有物然後有性，有性然後理和欲的關係才能發生。假使沒有物，則性無所存，當然更談不到理和欲了。所以我們在說理的時候，則稱之為物理；在說欲的時候，則稱之為物慾。這正是船山的理氣一源的看法。船山對於理和欲的說明，分為兩個步驟：第一個步驟，是談理而不談欲，談公而不談私。他認為要天理流行，必須私慾淨盡。第二個步驟，是說明理在欲中，舍欲無理；欲即是理，理欲一元。這兩個步驟，本有衝突矛盾的地方，但在他看來，實在不然。船山在第一個步驟裡面所說的欲，是指「私」和「蔽」而言。他恐怕我們對於「私」、「蔽」和「欲」的分別，不能看得清楚。誤認一己之私，為天下之大公；一己之蔽，為天下之至理。若果如此，則將發生最不幸的惡果。所以他盡力地說明「私」和「蔽」的害處，要我們知道去「私」去「蔽」的重要。

這就是他所認為要得天理流行，必須私慾淨盡的緣故。船山在第二個步驟裡面所說的欲，是指物慾之欲而言，他所說的理，也是指物理之理而言。理和欲雖然是兩個不同的名詞，但是它們的產生，是出於同一個對象的物的關係。所以我們要知道，所謂理和欲，實際上是同一物的兩面。譬如說，我們有了目，就有看美色的慾望，如果要我們除去了這種看美色的慾望，只有使目不見物，然後可能，但是當我們目不見物的時候，又怎能有分辨出各色不同的至理？有了耳就有聽好音的慾望，如果要我們除去了這種聽好音的慾望，只有使耳不聞聲，然後可能，但是當我們耳不聞聲的時候，又怎能有分辨出聲音高下的至理？所以船山認為欲即是理，舍欲無理，理在欲中，理欲一元。我們且看船山對於這兩個步驟，曾經有過何等樣的說明，船山說：

以理燭物，則順逆美惡，皆容光必照，好而知惡，惡而知美，無所私也，如日月之明矣。（《正蒙注》）

大其心，非故擴之使游於荒遠也。天下之物相感而可通者，吾心皆有其理，唯意欲蔽之則小爾。由其法象，推其神化，達之於萬物一源之本，則所以知明處當者，條理無不見矣。天下之物皆用也，吾心之理其體也，盡心以循之，則體立而用自無窮。（《正蒙注》）

意欲之私，限於所知而不恆，非天理之自然也。（《正蒙注》）

心之初動，善惡分趣之幾，辨之於早，緩則私意起而惑之矣。（《正蒙注》）

性者，神之凝於人，天道，神之化也，蔽固者，為習氣利慾氣蔽。（《正蒙注》）

船山認為理和私是對立的，理則屬於公的一方面，明的一方面；私則屬之於己的一方面，蔽的一方面。若能以理臨照一切，則所謂私者，無所存之於心，對於客觀環境的一切事物，無論其為順也好，逆也好，美也好，惡也好，都能瞭如指掌，好像是日月之光明一樣。但是一旦以私存心，則非天理之自然，對於事物的觀察，也就不能明了正確，又安能分別得出順逆美惡的關係？船山認為私的發生，是由於蔽和習的關係，他以為蔽是起於意，而習則由於才。我們先看船山說明蔽和習的害處。就「蔽」的害處說：

形蔽明而成影，人欲者，為耳目口體所蔽，而窒其天理者也。耳困於聲，目困於色，口困於味，體困於安，心之靈，且從而困於一物，得則見美，失則見惡，是非之準，吉凶之感，在眉睫而不知，此物大而我小，下愚之所以陷溺也。（《正蒙注》）

……是蔽其用於耳目口體之私情，以己之利害，為天地之得喪。（《正蒙注》）

又說：

性無不善，有纖芥之惡，則性即為蔽，故德之已盛，猶加察於幾微。（《正蒙注》）

凡是我們的用，為私情所遮蔽著的時候，我們往往就要把「一己之利害」，看成「天地之得喪」，那麼，就要「窒其天理」了。這就等於說，當我們的形體，遮蔽了光明的時候，就要成為一個影子，如果要在這個影子上面認識原來的形體，這是不可能的。並且我們要知道，我們的性雖無有不善，但隨時都有被私情遮蔽的可能，那就不免要失去正確的作用。所以我們要時時刻刻地加以留意，雖對極小的事情，都不容輕易放過。這是船山對蔽的害處的說明。我們再看他說明「習」的害處：

> 忽然一念橫發，或緣舊所愛憎，或馳逐於物之所攻取，皆習氣暗中於心，而不禁其發者，於此而欲遏抑之，誠難。（《俟解》）

> 末俗有習氣，無性氣，其自為必然而必為，見為不可而不為。以婞婞然自任者，何一而果其自好自惡哉？皆習聞習見，而據之氣遂為之使者也。習之中於氣，如瘴之中人，中於所不及知，而其發也，血氣皆為之澌湧。故氣質之偏，可致曲也，嗜欲之動，可推以及人也，唯習氣移人為不可復施斤削。（《俟解》）

> 開則與神化相接，耳目為心效日新之用；閉則守耳目之知，而困於形中，習為主而性不能持權。故習，心之累，烈矣哉！（《正蒙注》）

習氣的移人甚速，往往在不知不覺的生活中，早已與之同化。如同一個中了瘴氣的人，當他中毒的時候，他自己一些兒不覺得，等到發覺之後，卻是中毒很深了。而且「習氣暗中於心」，或因舊時的愛憎，或因外物的攻取。因為這時我們「困於形中」，僅能守著耳目之知，性已失去主持之權，習反得操主持之實。所以船山認習為「心之累」。這種禍患是非常厲害的。我們既然知道蔽和習的害處，我們再看船山對於「蔽和意」以及「習和才」的關係，是怎樣的說明。關於前者，船山這樣說道：

意者，心所偶發，執之則為成心矣。聖人無意，不以意為成心之謂也。蓋在道為經，在心為志，志者始於志學而終於從心之矩，一定而不可易者，可成者也。意則因感而生，因見聞而執同異攻取，不可恆而習之為恆，不可成者也。故曰，學者當知志意之分。（《正蒙注》）

意者，人心偶動之機類，因見聞所觸，非天理自然之誠，故不足以盡善。（《正蒙注》）

意之所發，或善或惡，因一時之感動而成乎私。（《正蒙注》）

意、必、固、我，以意為根，必、固、我者，皆其意也。無意，而後三者可絕也。（《正蒙注》）

天理一貫，則無意、必、固、我之鑿。（《正蒙注》）

天下無其事，而意忽欲為之，非妄而何？必、固、我，皆緣之以成也。（《正蒙注》）

船山對「成心」兩字的解釋是：「成心者，非果一定之理，不可奪之志也。乍然見聞所得，未必非道之一曲，而不能通其感於萬變，徇同毀異，強異求同，成乎己私，違大公之理，恃之而不忘，則執一善以守之，終身不復進矣。」（《正蒙注》）船山對「鑿」字的解釋是：「鑿者，理所本無，妄而不誠。」（《正蒙注》）我們看了上面的話，知道他所謂意，是由於見聞之一時的感動，而成為一己的私意，當然「非天理自然之誠」。假使我們執著「非天理自然之誠」的私意，我們一定要「以意為成心」而成為「鑿」了。而且「必、固、我皆緣意以成」，我們如果執著「意、必、固、我」，那就一定要達到那種「無其事而忽為之」的狂妄的境地。因為「意、必、固、我」這些東西，都是矇蔽著我們，使我們失去真確聞見的能力的。所以船山要說：「意欲之私……非天理之自然也。」「唯意欲蔽之則小爾。」以上是說明「蔽和意」的關係。至關於「習和才」的關係，船山也有這樣的解釋：

氣之偏者，才與不才之分而已。無有人生而下愚以終，不知有君臣父子之倫及穿窬之可羞者。世教衰，風俗壞，才不逮者，染於習尤易，遂日遠於性，而後不可變。象可格而商臣終於大惡，習遠甚而成乎不移，非性之有不移也。（《正蒙注》）

才與習相狎，則性不可得而見，習之所以溺人者，皆乘其才之相近而遂相得，故矯習以復性者，必矯其才之所利。（《正蒙注》）

陷溺深則習氣重，而並屈其才，陷溺未深，而不知存養，則才伸而屈其性。（《正蒙注》）

在人與人之間，有才與不才以及才之偏和全的分別。但無論是怎樣一個不才的人，他總會知道穿窬為盜，是一件應該羞恥的事情。只有與習相染之後，才會日遠於性，終於成為「習遠甚而不可移」了。當積習未深的時候，要想加以矯正，我們一定要先矯正了「才」，才能「矯習以復性」。因此，我們知道習氣之所以暗中於心，成為難以遏抑，為心之累的緣故，完全是由於才與習相狎的關係。因為習之溺人，「皆乘其才之相近而遂相得」。不過我們也要知道，當陷溺未深的時候，是性屈才伸，但是等到習氣已重的時候，不但是屈性，還要「並屈其才」。我們既已知道「蔽和意」以及「習和才」的關係，又知道由蔽和習至於發生各種私慾私念，那就非對於「私」加以大大的攻擊不可。所以船山說：

> 所欲與聚，所惡勿施，然匹夫匹婦，欲速見小，習氣之所流，類於公好公惡，而非其實。正於君子而裁成之，非王者起必世而仁。習氣所扇，天下貿貿然，胥欲而胥惡之，如暴潦之橫集，不待其歸壑而與俱，泛濫迷復之凶，其可長乎！是故有公理，無公欲，公欲者，習氣之妄也。（《思問錄》）

又說：

> 有公理，無公欲，私慾淨盡，天理流行，則公矣。天下之理得，則可以給天下之欲矣。以其欲而公諸人，未有能公者也。即或能之，所謂違道以干百姓之譽也，無所往而不稱願人也。（《思問

錄》)

此處所謂公欲，是指一己之私和習氣之妄而言。如果要想把一己之私和習氣之妄，視為天下人的公欲，在事實上不僅不可能，而且要發生弊病。因為他們之所謂公，實際上不過是一種私的關係。所以船山說：「以其欲而公諸人，未有能公者也。」

船山並進一步說：

天無特立之體，即其神化以為體，民之視聽明威，皆天之神也。故民心之大同者，理在是天即在是，即吉凶應之。若民私心之恩怨，則祁寒暑雨之怨，恣徇耳目之利害，以與天相忤，理所不在，君子勿恤，故流放竄殛，不避其怨而逢其欲。己私不可徇，民之私亦不可徇也。(《正蒙注》)

船山既認一切惡因的發生，都由於私的關係。那麼，我們應該用怎樣的方法去矯正呢？船山於此，提出了一個「誠」字。他說：

天之誠，聖人之無私，一也。(《正蒙注》)

天自有其至，常人以私意度之，則不可測。神非變幻無恆也。天自不可以情識計度，據之為

常，誠而已矣。（《正蒙注》）

形有定而運之無方，運之者，得其所以然之理，而盡其能然之用。唯誠，則體其所以然，唯無私，則盡其能然。所以然者，不可以言顯，能然者，言所不能盡。言者，但言其有形之器而已。故言教有窮，而至德之感通，萬物皆受其裁成。（《正蒙注》）

又說：

化之有災祥，物之有善惡靈蠢，聖人憂之，而天不以為憂。在天者無不誠，則無不可成其至教也。（《正蒙注》）

以誠神，非變幻不測之謂，實得其鼓動萬物之理也。不貳，非固執其聞見之知，終始盡誠於己也。此至誠存神之實也。（《正蒙注》）

誠和私是相反的，對立的，誠則無私，私則不誠。誠，就天的關係而言；無私，就人的關係而言，其實只是一件東西。天本有其至理存在，並不是「變幻無恆」的，但是普通的人，妄以私意計度，則天成為「不可測」的東西了。天並不是「不可測」的。測天之法，只有測之以誠。誠和無私，雖然是一件東西，卻是它們所指示的關係，顯現著兩種不同的方向。誠是「體其所以然」的；無私是「盡其能然」的。「所以然」是指「體」的關係而言；「能然」是指「用」的關係而言。「所以然」指「體」，「體」是不容易用言語說明的，故「不可以言顯」；「能然」指「用」，「用」則千變萬化，無有盡窮，故「言所不能盡」。只有本著至德——誠的感通，然後「萬物皆受其裁成」。所以他說：「在天者無不誠，則無不可成其至教也。」於此，我們知道：只有誠，才能把握住鼓動萬物的至理；只有始終的「盡誠於己」，才不固執著一己之私的「聞見之知」。船山說：

誠者，成身也。非我則何有於道，而雲無我者，我，謂私意私慾也。欲之害理，善人信人幾於無矣。唯意絢聞見，倚於理而執之，不通天地之變，不盡萬物之理，跟我者從之，異我者違之，則意即欲矣。無我者，德全於心，天下之務皆可成，天下之志皆可通，萬物備於我，安土而無不樂，斯乃以為人人。(《正蒙注》)

我，謂私意私慾，也就是意、必、固、我的我。張載對於意、必、固、我，曾經有過這樣的解釋，他說：「意，有思也；必，有待也；固，不化也，我，有方也。四者有一焉，則與天地為不相似。」張載以為我們必須忘卻這四項，才能體天而達於成德的極致。他這樣認為：「天地誠有而化行，不待有心以應物」，然後無「意」；「施生無方，栽培傾覆，無待於物以成德」，然後無「必」；「四時運行，成功而不居」，然後無「固」；「並育並行，無所擇以為方體」，然後無「我」。當我們有著私意私慾的時候，當然是「不通天地之變，不盡萬物之理」。因為這時的「我們」是「意絢聞見，倚於理而執之」的緣故。假如我們要想達到那種「德全於心」的境地，必定先要能夠「無我」。因為「無我」，才可斷絕私意私慾，斷絕私意私慾，才可達到「誠」的境地。船山並用「誠」說明順吉逆凶的關係。他說：

> 誠者，吾性之所必盡，天命之大常也。順之，則雖凶而為必受之命；逆，則雖幸而得吉，險道也。險，則未有不危者。（《正蒙注》）

他又認為誠是不息的，唯其不息，所以大公。他說：

> 天不息而大公，一於神，一於理，一於誠也。大人以道為體，耳目口體無非道用，則入萬物之中，推己即以盡物，循物皆得於己，物之情無不盡，物之才無不可成矣。（《正蒙注》）

船山對於誠之一字，看得非常重要。他以為誠是無所不在，無所不包的。所以說：

> 誠者，神之實體，氣之實用。在天為道，命於人為性，知其合之謂明，體其合之謂誠。（《正蒙注》）

於此，我們可以看出船山是何等的重視「誠」了。同時，我們更可以明白船山對於那種成為惡因的「私」是何等的深惡痛絕！這是船山說明理和欲的關係的第一個步驟。我們再看船山對於理和欲的關係的第二個步驟，是怎樣的說法。他說：

有公理，無公欲。私慾淨盡，天理流行，則公矣。（《思問錄》）

是故有公理，無公欲，公欲者，習氣之妄也。（《思問錄》）

反天理則與天同其神化，徇人欲則其違禽獸不遠矣。（《正蒙注》）

天下之公欲，即理也，人人之獨得，即公也。道本可達，故無所不可達之於天下。（《正蒙注》）

我們看了上面所引用的幾段話以後，不免要發生一種極大的懷疑。就是覺得船山一方面說，「有公理，無公欲」；而另一方面卻又說，「天下之公欲，即理也」。一方面反對人欲，而說「徇人欲則其違禽獸不遠矣」；另一方面卻又認為欲即是理。這兩種不同的而且矛盾衝突的思想，都從王船山一人的嘴裡講了出來，這不是一種很怪異的現象嗎？假使我們不能把這種關係說得明白，我們又怎能了解船山對於理和欲的看法？我們要知道船山所認為欲即是理的欲，是指「物慾」的欲而言。船山所反對的欲，是指「意欲」「私慾」「人欲」的欲而言。「物慾」的欲，與「意欲」「私慾」「人欲」的欲，大有分別。船山對於「意欲」的解釋，則謂：「意者，心所偶發，執之則為成心矣。」（《正蒙注》）對於「私慾」的解釋，則謂：「以其欲而公諸人，未有能公者也。」（《思問錄》）對於「人欲」的解釋，則謂：「人欲者，為耳目口體所蔽，而窒其天理者也。」（《正蒙注》）所謂「心所偶發」，「以其欲」，「為耳目口體所蔽」，都是指「蔽於一己之見聞」的私慾而言。如果我們要想以這種蔽於一己之見聞的私慾，公諸人，視私為公，誤蔽為明，強人同己，結果怎能達到公的地步？不但不能達到公的境地，反而不免「執之則為成心」，且「窒其天理」了。所以船山說，「有公理，無公欲」，

「徇人欲則其違禽獸不遠矣」，「私慾淨盡，天理流行，則公矣」，「公欲者，習氣之妄也」。至於「物慾」的欲，則與「意欲」「私慾」「人欲」的欲，迥不相同。物慾是自然流行，天下所同的欲。無論什麼人，都不能夠把這種物慾，占之為一己之私；同時也沒有一個人，會失去了這種物慾。這就叫做「人人之獨得」。這種「人人之獨得」的，自然流行、天下所同的公欲，正是宇宙間的一種永存的至理。所以船山說，「人人之獨得，即公也」，「天下之公欲，即理也」。我們現在且舉一個例子，來說明這兩種不同的關係。我們知道：凡是一個人，有了眼睛，都有一種喜歡看見美色的慾望，這是人人之所同，也是「人人之獨得」；這是自然之流行，也是「天下之公欲」，這就叫做「物之欲」。假如說，現在有一個人，在他的眼中看來，他認為只有紅色是最美的，其餘的各種顏色，都是不美的，他現在要把他個人所認為最美的紅色，公之於人，要想強迫天下之人，都與他抱著同樣的見解，認為其他的顏色，都是不美的，只有紅色是最美的，這就是所謂「執之則為成心」「習氣之妄」「為耳目口體所蔽」的了。我們看了他這兩種不同的意見，不但覺得他在思想方面，沒有絲毫矛盾衝突的地方，而且正可以在這裡，看出船山的思想的精深和見解的獨到，成為有清一代突出的人物。我們既已明了船山對於「物慾」和「意欲」「私慾」「人欲」的兩種不同的看法，那麼，我們可以更進一步討論船山的理欲一元論。他說：

> 氣質者，氣成質而質還生氣也。氣成質，則氣凝滯而局於形，取資於物以滋其質。質生氣，則同異攻取，各從其類。故耳目口鼻之氣，與聲色臭味相取，亦自然而不可拂違。此有形而始然，非

太和絪縕之氣，健順之常，所固有也。（《正蒙注》）

蓋性者，生之理也。均是人也，則此與生俱有之理，未嘗或異。故仁義禮智之理，下愚所不能滅，而聲色臭味之欲，上智所不能廢，俱可謂之為性。（《正蒙注》）

天以其陰陽五行之氣生人，理即寓焉，而凝之為性。故有聲色臭味以厚其生，有仁義禮智以正其德，莫非理之所宜。聲色臭味順其道，則與仁義禮智不相悖害，合兩者而互為體也。（《正蒙注》）

耳目口鼻屬於形，是指體的方面而言；聲色臭味屬於動，是指用的方面而言；仁義禮智證於事，是指行的方面而言。我們知道這種耳目口鼻的體，和聲色臭味的用，以及仁義禮智的行，是有一種連貫的關係存在。凡是一個成為形體的人，一定具有耳目口鼻等器官，耳目口鼻顯之於用，則成為聲色臭味之欲；聲色臭味之欲，見之於行事之中，能夠與自然流行之理相適合的，則為仁義禮智。所以我們知道「耳目口鼻」「聲色臭味」「仁義禮智」這幾種關係，實際上同是一種自然流行之理，不過表現在幾種不同的方向而已。雖屬上智，也不能廢去聲色臭味之欲，同時也不必廢去聲色臭味之欲；即或下愚，縱不盡合仁義禮智的行為，但是也不能盡滅仁義禮智之理。這是因為「天以其陰陽五行之氣生人，理即寓焉」，「均是人也，則此與生俱有之理，未嘗或異」的緣故。那麼，我們可以了解：仁義禮智之理，與聲色臭味之欲，是可以相合而互為體的。而且所謂仁義禮智之理，是以聲色臭味之欲為依據，若是捨棄了聲色臭味之欲，則又有何仁義禮智之理可言？所以船山認為欲即是理，理欲一元。船山說：

> 理與欲皆自然，而非由人為。（《正蒙注》）

故萬物之情，無一念之間，無一刻之不與物交，嗜欲之所自興，即天理之所自出。（《正蒙注》）正是說明這個道理。船山不但告訴我們，欲即是理，理欲一源；而且還要進一步地主張，理在欲中，舍欲無理。他說：

> 以累於形者之礙吾仁也，於是而以無慾為本之說尚焉。乃或絕形以游於虛，而忘己以忘物，是其為本也，無本者也。形皆性之充矣，形之所自生，即性之所自受，知有己即知有親，肫然內守，而後起之嗜欲，不足以亂之矣，物無所礙矣，（《經義》）

「形皆性之充矣，形之所自生，即性之所自受」，這幾句話，非常值得我們注意。船山在《思問錄》裡面，曾經說過：「形，無非氣之凝；形，亦無非性之合也。」與這裡所引用的幾句話，是一致的看法，所以要說「形之所自生，即性之所自受」。關於形和性的問題，我們在上面已經有過一個較詳細的說明，現在我們所要討論的是理和欲的問題。我們既已知道，有了形，性即含於形中；不過我們也要知道，所謂理和欲，實即由性而生。性中不但含著理，同時也含著欲。不僅此也，我們還要知道，所謂理，實即包含在欲中，無慾，則理亦不能存在。船山說：「食色以滋生，天地之化也。」（《正蒙注》）食色是指欲而言，滋生是指理而言，滋生的理，是從食色的欲裡面發生的，必先有了食色的欲，然後發生滋生的理，這種從食色的欲所產生出來的滋生的理，正是「天地之化」的至理。這就是說明理在欲中，舍欲無理的關鍵。因此他認為「以無慾為本之說」，實際上就一無所本。因為無慾是要「絕形以游於虛」，「忘己以忘物」的。形，是一個實有的形體，怎能夠絕？己和物也是真實存在的，又怎能夠忘？所謂絕，所謂忘，不過是一種空想，不過是一種妄見。船山說：「老之虛，釋之空，莊生之逍遙，皆自欲宏者，無一實之中道，則心滅而不能貫萬化矣。」這正是說明離開了實物，只有空虛幻妄而已。我們知道欲是從形產生的，有了形，就有欲存在，又何須乎無慾？而且我們又何能夠無慾？「以無慾為本」，「無本者也」。講到這裡，我們可以知道，船山不但是把理和欲看作是同一的東西，而且認為舍欲無理，可見他重欲尤重於理。所以凡是船山說明理的地方，也正是船山說明欲的地方。他說：「無往而非天理，天理無外，何嗇之有！」（《正蒙注》）「窮理，盡性之熟也。」（《正蒙注》）同時卻又說：「天下之公欲，即理也。」正是這個道理。不過我們對於船山所說的「後起之嗜欲，不足以亂之」這兩句話，有另加說明的必要。他在《大易篇》裡面說道：

> 欲而能反於理，不以聲色味貨之狎習，相泥相取，一念決之，而終不易。（《正蒙注》）

他對於「反」的解釋，則謂：「善反者，應物之感，不為物引以去。」（《正蒙注》）他在另一方面，卻又說過「不為物慾所遷」（《正蒙注》）的話。我們要知道，船山所說的「欲而能反於理」「不為物引以去」「不為物慾所遷」，與他所說的「後起之嗜欲」，是同一樣的看法，也是指的同一樣的關係，都是指外物引誘的嗜欲而言。這種外物引誘的欲，與我們上面說明的「欲即是理」的欲，迥然有別。「欲即是理」的欲，是含於物中，與生俱來，有此物即有此欲，是一種自然流行的至理。外物引誘的欲，是發生於外的，是有那種蔽與習的關係，對於我們的本性，當然有一種能引能遷能亂的作用。這樣看來，外物引誘的欲，與自然流行含於物中的「物慾」，何可混為一談？這是我們應該注意的。但是我們對於這種能引能遷能亂的外物之欲，要怎樣去應付呢？船山叫我們「善反」，叫我們「應物之感，不為物引以去」，叫我們「不以聲色味貨之狎習，相泥相取」，而「能夠一反於理」，而且他還叫我們能夠重養重教，以預加防範。他說：

> 外利內養，身心率循乎義，逮其熟也，物不能遷，形不能累，唯神與理合，而與天為一矣。（《正蒙注》）
>
> 養之，則性現而才為用，不養，則性隱而唯以才為性，性終不能復也。（《正蒙注》）
>
> 有其質而未成者，養之以和，以變其氣質，猶鳥之伏子。（《正蒙注》）
>
> 養其生理自然之文，而修飾之以成乎用者，禮也。（《俟解》）
>
> 天之德德，地之德養，德以立性，養以適情。（《思問錄》）
>
> 性統萬物而養各有方也。（《思問錄》）

我們在這裡可以看出「養」有兩種作用：第一，「養其生理自然之文」，所以說「養以適情」，「養各有方」；第二，「養之以和，以變其氣質」，所以說「養，則性現而才為用」，「不養，則以才為性，性終不復」。如果我們能把「養」的功夫，做得很純熟了，我們就可以「不為物遷不為形累了」。所以他又說：

天地之生，人為貴，唯得五行敦厚之化，故無速見之慧。物之始生也，形之發知，皆疾於人，而其終也鈍。人則具體而儲其用，形之發知，視物而不疾也多矣，而其既也敏。孩提始知笑，旋知愛親，長始知言，旋知敬兄，命日新而性富有也。君子善養之，則耄期而受命。（《思問錄》）

這一段文字，把養的關係，看得何等地重要，說得何等地透徹。人是「具體而儲其用」的；所以人能夠「命日新而性富有」。「儲其用」這三字，關係非常重大。用儲於中，所以貴養。養之目的，即是把那儲於中的用，發展引申出來，以達到「命日新而性富有」的境地。所以說：「存養以盡性，學思以窮理。」船山在養的關係以外，又提出了一個「教」字，其實船山之所謂教，不過是養的另一種關係而已。他說：

養之之道，沉潛柔友剛克，高明強弗友柔克，教者，所以裁成而矯其偏。若學者之自養，則唯盡其才於仁義中正，以求其熟而擴充之，非待有所矯而後可正。故教能止惡，而誠明不倚於教，人皆可以為堯、舜，人皆可以合於天也。（《正蒙注》）

教人者，知志意公私之別，不爭於私之已成，而唯養其虛公之心，所謂禁於未發之謂豫也。（《正蒙注》）

又說：

此言教者在養人以善，使之自得，而不在於詳說。（《正蒙注》）

教是矯其偏，養是養其用，教的目的，是在於矯正他的錯誤，使其用歸於正，而防止那種為惡的傾向。所以說，「教者在養人以善」，「教人者……唯養其虛公之心」，「教能止惡」。我們可以知道教和養是同一的，教是養的另一種作用，教包含在養的關係之中，質言之，教即是養。他說：

化之有災祥，物之有善惡靈蠢，聖人憂之，而天不以為憂，在天者無不誠，則無不可成其至教也。（《正蒙注》）

所謂誠，所謂養，所謂教，實際是同一的看法。我們既已知道船山對於理和欲的看法，又知他所以提出一個誠字，一個養字，一個教字，即是為著矯正那些意欲、私慾、人欲和外物引誘之欲。但是所謂偏、全、善、惡這些關係，究竟在什麼地方顯現出來呢？船山在這裡，便提出一個「行」字來。他對於知和行這個問題，曾這樣說道：

識知者，五常之性所與，天下相通而起用者也。知其物乃知其名，知其名乃知其義，不與物交，則心具此理而名不能言，事不能成。赤子之無知，精未徹也；愚蒙之無知，物不審也。（《正蒙注》）

名之必可言，言或有不可名者矣；言之必可行，行或有不容言者矣。（《思問錄》）

行在先，從行為當中，發生出言語來，有了言語，才有指定事物的名稱。我們要知道一件事物的意義，必先知道它的名稱，我們要知道這事物的名稱，當然要與它先相接觸。如果你不與物相接觸，縱然你的心裡面藏著這種道理，但是「依舊名不能言，事不能成」。所以說赤子的無知，由於精之未徹；愚蒙的無知，由於物之不審。他說：

唯於天下之物，知之明，而合之離之消之長之，乃成吾用。不然，物各自物，非我所得用，非物矣。（《正蒙注》）

他認為只有對於天下的事物，知道得很明白了，然後能使物成為我用。不過怎樣才能做到「知之明」的地步呢？他以為「緣見聞而生其知，非真知也」。（《正蒙注》）也不是「感於見聞，觸名思義，觸事求通之得謂之知能」（《正蒙注》）的。只有在行為當中，我們才能求知，才能得「知之明」，才能證實我們所知的程度。他說：

知及之，則行必逮之，蓋所知者以成而明，自不獨知而已爾。動而曰徙義者，行而不止之謂動。（《正蒙注》）

故曰吉行，吉在行也。（《思問錄》）

又說：

知之始有端，志之始有定，行之始有立。（《思問錄》）

船山對於「行」之一字，看得何等重要。他認為知在行中，舍行無知。所以他說：

故知先行後之說，非所敢信也。（《思問錄》）

近世王氏之學，舍能而孤言知，宜其疾入於異端也。（《思問錄》）

船山的思想，出發於體用一源，而歸結於行，這正是他的一貫的體系。

五　船山思想略評

對於船山的全部思想，我們應當特別提出批評的，至少有兩點：第一，是船山對於釋、老兩氏的攻擊；第二，是船山自己的重「心」重「我」的傾向。我們已經說過，船山提出「有」字，攻擊釋氏的無；船山提出「動」字，攻擊老氏的靜。他對釋、老的攻擊，實際上是誤解釋、老。他在其他方面，對於釋、老兩家的思想，又往往並加攻擊。譬如他在《乾稱篇下》說：

莊、老言虛無，言體之無也；浮屠言寂滅，言用之無也。而浮屠所雲真空者，則亦銷用以歸於無體。蓋晉、宋間人緣飾浮屠以莊、老之論，故教雖異而實同。其以飲食男女為妄，而廣徒眾以聚食，天理終不可滅，唯以孩提之愛為貪痴，父母為愛惑所感，毀人倫，滅天理，而同於盜賊禽獸爾。（《正蒙注》）

釋氏所說的真空，不可視之為「無」，其雲寂滅，亦非廢「用」。老氏對於體和用的關係，亦很重視，而且說得異常透徹。譬如云：「反者道之動，弱者道之用。」對於「動」和「用」及「動」和「用」之所由發生，說得何等明白，豈能說老氏的思想是主張不動的嗎？至謂釋、老兩氏，「教雖異而實同」，並釋、老為一談，尤為大錯。釋、老兩氏的思想，縱多可評議之處，但是他們自有他們的立腳點。釋言心外無境，境由心造；老言心外有境，境自無生。又釋言無生法忍，勘破生滅；老言久視長生，本無死地。這樣看來，釋、老立場各異，又何能並為一談？關於船山攻擊釋、老兩氏的地方，我們只能說是船山的聰明自用。這是我們應該注意的第一點。船山的思想雖然重「體」，重「氣」，重「形」，然而他的歸結，仍不免有重「心」的傾向；船山雖然是主張「毋我」，主張「物我同源」，然而仍不免有重「我」的傾向。而船山重「我」的傾向，又是從他的重「心」的傾向，發生出來的。船山思想所以陷於這樣的矛盾，大半是受著時代和環境的限制的緣故。他說：

> 聞見，習也。習之所知者，善且有窮，況不善乎！盡性者，極吾心虛靈不昧之良能，舉而與天地萬物所從出之理，合而知其大始，則天下之物，與我同源，而待我以應而成。故盡孝而後父為吾父，盡忠而後君為吾君，無一物之不自我成也。非感於見聞，觸名思義，觸事求通之得謂之知能也。（《正蒙注》）

所謂「天下之物，與我同源，而待我以應而成」，這是何等重「我」的傾向。所謂「盡性者，極吾心虛靈不昧之良能」，這是何等重「心」的傾向。唯其有重「我」的傾向，所以要說「無一物之不自我成也」。唯其有重「心」的傾向，所以要說「大其心」。「心之所存，推而行之，無不合於理，則天下能違矣。」「知象者，本心也，非識心者，象也。」（《正蒙注》）為什麼說船山重「我」的傾向是從重「心」的傾向發生出來的呢？他說：

目所不見之有色，耳所不聞之有聲，言所不及之有義，小體之小也，至於心而無不得矣。思之所不至，而有理未思焉耳。故曰，盡其心者知其性。心者，天之具體也。（《思問錄》）

我們看子「心者，天之具體也」這句話以後，我們知道船山依舊是一個十足的唯心論者。就西洋哲學的情形說，一個唯我論者必定是個唯心論者，而一個唯心論者，卻不一定是唯我論者。船山則二者兼而有之，而唯心的傾向更強於唯我。這是很值得注意的地方。船山的思想，雖然是從「體用一源」出發，雖然是重「有」重「動」，雖然能夠說出那種「有像斯有對，對必反所為；有反斯有仇，仇必和而解」的變化法則的至理，然而他的歸結點，毫不能掩蓋他的唯心論的企圖。這是我們應該注意的第二點。不過我們對於船山的思想，依舊不容忽視。船山對於姚江之學，攻擊最力。他在《俟解》中曾說：「侮聖人之言，小人之大惡也……至姚江之學出，更橫拈聖言之近似者，摘一句一字以為要妙，竄入其禪宗，尤為無忌憚之至。」船山對於宋儒則相當推崇，而於張載則極為景仰。他在《張子正蒙注序》裡面說道：「張子之學，上承孔、孟之志，下救來茲之失，如皎日麗天，無幽不燭，聖人復起，未有能易焉者也。」船山的思想，為姚江之學的反動，這是當時環境的一個必然的趨勢。船山雖然推崇宋儒，而以孔、孟為依歸，然其思想體系之偉大，實非孔、孟與宋儒之思想所能範圍之。我們處處可以看出船山的思想，是重「用」、重「動」、重「欲」、重「行」，而其重「動」、重「欲」、重「行」的思想，實從其重「用」的思想推演而成。重「欲」的思想，是清儒對於宋、明以來重「理」的思想的一個共同的反動。後此顏習齋的實踐精神，似與船山重「行」

的思想相一致；而戴東原的「生」的哲學，則直接由船山的重「動」的思想推演而成。我們覺得像船山這樣偉大的思想家在中國哲學史上，是值得我們替他大書而特書的。

第十講

生的哲學

今天是講戴東原的「生的哲學」。戴東原的思想體系，雖不若王船山那樣來得博大，但是在清代的思想史上，除開王船山以外，只有戴東原一人。東原思想，頗受王船山和顏習齋兩氏的影響，而為反對宋、明理學最有力之一員。船山雖攻擊姚江之學，但對宋儒尚相當推崇；東原則對宋、明之學，同樣加以攻擊。習齋的思想，處處看重一個「事」字，以針對宋、明之學的空疏；東原則處處看重一個「欲」字，對於宋、明理學，加以根本的掊擊，這正是東原的思想之所以值得我們注意的地方。我們在敘述東原思想以前，請先說明清代思想產生之各方面的關係。

一　清代思想發生的幾個原因

清代思想發生的原因，我們可以從幾方面來觀察。第一，宋、明理學的反動。宋、明諸儒思想的來源，有幾方面：一為老、莊的思想，一為禪宗的思想，一為孔、孟的思想。他們集合這三方面的思想，而建樹一種儒表佛裡的新哲學。宋儒言理，每視同渾全之物，或予以絕對之稱。朱晦庵（朱熹）說「一理渾然」，「太極只是一個理字」。程伊川說：「心也、性也、天也，一理也。」這是把理視同渾全之物的看法。宋儒以理為實物，朱晦庵（朱熹）說：「人之所以生，理與氣合而已。天理固浩浩不窮，然非是氣，則雖有是理而無所湊泊。故必二氣交感，凝結生聚，然後是理有所附著。」又說：「止此氣凝聚處，理便在其中。」這是把理當作實物的看法。宋儒又以勢言理，朱晦庵（朱熹）說：「凡物有心而其中必虛，人心亦然。止這些虛處便包藏許多道理，推廣得來，蓋天蓋地，莫不由此。此所以為人心之好歟。理在人心，是謂之性。心是神明之舍，為一身之主宰。性便是許多道理，得之天而具於心者。」這是把理當作一種勢的看法。到了晚明王學極盛而敝之後，學者習於「束書不觀，游談無根」，理學家不復能維繫社會上的信仰，於是清儒起而矯之。顧亭林首倡「舍經學無理學」之說。王船山攻擊王學甚力，曾說：「侮聖人之言，小人之大惡也……姚江之學，橫拈聖言之近似者，摘一句一字以為要妙，竄入其禪宗，尤為無忌憚之至。」顏習齋則主張：「學問固不當求諸冥想，亦不當求諸書冊，唯當於日常行事中求之。」至戴東原出，更能洞察宋、明儒言理的害處，他說：「苟舍情求理，其所謂理無非意見也，未有任其意見而不禍斯民者。」這是何等剴切沉痛的話。反對宋、明理學，是清代思想發生的一種原因。

第二，民族革命的反抗運動。清初諸大師，若顧亭林、黃梨洲、王船山諸人，都是親身參加民族反抗運動的有力分子，事敗退隱，著書傳世，希望把這種民族革命的精神，深深地散佈到社會裡面，留傳後世。他們認為明代所以滅亡的原因，是由於一班士大夫空談性天的流弊所致，所以他們對於這一方面力加攻擊。李添說：「宋後二氏學興，儒者浸淫其說，靜坐內視，論性談天，與夫子之言，一一乖反。而至於扶危定傾，大經大法，則拱手張目，授其柄於武人俗士。」又說：「當明季世，朝廟無一可倚之臣，坐大司馬堂，批點《左傳》，敵兵臨城，賦詩進講，覺建功立名，俱屬瑣屑，日夜喘息著書，曰，此傳世業也。卒至天下魚爛河決，生民塗炭。嗚呼，是誰生厲階哉？」唯其他們看清了社稷覆滅生民塗炭的原因是在此，所以他們要提倡致用的精神，以求挽救這種空談的頹廢的習氣。顧亭林說：「孔子刪述六經，即伊尹、太公救民水火之心，故曰：『載諸空言，不如見諸行事』……愚不揣有見於此，凡文之不關於六經之旨、當世之務者，一切不為。」黃梨洲說：「明人講學，襲語錄糟粕，不以六經為根底，束書而從事於游談，更滋流弊，故學者必先窮經。然拘執經術，不適於用，欲免迂儒，必兼讀史。」致用的精神，是清儒矯正時弊的一個特點，也正是清儒反抗精神的一種表現。這種反抗的精神，在黃梨洲的《明夷待訪錄．原君》裡面，更是明目張膽地充分地表現出來。他說：「後之為人君者……以為天下利害之權，皆出於我，我以天下之利盡歸於己，以天下之害盡歸於人，亦無不可。使天下之人，不敢自私，不敢自利；以我之大私為天下之公，始而慚焉，久而安焉。」又說：「今也天下之人，怨惡其君，視之如寇仇，名之為獨夫，固其所也。而小儒規規焉以君臣之義，無所逃於天地之間，至桀、紂之暴，猶謂湯、武不當誅之……豈天地之大，於兆人萬姓之中，獨私其一人一姓乎？」這是何等大膽的革命的言論。民族革命的反抗運動，是清代思想發生的第二種原因。

第三，歐洲資本主義的侵入。1497 年，印度航路發現，歐西各國先後東來，首為葡萄牙，繼之有西班牙、荷蘭、英吉利等國。此時與中國發生關係最多的，則為葡人；沿海各省，多有葡人足跡。明嘉靖十四年，葡人租澳門為通商的地方。二十四年，寧波居民，屠殺教徒，焚燬葡船。二十八年，泉州的葡人，亦為吏民所逐。西班牙則以菲律賓的馬尼拉為中、西兩國的市場，因此墨西哥的銀幣，間接傳入中國內地。他如英人攻陷虎門炮臺，因而允許通商；荷人援助清軍，傾覆廈門鄭氏的根基，都可以看出當時歐洲資本主義之咄咄逼人。由資本主義的侵入，遂使中國的思想界，直接間接地，起了一個莫大的變動。商業資本主義所反映出來的東西，不是那些空洞的「天理」、「良心」的思想，而是與實際生活發生密切關係的「實用」、「實證」的思想。王船山講「用」，講「動」，顏習齋講「事」，講「行」，戴東原講「生」，講「欲」，都未嘗不是社會環境的反映。當時的資本主義，除經濟侵略以外，還著重文化侵略，這便是基督教的傳佈。教士以傳道為侵略的法門，不過關於學術思想的鼓吹，亦有相當的影響。如數學、地理、天文等科學思想的灌輸，便是很顯然的事實。明臣徐光啟、李之藻、楊廷筠輩，服習教士利瑪竇之說，折節與游。明、清之際，教士在中國著書的人很多，內容雖多膚淺，但亦不無影響。杭世駿在梅文鼎的傳上，曾說：「自明萬曆中利瑪竇入中國，製器作圖頗精密……學者張皇過甚，無暇深考中算源流，輒以世傳淺術，謂古九章盡此，於是薄古法為不足觀。而或者株守舊聞，遽斥西人為異學，兩家遂成隔閡。鼎集其書而為之說，稍變從我法，若三角比例等，原非中法可賅，特為表出，古法方程，亦非西法所有，則專著論，以明古人精意。」全祖望曾經說過：「梅文鼎本《周髀》言天文，世驚為不傳之祕，而不知宗羲實開之。」我們可以看出，黃、梅兩氏關於天算方面的知識，直接間接都有受到歐西學術影響的地方。就以戴東原所著的《原象》《續天文略》《勾股割圓記》《策算》等書而論，亦不難尋出其中與歐西學術思想的關係。東原曾說：「知得十件而都不到地，不如知得一件卻到地也。」這種求真的治學態度，亦與歐洲的科學精神相合。可以說歐洲資本主義的侵入，是清代思想發生的第三種原因。

二　王顏兩氏給予戴東原的影響

戴東原的思想，頗受王船山、顏習齋兩氏思想的影響。我們為明了東原思想的來源起見，有先說明王、顏與東原的關係的必要。關於船山的思想，在第九講中已經有過較詳細的介紹，現在僅作一個簡單的說明。

船山給予東原最大的影響，是他的「動」的觀點。船山的哲學完全站在「體用一源」的立場上，他特別著重宇宙間一切變動的現象，這不能說不是船山思想的一種特色。他認為：「乾坤有體則必生用，用而還成其體。」由體生用，由用產生新體，新體更生新用，這種體用相生的關係，正是說明一切現象變動的道理；他把這種進化不已的現象，稱之為「日新之化」。譬如江河的水，就表面看來，現在的水好像和往昔的水一樣，燈燭的光，就表面看來，昨天的光好像和今天的光無別，實際上並不是這樣。現在的水絕不是往昔的水，昨天的光也不同於今天的光。不但近而易知的水火是如此，就是遠而難察的日月，也未嘗不如此。不過因為距離太遠，不易察覺而已。現在的日月，既不是往古的日月，也不是未來的日月。身外的一切現象，固然是時刻不停地變動著，但是就我們本身來看，又何嘗不是時刻不停地變動著。我們的爪，我們的發，是時刻不停地在那裡生長著新爪新發出來，以代替那些消退了的舊爪舊發，這是人人所容易覺察的。但是我們的肌肉，又何嘗不是同樣地在生長著新的肌肉出來，以代替那消退了的舊的肌肉，不過我們不易覺察罷了。我們不能因為不易覺察，就認為沒有新陳代謝的變動的作用。因此我們知道，少壯的肌肉，絕不是初生的肌肉；衰老的肌肉，也絕非少壯的肌肉。這就是船山所主張的「日新之化」。船山對於這種變化不息日新不已的關係，曾經說過一句極有價值的話，便是：「有像斯有對，對必反其為；有反斯有仇，仇必和而解。」（《正蒙注》）在象的本身裡面，發生一種與之相對立而相反的作用，因而至於相仇，相仇之後，便達到「和而解」的地步，結果產生新象。不用說，在新象的本身當中，又有一種與之相對立而相反的作用，隨之而生。這正是說明由體生用，由用產生新體，新體更生新用的關係。船山的思想，是從體用一源的觀點出發，他在說明體和用的關係的時候，也正是處處在說明變動的關係，這是船山思想所以值得我們注意的地方。船山的「動」的觀點，對於東原的思想，發生極大的作用。東原全部思想，最看重一個「生」字，他認為宇宙間一切的現象，都可以歸結到「生」。他說：

生生者化之原，生生而條理者化之流。（《原善上》）

「生生」和「生生而條理」，雖然是表現兩種不同的作用，但它們同樣地是一種「化」的關係，同樣地是一種變動的現象，不過「生生」表現出「化之原」，「生生而條理」表現出「化之流」而已。「生生」和「條理」，僅僅是一種「原」與「流」的分別，所以「生生」和「條理」這兩種現象，是同時存在而不能分開的。假使說只有「生生」而沒有「條理」，那就等於說有源而無流；假使說只有「條理」而沒有「生生」，那就是一條無源之水了。所以東原認為「未有生生而不條理者」；同時又說明：

「失條理而能生生者，未之有也。」東原把「生生」和「條理」間的聯繫，看得何等明白！他更補充地說：

> 生生之呈其條理，顯諸仁也；唯條理是以生生，藏諸用也。（《原善上》）

在這裡我們可以說明東原和船山兩人在思想上的關係。東原所謂「生生」，就是船山之所謂「用」；東原所謂「條理」，就是船山之所謂由「用」而生的「新體」；東原所說的「生生之呈其條理」，就是船山的由「用」發生「新體」的關係；東原所說的「唯條理是以生生」，就是船山的由「新體」更生「新用」的作用。講到這裡，我們可以很正確地推定東原的「生的哲學」是從船山的「動的哲學」而來的。東原和船山對於「息」之一字的解釋，微有不同，我們也不妨在這裡順便說明。船山在說明動和靜的時候，認為「息」是「廢然之靜」，是「不動」。東原則把「息」和「生」對立，視「息」為「生」的另一種作用。所以他認為「生則有息，息則有生」。「生者動而時出，息者靜而自正。」「顯也者，化之生於是乎見；藏也者，化之息於是乎見。」「生者，至動而條理也；息者，至靜而用神也。」所以他要我們從「卉木之枝葉華實」以「觀夫生」；從「果實之白，全其生之性」以「觀夫息」。船山尚對於所謂「廢然之靜」，或不動的「息」，加以攻擊，以說明「不動」的現象不能存在，若東原便連「不動」的觀念都消去了。所以他把「息」和「生」對立，而認為「息」是「化之息」了。東原所謂「息」，相當於船山之所謂「靜」；東原所謂「化之息」，相當於船山所謂「動之靜」。

船山言靜，東原言息，正是一樣的看法。他們處處說明變動的關係，足見清代哲學另是一個輪廓。

東原的思想，受顏習齋的影響，亦復很大。我們為說明顏、戴兩氏思想上的關係起見，先把習齋的思想，作一個較詳細的介紹。

習齋的思想，最看重「事物」兩個字。戴望在《顏元傳》上說：

> 先生之學，以事物為歸，而生平未嘗以空言立教。

「以事物為歸」，不「以空言立教」，這兩句話把習齋思想的全部面目完全顯露出來。戴望在《顏元傳》上引用習齋自己的話，說道：

> 必有事焉，學之要也。心有事則存，身有事則修，家之齊，國之治，皆有事也，無事，則道與治俱廢。故正德、利用、厚生，曰事，不見諸事，非德非用非生也。德、行、藝，曰物，不征諸物，非德非行非藝也。

正德、利用、厚生，都叫做事，只有在實事裡面，才可以看出德之正、用之利、生之厚的關係出來；如果離開了事，根本就沒有所謂正德、利用、厚生了。德、行、藝都叫做物，只有在實物當中，才可以看出關於德、行、藝的不同處來；如果離開了物，也就失去了德、行、藝的根據了。總之，離開了事物，便一切俱廢，不但是治廢，同時道亦廢。這樣看來，大而言之，治國、齊家，小而言之，修身、存心，無一不以事物為基礎。所以說「學之要」，「必有事」。習齋在《存學編》裡面說道：

見理已明，而不能處事者多矣。有宋諸先生，便謂還是見理不明，只教人明理。孔子則只教人習事。迨見理於事，則已徹上徹下矣。此孔子之學與程、朱之學所由分也。

習事和明理，雖可分而為二，但在「事」當中，實包含著「理」。當我們處理一件事體的時候，我們必定要先研究這件事體發生的種種原因，認明這件事體的重心所在，然後決定應付的步驟，並推測應付後的影響。這些經過，都屬於明理。所以必須一個習於事的人，才能夠做到明於理的地步。但是一個所謂明理的人，就未必能夠處事。譬如說，一個學習游泳的人，他不到水裡實地練習，只在陸地上學習了許多關於游泳的方法，自以為知道游泳了，這樣的人，未有不遭滅頂之患的。習事和明理的關係，正是如此。習事好比是游泳，明理好比是知道游泳的方法，離開了事要想明理的人，與那些離開了水來學習游泳的人，是同樣的錯誤。所以不習事而要想明理的人，才真是「見理不明」的。只有見理於事的人，才能夠徹上徹下地看清前因後果的關係。我們只要看習齋對於王法乾的一件事體的批評，就可以看出他的主張是異常的正確。在李塨、王源所撰的習齋的年譜裡面，曾經有過這樣的一段記載：

王法乾為定州，過割地畝，於己名下，書狀不如式，氣象鬱鬱然。先生曰：「為主靜空談之學，久必至厭事，厭事必至廢事，遇事即茫然，賢豪不免，況常人乎！予嘗言誤人才，敗天下事者，宋人之學，不其信夫？」

我們看了這一段記載以後，可以知道習齋的「見理於事」的主張，不是一句空話，是從實際生活裡面體驗出來的。「見理於事」這四個字，是習齋全部思想一個標誌。習齋本身既然是處處以「事物為歸」，當然他不能不強烈地反對宋人的「空談立教」。關於習齋對宋儒的反對，我們可以從幾方面來觀察。

一、反對讀書

宋儒頗看重讀書，習齋對此，力加攻擊，著有《存學》一編，其動機即對此而發。他在與陸道威書的上面說道：

著《存學編》，申明堯、舜、周、孔三事，六行、六府、六德、六藝之道。明道不在章句，學不在誦讀，期如孔門博文約禮，實學實習，實用之天下。

「道不在章句，學不在誦讀」這兩句話，是習齋反對讀書最有力的口號。「實學實習，實用之天下」這句話，卻又是習齋建樹自己主張的一種明白的宣言。他為什麼要反對讀書呢？他自己曾經舉過一個例子，來說明他的意見。他說：

譬之於醫，黃帝《素問》《金匱》《玉函》，所以明醫理也；而療疾救世，則必診脈製藥，針灸摩砭為之力也。今有妄人者，止務覽醫書千百卷，熟讀詳說，以為予國手矣；視診脈製藥，針灸摩砭，以為術家之粗，不足學也。一人倡之，舉世效之，岐黃盈天下，而天下之人病相枕，死相接也。可謂明醫乎？（《學辯一》）

博覽醫書，熟讀詳說，是指誦讀方面而言。診脈製藥，針灸摩砭，是指實學實習方面而言。如果一個醫生只在熟讀醫書一方面下工夫，對於診脈、製藥、針灸、摩砭等等方法的實習反而忽略了，他還能認清病狀，明了病因，恰到好處地替人家治病嗎？結果恐怕不是手足無措，就要膽大妄為。他接下去說：

愚以為從事方脈藥餌針灸摩砭，療疾救世者，所以為醫也；讀書取以明此也。若讀盡醫書，而鄙視方脈藥餌針灸摩砭，不唯非岐黃，若非醫也，尚不如習一科、驗一方者之為醫也。

所謂醫，乃是指對於那些方脈藥餌針灸摩砭的「從事」而言。假使說一個學醫的人，不「從事」於方脈藥餌針灸摩砭等醫治的方法，他還配稱為一個醫生嗎？所以習齋認為「讀盡醫書，而鄙視方脈藥餌針灸摩砭」的假醫生，反不如「習一科、驗一方」確能替人治病的真醫生。我們從他所舉的這個例子上面，可以看出他所以反對讀書的態度。無怪他要說：

> 讀盡天下書，而不習行六府、六藝，文人也，非儒也，尚不如行一節、精一藝者之為儒也。（《學辯一》）

然則習齋是主張不讀書的嗎？我們知道他並非如此。我們只要看繼承習齋思想的李塨，就可以明了。李塨不但是讀書，而且是一個好讀書的人，他讀書幾乎有萬卷之多，豈有一個老師主張不讀書，而他最得意的弟子，反讀書有萬卷之多的道理？在馮辰、劉調贊所撰的李㙒的年譜裡面，曾經有過這樣的一段記載：

> 先生（指李塨）嘗言，吾少年讀書，強記四五過始成誦，比時同學者多如此。而予迤後，閱書幾萬卷者，好故也。故學在好，不在質高。

我們看了這一段話以後，可以知道習齋並不是一個主張不讀書的人。他所以反對讀書，是指那些「專以讀書為博學」，卻離開了實事實物的人。所以他說：

周公之法，春秋教以禮樂，冬夏教以詩書，豈可不讀書？但古人是讀之以為學，如讀琴譜以學琴，讀禮經以學禮，博學之，是學六行、六府、六德、六藝之事也。專以多讀書為博學，是第一義已誤，又何暇計問思辨行也。（《學辯二》）

習齋並不是主張不讀書，而是主張讀書應有一個態度。他的讀書的態度，是「讀之以為學」。「讀書」和「學」通常人看作兩件事體，把「讀書」和「學」分離。因此學是學，讀書是讀書。如學琴的人只是讀琴譜，並不是學琴；學禮的人只是讀禮經，並不是學禮。這是因為他們不知讀書的態度。讀書應有一個態度，便是讀書的時候，應自己發問，何故讀書？或讀書之後，所學何事？如果這樣，便立時可以覺悟到應具的態度。態度是表明對實事實物認識到若何的程度，如果只是讀死書，與實事實物不發生關係，就根本不能表示態度出來。宋儒做學問的方法便是這樣，所以他說：

宋儒如得一路程本，觀一處，又觀一處，自喜以為通天下路程，人人亦以曉路稱之，其實一步未行，一處未到，周行榛蕪矣。（《年譜》）

習齋因此特別提出「習行」兩個字來，以矯正讀書。他曾經教導他的學生李塨，注意到三減，便是：

減冗瑣以省精力；減讀作以專習行；減學業以卻雜亂。（《年譜》）

「減讀作以專習行」，就是習齋矯正宋人專以讀書為博學的一種方法。他把「習行」的關係，看得非常的重要。他說：

孔子……只教人習事，迨見理於事，則已徹上徹下矣。（《存學編》）

何不舉古人三事三物之經世者，使人習行哉？後儒之口筆，見之非，無用；見之是，亦無用。（《年譜》）

孔門為學而講，後人以講為學，千里矣。（《年譜》）

這樣看來，習齋反對讀書，是反對讀死書，反對讀書不以為學，反對「以講為學」，反對學不求致用，這就是習齋所以反對讀書而主張習行的緣故。

二、反對靜坐

靜坐是禪家的功夫，與孔門之學，完全不同。宋儒受禪宗影響極深，對於靜坐，亦頗重視。靜坐是建築在空幻的基礎之上，與習齋所主張的實學實習，完全是格格不入的。所以習齋對此，攻擊最力，他說：

> 靜極生覺，是釋氏所謂至精至妙者，而其實洞照萬象處，皆是鏡花水月，只可虛中玩弄光景。（《性理書評》）

> 洞照萬象，昔人形容其妙，曰鏡花水月。宋、明儒者所謂悟道，亦大率類此。吾非謂佛學中無此意也，亦非謂學佛者不能致此也。正謂其洞照者，無用之水鏡；其萬象皆無用之花月也。（《存人編》）

> 鏡中花，水中月，去鏡水，則花月無有也。即使其靜功綿延，一生不息，其光景愈妙，虛幻愈深，正如人終日不離鏡水，玩弄花月一生，徒自欺一生而已，何與於存心養性之功哉？（《性理書評》）

又說：

今玩鏡裡花，水中月，信足以娛人心目。若去鏡水，則花月無有矣。即對鏡水一生而已矣。若指水月以照臨，取鏡花以折佩，此必不可得之數也。故空靜之理，愈談愈惑；空靜之功，愈妙愈妄。吾願求道者，盡性而已矣。（《存人編》）

釋氏講洞照，但所洞照的，不過是鏡花水月之境。幻境的花月，是由於鏡水的關係造成的，如果離開了鏡水，當然那幻境的花月，也就失其根據。即或能把握到幻境的花月，試問這於實事實物的認識，有何補益？習齋更用水作譬，說明永遠不能達到洞照之境。他說：

不至於此，徒苦半生，為腐朽之枯禪；不幸而至此，自欺更深。何也？人心如水，但一澄定，不濁以泥沙，不激以風石，不必名川巨海之水，能照百態，雖渠溝盆盂之水，皆能照也。今使竦起靜坐，不擾以事為，不雜以旁念，敏者數十日，鈍者三五年，皆能洞照萬象，如鏡花水月，功至此，快然自喜，以為得之矣。或豫燭未來，或邪妄相感，人物小有征應，愈隱怪驚人，轉相推服，以為有道矣。（《存人編》）

天地間豈有不流動之水，不著地，不見沙泥，不見風石之水？一動一著，仍是一物不照矣。（《存人編》）

水是能夠臨照百態的，當濁以沙泥，激以風石的時候，就不能夠臨照百態了。如果水能夠不為泥沙所濁，不為風石所激，平靜澄清，當然是百態映照。不但是名川巨海之水是如此，就是微細的溝渠，甚至盆盂之水，亦莫不如此。不過我們要知道：宇宙當中，絕對沒有不流動、不著地、不為泥沙所濁、不為風石所激的水存在。人的心正復如此。因此習齋認為從靜坐而達到的那種洞照的境地，僅不過是一種鏡花水月，自欺欺人而已。習齋反對靜坐，並不是單就理論方面說，乃是他自己「身歷」的結果。他說：

> 予戊申前，亦嘗從宋儒用靜坐功，故身歷而知其為妄，不足據也。（《存人編》）

「身歷而知其為妄」，正是習齋的實踐的精神，所以他在反對靜坐的時候，能夠處處得力，搔著癢處，這是習齋獨到的地方。因此他認為宋儒和孔孟是絕對不容相混的兩種不同的系統。他曾經舉過一個極有趣味的例子，來說明這種不同。他以為我們現在可以畫兩個堂室：一個堂上坐著孔子，他身上所佩帶的是劍佩、觿決、雜玉、革帶、深衣之類，兩旁侍立的有七十二子。他們有的在演習著禮，有的在鼓瑟鼓琴，有的在羽箭舞文，干戚舞武，有的在問仁問孝，有的在商議兵農政事，他們身上所佩帶的，也同孔子一樣。四壁所放置的儘是弓矢、鉞戚、簫磬、算器、馬策，以及習禮時候所用的那些衣冠等等的東西。一個堂上坐著程子，他身上所穿戴的卻是博帶峨冠，兩旁侍立的乃是游、楊、朱、陸等人。他們有的在返觀靜坐，有的在執書伊吾，有的在對談靜敬，有的在搦筆著述。四壁所放置的儘是書籍、字卷、翰研、黎棗等物。我們試比較一下，這兩個堂室是不是相同的呢？習齋因此說：

予未南遊時，尚有將就程、朱，附之聖門之意。自一南遊，見人人禪子，家家虛文，直與孔門敵對；必破一分程、朱，始入一分孔、孟，乃定以為孔、孟、程、朱，判然兩途，不願作道統中鄉願矣。（《年譜》）

這是習齋反對靜坐的堅決的態度。習齋因為反對靜坐，所以提出「實用」兩個字來。他的學生李塨說：

所學即其所用，所用即其所學，烏有所謂靜坐觀空，泛濫書傳以為學者哉？（《聖經學規纂》）

宋儒內外精粗，皆與聖道相反。養心，必養為無用之心，致虛守寂；修身，必修為無用之身，徐言緩步；為學，必為無用之學，閉門誦讀。不去其病盡，不能入道也。（《李塨年譜》）

實用和靜坐，是剛剛相反的兩種態度。如果是靜坐觀空的話，結果就要成為無用之心、無用之身、無用之學。譬如我們的五官百骸，各有其用，現在有言不聽，人來不視，則耳目之用失；手不接物，足惡動作，則手足之用失；靜坐觀心，身不喜事，則身心之用失。可見實用和靜坐，是一實一虛，一有用，一無用。所以他們主張「所學即其所用，所用即其所學」。在顏習齋的《年譜》上，曾經記載過習齋和陳同甫的會話。

陳同甫說：「人才以用而見其能否，安坐而能者不足恃；兵食以用而見其盈虛，安坐而盈者不足恃。」習齋說：「德性以用見其醇駁，口筆之醇者不足恃；學問以用而見其得失，口筆之得者不足恃。」

實用和靜坐，一個是動態，一個是靜態；一個是活潑潑地，一個是麻木不仁。毋怪習齋說：「一體不仁，則一用不具。」

三、反對以氣質為惡

宋儒謂人性有天地之性和氣質之性之分，他們認為一切的惡端，都是由於氣質之性。習齋對此，甚為反對。他認為氣質不但非性之累，而且捨去了氣質就無法做到存養的地步。這是清儒的一貫的看法。我們且看習齋曾經有過這樣的說明，他說：

> 程、朱唯見性善不真，反以氣質為有惡，而求變化之，是戕賊人以為仁義，遠人以為道矣。（《存性編》）

> 心性非精，氣質非粗，不唯氣質非吾性之累，而且舍氣質無以存養心性。（《存性編》）

氣質拘此性，即從此氣質；明此性，還用此氣質。發用此性，何為拆去？且何以拆去？（《存性編》）

……故曰人為萬物之靈，故曰人皆可以為堯、舜。其靈而能為者，即氣質也。非氣質無以為性，非氣質無以見性也。今乃以本來之氣質而惡之，其勢不併本來之性而惡之不已也。（《存性編》）

氣質和性，實際上是一個東西，本沒有什麼精粗善惡的分別。所謂性，就是指的氣質，離開氣質，則無性之可言。如果強以氣質為惡，結果一定要做到戕賊人性的地步。習齋曾經舉過一個例子，說明這種關係。譬如我們的眼睛，眶、疱、睛之屬，好比是氣質，光明能見物，好比是性。我們不能說，能見物的東西專視正色，眶、疱、睛之屬便專視邪色，我們知道，能見物的東西和眶、疱、睛之屬是不必分開的，也無從分開的。目能視，是指目之性；目見物，是指情之動；視物有詳略遠近的不同，乃是指才之能，都沒有什麼惡之可言。只有被外界的邪色所引動，而障蔽其明的時候，然後有所謂淫視，而發生了惡。其所以被外界的邪色所引動，不是性之咎，當然也不是氣質之咎。如果一定要歸咎於氣質，那就非先去掉能視的目不可。習齋說：

若謂氣惡，則理亦惡，若謂理善，則氣亦善。蓋氣即理之氣，理即氣之理，烏得謂理純一善，而氣質偏有惡哉？（《存性編》）

正是說明這個道理。所以習齋主張：「不唯有生之初，不可謂氣質有惡，即習染極凶之餘，亦不可謂氣質有惡也。」然則「惡」是怎樣發生的呢？習齋認為是由於兩種關係。第一是誤用其情，第二是引蔽習染。何謂誤用其情？他說：

如火烹炮，水滋潤，刀殺賊，何咎？或火灼人，水溺人，刀殺人，非火水刀之罪也，亦非其熱寒利之罪也。手持他人物，足行不正途，非手足之罪也，亦非持行之罪也。耳聽邪聲，目視邪色，非耳目之罪也，亦非視聽之罪也。皆誤也，皆誤用其情也。（《存性編》）

何謂引蔽習染，他曾引朱晦庵（朱熹）一段話以當說明。朱晦庵（朱熹）說：

人生而靜，天之性，未嘗不善。感物而動，性之欲，此亦未嘗不善。至於物至知誘，然後好惡形焉。好惡無節於內，知誘於外，不能反躬，天理滅矣，方是惡也。

習齋更補充地解釋：

誤始惡，不誤不惡也。引蔽始誤，不引蔽不惡也。習染始終誤，不習染不終誤也。（《存性編》）

惡的發生，是由於誤，何以有誤，又是因為引蔽的緣故。若不加以習染，尚有覺悟的可能，若是習染已深，便終誤而永無自覺的機會。所以習齋很肯定地主張：

氣質之性無惡，惡也者，蔽也，習也。

習齋又拿水說明性。他說：

澄澈淵湛者，水之氣質；其濁之者，乃雜入水性本無之土。正猶吾言性之有引蔽習染也。其濁之有遠近多少，正猶引蔽習染之有輕重淺深也。若謂濁是水之氣質，則濁水有氣質，清水無氣質矣，如之何其可也？（《存性編》）

……不知原善者流亦善，上流無惡者，下流亦無惡，其所謂惡者，乃是他途歧路，別無點染。譬如水出泉，若皆行石路，雖自西海達於東海，絕不加濁，其有濁者，乃虧土染之，不可謂水本清而流濁也。知濁者為土所染，非水之氣質，則知惡者，是外物染乎性，非人之氣質矣。（《存性編》）

水之濁，是由於泥土的雜入，不是水的氣質。人的惡，是由於外物的引蔽習染，不是人的氣質。可見氣質本來不是惡的。不過人與水比較，究竟有不同。泥土雜入水中，在水的本身是無可如何的；但是人對於外物的引蔽習染，卻不能不負相當的責任。所以習齋說：

水流未遠而濁，是水出泉即遇易虧之土，水全無與也，水亦無如何也。人之自幼而惡，是氣質偏駁，易於引蔽習染，人與有責也，人可自力也，如何可倫？（《存性編》）

水濁了，我們有一種洗水的方法。傳說從前的人，曾經把惠山上面的泉水帶到京師裡去。有的時候水臭了，京師裡面的人，知道一種洗水的方法，他們把沙石放在笕中，然後把水傾倒在上面，水經過了沙石流到下面，如此者數十次，水才能夠慢慢地恢復原狀，成為一種清泉。我們要知道這種洗水的方法，是洗去了水的習染，並不是洗去了水的氣質。水濁了，有洗水的方法，人對於引蔽習染的關係，則將何如？習齋說：

……然則氣質偏駁者，欲使私慾不能引染，如之何？唯在明明德而已。存養省察，摩厲乎詩書之中，涵濡乎禮樂之場，周、孔教人之成法固在也。自治以此，治人即以此，使天下相習於善，而預遠其引蔽習染，所謂以人治人也。（《存性編》）

周、孔教人的成法，是那些三事、六行、六府、六德、六藝之道，是指的實事實物而言。我們在實事實物當中，能夠下一番存養省察的工夫，就可以做到「預遠其引蔽習染」的地步，氣質縱有偏駁也可以不為私慾所引染。惡既然是由於引蔽習染的關係，當然氣質本身便無惡之可言了。以氣質為惡，是程、朱以後的看法。習齋說：

大約孔、孟而前責之習，使人去其所本無；程、朱以後責之氣，使人憎其所本有。是以人多以氣質自諉，竟有山河易改，本性難移之諺矣。其誤世豈淺哉！（《存性編》）

宋人以氣質為惡，是錯誤的根源，為什麼當時都不能覺察到呢？這是由於「空談易於藏拙」的緣故。他說：

大約宋儒仞性，大端既差，不唯證之以孔、孟之旨不合，即以其說互參之，亦自相矛盾者多矣。如此之類，當時皆能欺人，且以自欺，蓋空談易於藏拙，是以舍古人六府、六藝之學，而高言性命也。（《存性編》）

為什麼「空談易於藏拙」？這正是「畫鬼容易畫馬難」的道理。習齋對於那些空談而自欺的學說，是盡力反對的，他所注重的仍是六府、六藝之學。他說：

周、孔似逆知後世，有離事物以為道，舍事物以為學者，故德、行、藝總名曰物。明乎六藝固事物之功，即德行亦在事物內，大學明親之功何等大，而始事只曰在格物。空寂靜悟，書冊講誦，焉可溷哉！（《年譜》）

內篤敬而外肅容，體之根心也，靜時踐其形也；六藝習而百事當，性之良能也，動時踐其形也；絜矩行而上下通，心之萬物皆備也，同天下踐其形也。禪宗焉能亂我哉！（《年譜》）

總之，習齋的思想，處處反對空言立教，處處以事物為歸，所謂見理於事，便是他的實踐的精神。

關於習齋的思想，既已說明一個大概，現在對於顏、戴兩氏思想上的關係，可以加以討論。習齋給予東原最大的影響，是他的「見理於事」，「以事物為歸」的主張。東原的思想，雖然出發於「生生」，雖然處處看重一個「欲」字，然而他的歸結，卻是著重「人倫日用」。這種思想，是很明顯地受了習齋的影響。東原說：

全乎智仁勇者，其於人倫日用行之，而天下睹其仁，睹其禮義，善無以加焉，自誠明者也。學以講明人倫日用，務求盡夫仁，盡夫禮義，則其智仁勇所至，將日增益以於聖人之德之盛，自明誠者也。（《孟子字義疏證》）

又說：

就人倫日用舉凡出於身者，求其不易之則，斯仁至義盡而合於天，人倫日用，其物也；曰仁、曰義、曰禮，其則也。（《孟子字義疏證》）

人倫日用，是指的日常的事物和人與人之間的一切關係而言。我們為學的目的，就在講明這種人倫日用，以求做到「盡夫仁、盡夫禮義」的地步。只有在人倫日用裡面，才可以看出仁與禮義的關係。人倫日用是物，仁義禮是則，有物必有則，有人倫日用，必有仁義禮。東原更拿飲食和知味做例子，來說明這種關係。他說：

> 然智愚賢不肖，豈能越人倫日用之外者哉？故曰：「人莫不飲食也，鮮能知味也。」飲食喻人倫日用，知味喻行之無失。使舍人倫日用以為道，是求知味於飲食之外矣。（《疏證》）

我們不能在飲食之外求知味，當然我們也不能捨去人倫日用，而另求其所謂道了。所以他說：

> 極言乎道之大如是，豈出人倫日用之外哉？（《疏證》）

東原所說的人倫日用，正是習齋所說的事、所說的物。東原所說的仁、義、禮，正是習齋所說的正德、利用、厚生，以及所謂德、行、藝。東原所說的「學以講明人倫日用」，「於人倫日用行之」，與習齋所說的「見理於事，則以徹上徹下矣」，用意正同。東原以為舍人倫日用，則無道之可言，也與習齋所說的「不見諸事，非德非用非生也」，「不征諸物，非德非行非藝也」，是同一的看法。可見東原受習齋的影響很不小。

至於清儒對理和欲的問題，似乎都是取著同一的觀點。王船山說：「天下之公欲，即理也；人人之獨得，即公也。」顏習齋說：「氣質之性無惡；惡也者，蔽也，習也。」戴東原說，「凡有血氣心知，於是乎有欲」，「生養之道，存乎欲者也」。這種看重「欲」的思想，是王、顏、戴諸氏的一致的看法，也正是清儒思想的一大特色，我們可以看到清代哲學和宋、明哲學完全立於正反對的地位。

三 戴東原的「生的哲學」

東原全部思想，都在說明一種「動」的現象，他用「生生」兩個字表現出來。他說：

氣化之於品物，可以一言盡也，生生之謂歟！（《原善上》）

「生生」這兩個字，是東原說明氣化與品物的根據，同時也正是東原全部思想的出發點。東原處處在告訴我們：氣化流行的關係，生生不息的現象，以及發生萬有不齊的品物的所以然。「因氣化而有生生，因生生而有品物」，這兩句話可看作東原全部思想的縮影。何謂氣化？東原以為，充滿宇宙間的，只有一種「氣」的存在。在宇宙當中，也只有一種變動不已的「化」的作用。一切萬物的滋長綿延，都是由於「氣化」的作用。關於氣化之理，他這樣說明：

凡有生即不隔於天地之氣化。陰陽五行之運而不已，天地之氣化也，人物之生生本乎是。（《疏證中》）

氣化和陰陽五行的關係，究竟怎樣？在這裡有說明的必要。氣化和陰陽，並不是兩件東西，所謂氣，就含著陰陽二氣，二氣相反而相成。當它們相感相遇的時候，就要發生一種運行不已的變化的作用。我們對於陰陽二氣感遇而生的變化，就稱之為「氣化」。可見，氣，正是指的陰陽二氣而言；化，正是指的陰陽二氣相感相遇時所發生的變化而言。氣化和陰陽是同一的東西，並不是說，在陰陽二氣之外，另有所謂氣化的作用存在。王船山在說明陰陽和動靜的關係的時候，也曾經說過這樣的話：

> 動靜者，即此陰陽之動靜，動則陰變於陽，靜則陽凝於陰……非動而後有陽，靜而後有陰，本無二氣，由動靜而生。（《正蒙注》）

船山認為動靜即此陰陽之動靜，東原認為氣化即此陰陽之氣化，正是同一的看法。五行的關係，又怎樣呢？東原說：

> 舉陰陽則賅五行，陰陽各具五行也；舉五行即賅陰陽，五行各有陰陽也。（《疏證中》）

五行的相剋相生，和陰陽的相感相遇，同樣地要發生一種變化的作用。可以說宇宙間一切變化的作用，都不出相感相遇相剋相生的關係以外。而且在陰陽二氣裡面，就含著五行相剋相生的關係；在五行裡面，也就含著陰陽相感相遇的作用。所以說：「陰陽各具五行，五行各有陰陽」；「舉陰陽則賅五行，舉五行則賅陰陽」。氣化和陰陽五行的關係，既已說明，我們就可以知道東原拿陰陽五行運而不已一點來說明氣化的原因。東原說：

> 陰陽五行以氣化言也。（《緒言上》）

氣化是從陰陽五行運而不已的關係顯現出來的，但是宇宙間的萬事萬物，卻又是從氣化裡面發生出來的。凡是一個有生命的東西，都不能與天地之氣化隔離；一旦隔離，則其生機即將斷絕。因為人物的生生，正是本乎天地的氣化。東原便把握著這種關鍵，以建樹他的「生的哲學」。

東原所說的「生生」，與「流行」的意義不同。「流行」是單指一種運行不已的變動的現象，「生生」卻包括擴大、發展、綿延、滋長的現象而言。所以他在說了一句「流行不已」之後，還要加上一句「生生不息」。他說：

> 天地之氣化，流行不已，生生不息。（《緒言上》）

一陰一陽，流行不已，生生不息。（《緒言上》）

東原把那種擴大、發展、綿延、滋長的「生生不息」的現象稱之為「化」。他處處在說明「生生」，也正是他處處在說明「化」。所以他說：

生生者，化之原；生生而條理者，化之流。（《原善上》）

有了氣化，就發生一種變動的現象；這現象是由於一種動力，以使其「運行不已」，東原便稱之為「生生」；有了這種動力，就產生萬有不齊的品物。各依其類，有條不紊地滋長綿延著，成為一種動向，東原便稱之為「條理」。「生生」可以說明發展的過程，「條理」可以顯現發展的關係。假使沒有「生生」，根本不能成為「條理」；假使沒有「條理」，根本無法顯現「生生」。「條理」和「生生」，實際上只是一件事體的兩面。就其藏諸體者而言，就稱之為「生生」；就其顯諸用者而言，就稱之為「條理」。「條理」不僅顯現了「生生」的本質，在「條理」本身就潛藏著「生生」的本質。「生生」不僅說明了「條理」的不同，在「生生」的瞬間，就潛伏著「條理」的不同。這便是所謂「化」，所謂「氣化」。關於「生生」和「生生而條理」，東原實在說得很透徹。不過說到「孳生」的「類」，東原的思想就有問題了。譬如他說：

氣化生人生物以後，各以類孳生久矣；然類之區別，千古如是也，循其故而已矣。在氣化分言之曰陰陽，又分之曰五行，又分之則陰陽五行，雜糅萬變。是以及其流行，不特品類不同，而一類之中，又復不同。（《緒言上》）

「氣化生人生物以後，各以類孳生」，「雜糅萬變……一類之中，又復不同」，這仍是他的「由氣化而有生生，由生生而有品物」的看法。不過所謂「類之區別，千古如是，循其故而已矣」，這簡直是一種「類」不變的思想，這還談得上生的哲學嗎？不謂以標榜「生生」的東原，卻見不及此，可見成見的擺脫是一件頗不容易的事。

東原處處著重「化」的說明，即以「生生」和「生生而條理」說明「化」的兩種現象，並建樹他的思想體系。他把宇宙當中一切的現象，分為三類：第一，自然的；第二，必然的；第三，本然的。「自然的」關係，他叫做「順」；「必然的」關係，他叫做「常」；「本然的」關係，他叫做「德」。另外又提出一個「道」字來，叫我們在道裡面，明了「天地之順」；提出一個「善」字來，叫我們在善裡面，察知「天地之常」；提出一個「性」字來，叫我們在性裡面，通曉「天地之德」。表面上好像在說明「道」和「順」的關係，「善」和「常」的關係，「性」和「德」的關係，實際上卻是處處在說明所謂「自然」、「必然」和「本然」，也即是說明所謂「化」。我們現在就根據這三方面，對東原思想體系，作一番檢討。

一、道

東原對於「道」之一字的說明，是從他的中心思想的「化」出發。他對於「道」，好像說得非常複雜，實際上是很簡單的。他恐怕我們對這種表面上好像複雜的「道」，不能了解，不能認識，所以處處提出一種「自然」來解釋。他認為所謂「道」，就是那種「自然」的現象，任自然的現象自由發展，不加傷害，就可認識這個「道」，把握這個「道」。東原下「道」之一字的定義說：

> 道，言乎化之不已也。（《原善上》）

一陰一陽，蓋言天地之化不已也，道也。（《原善上》）

「道」，指「化」而言，指「化之不已」而言。天地間何以能夠發生「化」的作用？「化」的作用又何以能夠「不已」？這是由於天地間有陰陽的兩種不同的作用的緣故。當這兩種不同的作用相接觸的時候，就發生一種「動」的作用，在「動」的作用裡面，就潛藏著「化」。「動」的作用，永無停止，那麼，「化」也當然是「不已」。為什麼在「動」的作用裡面潛藏著「化」？為什麼「動」的作用又永無停止？他曾經提出「生」和「息」兩個字來說明。他說：

> 動而輸者立天下之博，靜而藏者立天下之約。博者其生，約者其息，生者動而時出，息者靜而自正。君子之於問學也，如生；存其心，湛然合天地之心，如息。人道舉配乎生，性配乎息。生則有息，息則有生，天地所以成化也。（《原善上》）

生生之呈其條理，顯諸仁也。唯條理是以生生，藏諸用也。顯也者，化之生於是乎見。藏也者，化之息於是乎見。生者至動而條理也，息者至靜而用神也。卉木之枝葉華實，可以觀夫生。果

實之白，全其生之性，可以觀夫息。（《原善上》）

關於生生和條理，我們已另有說明。這兩個名詞，對於東原的全部思想，關係頗為重大。講到後面，我們還要詳加闡述，在這裡僅連帶地說說。東原以為宇宙當中一切的現象，可以用兩個字包括淨盡，一個是「動」字，一個是「靜」字。「動」和「靜」就表面看來，好像是相反的，其實不然。「動」，是就顯諸外的那種外表的現象而言，「靜」，是就藏諸內的那種內部的關係而言。「動」和「靜」，實際上是一件事體的兩面。更正確地說，所謂靜者，實即是動，是動的另一種作用。因為有了動的作用就發生天下的萬事萬物，這就叫做「立天下之博」，這便是所謂「生」。又因為有了靜的作用，就潛藏著那種發生萬事萬物的原動力，這就叫做「立天下之約」，這便是所謂「息」。「生」即是那種「時出」而「條理」的「動」，「息」即是那種「自正」而「用神」的「靜」。「靜」既然是一種原動力，我們怎能說「靜」不是「動」呢？東原對「生」和「息」的看法，也正相同。他認為：「生」，不是一個單純的「生」，而是「化之生」；「息」，不是一個單純的「息」，而是「化之息」。假如我們把生和息僅僅看作一種單純的作用，那就是一種機械的看法。宇宙間萬事萬物滋長綿延的現象，是那種「生生」的作用。唯其有了滋長綿延的生生，所以就產出那許多有條不紊的品物的條理來，這就叫做「顯諸仁」。但是在那許多有條不紊的品物的條理裡面，卻又潛藏著那種滋長綿延的生生的新的作用，這就叫做「藏諸用」。由「顯諸仁」可以看到「化之生」，由「藏諸用」可以看到「化之息」。「生」是「息」的一種顯現，「息」裡面正潛藏著「生」，一生一息，形成永無停止的「動」，即形成「不已的化」。東原更恐怕我們對於「生」和「息」的關係，不能了解得十分透徹，於是更舉例證明。他以為人倫日用是生，而我們的性卻能適合於人倫日用，這便是息。我們日新月異地研究學問，是生，而我們的存心，卻能體驗所學，見諸實行，這便是息。草木的發芽滋長，株成葉茂，華繁果熟的現象，是生，但是那些發芽滋長、株成葉茂、華繁果熟的現象，無一不包含於果實之白裡面，這果實之白便是息。一生一息，相因相倚，相反相成，無有止極，便是天地所以化之不已的原因。東原便是把這種化之不已的現象，叫做「道」。他認為這種現象是自然的現象。於是處處用「自然」以解釋「道」兼解釋「化」。他說：

> 知其自然，斯通乎天地之化。（《原善上》）

所謂「天地之化」，即是自然現象。我們只要認識自然現象，就能通曉天地之化。但是所謂自然現象，究竟是怎樣的現象呢？東原仍舊提出「生生」兩字。他說：

> 氣化之於品物，可以一言盡也，生生之謂歟！（《原善上》）

所謂「生生」，含有生長、生動、生活、生存的意思，又含有滋長、綿延、繼續不斷的意思。這兩層意思是分不開的。前者名之為「生」，後者名之為「生生」。譬如說，一顆麥，當我們把它種植到泥土裡面以後，就慢慢地活動而生長起來，結果成為一種草本的植物，而產出了一個新的麥穗，在這個麥穗裡面，卻包含著千百顆新的麥粒。一個蠶子，得著了適當的溫度的時候，就變成一條蠶，然後成繭、成蛹，一直到成蛾，蛾又產出千百個蠶子。麥粒從種植到泥土以後，長成為草本植物，長出了新的麥穗，都是一種「生」的作用。但是等到從麥穗裡面，更產出千百顆新的麥粒來的時候，那就不僅是「生」的作用，而更含有「生生」的作用了。蠶子從成蠶、成繭、成蛹，一直到成蛾，都是一種「生」的作用。但是等到蛾又產出千百個蠶子來的時候，那也不僅是「生」的作用，而更含有「生生」的作用。一定要達到了「生生」的境地，才算完成了「生」的使命。宇宙間萬事萬物，所以能夠滋長綿延繼續不斷，正由於有這「生生」的作用。這「生生」的作用，就是所謂自然現象。如果我們能夠依順著這種自然現象，就能把握住「生生」，反之，如果背逆了這種自然現象，就要失去「生生」了。東原說：

言乎自然之謂順。（《原善上》）

自然者天地之順。（《原善上》）

東原特別提出了一個「順」字，以說明自然，是很有深意的。他認為「順」就是「道」。所以說：

上之見乎天道，是為順。（《原善上》）

明乎天地之順者，可與語道。（《原善上》）

言乎順之謂道。（《原善上》）

天下之道盡於順。（《原善上》）

東原不但認「順」就是「道」，同時他還認「順」和「生生」，也有密切的關係。他說：

一陰一陽，其生生乎！其生生而條理乎！以是見天地之順。故曰一陰一陽之謂道。（《原善上》）

總之，東原所說的「自然」，所說的「順」，所說的「道」，所說的「生生」，所說的「化」，實際是同一的東西，明白了這點，才能把握住他的全部的思想。現在更進一步看東原對「道」的說明。他把「道」分為「天道」和「人道」。他說：

道有天道人道：天道，陰陽五行是也；人道，人倫日用是也。（《緒言上》）

在天為天道。在人，咸根於性而見於日用事為，為人道。（《原善上》）

人道本於性，而性原於天道。（《疏證下》）

大致在天地則氣化流行，生生不息，是謂道。在人物則人倫日用，凡生生所有事，亦如氣化之不可已，是謂道。故《易》曰：「一陰一陽之謂道。」此言天道也。《中庸》曰：「率性之謂道。」此言人道也。（《緒言上》）

天道，指陰陽五行而言，是「氣化流行，生生不息」；人道，指人倫日用而言，是「凡生生所有事，亦如氣化之不可已」。以氣化流行的自然現象而言，就稱之為天道。以日用事為的人物關係而言，就稱之為人道。天道和人道，並不是對立的，而是連貫的。人道的發生，是以天道為根據。因為我們的日用事為的人道，都是根據我們的本性而發生的。《易經》上所說的「一陰一陽之謂道」，是指的天道；《中庸》上所說的「率性之謂道」，是指的人道。東原拿「體物」說明天道；拿「生養之道」說明人道；另提出一個「分」字來，以說明人道和天道的關係；又提出「實體實事」來，以說明人道和天道的所在。我們先看東原對於天道的說明。他說：

天道，五行陰陽而已矣。（《原善上》）

五行陰陽者，天地之事能也。（《原善上》）

言乎天地之化曰天道。（《緒言上》）

所謂天道即就天地化生而言。天地何以化生？乃由於五行陰陽。五行陰陽，東原認為是天地的事能，而稱之為天道。他在說明體物的時候，用五行陰陽來說明；在說明天道的實體的時候，也用五行陰陽來說明。又在說明由天道化分為人道的時候，仍是用五行陰陽來說明。他說：

形而上者，陰陽鬼神胥是也，體物者也。（《原善上》）

五行之成形質者，則器也。其體物者，道也。（《原善上》）器言乎一成而不變，道言乎體物而不可遺。（《疏證中》）

這是說明體物。他說：

陰陽五行，道之實體也。（《疏證中》）

人物同本於天道。陰陽五行，天道之實體也。（《緒言上》）這是說明天道的實體。他又說：

由天道以有人物，五行陰陽，生殺異用，情變殊致。是以人物生生，本五行陰陽，征為形色。（《原善中》）

陰陽五行，道之實體也。血氣心知，性之實體也。有實體，故可分。唯分也，故不齊。古人言性，唯本於天道如是。（《疏證中》）

天道，陰陽五行而已矣。人物之性，咸分於道，成其各殊者而已矣。（《疏證中》）

這是說明由天道劃分人道。唯其認天道是體物的，所以告訴我們：「萬物育，則天下無或不得其順者也。」（《原善下》）唯其認天道是實體的，所以說：「語道於天地，舉其實體實事而道自見。」

（《疏證下》）唯其認人道是由天道劃分的，所以說：「人道本於性，而性原於天道。」（《疏證下》）這是東原一貫的說明。我們再看他怎樣說明人道，他說：

行於人倫庶物之謂道。（《原善上》）

人道，人倫日用、身之所行，皆是也。（《疏證下》）語道於人，人倫日用，咸道之實事。（《疏證下》）然智愚賢不肖，豈能越人倫日用之外者哉？故曰：「人莫不飲食也，鮮能知味也。」飲食喻人倫日用，知味喻行之無失。使舍人倫日用以為道，是求知味於飲食之外矣。（《疏證下》）

東原從人倫日用說明人道。以為「道」只宜從人倫日用上去求，如果離開人倫日用以求「道」，正和離開飲食以求知味一樣。顏習齋說：

孔子則只教人習事，迨見理於事，則已徹上徹下矣。（《存學編》）

習齋那種「見理於事」的主張，和東原求道於人倫日用的主張，用意是相同的。所以東原說：

出於身者，無非道也。（《疏證下》）

道者，居處飲食言動，自身而周於身之所親，無不該焉也。（《疏證下》）

極言乎道之大如是，豈出人倫日用之外哉？（《疏證下》）

人道賅括人倫日用，既已說明，但人倫日用又怎樣解釋呢？東原便提出「生養之道」來。他說：

飲食男女，生養之道也，天地之所以生生也。（《原善下》）

聖人順其血氣之欲，則為相生養之道。（《疏證上》）

生養之道，就是天地所以生生的大道，實際上是飲食男女的「大欲」。東原很坦白地告訴我們，這種飲食男女的大欲，正是所謂的生養之道。我們只要能夠依順著這種飲食男女的血氣之欲，就可以完成生養之道，也就可以完成「天地之所以生生」的大道。所以東原說：

生養之道，存乎欲者也；感通之道，存乎情者也。（《原善上》）

合聲色臭味之欲，喜怒哀樂之情而人道備。（《疏證中》）

耳目百體之欲，求其故，本天道以成性者也。人道之有生，則有養也。（《原善上》）

又說：

> 耳目百體之所欲，血氣之資以養者，所謂性之欲也，原於天地之化者也。故在天為道，在人為性，而見於日用事為為人道。（《緒言上》）

欲本乎天道以成性，是「原於天地之化」的，又怎樣可以去呢？主張去欲的人，無異於主張去生養之道。東原對這點特別看重，所以說：

> 是故去生養之道者，賊道者也。（《原善下》）

然則我們對於這種生養之道的欲，就可以漫無節制地放縱了嗎？是又不然。東原說：

> 夫耳目百體之所欲，血氣之資以養者，生道也。縱慾而不知制之，其不趨於死也，幾希！（《緒言上》）

「制之」這兩個字，東原看得非常重要，這就包含在他所說的「條理」裡面。所以東原說：

> 唯條理是以生生，條理苟失，則生生之道絕。（《疏證下》）

「生生」，是指自然的關係而言，「條理」，是指必然的關係而言。那種顯現必然關係的「條理」，正含著完成自然關係的「生生」之道的作用。假使失去了那必然關係的「條理」，則所謂自然關係的「生生」，亦將不能成立。東原以「道」之一字，來說明白然關係的「生生」，以「善」之一字，來說明必然關係的「條理」，是一個很有組織的說明。現在我們說明「善」。

二、善

東原對於「善」之一字，看得非常重要。可以說這是他的全部思想的主眼。他下「善」之一字的定義，說：

> 善，言乎知常、體信、達順也。（《原善上》）

怎樣叫做「常」？怎樣叫做「信」？怎樣叫做「順」？他曾逐一加以說明：

> 上之見乎天道，是謂順。（《原善上》）

> 實之昭為明德，是謂信。（《原善上》）

循之而得其分理，是謂常。（《原善上》）

但所謂「道」、所謂「德」、所謂「理」又是怎樣的呢？他說：

道，言乎化之不已也。德，言乎不可渝也。理，言乎其詳致也。（《原善上》）

對於「順」和「道」的關係，我們上面已有說明。對於「信」和「德」的關係，我們在後面就要討論到。在這裡我們單提出「常」和「理」的關係來解說。東原說：

察乎天地之常者，可與語善。（《原善上》）

東原說明「善」，雖然提到了「信」，提到了「順」，可是他特別看重的，還在一個「常」字。我們只要對「常」之一字，詳加闡明，就可以了解東原所說的「善」了。東原說：

生生，仁也。未有生生而不條理者。條理之秩然，禮至著也。條理之截然，義至著也。以是見天地之常。三者咸得，天下之懿德也，人物之常也。故曰「繼之者，善也」。（《原善上》）

善，日仁，日禮，日義：斯三者，天下之大衡也。（《原善上》）

東原把仁、義、禮三者，稱之為善，又稱之為常。他以「生生」說「仁」，以「條理」說「禮」和「義」。而對於「禮」和「義」又分開解釋。謂「禮」為屬於「條理之秩然」的，「義」屬於「條理之截然」的。東原對於「生生」和「條理」這兩個名詞，曾反覆闡明，不厭其詳。有時拿「生生」解釋「條理」，有時又拿「條理」來解釋「生生」。一方面告訴我們，在「生生」的作用裡面，才能發生「條理」。另一方面又告訴我們，在「條理」的關係裡面，才能顯現「生生」。生生和條理的關係，究竟怎樣？為什麼東原對於這兩個名詞這樣不憚煩地解釋？正是我們在這裡所要討論的中心問題。何謂條理？東原說：

得其分，則有條而不紊，謂之條理。（《疏證上》）

條理，是指「有條而不紊」的現象而言。「有條而不紊」的現象，怎樣發生？東原以為是由於「得其分」。東原說：

凡分形氣於父母，即為分於陰陽五行。人物以類滋生，皆氣化之自然。（《疏證中》）

天道，陰陽五行而已矣。人物之性，分於道而有之，成其各殊者而已矣。其不同類者，各殊也；其同類者，相似也。（《緒言上》）

宇宙間的萬事萬物，就表面看來，好像是千頭萬緒，雜亂無章，有的相似，有的各殊。我們對於這許多頭緒紛繁雜亂無章的事物，有什麼方法加以整理，加以分別呢？當我們有了一個「類」的觀念以後，於是我們知道凡是同類的，都是相似的，凡是不同類的，都是各殊的。當我們有了一個「分」的觀念以後，於是我們知道在那種紛繁雜亂的事物當中，都含有著一種有條不紊的條理。就是所謂「分於道」、「分於陰陽五行」。這種「分」的作用，正是「氣化之自然」，所以人物能夠「以類滋生」。「分」，是「生生」的作用；「得其分」，是「條理」的作用。「類」，是「條理」的作用；「以類滋生」，卻又是「生生」的作用。更正確地說來，所謂「得其分」者，是由「生生」而成其「條理」；所謂「以類滋生」者，是由「條理」更發為「生生」。「條理」和「生生」，實際上是一件東西的兩種不同的作用。不過「條理」更為重要。因為「條理」不僅顯現「生生」的作用，條理本身即含著「生生」的作用，並且完成「生生」的作用。所以東原說：

孟子稱孔子之謂集大成曰：「始條理者，智之事也；終條理者，聖之事也。」聖智至孔子而極其盛，不過舉條理以言之而已矣。（《疏證上》）

東原更進一步地說：

生生者，仁乎！生生而條理者，禮與義乎！何謂禮？條理之秩然有序，其著也。何謂義？條理之截然不可亂，其著也。（《原善上》）

《易》有之曰：「天地之大德曰生。」一陰一陽，流行不已，生生不息。觀於生生，可以言仁矣。在天為氣化之生生，在人為其生生之心，是乃仁之為德也。由其生生有自然之條理，唯條理所以生生，觀於條理之秩然有序，可以言禮矣。失條理則生生之道絕，觀於條理之截然不可亂，可以言義矣。生生，誠也；條理，明也。故行道在體仁，知道在達禮，在精義。（《緒言上》）

自人道溯之天道，自人之德性溯之天德，則氣化流行，生生不息，仁也；由其生生有自然之條理，觀於條理之秩然有序，可以知禮矣。觀於條理之截然不可亂，可以知義矣。在天為氣化之生生，在人為其生生之心，是乃仁之為德也。在天為氣化推行之條理，在人為其心知之通乎條理而不紊，是乃智之為德也。唯條理是以生生，條理苟失，則生生之道絕。（《疏證下》）

「由其生生有自然之條理」，「唯條理所以生生」，「失條理則生生之道絕」，這三句話都是說明「生生」和「條理」是互相關聯的。就天道說，則為「氣化之生生」；就物理說，則為「以類滋生」；就人事說，則為「生生之心」。但是「氣化之生生」，何以「推行而不亂」？「以類滋生」，何以「各依其類」？「生生之心」，何以「心知之通乎條理而不紊」？這是因為「由其生生有自然之條理」的道理。這就叫做「禮」，這就叫做「義」。所以說：「生生者，仁乎！生生而條理者，禮與義乎！」禮和義，雖然都是條理的作用，卻是大有分別。禮，是「條理之秩然有序」的；義，是「條理之截然不可亂」的。在這裡，東原便提出一個「理」字來，以說明「秩然」，提出一個「權」字來，以說明「截然」。他解釋「理」字道：「循而分之，端緒不亂，曰理。」（《緒言上》）「端緒不亂」，當然是指的「秩然」。他解釋「權」字道：「權，所以別輕重。謂心之明至於辨察事情而準，故曰權。」

（《疏證下》）「別輕重」，「辨察事情而準」，當然是指的「截然」。他在《孟子字義疏證》捲上，曾對於「理」和「義」發過一段最精彩的議論。他說：

> 舉理以見心能區分，舉義以見心能裁斷。分之各有其不易之則，名曰理。如斯而宜，名曰義。是故明理者，明其區分也。精義者，精其裁斷也。

「區分」，是指的「秩然」。「裁斷」，是指的「截然」。「分之各有其不易之則」，當然是「有序」。「如斯而宜」，當然是「不可亂」。所以他說：

> 條理之秩然，禮至著也。條理之截然，義至著也。（《原善上》）

禮和義，雖然有「秩然」和「截然」的分別，但是同屬於「條理」。由「生生」而有「條理」，「條理」即包含於「生生」之中，故舉「仁」即可以該「禮」，即可以該「義」。他說：

> 禮也，義也，胥仁之顯乎！（《原善上》）

「條理」雖然包含於「生生」之中，然而「條理」卻有顯現「生生」，完成「生生」的作用。東原因此提出一個「智」字來，他說：

若夫條理得於心，其心淵然而條理，是為智。智也者，其仁之藏乎！（《原善上》）

東原把「仁」和「智」這兩個字，看得非常重要。他拿「仁」說明「生生」，拿「智」字說明「條理」。他所說的「體仁」，是就「仁」說，他所說的「達禮」「精義」，是就「智」說。他所說的「行道」，是一種「生生」的作用；他所說的「知道」，是一種「條理」的作用。所以他說：「生生，誠也；條理，明也。」誠的顯現則為仁，明的顯現則為智，原是一貫的看法。達到了「仁」和「智」的境地，就可以達到必然的境地了。東原說：

得乎生生者謂之仁，得乎條理者謂之智。至仁必易，大智必簡。仁智而道義出於斯矣。（《原善上》）

天下事情，條分縷析，以仁且智當之，豈或爽失幾微哉？（《疏證上》）

這就是東原所謂「天下之懿德」，也就是東原所說的「人物之常」。「懿德」與「常」，就成為「必然」。東原說：

以秉持為經常曰則，以各如其區分曰理，以實之於言行曰懿德。（《疏證上》）

言乎必然之謂常。（《原善上》）

必然者，天地之常。（《原善上》）

呈其自然之符，可以知始；極於神明之德，可以知終。（《原善上》）

人之神明出於心，純懿中正，其明德與天地合矣。（《原善中》）

純懿中正，道之則也。（《原善下》）

物者，指其實體實事之名；則者，稱其純粹中正之名。實體實事罔非自然，而歸於必然，天地人物事為之理得矣。（《疏證上》）

宇宙當中充滿著實體實事的物，有了物，就有一種純懿中正的不可易的法則。實體實事的物，是自然的，純懿中正的則，是必然的。由必然的純懿中正的則，才能把握住「天地人物事為之理」。東原說：

是故就事物言，非事物之外別有理義也。有物必有則，以其則正其物，如是而已矣。（《疏證上》）

就人心說，東原提出「神明」兩個字來。他曾告訴我們：「呈其自然之符，可以知始；極於神明之德，可以知終。」他拿神明和自然來作對比的說明，可見神明兩字，東原極為重視。他說：

理義非他，所照所察者之不謬也。何以不謬？心之神明也。人之異於禽獸者，雖同有精爽，而人能進於神明也。（《疏證上》）

就人心言，非別有理以予之而具於心也。心之神明，於事物咸足以知其不易之則，譬有光皆能照，而中理者，乃其光盛，其照不謬也。（《疏證上》）

天下唯一本，無所外。有血氣則有心知，有心知則學以進於神明。一本然也。（《疏證上》）

人則能書，充其知，至於神明，仁義禮智無不全也。仁義禮智非他，心之明之所止也，知之極其量也。（《疏證中》）

又說：

故人莫大乎智足以擇善也。擇善則心之精爽進於神明於是乎在。（《原善中》）

「精爽」就自然說，「神明」就必然說。「以類滋生」，「飲食男女」，都是屬於自然的，是人類禽獸之所同。但知道「以類滋生」的不易之則，知道對「飲食男女」之欲所以制之，那是屬於必然的，是人與禽獸之所異。前者屬於「精爽」，後者屬於「神明」。一個人的心，如果能從「精爽」而進於「神明」，那就可以達到「擇善」的地步，所謂「擇善」，就是能從自然中求出必然。一個人如果能夠「擇善」，就不難「進於聖智」。東原所謂「所照所察者之不謬也」「知其不易之則」「心之明之所止」

「知之極其量」，都是指「擇善」而言。但是我們要怎樣才知道「擇善」呢？東原叫我們去「學」，叫我們由「學」以「擴充其知」。他說：

失理者，限於質之昧，所謂愚也。唯學可以增益其不足而進於智。益之不已，至乎其極，如日月有明，容光必照，則聖人矣。（《疏證上》）

試以人之形體與人之德性比而論之。形體始乎幼小，終乎長大；德性始乎矇昧，終乎聖智。其形體之長大也，資於飲食之養，乃長日加益，非復其初；德性資於學問，進而聖智，非復其初，明矣。（《疏證上》）

學則就其昧焉者牖之明而已矣。（《疏證中》）

怎樣叫做學？學是由無知到有知，由矇昧到聖智，由長於自然而明於必然。所以東原說：

聖人之學，使人明於必然。（《緒言上》）

但自然和必然非孤立的，而是聯繫的。所以說：

自然之與必然，非二事也。就其自然，明之盡而無幾微之失焉，是其必然也。如是而後無憾，

> 如是而後安，是乃自然之極則。若任其自然而流於失，轉喪其自然而非自然也。故歸於必然，適完其自然。（《疏證上》）

> 善者，稱其純粹中正之名；性者，指其實體實事之名。一事之善，則一事合於天。成性雖殊，而其善也則一。善，其必然也；性，其自然也。歸於必然，適完其自然。此之謂自然之極致。（《疏證下》）

> 夫人之異於物者，人能明於必然；百物之生，各遂其自然也。（《疏證上》）

> 孟子之言乎自然，異於告子之言乎自然，蓋自然而歸於必然。必然者，不易之則也，非制其自然使之強而相從也。天下自然而無失者，其唯聖人乎！（《緒言上》）

「歸於必然，適完其自然，此之謂自然之極致」，這段文句是東原全部思想的神髓。他認為人與萬物所以不同，就在於人能夠知道必然，而物只各遂其自然。因為這樣，所以萬物只能在自然條件限制下求生存，而沒有超出自然限制的力量。人是明於必然的，所以人有超出自然限制的力量。人能夠在自然條件的限制之外，造出許多工具，以求達到必然的目的。因此人類不僅能夠利用自然，並且能夠駕御自然，征服自然。這便是「歸於必然，適完其自然」的意思，這就叫做「自然之極致」。必然和自然，並非二事。必然由自然而來，自然向必然而去。必然既不是「制其自然使之強而相從」的作用，更與那種「任其自然而流於失，轉喪其自然」的情況不同；乃是「就其自然，明之盡而無幾微之失」之意。東原對於生生和條理的看法，與此正同。所謂生生即指自然而言；所謂條理，即指必然而言。他的那種「唯條理是以生生，條理苟失，則生生之道絕」的主張，與這裡「歸於必然，適完其自然」的思想，正相吻合。東原認為：孔、孟的思想，與各家思想的分野，就在孔、孟能夠看到「歸於必然，適完其自然」這一點。他說：

> 孔、孟之異於老聃、莊周、告子、釋氏者，自志學以至從心所欲不踰矩，皆見乎天地人物事為有不易之則之為必然，而博文約禮以漸致其功。彼謂致虛極，守靜篤，為道日損，損之又損，以至於無，至於道，法自然無以復加矣。孟子而後唯荀子見於禮義為必然，見於不可徒任自然，而不知禮義即自然之極則。宋儒亦見於理為必然，而以理為太極，為生陽生陰之本，為不離陰陽，仍不雜於陰陽。指其在人物為性，為不離氣質，仍不雜乎氣質，蓋以必然非自然之極則而已。（《緒言下》）

可見東原對必然和自然的說明，是費了一番苦心，然而這點也正是他的識解過人之處。

三、性

東原以道和順的關係，說明自然；以善和常的關係，說明必然；現在又以性和德的關係，說明本然。他說：

實之昭為明德，是謂信。（《原善上》）

言乎信之謂德。（《原善上》）

名其不渝謂之信。（《原善上》）

德，言乎不可渝也。（《原善上》）

他拿「信」之一字來解釋「德」，又拿「不渝」來確定德的含義。所謂「不渝」即是指「本然」而言。他說：

言乎本然之謂德。（《原善上》）

通乎天地之德者，可與語性。（《原善上》）

德和性，都是就本然而言。不過，德，是指天地之本然；性，是指人物之本然。人物之性，卻又是本於天地之德。現在我們只要就性加以研究，那麼，對於德也就可以瞭然了。東原說：

性，言乎本天地之化，分而為品物者也。限於所分曰命，成其氣類曰性。各如其性以有形質，而秀發於心，征於貌色聲，曰才。資以養者存乎事，節於內者存乎能。事能殊致存乎才，才以類別存乎性。有血氣，斯有心知，天下之事能於是乎出。君子是以知人道之全於性也。（《原善上》）

這一段話，是東原性論的中心。他告訴我們：「性」「命」「才」的分別，「事」和「能」的作用，以及「血氣」和「心知」的關係。我們必定要能夠把這許多關係，認識清楚，然後才能把握住東原的性論。東原說：

> 氣化生人生物，據其限於所分而言謂之命，據其為人物之本始而言謂之性，據其體質而言謂之才。(《疏證下》)

命，是就「限於所分」而言；性，是就「人物之本始」而言；才，是就「體質」而言。人物之生，是各依其類，而分於天地之氣化。分於天地之氣化，是「分」，各依其類，是「限於所分」。這種有所限制，人力無從增減於其間的，叫做「命」。其未感於外物時的那種本然的狀態，叫做「性」。人物各如其性而成其形質，以顯現出性的本然的，叫做「才」。我們現在拿金錫為譬。當我們熔冶金錫的時候，就它們的本然之質來說，是性。既已熔冶，則冶金必成金器，冶錫必成錫器，這是命。既已成器，則有形體可見，可以辨別出孰為金器，孰為錫器，這是才。我們再拿桃樹和杏樹作譬。當桃核和杏核，尚未生根發芽的時候，無法辨別它們生長的力量及其形色臭味的不同，這是性。後來種入泥土之後，株成葉茂，華繁果熟，桃自桃，杏自杏，各不相同，這是才。可是桃和杏的不同，並非是到了長成桃樹和杏樹以後，才能看出，它們的不同，早潛藏於桃核和杏核之中。在桃核裡面，只能長成桃樹，絕不能長出一棵杏樹；在杏核裡面，也只能長成杏樹，絕不能長出一棵桃樹。

這便是命。所以東原說：「限於所分曰命，成其氣類曰性。各如其性以有形質，而秀發於心，征於貌色聲，曰才。」不過這命、性、才三者，都是由氣化而生，稱之為「天性」。東原說：

> 成是性，斯為是才。別而言之，曰命，曰性，曰才；合而言之，是謂天性。（《疏證下》）

這是說明性、命、才的分別。我們再看東原對「事」和「能」的說明。他說：

> 生養之道，存乎欲者也。感通之道，存乎情者也。二者自然之符，天下之事舉矣。盡美惡之極致，存乎巧者也。宰御之權，由斯而出。儘是非之極致，存乎智者也。賢聖之德，由斯而備。二者亦自然之符，精之以底於必然，天下之能舉矣。（《原善上》）

> 五行陰陽者，天地之事能也。是以人之事能，與天地之德協。事與天地之德協，而其見於動也，亦易與天地之德違。則遂己之欲，傷於仁而為之；從己之欲，傷於禮義而為之。能與天地之德協，而其有所倚而動也，亦易遠於天地之德。則以為仁，害禮義而有不覺；以為禮義，害仁而有不覺。皆道之出乎身，失其中正也。（《原善上》）
>
> 人與物同有欲；欲也者，性之事也。人與物同有覺；覺也者，性之能也。欲不失之私則仁，覺不失之蔽則智。仁且智，非有加於事能也，性之德也。（《原善上》）

耳目百體之所欲，血氣資之以養，所謂性之欲也，原於天地之化者也。是故在天為天道，在人咸根於性而見於日用事為為人道。仁義之心，原於天地之德者也。是故在人為性之德。斯二者，一也。由天道而語於無憾，是謂天德。由性之欲而語於無失，是謂性之德。性之欲，其自然之符也。性之德，其歸於必然也。歸於必然，適全其自然。此之謂自然之極致。（《原善上》）

「事」，是就「自然」的方面而言。所謂欲，所謂情，都屬於「事」。東原提出這個「事」字來，是在說明「仁」的作用。所謂仁，實即「生生」之意。故說：「得乎生生者謂之仁。」「能」，是就「必然」的方面而言。所謂巧，所謂智，所謂覺，都屬於「能」。東原提出這個「能」字來，是在說明「智」的作用。所謂智，實即「條理」之意。故說：「得乎條理者謂之智。」「事」，既就生生而言，所以看重一個養字。「能」，既就條理而言，所以看重一個節字。他說：「資以養者存乎事，節於內者存乎能。」他認為天地的事能，就是五行陰陽，他稱為天地之德。人的事能，就是仁智，他稱為性之德。人的事能，和天地的事能，是本來一致的。不過表現在行動的時候，如果違背了天地之德，就不免陷於「私」與「蔽」，而有傷於仁智。事之失，由於私；能之失，由於蔽。私，是仁的反面；蔽，是智的反面。前者是慾望之失，後者是感覺之失。要兩無所失，才能進於神明。東原說：

由心知而底於神明，以言乎事，則天下歸之仁；以言乎能，則天下歸之智。（《原善上》）

但「事」和「能」之相互間之關係，又怎樣呢？我們知道：事，是指生養之道的「欲」和感通之道的「情」而言，這叫做「性之欲」；能，是指知道美惡的「巧」和辨別是非的「智」而言，這叫做「性之德」。欲和情，是屬於自然的，但是巧和智，卻是屬於必然的。性之欲，即就自然說；性之德，即就必然說。性之德，不過是性之欲之「不失其中正」的東西。質言之，性之德，不過是一種完成性之欲的作用。事和能的關係，也正是如此。所以東原要說：

性之欲，其自然之符也。性之德，其歸於必然也。歸於必然，適全其自然。此之謂自然之極致。（《原善上》）

以上是說明事和能的作用。現在我們要進一步討論性、命、才和事、能的關係，先就命和性的關係來說。東原說：

《中庸》曰：「天命之謂性。」以生而限於天，故曰天命。《大戴禮記》曰：「分於道謂之命，形於一謂之性。」分於道者，分於陰陽五行也。一言乎分，則其限之於始，有偏全厚薄清濁昏明之不齊，各隨所分而形於一，各成其性也。然性雖不同，大致以類為之區別。（《疏證中》）

性形於一，性所以有偏全厚薄、清濁昏明之不齊，乃由於命。命是限於所分的，即限於天，所以稱為「天命」，所以《中庸》說：「天命之謂性。」東原以為凡是有一種限制的，都可叫做命。所以說：

凡言命者，受以為限制之稱，如命之東則不得而西。故理義以為之限制而不敢逾，謂之命；氣數以為之限制而不能逾，亦謂之命。古人言天之所定，或曰「天明」，或曰「天顯」，或曰「明命」。《國語》叔向之言曰：「命，信也。」蓋言乎昭示明信曰命，言乎經常不易曰理，一也。天命不於此見乎！（《緒言上》）

又說：

命即人心同然之理義，所以限制此者也。古人多言命，後人多言理，異名而同實。耳目百體之所欲，由於性之自然。明於其必然，斯協乎天地之中。以奉為限制而不敢逾，是故謂之命。命者非他，就性之自然，察之精，明之盡，歸於必然，為一定之限制，是乃自然之極則。若任其自然而流於失，轉喪其自然，而非自然也。故歸於必然，適完其自然。（《緒言上》）

命和理有相同處，都是就限制而言，這點是可以注意的。東原又根據孟子性命相關之理，來補實己說。他以為性雖是自然的，但我們不能因此就放縱慾望。命雖是限制的，但我們也不能因此就不加努力。因為人們往往藉口於性，以求遂其欲，藉口於命，而不盡其材。所以東原嚴重地說：

> 性者，有於己者也；命者，聽於限制也。謂性猶雲藉口於性耳。君子不藉口於性之自然，以求遂其欲；不藉口於命之限之，而不盡其材。（《緒言上》）

存乎才質所自為謂之性，如或限之謂之命。存乎材質所自為也者，性則固性也，有命焉，君子不以性而求逞其欲也。如或限之也者，命則固命也，有性焉，君子不以命而自委棄也。（《原善上》）

其次，就性和才的關係來說。東原說：

> 人有天德之知，有耳目百體之欲，皆生而見乎才者也，天也，是故謂之性。（《原善中》）

由成性各殊，故才質亦殊。才質者，性之所呈也。舍才質，安睹所謂性哉？（《疏證下》）

孟子所謂性，所謂才，皆言乎氣稟而已矣。其稟受之全，則性也。其體質之全，則才也。稟受之全無可據以為言……皆據才見之耳。（《疏證下》）

言才則性見，言性則才見。才於性無所增損，故也。人之性善，故才亦美。其往往不美，未有

非陷溺其心使然。（《疏證下》）

才可以始美而終於不美，由才失其才也，不可謂性始善而終於不善。性以本始言，才以體質言也。體質戕壞，究非體質之罪，又安可咎其本始哉？（《疏證下》）

性就本始言，就稟受之全言；才就體質言，就體質之全言。我們對於本始的性，雖無法可以觀察，但可由才質的顯現看出來。才好比是生；性，好比是息。我們可以從「卉木之株葉華實」看出生的作用來，這是就才說，我們更可以從「果實之白」看出息的作用來，這是就性說。東原說：「人道舉配乎生，性配乎息。」正是說明才與性的不同。至於才與性的關係，一、才有顯現「性」的作用，性卻不能顯現「才」。二、性就本始說，我們不能說「性始善而終於不善」。才就體質說，假使才失其養，也許會「始美而終於不美」。在性、命、才三者之中，才的作用最為重要。現在說明才和事能的關係。東原說：

才者，人與百物各如其性以為形質，而知能遂區以別焉。（《疏證下》）

才質者，性之所呈也。（《疏證下》）

才，有一種顯現「性」的作用，然而怎樣去顯現呢？就自然方面說，可顯現而為仁，就必然方面說，可顯現而為智。仁與智，正是才所表現的最高的目標。仁之失為私，智之失為蔽。私且蔽，則人不能盡其才。所以東原說：

人之不盡其才，患二：曰私，曰蔽。（《原善下》）

私者之安若固然為自暴，蔽者之不求牖於明為自棄。自暴自棄，夫然後難與言善。是以卒之為不善，非才之罪也。（《原善下》）

上面已經說明才和性的關係，現在也可以了解才和事能的關係了。東原說：

資以養者存乎事，節於內者存乎能，事能殊致存乎才。

第三句「事能殊致存乎才」，已經把事能和才的關係說透了。事屬於仁，能屬於智，與上面所說仁智力才所表現的目標，意正相合。

我們現在要討論到血氣和心知的問題了。東原認人類是分於天地之氣化，而為血氣所形成的一種肉體。在這種肉體裡面，發生心知作用。血氣產生「欲」，是自然的；心知產生「理」，就成為必然，但二者是同一的。我們只有在自然的慾望當中，求到必然的理法。這就叫做自然之極則。東原便用這種立場批評往古的思想。他說：

老、莊、釋氏見常人任其血氣之自然之不可，而靜以養其心知之自然。於心知之自然謂之性，血氣之自然謂之欲。說雖巧變，要不過分血氣心知為二本。（《疏證上》）

荀子見常人之心知，而以禮義為聖心。見常人任其血氣心知之自然之不可，而進以禮義之必然。於血氣心知之自然謂之性，於禮義之必然謂之教。合血氣心知為一本矣，而不得禮義之本。（《疏證上》）

程子、朱子見常人任其血氣心知之自然之不可，而進以理之必然。於血氣心知之自然謂之氣質，於理之必然謂之性。亦合血氣心知為一本矣，而更增一本。分血氣心知為二本者，程子斥之曰異端本心。而其增一本也，則曰吾儒本天。如其說，是心之為心，人也，非天也。性之為性，天也，非人也。以天別於人，實以性為別於人也。人之為人，性之為性，判若彼此，自程子、朱子始。（《疏證上》）

蓋程子、朱子之學借階於老、莊、釋氏，故僅以理之一字易其所謂真宰真空者，而余無所易。其學非出於荀子，而偶與荀子合。故彼以為惡者，此亦咎之。彼以為出於聖人者，此以為出於天。出於天與出於聖人，豈有異乎？（《疏證上》）

然則東原自己的主張，是怎樣呢？他說：

天下唯一本，無所外。有血氣則有心知，有心知則學以進於神明，一本然也。有血氣心知，則發乎血氣心知之自然者，明之盡使無幾微之失，斯無往非仁義。一本然也。苟歧而二之，未有不外其一者。（《疏證上》）

欲者，血氣之自然；其好是懿德也，心知之自然。此孟子所以言性善。心知之自然，未有不悅理義者，未能盡得理合義耳。由血氣之自然而審察之，以知其必然，是之謂理義。自然之與必然，非二事也。就其自然，明之盡而無幾微之失焉，是其必然也。如是而後無憾，如是而後安。是乃自然之極則，若任其自然而流於失，轉喪其自然，而非自然也。故歸於必然，適完其自然。（《疏證上》）

「有血氣則有心知，有心知則學以進於神明，一本然也。」「歸於必然，適完其自然，是乃自然之極則。」這兩段話，是東原全部思想的立腳點。唯其如此，所以他很肯定地主張「自然之與必然，非二事也」。無怪他要說：

有血氣斯有心知，天下之事能於是乎出，君子是以知人道之全於性也。（《原善上》）

這是說明血氣和心知的關係。關於東原的性論，我們業已說明一個大概。現在可以進而研究東原對於理和欲的看法。東原對於這個問題，指示了三點：一、我們不可過分地放縱慾望；二、不可拿個人的意見，視之為理；三、欲和理實際上是一件東西，我們不必去絕欲，也無法可以絕欲。我們就根據這三點作一個簡單的說明。東原說：

性，譬則水也。欲，譬則水之流也。節而不過則為依乎天理，為相生養之道，譬則水由地中行也。窮人欲而至於有悖逆詐偽之心，有淫泆作亂之事，譬則洪水橫流，泛濫於中國也。（《疏證上》）

命者，限制之名。為命之東，則不得而西。言性之欲之不可無節也。節而不過則依乎天理，非以天理為正，人欲為邪也。天理者，節於欲而不窮人欲也。是故欲不可窮，非不可有。有而節之，使無過情，無不及情，可謂之非天理乎？（《疏證上》）

孟子言養心莫善於寡慾，明乎欲不可無也，寡之而已。人之生也，莫病於無以遂其生，欲遂其生，亦遂人之生，仁也。欲遂其生，至於戕人之生而不顧者，不仁也。不仁實始於欲遂其生之心。使其無此欲，必無不仁矣。然使其無此欲，則於天下之人生道窮蹙，亦將漠然視之。己不必遂其生，而遂人之生，無是情也。然則謂不出於正則出於邪，不出於邪則出於正，可也。謂不出於理則出於欲，不出於欲則出於理，不可也。欲，其物；理，其則也。（《疏證上》）

「欲不可無，寡之而已」；「欲不可窮，非不可有」，這兩句話，正是東原對於「欲」之一字所抱的態度。他以為對治「欲」的方法，便是「有而節之」，這種態度是很光明的。關於「理」，東原有一種新的批判的見解。東原說：

人莫患乎蔽而自智，任其意見，執之為理義。吾懼求理義者以意見當之，孰知民受其禍之所終極也哉？（《疏證下》）

曰「所不欲」，曰「所惡」，不過人之常情。不言理而理盡於此。唯以情絜情，故其於事也，非心出一意見以處之。苟舍情求理，其所謂理無非意見也，未有任其意見而不禍斯民者。（《疏證下》）

六經孔、孟之言，以及傳記群籍，理字不多見。今雖至愚之人，悖戾恣睢，其處斷一事，責詰一人，莫不輒曰理者，自宋以來始相習成俗，則以理為如有物焉，得於天而具於心，因以心之意見當之也。於是負其氣，挾其勢位，加以口給者，理伸；力弱氣懾，口不能道辭者，理屈。嗚呼，其孰謂以此制事以此制人之非理哉？即其人廉潔自持，心無私慝，而至於處斷一事，責詰一人，憑在己之意見，是其所是，而非其所非，方自信嚴氣正性，嫉惡如仇，而不知事情之難得，是非之易失於偏，往往人受其禍，己且終身不寤，或事後乃明，悔已無及。嗚呼，其孰謂以此制事，以此治人之非理哉？（《疏證下》）

一個人其所以要「任其意見」，是由於「蔽而自智」，是由於「舍情求理」，是由於「以理為如有物」；再加上了勢位權力的關係，於是站在支配的地位的，都是合理的，站在被支配的地位的，都是不合理的。東原這番議論，實是精義入神。他並且說過這樣一段極沉痛的話：

今之治人者，視古賢聖體民之情，遂民之欲，多出於鄙細隱曲，不措諸意，不足為怪。而及其責以理也，不難舉曠世之高節，著於義而罪之。尊者以理責卑，長者以理責幼，貴者以理責賤，雖失，謂之順。卑者幼者賤者以理爭之，雖得，謂之逆。於是下之人不能以天下之同情，天下所同欲，達之於上。上以理責其下，而在下之罪，人人不勝指數。人死於法，猶有憐之者；死於理，其誰憐之！（《疏證上》）

「人死於法，猶有憐之者；死於理，其誰憐之！」這是何等沉痛透骨的話喲！東原不僅替許多卑者幼者賤者發出一種可憐的哀音，而且替他們造出一種反抗的口號。唯其如此，所以他提出「以情絜情」四個字來。他認為所謂理者，不過是「人之常情」。「不言理而理盡於此」。東原一方面以「有而節之」說明「欲」，另一方面又用「以情絜情」說明「理」。「欲」，就自然說，「理」，就必然說；「欲」，指血氣，「理」，指心知。他對理和欲的看法是一元的，在下面幾段話裡可以看得很分明：

人生而後有欲，有情，有知，三者血氣心知之自然也。給於欲者，聲色臭味也，而因有愛畏。發乎情者，喜怒哀樂也，而因有慘舒。辨於知者，美醜是非也，而因有好惡。聲色臭味之欲，資以養其生。喜怒哀樂之情，感而接於物。美醜是非之知，極而通於天地鬼神。聲色臭味之愛畏，以分五行生剋為之也。喜怒哀樂之慘舒，以分時遇順逆為之也。美醜是非之好惡，以分志慮從違為之也。是皆成性然也。（《疏證下》）

有是身，故有聲色臭味之欲。有是身，而君臣、父子、夫婦、昆弟、朋友之倫具，故有喜怒哀樂之情。唯有欲有情而又有知，然後欲得遂也，情得達也。天下之事，使欲之得遂，情之得達，斯已矣。唯人之知，小之能盡美醜之極致，大之能儘是非之極致。然後遂己之欲者，廣之能遂人之欲；達己之情者，廣之能達人之情。道德之盛，使人之欲無不遂，人之情無不達，斯已矣。（《疏證下》）

凡有血氣心知，於是乎有欲。性之征於欲，聲色臭味而愛畏分。既有欲矣，於是乎有情。性之征於情，喜怒哀樂而慘舒分。既有欲有情矣，於是乎有巧與智。性之征於巧智，美惡是非而好惡分。（《原善上》）

欲、情、知三者，是人類血氣心知的一種自然現象。人類既然有了耳目鼻舌等器官，就含有聲色臭味等慾望。欲，生於血氣心知；有欲，然後有情；有欲，有情，然後有知。三者備，然後欲遂情達。可見東原對心理學上的三分法和二分法，都是不贊成的。他只牢守著一元的觀點。東原說：

人徒知耳之於聲，目之於色，鼻之於臭，口之於味之為性，而不知心之於理義，亦猶耳目鼻口之於聲色臭味也。（《疏證上》）

明理義之悅心，猶味之悅口，聲之悅耳，色之悅目之為性。味也，聲也，色也，在物而接於我之血氣；理義在事而接於我之心知。血氣心知有自具之能：口能辨味，耳能辨聲，目能辨色，心能辨夫理義。味與聲色在物不在我，接於我之血氣，能辨之而悅之；其悅者，必其尤美者也。理義在事情之條分縷析，接於我之心知，能辨之而悅之；其悅者，必其至是者也。（《疏證上》）

「味與聲色在物不在我，接於我之血氣，能辨之而悅之」，這是說明欲；「理義在事情之條分縷析，接於我之心知，能辨之而悅之」，這是說明理。東原以為：欲不可絕，絕欲之害，甚於防川。理非意見，所謂理者，僅不過是情得其平，求其不易之則。譬如他說：

禹之行水也，使水由地中行；君子之於欲也，使一於道義。治水者徒恃防遏，將塞於東而逆行於西；其甚也決防四出，泛濫不可救。自治治人，徒恃防遏御其欲，亦然。能苟焉以求靜，而欲之翦抑竄絕，君子不取也。君子一於道義，使人勿悖於道義，如斯而已矣。（《原善中》）

以上說明「欲不可絕，絕欲之害，甚於防川」，是對欲說。下面便對理說：

理也者，情之不爽失也。未有情不得而理得者也。（《疏證上》）

在己與人，皆謂之情。無過情無不及情之謂理。（《疏證上》）

心之所同然，始謂之理，謂之義。則未至於同然，存乎其人之意見，非理也，非義也。凡一人以為然，天下萬世皆日是不可易也，此之謂同然。（《疏證上》）

「情之不爽失」，「心之所同然」，以及「無過情無不及情」，都叫做理。這正是所謂不可易之則。東原對於理和欲的看法，我們已經理解了一個大概，但理和欲相互的關係是怎樣呢？東原說：

欲，其物；理，其則也。（《疏證上》）

理者，存乎欲者也。（《疏證上》）

理在欲中，理並不在欲外。有物必有則，所以有欲方有理，這是何等顯明的主張。一言蔽之，東原的理欲觀是「見理於事」。他說：

物者，事也。語其事不出乎日用飲食而已矣。舍是而言理，非古賢聖所謂理也。（《疏證上》）

理義非他，可否之而當，是謂理義。然又非心出一意以可否之也。若心出一意以可否之，何異強制之乎？是故就事物言，非事物之外別有理義也。有物必有則，以其則正其物。如是而已矣。就人心言，非別有理以予之而具於心也。心之神明，於事物咸足以知其不易之則，譬有光皆能照，而中理者，乃其光盛，其照不謬也。（《疏證上》）

由血氣心知而語於智仁勇，非血氣心知之外別有智有仁有勇以予之也。就人倫日用而語於仁，語於禮義。舍人倫日用，無所謂仁，所謂義，所謂禮也。（《疏證上》）

東原這種「非事物之外別有理義」，和顏習齋的「見理於事」，是一樣的看法。不過東原說得更透徹些。東原並用這種觀點，以決定理和欲的地位，一反宋儒以來因襲的說明，以完成並堅實理欲一元論的壁壘。

最後討論東原對於「知和行」一問題的看法，以作結論。東原說：

凡異說皆主於無慾，不求無蔽，重行不先重知。人見其篤行也，無慾也，故莫不尊信之。聖賢之學，由博學、審問、慎思、明辨而後篤行。則行者，行其人倫日用之不蔽者也。非如彼之舍人倫日用，以無慾為能篤行也。（《疏證下》）

又說：

聖人之言，無非使人求其至當以見之行。求其至當，即先務於知也。凡去私不求去蔽，重行不先重知，非聖學也。（《疏證下》）

然如其質而見之行事，苟學不足，則失在知，而行因之謬。雖其心無弗忠弗信，而害道多矣。行之差謬不能知之，徒自期於心無愧者，其人忠信而不好學，往往出於此。此可以見學與禮之重矣。（《疏證下》）

我們已經知道東原的思想，是重「條理」，重「必然」，那麼，他的重學重知的思想，是一個當然的結論。不過東原的思想受王船山思想的影響極大。船山對於知行的看法，是偏於重行的一方面。船山說：「故知先行後之說，非所敢信也。」（《思問錄》）現在東原重知，豈不正和船山的看法相反？然則船山和東原二人所持的觀點，是否衝突，是我們應該注意的第一點。東原反對宋儒甚力，以為宋儒的思想，是借道於老、莊、釋氏。但是宋儒大概是重知的，然則東原重知，和宋儒重知，是否相同，是我們應該注意的第二點。這兩點不能說明，那麼，我們對東原思想體系的研究，不免留著一個很大的破綻。

二程以下的宋儒，大都看重「讀書窮理」，這種思想，到朱晦庵（朱熹）遂達於頂點。不用說，他們的思想是重知，是偏於求知，與晦庵同時在思想上別樹一幟的是陸象山。象山反對讀書窮理，主張「明心見性」。這種思想，到王陽明遂達於頂點。陽明雖主張「知行合一」，實際上還是站在重知的立場上，不過程、朱從讀書入，陸、王從心性入而已。這種重「知」的思想，到清初便發生極大的反動。王船山出，便直截了當地主張重「行」而不重「知」。清初諸大師，都是民族反抗運動的實際行動者，他們深感到知識的空談誤世，所以欲從「行」以矯正之。這種重「行」的精神，到顏習齋遂達於頂點。故習齋之及門弟子李塨，一方面繼承其師之實踐的精神，另一方面即有「知先行後」的主張，以補充師說之不及。至戴東原時，則對於知行的看法已漸進於圓滿成熟的地步。東原重「知」，船山、習齋重「行」，表面上看似衝突，實際上並不衝突。船山處於宋、明以來那種重「知」的氛圍之中，要想打破大家重「知」的成見，非簡截地標榜一個「行」不可。習齋便極力說明所以重「行」之意。因為在行動中，才能證實理論，所以他主張「見理於事」。這正是習齋對船山思想一個補充。東原則比習齋又進一步。他認為在行動之先，須有一番正確的認識，才可免於衝動、盲動。這樣看來，船山的「知先行後之說，非所敢信也」，和習齋的「見理於事」，以及東原的「重行不先重知，非聖學也」，實際上是一貫的思想，是一步一步地補充發展的。我們應該先有了很正確的理論，然後去行動，在行動裡面，來證實我們的理論，來運用我們的理論，來發展我們的理論。

所以我們一方面要知道：理論只有在行動中，才能證實，離開行動，則無理論之可言。另一方面我們更應當知道：若無理論的準備，則所謂行動，僅為衝動盲動。「知行」的問題，到了清儒手裡，才算相當地解決。我們可以肯定地說，這個問題，是船山開其始，習齋擴大之，而完成之者則為東原。東原和船山，對此問題的解說，不但沒有衝突，而且正相發明。至宋、明諸儒重「知」，則與東原迥然大異。因為宋、明諸儒是站在「靜」的觀點上，清儒則站在「動」的觀點上，這是不可以相提並論的。不過清儒所謂知，所謂行，換句話說，所謂實踐，仍只是個人的實踐，談不上社會的實踐，這也許是歷史的車輪決定了他們吧！

中國哲學十講：

從儒、墨、道至宋明理學，回顧中西古典哲學的演變

作　　者：李石岑
發 行 人：黃振庭
出 版 者：複刻文化事業有限公司
發 行 者：複刻文化事業有限公司
E-mail：sonbookservice@gmail.com
粉 絲 頁：https://www.facebook.com/sonbookss/
網　　址：https://sonbook.net/
地　　址：台北市中正區重慶南路一段六十一號八樓 815 室
Rm. 815, 8F., No.61, Sec. 1, Chongqing S. Rd., Zhongzheng Dist., Taipei City 100, Taiwan
電　　話：(02)2370-3310
傳　　真：(02)2388-1990
印　　刷：京峯數位服務有限公司
律師顧問：廣華律師事務所 張珮琦律師

定　　價：680 元
發行日期：2023 年 11 月第一版
◎本書以 POD 印製
Design Assets from Freepik.com

國家圖書館出版品預行編目資料

中國哲學十講：從儒、墨、道至宋明理學，回顧中西古典哲學的演變 / 李石岑 著 . -- 第一版 . -- 臺北市：複刻文化事業有限公司 , 2023.11
面；　公分
POD 版
ISBN 978-626-97803-7-2(平裝)
1.CST: 中國哲學 2.CST: 文集
120.7　　112016175

電子書購買

臉書

爽讀 APP